畑野　勇　倉島研二　田中信也
重見一崇　石崎勇一

外国人の法的地位

❖ 国際化時代と法制度のあり方 ❖

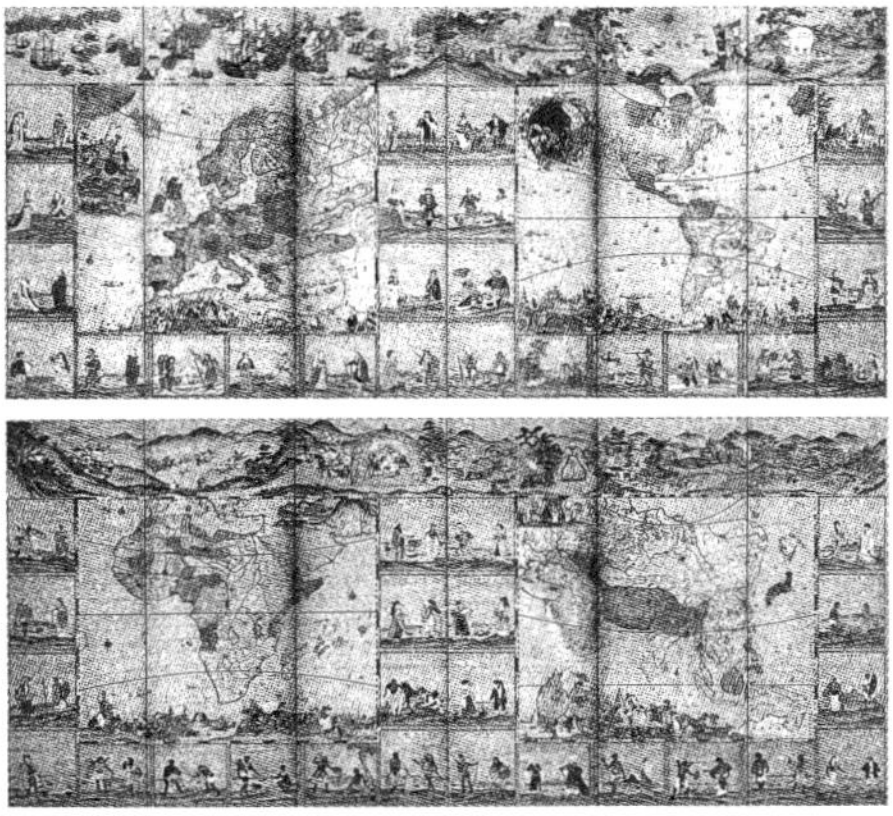

信山社

推薦のことば

伊集院明夫
前法務省入国管理局長
現駐オーストリア大使

国際社会における我が国の役割が増大し、幅広い分野において諸外国との人的交流が活発化するに伴い、我が国を訪れる外国人及び我が国に居住する外国人は増加の一途をたどり、その活動内容もますます多様化しております。国際社会における我が国の地位を考えると、このような傾向は今後より一層進展するものと思われます。このような外国人の増加を背景として、近年、我が国においては、外国人の出入国管理をめぐる問題は言うに及ばず、外国人の参政権、公務就任権などについても広く論議が行われているところです。

しかし、これらの問題についての論議を更に深めていくためには、我が国における外国人の法的地位の全体像に対する正確な理解が不可欠と考えられます。

本書は、このような観点から外国人の法的地位の変遷及び現状について触れることにより、外国人の法的地位の全体像をわかりやすく解説したものです。我が国における外国人をめぐる諸問題を考えるに際し参考になるものと思われますので、この方面に関心を持つ方々に対し、ぜひ御一読をおすすめする次第です。

平成一二年八月

はしがき

今日までの交通・通信手段の著しい発展は、この地球上における人類の移動をますます容易化し、国家間の人的交流を否応なしに促して、国家も個人もそれぞれ単独では生存できず、外国及び外国人との〝相互依存〟ないし〝共生〟の度合いを一段と深めてきている。一方、今日の国際社会は、とくに第一次、第二次にわたる世界大戦の悲惨な結果の反省から、戦争の惨禍を再び繰り返さないよう国際連合による「世界人権宣言」を採択し、これを実効性あるものにするため、二つの国際人権規約を定立した。「経済的、社会的及び文化的権利に関する国際規約（社会権規約又はA規約）」と「市民的及び政治的権利に関する国際規約（自由権規約又はB規約）」であって、各規約加入国は外国人に対しても、B規約にあっては当然に、またA規約についてはできるだけ十分に保障することになっており、従って、外国人の法的地位に対するこれまでの国家の自由裁量権は、国際法上の制約を大きく受けることになった。

我が国は、僅かこの一世紀の間に、いわゆる〝斬り捨て御免〟の時代から世界の先進国に仲間入りする時代に到っており、さらに、今日の国際社会における我が国の地位を考えると、我が国を訪れる外国人及び我が国に居住する外国人は増加の一途をたどり、その活動内容もますます複雑・多様化していくものと思われる。

このような国際化の進展に伴って、〝我が国における外国人の法的地位〟については、従来からの在日韓国・朝鮮人の位置付けの問題に加えて、外国人労働者問題をはじめ、外国人の参政権（とくに地方参政権）や公務員への任用等公務就任権、年金、恩給、医療・生活保護、健康保険等の社会保障など、我が国社会のあらゆる分野で、これまでにもそれぞれの問題に対する法制度のあり方が広く議論されてきているが、今後とも、社会的に十分な検討を加えておくことが望まれる。その場合、そこにおける判断・選択の前提として、この問題を考える上での基本的枠組みを正確に踏まえ、先にあげたような特定の問題がどのように位置づけされるべきかを理解し把握することが必要であると考える。

本書は、このような観点から、外国人の法的地位の沿革・変遷及び現状について、できうるかぎり多くの資料を付して触れることにより、外国人の法的地位の全体像をわかりやすく解説し、今日問題となっている点を意識しながら、大きな枠組みの把握と具体的問題を考えていく上でのポイントのつかめる書物にすべくまとめたものである。以下、本書の内容を概観してみよう。

第一章「外国人の法的地位の沿革」では、まず、世界史的に見た外国人処遇の歴史を概観したあと、我が国について明治時代以前（幕末の開国時）から平成の現在にいたるまでの外国人法的地位に関する法制の沿革・変遷をトレースしてみた。いずれの法制度も、その是非はともかく、それぞれの時代背景をよく反映しており、その時々の国の内外の事情に対応して定立され運用されていることがわかり、そこで「明治時代以前」「明治時代」「大正時代」「昭和時代」及び「平成時代」に区分し、更に昭和時代については、「第二次大戦終了まで」「平和条約発効まで」「在日韓国人に対する協定永住権の付与」「国際人権規約」及び「難民の保護等」に細区分して解説することにした。温故知新、昔のことをたずね求めて、そこから新しい見解・知識が得られる、と思う。

第二章「社会生活における外国人の地位」においては、各種データを基にして、我が国に入国・在留する外国人の状況を分析するとともに、社会生活の実際における外国人の地位・実情を見た上で、外国人問題・外国人の法的地位を考える場合のいくつかの着眼点が検討されており、以下のものがその要点として上げられている。

第一に、我が国に入国する外国人は、年々増加してきてはいるが、欧米先進国などに比較すると非常に少ない。また、在留外国人も、人口の一パーセントに満たないきわめて少数に止まっている。従って、現在のところ、我が国における外国人の存在は、それほど注目すべき実態を備えているものとは言い難い面がある。

第二に、我が国にとって外国人とは、韓国・朝鮮人及び中国・台湾人であり、欧米諸国人はそれほど多くない。特に在留レベルで見ると、欧米人は僅かである。

第三に、日本人と外国人との区別はそう簡単ではなく、行政レベルでは、この区別が国籍を基準に行われるのが普通になっているが、われわれの日常生活レベルでは、血統や身体的特徴など国籍以外の基準によって日本人と外国人が区別されることも多い。このあたりが外国人に対する行政上の取扱いが必ずしも市民感情にそぐわないことの生ずる原因になっているように思われる。

第四には、日本人の外国人に対する受容度は、それほど高いものとは認められない。従って、日本人と外国人との関係は、しばしば必要以上に強く区別されることになり、外国人があまりに日本人と違った存在として考えられるおそれがある。

第五に、外国人に対する偏見・差別は我が国にも相当明らかに認められる。この偏見・差別は、きわめて心理的な面に原因があるものと考えられ、見方によっては実質的な根拠に乏しいとはいえ、永い年月のあいだにかなり根強く日本人の心のなかに巣くってしまっているものと見なければならない。しかし、外国人に対する偏見・差別は、それが客観的な条件のもとで生じたものか、それとも「信仰」「神話」のようなものを単に「思い込むこと」によって生まれたものかはともかくとして、何れにしても、我が国がこれからの国際社会において不必要な摩擦を回避しながら存立していくためには、何としても解消しなければならない性格の問題である。

最終章である第三章「国内法上の外国人の法的地位の現状」においては、外国人の権利・義務に関する我が国の憲法及び各種法令の規定を取り上げるとともに、それらについての行政上の取扱いや判例を紹介して、我が国における外国人の法的地位の現状を明らかにしている。

本書は、雑誌『みんけん（民事研修）』に連載していたものをまとめた経緯から（『民事研修』二八三号から二五回にわたって「わが国における外国人の法的地位」として連載）、執筆当時の文章の構成を原則として維持している。そのため、今日改めて読みかえした場合もう少し手を入れたい点もあったが多忙をきわめる執筆者の事情もあって、このような形での刊行となった。その点、読者の御海容をお願いしたい。しかし、外国人の法的地位を考える上でのポイントのとらえ方は有効で、現在でもその意義を認めることができると思う。

以上が、本書の目的とその内容であるが、日頃この分野の実務に携わる関係者をはじめ、この問題に関心のある方々の勉学や研究に少しでも参考になれば幸いである。

最後に、本書の刊行をご提案された信山社に深く敬意を表するとともに、実際の作業に当たって、長期間に亘り大変なご苦労をおかけした村岡侖衛氏には心から感謝申し上げる。

二〇〇〇年夏

執筆者を代表して

畑　野　勇

もくじ

I　外国人の法的地位の沿革

1　外国人の法的地位の考え方

一　はじめに

「我が国における外国人の法的地位」如何の問題は、外国人の入国在留許否に関する問題とすでに入国・在留している外国人の権利の享有又は行使に関する問題の二つの問題として把握される。そしてこの二つの問題は、およそ外国人の法的地位は国際法と国内法の両面から決定されるところから、外国人の国際法上の地位、日本国憲法上の地位及び各国内法令上の具体的地位を順に、また公法上の地位と私法上の地位に分けて考察することが必要である。

ところでこれらの点に関する現在の状況については、後に詳細に述べられるところであるが、我が国を含む外国人の法的地位の沿革を考察するにあたり予備知識として、ポイントだけを概略すれば、つぎのとおりである。

① 一般に、外国人も、国内に留まる限り、その国の統治権に服し、その生命・身体・財産を一般国民と同様に保護されることとは、今日の国際社会における確立された慣習法であるといってよい（いわゆる内外人平等の原則）。

② 諸外国の憲法のなかには、外国人の法的地位ないし享受すべき権利の範囲について明文の規定を設けている例が少なくないが、我が国の憲法にはこの種の規定が設けられていないので、外国人に憲法上の基本的人権の保障が認められるのか、認められるとすればどの程度か、もっぱら憲法解釈にゆだねられており、従って学説・判例も分かれている。

③ しかし、外国人の法的地位に関する条約ないし国際規範が存する場合には、憲法第九八条二項（条約及び国際法規の遵守）に基づき、その条約ないし国際法規の定めるところにより、その外国人の権利義務を保障しなければならないことについては異論はない。

④ 外国人の入国許否については、国際法上、原則として一国の自由裁量であり、最高裁判所も、それを前提として、日本国憲法上外国人の本邦への入国の自由は何ら保障されていないと判決している。

⑤ 私権については、外国人にも原則として国民と同等の享有を認めている。民法第二条は「外国人ハ法令又ハ条約ニ禁止アル場合ヲ除ク外私権ヲ享有ス」と規定

し、同第三六条二項は「前項ノ規定ニ依リテ認許セラレタル外国法人ハ日本ニ成立スル同種ノ者ト同一ノ私権ヲ有ス但……」と、外国法人についても私権の享有について原則として、内外人平等を認めている。

⑥　しかし、外国人の当該国家に対する関係は、一般国民の国家に対する身分上の恒久的関係とは性質を異にし、場所的な居住関係を基礎とする関係であるから、つねに、あらゆる面で一般国民と同等に取り扱われるとは限らない。当該国家が国家目的を実現し、国家又は国民の利益を擁護するために、合理的にみて必要とされる場合には、その限りで外国人を一般国民と異なった取扱いをすることが許されることは、これまた確立された国際慣習であり、我が国最高裁判所もこれを認めている。

以上見てきたような現状にある外国人の法的地位も、これまでの国際社会が多くの歴史的経験を積み重ねた結果今日あるものである。従って、現在置かれている我が国の外国人の法的地位を正しく理解し、また、今後我が国が国際社会の中で外国人問題への対応について高く評価されていくためにも、その外国人の法的地位の沿革を、紙面の許されるかぎり、資料に基づき考察していきたいというのが本章の趣旨・目的である。

なお、つぎに列挙したものは、前述した部分に関する、基本的な条約、判例等である。

ア　「外国人の入国許可及び退去強制に関する国際規則」（一八九二年）

一八九二年（明治二五年）九月ジュネーブにおいて国際法学会は、右の国際規則を採択したが、その前文につぎのことが述べられている

「各国にとって、自国領土に外国人の入国を許可するかしないか、条件を附して許可するか又はこれを退去強制するかを定める権利は、その主権と独立からの論理的、かつ、必然的な帰結である。」「人道と正義により、各国は、この権利の行使にあたり、自己の安寧と両立する範囲において、その上陸しようとし又は既に在留する外国人の権利と自由を尊重しなければならない。」

イ　「外国人の地位に関する条約」（一九二八年）

一九二八年（大正三年）ハバナで開かれた第六回汎米会議は、右の条約を可決したが、この条約は単に従来の国際慣習を成文化したものであって、米州特有の国際法を定めたものではないので、外国人の法的地位に関する国

際法を探る上で重要な条約である。

第一条　国家は、外国人の入国及び居住をその国法によって規律することができる。

第二条　外国人は、特別に条約の規定がない限り、居住する国の法に従うことは、その国の国民と同様である。

第三条　国家は、外国人の兵役を強制することはできない。但し、通過客と異なり定住する外国人は、その国の国民と同様に、天災、事変等戦争以外の危険に対してその滞在地方を防禦するため、警察、消防の役務を強制されることを妨げない。

第四条　外国人も通常及び特別の課税を負担し、強制募債に応じなければならない。

第五条　国家は、外国人に対し、自国民と同様の個人的保障を与え又私権の重要なものの享有を許さなくてはならない。

第六条　国家は、公序及び安全の維持のために外国人を追放する権利を有する。国家は、外国から追放された自国民が自国領土内に入ろうとするときは、これを受け入れる義務がある。

ウ　「外国人の入国及び処遇に関する一般原則」（一九六一年）

アジア・アフリカ法律諮問委員会は、一九六一年（昭和三六年）二月二五日東京において、右の一般原則を採択したが、その第二条第一項は、つぎのように規定している。

「外国人に対する入国の許可は、国家の自由裁量による。」

エ　「憲法第二二条は外国人の日本入国の自由についてなんら規定していない」（最高裁大法廷昭三二・六・一九判決、刑集一一巻六号一六六三頁）

「そしてこれらの憲法上の自由を享ける者は法文上日本国民に局限されていないのであるから、外国人であっても日本国に在ってその主権に服している者に限り及ぶものであることも、また論をまたない。されば、憲法二二条は外国人の日本国に入国することについてはなんら規定していないものというべきであって、このことは、国際慣習法上、外国人の入国の許否は当該国家の自由裁量により決定し得るものであって、特別の条約が存しない限り、国家は外国人の入国を許可する義務を負わないものであることと、その考えを同じくするものと解し得らるる。」

二　外国人処遇の歴史

「およそ、歴史に徴して考えると一国に於ける外国人の地位如何は、以てその国の文化開発の程度を卜《ぼく》知するに足るべきであって、文化の進歩に伴い外国人の地位も又進歩するものである。世界各国の法制は皆、切捨御免の敵視主義より漸く内外人平等主義に進むものであって、第一期・敵視主義、第二期・賤外主義、第三期・排外主義、第四期・相互主義、そして第五期・平等主義、の五期五主義を経過し又は経過せんとするものであるということができる」。

これは、山田三良博士がその著『国際私法』（昭和七年、有斐閣）の第二篇第一章「外国人の地位の沿革」において述べるところである。現代においても、その国の国情なり出入国外国人の数とか質等に応じて、各国の制度も自ら異なっている。そこで、我が国における外国人の法的地位を考察する上でも、有意義であると思われるので、以下、博士の五期五主義についての要旨を紹介することにする。しかしその前に、そもそも《「外国人」とは何か》を決めておかなければならない。もちろんここでは法律的に考察するのであるから、その国の国籍をもたない者であり、他国の国籍を持つ者（他国籍者）と持たない者（無国籍者）がある、と定義して話は進められるのであるが、ただこれだけでは外国人の法的地位にかかる国際法なり国内法ができた理由や背景がわからないために、今日の関係諸法令の正しい理解は到底おぼつかないであろう。そこで私達が日常使っている《「外国人」と言う言葉》や、また我々《日本人の外国人観》を考えるための一助として、つぎの記述を掲げておく（平凡社『世界大百科事典』第四巻五五一頁）。

「**外国人**　日常語として広く他国の人を意味する。自国以外の国籍を有する者および無国籍者をふつう指す。外人、異国人、異邦人、異人等ともいう。もともと畿内から見た外の人、地方の人を表す〈外国人《とつくにびと》〉が今日の用法に転用された。

日本人の外国人観は〈他国人《たこくびと》〉と〈異国人《いこくびと》〉の二系列からなる。〈他国人〉の系列では、現実に行われる交渉や見聞に基づく事実認知的な判断が働き、自他の差異が客観的にとらえられる。他方、〈異国人〉の系列には、未経験、空想、超現実、情緒等の要素が入り込む。自分たちとは異質な〈外〉の世界の人々にたいして畏《い》怖《ふ》と憧憬、誘引と反発が働く。現実には両者が重なり合って、日本人の外国人観の原型的な認識枠組みを作ってきた。

古く、日本人は世界が本朝（日本）、唐（中国）、天竺（インド）の三国から成ると考えていた。天竺そしてしばしば唐も、異国一般の表象だった。とくに天竺は空想が支配的な仏の世界であって、日本と中国以外の西方の国々はすべて天竺に含まれていた。そのため一六世紀以降渡来した西欧の人々は、南蛮人のほかに天竺人とも呼ばれた。

黒船来航のころ、大津絵節本はアメリカ人を〈唐人〉〈毛唐人〉〈唐のあめりか〉〈紅毛人〉などと呼び洋服に瓣髪《べんぱつ》姿の、西洋人とも中国人ともつかない怪奇な人物を描いた。幕末から維新期にかけて〈外国人〉は主として西洋人を指すようになるが、それは〈他国人〉である以上に情緒を投射した〈異国人〉の系列であった。近代日本の対外関係の変化に呼応して、日本人の西欧像は〈力〉のイメージと〈文明〉のイメージとの間を往き来した。西欧が〈力〉として意識されるとき、西洋人への価値剥奪的な呼称が生まれる。条約改正のころ西洋人は〈赤鬢奴《あかびんやっこ》〉〈怪物〉〈獣〉であり、太平洋戦争下では〈鬼畜米英〉であった。

日本近代を通じて西洋人が〈外国人〉になる過程は、同時にアジアの人々が〈外国人〉の圏外へ追放される過程でもあった。〈脱亜入欧〉（脱亜論）およびアジアへの〈抑圧移譲〉とともに、とりわけ日清戦争以降、アジアの人々への差別と蔑称とが日本人の間に浸透した。第二次大戦後も基本的には、この外国人観の構図は持ち越される。もとより産業の高度化は、かつて欧米への追随者だった日本を、経済的な競争者かつ軍事的〈パートナー〉へと変えた。また、第三世界の国々の自立、在日朝鮮人のアイデンティティの探求、アジア難民の問題、海外渡航者の増加、映像メディアによる海外情報の氾濫等に促されて、日本人の外国人観は分化し、多様化した。にもかかわらず、経済大国化した日本は、とりわけアジアの人々を観光、市場、開発の対象として、再度〈他国人〉と〈異国人〉とに編入することによって、新たな自民族中心主義と〈脱亜入欧〉の傾向を生み出している。」

ア　第一期・敵視主義

古代の民族が生存競争の必要から、部落を成し酋族を成し遂に国家を建設するに至った方法は、主として武力即ち戦争によった。四囲の外国は皆敵であって、他を征服しなければ、それは自ら征服せられるのを免れなかったから、自己の共同体を維持しこれを拡張する必要から外国人と敵国人とを区別する余裕はなかった。このような時代にあって、国民は皆外国人と敵国人とを同一視して、鎖国攘夷主義を採り外国人斬捨御免を以って国法としたことは、ラテン語においても古代のドイツ語においても、外国人という語は皆敵国人としての意味を有していたといえる。彼らを仇敵視或はこれを殺傷し或はこれを奴隷とすることを正当とする以上は、外国人は全く無権利であって、財産権はもとよりその身体・生命に対しても、なんらの権利保護をも享有することを得なかった。

イ　第二期・賤外主義

社会の文化の発展に伴い自国との平和関係の下に外国人を見る機会も次第に多くなり、外国人を敵国人として虐待する必要のないことがわかってきた。また共同体の組織も漸次整備して来て、風俗・宗教を異にする外国人との接触にも不安を感じないようになり、漸く外国人の往来を認めるようになったが、まだ外国人をひどく卑賤視して遥かに劣等の人類と考え、殆んど禽獣と同一視していた。ギリシア人が外国人を野人と総称し、漢人が四囲の外人を夷狄蛮戎と蔑視していたのもその一例である。

賤外主義の初期における外国人の地位は奴隷よりも遥かに劣等であって法律上権利享有の能力を有しなかったのみならず、実社会においてもまた外国人の側にも近寄る者がなかったことは、インド、エジプト、ユダヤ、ギリシア、ローマ等の古代史の証明するところである。

ウ　第三期・排外主義

各国の国民相互の往来が漸く増加するに従い、賤外主義の思想は次第に減少し、外国人を必ずしも劣等動物として蔑視すべきでないことを知る反面、また対立的な思想を生じ、国民的利己主義の思想もさかんとなり、外国人には特定の利益を付与することを拒絶し、かえって内国人よりも重い義務を負わせるようにさえなった。外国人排斥主義がそれである。排外主義の時代においては外国人は必ず国法に服従し、それによってその保護を享受することができることを原則とし(賤外主義においては外国人は国法に服従する栄誉を有せず、またその保護を享けることができないのが原則であった)、ただ特定の保護から外国人を排斥して内国人よりも不利益な地位に立たしめた。

そして、賤外主義の遺風は内外人の結婚及び帰化の禁制となって近世に至るまで存在し、排外主義の遺風は外国人の遺産没収若しくは土地所有権の禁制となった。

エ　第四期・相互主義

社会の文化が益々発展し、通商貿易の便宜が漸く進歩するに従い、排外主義は各国民間の交通の自由を妨害するのみならず、他を排するは必ずしも己を利する所以でないことが益々明白となるに従って、国家の公益を害しない範囲内において外国人の地位を改善して内国人の地位に近づかせるに至った。しかし国家間の関係は個人の関係よりも利益によって左右されることが一層甚だしいので、一国が他国の国民を優待しても、他国が必ずしも自国の国民をそのように優待すると言うことは期待できないから、他国が自国民を優遇する程度に応じて、その他国の国民を優遇するのを原則とするようになった。

これを相互主義と名づけ、外交上若しくは条約上の相互主義（外国人の私権享有の条件を条約上の担保にかかわらしめる主義であって、外国人はその本国が条約上自国民に許与する権利と同一の権利を享有するものと規定する）と、立法上若しくは法律上の相互主義（外国の法律が自国民に許容する程度において外国人に私権を許与するのを原則とするものをいう。即ち立法上の相互主義は条約上の相互主義を矯正したものである）とがある。

しかし、特にフランスのように条約相互主義を採り、最も恒久的性質を要する私権の享有を、外交政略の如何によって臨機応変の与奪を免れざる条約上の規定に一任するようなことは、一国の民法及び通商条約の性質に反するのみならず、無条約国民はついになんらの私権をも享有することができないような不当な結果を免れないものであり、実際生活の上においても人的交流の自由を害し取引の安全を妨げること甚大である。

フランス法学者はこの不便を除却するため、ローマ法の市民法及び万民法の区別を襲用して私権を民権（droit civil）と自然権（droit naturel）とに区別した。前者は原則上内国民のみに専属する私権であり、外国人は民法第一一条の規定に従い相互条約の規定をまって始めて之を享有することを得るが、後者に属する私権即ち自然権に至っては、条約の規定を要せずして外国人も又等しく之を享有することを認めることをもって例としている。しかし、民権及び自然権の区別はもともと機械的区別であって、学理上の根拠のないものであるから、学者によってその基準を異にし、特に外国人の地位に関する法律思想が発達するにしたがい、自然権即ち外国人でも当然享有することができる私権の範囲は漸く増進するとともに、いわゆる民権の範囲はこれと反比例して縮小し、殆んど有名無実と言っても過言ではなくなった。

オ　第五期・平等主義

相互主義は、到底現今の状態に適しないから、近世文明国に於ては、フランス民法を模倣した諸国においても、皆この主義を放棄して内外人平等主義を採るに至った。そしてその第一は実にオランダ民法である。一八二九年の制定にかかるオランダ民法及び法例は近世国際私法の発達上一大時期を画するものであって、当時最も進歩した法律思想を表わしたものといってよい。

次いで内外人平等主義を明言した法律は、イタリア民法（一八六五年）、ポルトガル民法（一八六八年）、スペイン民法（一八八九年）である。

我が民法が第二条において「外国人ハ法令又ハ条約ニ禁止アル場合ヲ除ク外私権ヲ享有ス」と規定したのは前掲諸国の立法例に倣い内外人平等主義の原則を明言したものであって、現在の文明国においては既に明文を要するまでもない自明の法理にも拘らず、我が国においては外国人の権利保護に関する主義が一大変遷の時期に至っていたので、特にこの規定を必要としたのである。たしかに我が国の法制は開国以来僅かに三、四〇年間に外国人斬捨御免の敵視主義より内外人平等主義に進んだものである。即ち黒船が初めて近海に出没した当時においては、外国人は刑法上においてもなお人格を認められず、安政条約締結の際より漸く人格を認められるに至ったが、外国人は原則的にはなお無権利であったのである。

これを要するに現在の文明諸国における法律思想の進歩発達は、遂に私法上においては内外人平等主義に到達し、もしくは到達せずにはおかない趨勢である。

反面、公法上の権利義務については、なお内外人平等主義の原則は認められていないので、従来、通商航海条約中に最恵国条款を挿入して、外国人間の差別待遇を予防するをもって例とした。

三　国際連盟と外国人待遇問題

内外人平等主義の原則は、現在私法では一般的であるが、公法上は認められておらず、通商航海条約の最恵国条款により対応してきたことはさきに述べたところである。

「ところで、その最恵国待遇の保障は、内国民待遇の保障が伴わないときは大体において内国民待遇と異なる或種の条件を含むことがあり、従って、この最恵国待遇は外国人に対し自国民のみ享有する或種の法令による利益を拒み又はこれを拒む権利を留保しようとするものである。また、最恵国待遇の保障は不安定にして永続性を欠き、この保障による利益及び権利は、その元となる条約その他の国際協定の消滅とともに喪失してしまうものである。

このような状況にあって、第一次世界大戦後に設立された国際連盟は、世界平和のためには通商交通の自由と衡平待遇とを確保することが必要であることを痛切に感じて、国際連盟規約に「交通及び通過の自由並びに一切の連盟国の通商に対する衡平なる待遇を確保する為め方法を講ずべし……。」（同規約第二三条（ホ）項）と規定して、外国人の待遇に関する制度を改善する必要を明言するに至った。

そして、国際連盟は「外国人ノ待遇ニ関スル条約案」〔本書、後掲一七頁〕を作成して、各連盟国代表からなる国際会議を開催し、その成案に努力した。しかし、同条約案が余りにも多方面に亘って内外人平等主義の原則を確立しようとしたので列国の協定を見るに至らなかった」（前掲・山田三良『国際私法』第二分冊、二九三頁）。

しかし、ここでわれわれにとって、この国際連盟の作業から、外国人の法的地位について多く学ぶべきところがあると思われるので、以下、同連盟の「外国人ノ待遇ニ関スル条約案」作業をみてみよう（前掲『国際私法』と川上厳氏の「出入国管理制度の変遷」『外国人登録』五八号、五九・六〇号、六一・六二号による）。

ⓘ　第一次世界大戦後に設立された国際連盟（League of Nations）は、国際平和の維持を主たる目的としたものであるが、そのほか、経済・社会・文化面での諸国民の福祉増進のための国際協力をも併せてその任務とした。すなわち、保健・交通・通商などの諸問題に関する国際協力を促進するために条約の締結を斡旋する任務を与えられた。

国際連盟規約第二三条（ホ）項は、「交通及ビ通過ノ自由並ビニ一切ノ連盟国ノ通商ニ対スル衡平アル待遇ヲ確保スル為方法ヲ講スベシ。……」と規定して外国人の待遇に関する制度を改善する必要を明言している。一九二一年（大正一〇年）、この条項の意義を明らかにし適当なる方法を考究する為に連盟理事会より任命された経済委員会は、つぎの報告をした。

「コノ条項ハ、外国人ノ入国許可ノ条件ニ関スル問題ト、適法ニ入国ヲ許サレタル外国人ノ権利ノ享有又ハ行使ニ関スル問題ヲ包含スルモ、現今ノ状態ニ於テハ前者ニ関スル一般的規約ヲ設クルコトハ困難デアルカラ、唯後者ニ関シテ各国ガソノ国内法又ハ相互間ノ条約ヲモッテ互ニ内国人ト同等ノ待遇ヲ与エルニ至ランコトヲ希望スル」

そこで、この報告を受けた連盟理事会はこれを連盟国に通告するとともにその意見を徴した。一九二三年(大正一二年)九月の連盟総会において、我が国代表委員から右経済委員会がさらに外国人が滞在国において各種の生業及び商工業に従事し得るために必要とする条件をも研究することを提議したので、同委員会は一九二四年(大正一三年)八月、

「現時諸国ニ存在スル種々ノ制限ニ関スル調査報告ト共ニ国家公益上ノ必要ヨリ出デタル例外ノ場合ヲ除クノ外ハ、各種ノ生業及ビ商工業ニツイテモ又内外人平等主義ノ原則ヲ承認スベキ必要アル」

ことを勧告した。

ⅱ　一九二五年七月連盟理事会はこの勧告を連盟各国に送付するとともに各国のこれに対する意向を求めたが、約二〇カ国はその国内法において既に同様の原則を採用しているから、この勧告に応じてもなんらの困難をも感じない旨を回答した。

一九二七年(昭和二年)五月ジュネーブにおいて万国経済会議が開催されたが、これに際して、万国商業会議所(International Chamber of Commerce, ICC)は、外国人の待遇に関する報告書に添えて、㈠旅券査証の廃止並びに滞在及び居住の自由、㈡外国人の待遇、に関する二つの条約案を提出した。第一の条約は、締約国の一切の旅行者の入国及び通過の為の査証の義務を廃止すること及び入国を認められた外国人に対し移転、滞在、居住、移動につき内国民と同一の自由の許与することを目的とするものであり、第二の条約は、㈠外国人が商工業其の他一切の職業、生業に従事すること、㈡外国人の民事上の地位、㈢法人の地位、㈣外国人の租税上の待遇をできうる限り自由の精神をもって規約すべしとするもので、これらは、一九二四年(大正一三年)に経済委員会が連盟理事会に提出した勧告よりも広汎にしてかつ遥かに詳細なものであった。

万国経済会議は、このうち他国領域内に居住することを許可された外国人及び外国会社の経済上及び租税上の取扱いに関し、つぎの決議を行って、内外人間に存する不当なる差別的待遇を撤廃すべき国際条約を締結せんがために外交官会議を開催することを希望した。

「会議ハ一国ノ国民、商会又ハ会社ニシテ他国ノ領域内ニ於テ其ノ商業、工業若ハ他ノ職業ニ従事シ又ハ右領域内ニ居住スルコトヲ認メラレタルモノニ対シ法律上、行政上、課税上及ビ裁判上ノ保障ヲ附

与スルコトハ諸国民間ノ経済的協力ノ必須条件ノ一ナリト認メ、国際連盟経済委員会及ビ万国商業会議所ガ本問題ニ付既ニ重要ナル事業ヲ成就シタルコトヲ認ムルト同時ニ右委員会及ビ商業会議所ノ結論ガ外国人ノ地位ヲ決定シ外国人ト内国人トノ間ノ不正ナル差別待遇ヲ廃止シ及ビ二重課税ヲ予防スル最善ノ方法ヲ決定スル為ノ外交官会議ニ附議セラルル為ニ審査セラレ且ツ国際連盟ノ適当ナル機関ニ依リ整理ヲ加エラレンコトヲ望ム

右会議ノ目的ハ国際協定ノ作成ニアリ

然レドモ右外交官会議ガ本問題ヲ総体的ニ解決スル以前ニ於テモ衡平ナル相互主義ヲ規定シ且ツ前記根本方針ヲ基礎トスル二国協定ハ現状ノ改善ニ資スルコト大ナルベシ

従ツテ会議ハ左ノ諸項ヲ勧告ス

(一)　国際協定ノ締結ヲ見ルニ到ル迄国際連盟経済委員会及ビ万国商業会議所ノ既ニ成就シタル事業ヲ基礎トシ経済的見地ノミナラズ法律上及ビ租税上ノ見地ヨリ外国人ノ地位ヲ確定スベキ最善ノ手段ヲ決定スベキ二国協定ノ締結セラルベキコト

(二)　同様ノ精神及ビ同様ノ目的ヲ以テ国際連盟理事会ハ国際協定作成ノ為ニ外交官会議ノ召集ヲ準備スルコト

(三)　会議ニ附議セラルベキ是等ノ協定及ビ条文ヲ起草スルニ当リ左ノ諸点ニ付キ特ニ留意スルコト

(イ)　内国民及ビ其ノ国ニ入国ヲ許サレタル外国人間ニ於ケル滞在、居住、移転及ビ往来ノ条件ニ関スル待遇ノ衡平

(ロ)　外国人及ビ外国企業ガ商業、産業及ビ其ノ他一切ノ活動ヲ営ムノ条件

(ハ)　右外国人及ビ外国企業ノ法律上ノ地位

(ニ)　右外国人及ビ外国企業ノ租税上ノ地位」

(iii)　経済委員会は、右の万国経済会議の決議中緊急を要するものと認められるものの審査のため、同年七月臨時会議を開き、右決議を以て勧告された国際会議(外交官会議)の召集準備を開始した。そして十二月経済委員会は、その議長及び万国商業会議所代表者の起草した条約案を審議し、翌年三月右条約の最終案を制定し、次の報告とともに理事会に提出した。

「経済委員会ハ外国人及ビ外国人企業ノ待遇ニ関スル条約案ノ制定ヲ了シタ

右条約案ハ他ノ締約国ノ領域内ニ居住スルコトヲ認メラレタル締約国ノ国民及ビ会社ニ対シテ相互的ニ付与スベキ一切ノ保障ヲ規定ス右保障ハ単ニ一切

ノ経済的性質ヲ有スル活動ノ実施ニ付テノミナラズ民事上及ビ司法上ノ権利、一切ノ種類ノ財産及ビ利益ノ取得、保存及ビ移転並ビニ右国民及ビ財産ニ対シ賦課セラルルコトアルベキ普通又ハ特別ノ租税上ノ負担ニ付キ適用セラルベク且ツ観念、事情、法令及ビ現行条約ニ基ク国際慣例ノ差異ヲ斟酌シテ制定スルノ可能且ツ衡平ナリト認メラルル居住ノ権利ノ出来得ル限リ完全ニシテ自由ナル規定ヲ含ム

　経済委員会ハ理事会ノ参考ノ為ニ委員会ガ条約案中ニ採用セル原則ノ審議ヲ為サザリシモ委員会ガ出来得ル限リ内国民待遇及ビ内国民ト均等ナル待遇ヲ以テ差別的又ハ不安定ナル制度タル最恵国待遇ニ換フルコトニ努力シタルコト並ビニ各国ガ其ノ法令及ビ行動ノ規準トスベキ絶体的規約ヲ以テ此ノ相対的保障ニ代ヘタルコトヲ理事会ニ指摘セント欲ス

　政治及ビ経済的事由ニ依リ当分ノ間外国人ノ居住ノ完全ナル自由ヲ提議スルコト不可能ナリ故ニ本条約案ハ原則トシテ既ニ滞在及ビ居住ヲ許サレタル外国人ノ地位ニ関シ規定セリ但シ委員会ハ現状ニ於テ出来得ル限リノ進歩ヲ実現セント欲シ更ニ各締約国ノ国民ノ商業及ビ財産ニ対シ右国民ガ自国ノ領域国ニ居住セザル場合ト雖モ該領域内ニ居住スルコトヲ認メラレタル外国人ニ対スルト同様ノ制度ヲ適用スベキコトヲ規定セリ

　経済委員会ハ本条約ガ国際関係ニ有益ナル効果ヲ齎シ且ツ諸国ノ経済的回復ノ為ノ協力ヲ促進スルコトヲ信ズルガ故ニ理事会ガ一九二八年（昭和三年）三月五日ノ会議ニ於テ附与セル権能ヲ行使シ本条約案ヲ一切ノ連盟国政府ニ送付シ且ツ各国政府ガ本条約案ヲ以テ国際条約ノ適当ナル基礎ヲ為スモノト認ムベキヤ又右条約締結ノ為ノ国際会議ニ参加スル意向アリヤヲ連盟事務総長ニ通告セラレンコトヲ要望スルモノトス」

ⅳ　経済委員会の作成になる「外国人ノ待遇ニ関スル条約案」は、前文と二九カ条からなり、これに議定書及び最終議定書がつけられている。関係条項をあげてみるが、その前に、本条約案には各国が事前に十分検討できるよう経済委員会の条約案逐条註釈が添付されており、その序論の部分は、本条約案作成の基本方針を記述したもので、本条約案を理解するうえでまことに重要であると思われるので、まずこれをみてみることにする。

　「国際連盟ハ連盟規約第二十三条（ホ）号ニ依リ国際間ノ交易ヲ充分ニ発達セシメ且ツ之ニ衡平ナル

組織ヲ与エル為各種ノ国際条約ヲ締結シ来タ連盟トシテ企図シ得ベキハ連盟国ガ各自国ノ法制ノ根本原則トシテ採用スベキ共通ノ保障ヲ樹ツルニ在リ即チ連盟ノ努力ヲ注グベキ対照ハ此根本原則ノ探究ニ在リ之ガ各国ノ特殊ノ状態ニ応ズベキ細目ノ運用如何ノ問題ニハ非ザルナリ

右ノ次第ニテ外国人ノ待遇ノ問題ニ関シ今回各国政府ニ附議セラルル条約案モ各種ノ態様ヲ有スル共通ノ保障ヲ設定セントスルニ在リ

(一)　国民ノ自由活動及ビ其ノ財産ノ自由処分ノ原則ヲ基礎トスル法制ノ国ニ於ケル最モ有効且ツ最モ安固ナル保障ハ内国民待遇即チ外国人ニ与ヘラルル権利ト内国民ノ国内法制ニ依リ享有スル権利トヲ全ク同一ニ取扱ハントスルコトニ在リ　委員会ハ右保障ハ課税ニ関シテハ何レノ国モ之ヲ拒ミ得ザルモノト認メ又旅行滞在ノ自由、商業、工業及ビ職業ノ執行並ニ私権、出訴及ビ財産ニ関スル問題ニ付テモ相当広ク内国民待遇ヲ規定シタ

(二)　最恵国待遇ノ保障ハ内国民待遇ノ保障ヲ伴ハザルトキハ大体ニ於テ内国民待遇ト異ナル或種ノ条件ヲ含ムコトアリ得ベシ依テ此種待遇ハ外国人ニ対シ自国民ノミ享有スル或種ノ法令ニ依ル利益ヲ拒ミ又ハ之ヲ拒ム権利ヲ留保セントスル国ノ良ク慣用スル所ナリ　最恵国待遇ノ保障ハ又不安定ニシテ永続性ヲ欠キ此保障ニ依ル利益及ビ権利ハ之ガ元トナレル条約其ノ他ノ国際約定ノ消滅ト共ニ自ラ喪失セラルベキモノナリ　最恵国待遇ノ保障ハ以上ノ如ク不充分ナレドモ他方直接間接ノ差別待遇ヲ禦グヲ得ベク内国民待遇ヲ獲得シ得ザル場合ニ之ヲ設クル必要アリ

(三)　相互待遇ノ保障ハ其ノ許与スル保障ト同一ノ保障ヲ獲得セントスル国乃至右保障ヲ相手国ノ提供スベキ反対給付ニ限定セントスル国ニ依リ慣用セラル　経済委員会ハ此ノ相互待遇ニ依リ最恵国待遇又ハ内国民待遇ノ保障ヲ補充スル場合又ハ有用ナル変更ヲ加フル場合ノ外ハ之ヲ採用セザリキ

……

(四)　以上列挙シタル各種ノ保障ハ何レモ一国ノ法制乃至国際約束ノ如何ニ依リ又ハ他ノ国ニ対スル取扱ノ如何ニ依リ異ルモノニシテ或程度ニ於テ相対的性質ヲ有スルモノナリ　条約ハ右以外ニ絶対的性質ヲ有スル強制規定ヲ設ケ締約国ヲシテ其ノ法制及ビ国際約束ノ如何ヲ問ハズ之ヲ実施セシメ居レリ　右規定ハ主トシテ旅商ノ待遇、二重課税等

ノ事項ニ関スルモノトス

（中略）

万国経済会議ハ各国ガ他国ノ国民及ビ会社ノ活動並ビニ外国ニ於ケル居住ヲ制限シ貨物ノ提供又ハ外国ニ於ケル活動ヲ妨グル以上ハ通商ノ自由ハ有名無実ト化スベキコトヲ特筆大書シ居レリ　経済委員会ハ従来ノ国際交渉ノ上ニ於テ特ニデリケートニシテ且ツ常ニ保留セラレタル外国人及ビ外国会社ノ入国設立許可ノ問題ニハ触ルルヲ避ケタレドモ必ズシモ条約ノ範囲ヲ予メ入国ヲ許可セラレタル外国人又ハ外国会社ノ居住ノ条件ノミニ限定セズ外国ニ居住セズシテ直接又ハ仲介者ヲ通ジテ事業ヲ経営シ又ハ資本ヲ投ズル締約国々民ノ商業ニ必要ナル保障ニ関スル規定ヲ附加センコトニ努メタリ……

条約案ノ殆ド全部ノ条項ハ通商条約、居住条約又ハ二重課税防止ニ関スル条約ヲ参酌シテ起草シタルモノニシテ総テノ国ニトリ必要ニシテ且ツ総テノ国ノ採用シ得ベキ条項ノミニ限ルコトニ留意シタリ即チ委員会ノ本旨ハ条約案ノ徹底的完全ヲ期セントスルニ非ズシテ之ヲ秩序的且ツ明瞭ナラシメントシタリ

委員会ハ各国ノ現行法制ガ必ズシモ条約案ニ合致スルヲ期待セザリシト雖此等ノ国ニ於テモ条約ノ利益ヲ享有センガ為其ノ法制ヲ条約ニ合致セシムル様適当ナ措置ヲ執ルニ至ランコトヲ希望シ且ツ確信セリ又条約ハ一ノ進歩ヲ示スモノニシテ条約ヨリ進ミタル制度ヲ有スル国ガ条約ヲ理由トシテ其ノ制度ヲ変更スルコトヲ許サザルナリ　外国人待遇ノ問題ノ如キ機微ノ問題ヲ国際的ニ解決セントセバ之ガ基礎トナルベキモノハ極端ニ自由主義ヲ執ル法制乃至最モ有利ナル条約ニアラズ又外国人ニ最小限度ノ保障ヲ与フル法制、内国民ヲ極端ニ保護スル法制ニモ非ザルナリ　国際的解決ハ必ズヤ折衷ニ在ルベク唯右折衷ニ依リ現在ノ諸法制並ニ諸国際約定ノ平均ヨリハ一歩進ミタルモノナラザルベカラズ　委員会ガ本条約案ヲ起草シタル所以ハ此進歩ヲ実現セシメントシタルニ在リ斯クテ文明国民ノ協力ニ資スルヲ得ベキナリ」

かくて「外国人ノ待遇ニ関スル国際会議」は、一九二九年（昭和四年）一一月五日より一二月四日までパリにおいて、日本、ドイツ、英国、米国（但し、オブザーバー）、ソ連等の連盟国四九カ国、非連盟国四七カ国の参加で開催された。しかし、さきに述べたとおり、同条約案は、余りにも多方面に亘って内外人平等主義の原則を確立しようとしたきらいがあったため、実を結ぶには至らな

かった。

外国人ノ待遇ニ関スル条約案

前　文

……（各国元首名）ハ一国ノ国民ノ他国ノ領域内ニ於ケル居住及ビ活動ノ為ニ一層安易ニシテ且ツ一層衡平ナル条件ヲ設定シ以テ諸国間ノ経済方面ニ於ケル協力ヲ促進セント欲シ　諸国民間ノ関係ノ現状ニ顧ミ且ツ其ノ国民経済ノ回復屢々充分ナラザルモノアルニ依リ一国領域内ニ於ケル他国ノ自然人及ビ法人ノ自由入国及ビ自由活動ヲ宣言スルコトノ未ダ不可能ナルコトヲ認メ

他国ノ領域内ニ居住スルコトヲ認メラレタル各締約国国民ガ右領域内ニ於テ活動スル為ニ欠クベカラザル民事上、司法上、課税上又ハ経済上ノ保障ヲ共同ノ規約ヲ以テ規定シ且ツ自国領域内ニ於テ他国民ノ商業ヲ阻害スルコトアルベキ差別的又ハ不当ナル一切ノ待遇ヲ為サザルコトニ決シ

左記ノ全権委員ヲ任命セリ

……

……

因テ各全権委員ハ互ニ其ノ全権委任状ヲ示シ之ガ良好妥当ナルヲ認メタル後左ノ諸条ヲ協定セリ

第一編　外国人ノ待遇

第一章　国際商業ニ関スル保障

第　一　条

一、締約国ノ国民ハ他ノ締約国ノ領域内ニ居住セザル場合ト雖モ右領域内ニ於テ一切ノ商取引ニ従事スルコトヲ得ベク特ニ商品販売シ、購買シ、注文ヲ取集メ、注文ニ依リ商品ヲ引渡シ又ハ注文ニ依リ仕事ヲ為スコトヲ得但シ右取引ハ仕事ヲ為スコトガ右領域ノ法令ノ規定ニ依リ内国民ニ対シテモ特許ノ付与ヲ必要トスル場合ハ此ノ限ニ在ラズ……

第二章　外国人ノ居住

第一節　旅行、滞在及ビ居住ノ自由

第　六　条

締約国ノ一方ノ国民ニシテ他ノ締約国ノ領域内ニ入国ヲ許サレタル者ハ右他ノ締約国ノ法令ニ遵ヒ右他ノ締約国内ニ於テ旅行、滞在、居住、住所ノ選定及ビ移転ニ関シ内国民ト同様ノ自由ヲ享有シ内国民ニ課セラルル所ト異ル条件又ハ規則ニ服スルコトナカルベシ但シ外国人ニ関スル警察法規ニ付テハ此ノ限ニ在ラズ

第二節　商業、工業及ビ職業

第　七　条

一、締約国ノ一方ノ国民ニシテ他ノ締約国ノ領域内ニ居住ヲ許サレタル者ハ右他ノ締約国ノ法令ニ遵由スルニ於テハ右他ノ締約国ノ領域内ニ於テ左ノ諸点ニ関シ法律上及ビ事実上内国民ト完全ニ同一ナル地歩ニ置カルベシ

(イ)　商業上、工業上及ビ金融上ノ一切ノ活動ヲ為スコト但シ此ノ点ニ関シ独立ノ経営ヲ為ス企業ト該締約国ノ領域内ニ在ル企業ノ支店又ハ分店若ハ代理店トシテ行動スル企業トノ間ニ区別ヲ設ケザルモノトス

(ロ)　該締約国ノ法律ガ内国民ニ対シ自由ニ従事スルコトヲ許シタル職業ニ従事スルコト又若シ特別ナル資格若ハ保障ノ提供ヲ必要トスル職業ノ場合ニ於テハ内国民ニ必要トスルモノト同一ナル資格若ハ保障ヲ提供シ若ハ関係締約国ガ右ト同等ナリト認メタル資格者ハ保障ヲ提供シテ之ニ従事スルコト

二、尤モ各締約国ハ其ノ領域内ニ於テ左ニ列挙セル職業、生業、産業及ビ商業ニ従事スルコトヲ外国人ニ禁止シ又ハ之ニ差別的規則若ハ条件ニ服セシムル権利ヲ留保ス

(イ)　司法上、行政上、軍事上及ビ其ノ他ノ之ニ類似ノ官職、公務又ハ公職ニシテ国家ノ権力ノ一部ヲ行使シ又ハ国家ノ賦与シタル使命ヲ包含スル為内国民ニ保留セラレタルモノ

(ロ)　弁護士、代訟人、公証人、株式仲買人ノ如キ職業及ビ之ニ類似スル職業若ハ職務並ニ其ノ帰属スル特別ノ責任ガ公益ノ為ニ国民ニ保留スルコトヲ好マシトスル他ノ一切ノ職業若ハ職務但シ右保留ハ厳ニ此ノ利益ノ必要トスル範囲内ニ限ラルベキモノトス

(ハ)　領水内ニ於ケル漁業及ビ内国旗ヲ掲グル船舶又ハ保留セラレタル運輸ヲ為ス船舶ニ於ケル役務、沿岸貿易、水先案内及ビ港湾内ノ役務ニシテ現ニ実施セラレ又ハ実施セラルベキ航海ニ関スル国際条約若ハ二国間条約ニ依リ規定セラレザルモノ

(ニ)　鉱山資源及ビ水力ノ開発

(ホ)　国ノ独占事業又ハ国ノ監督ノ下ニ行ハルル独占事業ノ目的タル産業及ビ商業

(ヘ)　呼売及ビ行商但シ第五条ノ規定ニ抵触スルコト無カルベシ

第　八　条

締約国ノ一方ノ国民ニシテ他ノ締約国ノ領域内ニ居住シ又ハ居住セザルモ該領域内ニ於テ事業ヲ営ム者ハ

其ノ選択ニ依リ其ノ業務所ノ支配ノ為ニ又ハ其ノ事務ノ処理ノ為ニ適当ニシテ且ツ有能ナリト認ムル者ヲ任命スル自由ヲ有スベク之ガ為何等ノ制限特ニ右ノ者ノ国籍ヲ考慮スル義務ヲ負フコトナカルベク且ツ一定ノ国籍ヲ有スル者ヲ事務上若ハ技術上ノ使用人トシテ雇入レ又ハ共同経営者トシテ参加セシムル義務ヲ負ウコトナカルベシ

第三節　民事上及ビ司法上ノ保障

第　九　条

一、各締約国ノ国民ハ他ノ締約国ノ領域内ニ於テ其ノ身体、財産、権利及ビ利益ノ法律上及ビ司法上ノ保護ニ関シ内国民ト同一ナル待遇ヲ受クベシ

二、右国民ハ該領域内ニ於テ自己ノ権利及ビ利益ヲ擁護スル為内国民ト同一ナル条件ノ下ニ該国ノ現行法令ニ遵ヒ原告又ハ被告トシテ訴訟シ又ハ権限アル行政官庁ニ申出ヅルコトヲ得右法令ハ内国民及ビ外国人ニ対シ差別ナク適用セラルベシ締約国ノ国民ハ裁判所又ハ行政官庁ニ於テ自己ノ利益ヲ擁護スル為弁護士、代訟人、公証人及ビ該国ノ国法ニ依リ権限ヲ与ヘラレタル其ノ他ノ者ヲ選択スル権利ヲ有スベシ

三、外国人ノ訴訟上ノ保証ニ関シテハ締約国ハ之ガ免除ヲ規定スル協定ヲ締約セザル一切ノ締約国ノ国民ニ対シ右義務ヲ課スル限リ他ノ締約国ノ国民ニ対シ之ヲ要求スルコトヲ得

締約国ノ一方ノ領域ニ於テ為サレ他ノ締約国ニ対シ其ノ執行ヲ求メラレタル裁判判決又ハ仲裁判断ノ執行ニ関シテハ各締約国ノ国内法又ハ各締約国ニ依リ此ノ点ニ関シ締結セラルベキ協定ニ依リ解決セラルベシ

第四節　所有権

第　十　条

一、各締約国ノ国民ハ財産権ニ関シ、動産又ハ不動産ヲ取得シ、所有シ又ハ賃借スル権利ニ関シ及ビ内国民ト同様ノ条件ノ下ニ国法ニ遵ヒ之ヲ処分（購買、売却、贈与、移転、婚姻、遺言、法定相続又ハ其ノ他ノ方法ニ依リ）スル権利ニ関シ内国民ト完全ニ同一ナル地歩ニ置カルベク……

三、本条ノ規定ハ締約国ガ安全又ハ国防ノ理由ニ基キ外国人ニ対シ或種ノ不動産又ハ施設ノ取得ヲ禁止シ又ハ予メ許可ヲ受クルコトヲ条件トシテ之ヲ許可スルコトヲ留保スル権能ヲ阻害スルモノニアラズ

四、締約国ハ又外国人ニ依ル不動産又ハ有価証券ノ取得ガ国家ノ重要ナル経済的資源ノ不当ナル支配ト為リ又ハ殊ニ通貨ノ危機ヨリ生ズルガ如キ特別ナル事

態ニ際シ右資源ヲ危殆ナラシムルガ如キ場合ニ於テハ右取得ヲ禁止スル権限ヲ留保ス但シ右ハ本条第一項ニ確立セル均等ノ原則ニ関スル一切ノ手段ガ右利益ヲ擁護スルニ足ラザル場合ニ限ル

第五節　特別負担

第十一条

一、各締約国ノ国民ハ他ノ締約国ノ領域内ニ於テ其ノ種類ヲ問ハズ司法上又ハ行政上ノ負担又ハ職務ヲ免除セラルベシ

二、各締約国ノ国民ハ平時タルト戦時タルトヲ問ハズ他ノ締約国ノ領域内ニ於テ陸軍、海軍又ハ空軍ノ何レタルヲ問ハズ、護国軍若ハ民兵ノ何レタルヲ問ハズ一切ノ強制兵役ヲ免レ及ビ一切ノ軍事上ノ人的強制賦課ヲ免ルベシ且ツ右国民ハ右賦課ノ代トシテ課セラルル金銭又ハ物品ニ依ル賦課ヲモ免ルベシ

三、各締約国ノ国民ニシテ他ノ締約国ノ領域内ニ居住スル者ハ家屋又ハ土地ノ占有者又ハ所有者タル資格ニ於テ一切ノ内国民ガ法令ノ規定ニ依リ課セラルベキ不動産ノ所有者トシテ課セラルル負担並ニ強制宿泊又ハ其ノ他ノ軍事上ノ特別賦課若ハ徴発ヲ課セラルベシ

如何ナル場合ニ於テモ右ニ規定スル負担ハ何レモ締約国ガ之ヲ内国民ニ対シ均シク課スモノニ非ザレバ之ヲ課スルコトヲ得ズ

四、各締約国ノ国民ハ他ノ締約国ノ領域内ニ於テ法律上公用ト認メラレタル理由ニ依リ且ツ現行法定ノ手続ニ依ルニ非ザレバ其ノ財産ヲ徴収セラレ又ハ一時的ナリトモ其ノ財産ノ享有ヲ剝奪セラルルコトナカルベシ

五、各締約国ハ第三項及ビ第四項ニ規定セル徴発、徴収又ハ一時的剝奪ニ対スル賠償ニ関シ其ノ内国民ニ与フルト同一ノ待遇ヲ他ノ締約国ノ国民ニ与フベシ

第六節　課税制度

第十二条

一、各締約国ノ国民ハ一切ノ種類ノ租税及ビ課金並ニ租税ノ性質ヲ有スル他ノ一切ノ負担ニ関シ其ノ何レノ計算ノ為ニ徴収セラルルカヲ問ハズ他ノ締約国ノ領域内ニ於テ一切ノ事項ニ付其ノ身体ニ対シ又ハ其ノ財産、権利及ビ利益(商業、工業及ビ職業ヲ含ム)ニ対シ税務ニ関スル官庁及ビ裁定機関ニ於テ内国民ト同様ノ待遇及ビ保証ヲ享有スベシ

二、商業及ビ工業ニ賦課スル一切ノ種類ノ租税及ビ課金ノ率ヲ決定スルニ際シ使用シ又ハ販売スル商品ノ原産地ノ如何ニ依リ何等ノ差別ヲ設ケザルベシ

第十四条

一、一方ノ締約国ノ国民ニシテ正規ニ又ハ臨時ニ異ナレル国ノ地方ノ間ニ陸上、海上、可航水路又ハ空中ニ於テ人又ハ商品ノ運輸ヲ為ス者ハ之ガ為其ノ企業ノ本店ノ在ル領域以外ノ地ニ於テ何レノ計算ノ為ニ徴収セラルルカヲ問ハズ租税又ハ課金ヲ課セラルルコトナカルベシ右「陸上ニ於ケル運輸」ニハ鉄道ニ依ル運輸ヲ含マザルモノトス

第七節　他ノ締約国ノ領域内ニ居住セザル国民ニ対スル前数条ノ適用

第十五条

第九条、第十条、第十一条(第一項)、第十二条及ビ第十四条ノ規定ニ関シテハ締約国ノ一方ノ国民ハ他ノ締約国ノ領域内ニ於テ右国民ガ該領域内ニ居住セル場合享有スルコトアルベキモノト同一ナル待遇ヲ享有スベシ

第二編　外国会社ノ待遇

第十六条

一、株式会社及ビ其ノ他ノ商事会社(工業会社、金融会社、保険会社、通信又ハ運輸ヲ営ム会社ヲ含ム)ニシテ締約国ノ一方ノ領域内ニ其ノ本拠ヲ有シ且ツ右締約国ノ法令ニ従ヒ適法ニ成立スルモノハ他ノ締約国ノ領域内ニ於テ違法ナル目的ヲ有スルモノニ非ザル限リ右他ノ締約国ニ依リ均シク適法ニ成立スルモノト認メラルベシ

二、右会社ノ設立ノ適法ナリヤ否ヤ及ビ訴訟能力アリヤ否ヤハ右会社ノ定款及ビ其ノ設立ノ際ノ準拠法ニ依リ決定セラルベシ

三、締約国ノ一方ノ法令ニ依リ設立セラレタル会社ノ活動ニシテ他ノ締約国ノ領域内ニ於テ為サルルモノハ右活動ノ為サルル国ノ法令ニ遵由スベシ

四、締約国ノ一方ガ其ノ領域内ニ於ケル他ノ締約国ノ会社ノ商業上ノ活動ニ付事前ノ且ツ取消シ得ル許可ヲ必要トスルトキハ後ノ締約国ハ前ノ締約国ノ会社ニ付相互的ニ同様ノ措置ヲ執ル権利ヲ有スベシ

六、締約国ハ必要ナキ限リ既得権ヲ毀損シ又ハ其ノ結果一度賦与シタル許可ヲ取消サザルコトヲ約ス但シ該国ノ法令ニ違反シタルコトヲ理由トスル場合ハ此ノ限ニ在ラズ

八、第一項ニ規定スル各締約国ノ会社ニ許与セラルベキ待遇及ビ保護ハ一切ノ点ニ於テ第二条、第三条、第四条、第五条、第八条、第十一条、第十二条及ビ第十四条ニ於テ各締約国ノ国民ニ付規定シタルモノト同様ナルベシ

第三編　一般規定

第一章　協定又ハ一方行為ニ依ル本条約ノ拡張又ハ制限

第十七条

締約国ノ国民ニ対シ特ニ内国民待遇ノ賦与ヲ規定セル第一編ノ規定ハ最恵国待遇ノ無条件賦与ヲ含ムベシ尤モ内国民待遇ニ対シ特ニ除外例ヲ認メタル特別ノ規定ニ付テハ此ノ限ニ在ラズ

第十八条

一、第一編ノ規定ニシテ第十七条ニ該当セザルモノ及ビ第二編ノ規定ハ其ノ規定スル事項ニ関シ締約国ノ一方ガ特別協定ニ依リ他ノ締約国ノ一国又ハ数国ニ対シ一層有利ナル条件ヲ賦与スルコトヲ妨ゲルモノニ在ラズ

二国間協定ニ依リ最恵国条款ノ利益ヲ享有セザル締約国ハ相互待遇ヲ約定スルニ於テハ前項ノ一層有利ナル条件ノ賦与ヲ要求シ得ルモノトス

二、前項及ビ第十七条ニ依リ許与セラルル最恵国待遇ハ左ノ場合ニ於テハ之ヲ要求スルコトヲ得ズ

(イ)　両国ガ一定ノ職業ニ従事スル為必要ナル資格又ハ保障ノ同等ナルコトヲ相互間ニ認ムル条件ニ付協定シタル場合

(ロ)　二重課税ノ防止ヲ目的トスル二国間協定ノ場合

第十九条

一、締約国ハ一定ノ権利ヲ外国人ニ禁止シ又ハ右権利ノ行使ニ対シ一定ノ条件及ビ形式ヲ必要トスルコトニ付本条約ニ認メラレタル権能ヲ行使スルニ際シ或ル締約国ノ国民ニ対シ非友誼的差別待遇ヲ設定セザルコトヲ約ス

二、締約国ハ本条約ガ内国民ニ対シ適用スル規定ノ利益ヲ外国人ニ対シ保障スル場合右規定ノ適用ガ外国人ヲ明白ニ排斥スル結果ト為リ又ハ外国人ニトリ不利益ナル差別的制度ト為ル様之ヲ制定セザルコトヲ約ス

第二章　均等待遇ノ保障

第二十一条

一、締約国ガ本条約ノ署名後且ツ本条約ノ範囲内ニ於テ従前他ノ締約国ノ国民又ハ会社ニ許可シタル活動ニ対シ何等カノ制限ヲ附スル場合ニ於テハ右締約国ハ出来得ル限リ既得権ヲ尊重スルコトヲ要ス

二、締約国ハ一般ニ本条約ニ規定スル留保ヲ行使スルニ際シ国際通商ニ及ボス損害ヲ出来得ル限リ少ナカラシムルコトヲ約ス

第三章　条約ノ解釈又ハ適用ニ関スル紛争ノ解決（略）

第四章　条約ノ署名、批准、加入、実施及ビ廃棄（略）

第五章　植民地ニ関スル規定

第二十八条

締約国ハ本条約ノ受諾ニ依リ其ノ植民地、保護領又ハ其ノ宗主権若ハ受任ノ下ニ在ル領域ノ全部又ハ何レカニ付何等ノ義務ヲ負ハザル意思ナル旨ヲ署名、批准又ハ加入ニ際シ宣言スルコトヲ得此ノ場合ニ於テハ本条約ハ右ノ宣言ノ目的トスル領域ニ適用セラレザルベシ

第六章　一般的留保

第二十九条

本条約ノ規定ハ外国人ノ入国ニ関シ又ハ締約国ガ外国人ニ付執ルコトアルベキ警察手段ニ関スル締約国ノ自由ニ対シ何等影響ヲ及ボスモノニ在ラズ

議　定　書

一　第一条第一項ニ関シ

一、第一条第一項ノ規定ハ入札ニ依リ官公庁ト締結スル契約ニ対シ締約国ガ特別条件ヲ附スルコトヲ得ルモノト解セラルベシ右契約ハ政府ノ特許ト同様ニ看做サルベシ

二、但シ輸入又ハ輸出ノ管理ノ為ニスル免許ノ附与及ビ其他ノ手続ニシテ居住、住所又ハ登記ニ関スル何等ノ義務ヲ含マザルモノハ特許ト同様ニ看做サルルコトナカルベシ

六　第六条ニ関シ

第六条ノ規定ハ領域ヨリノ自由出国ノ権利ヲ含ム　但シ各締約国ガ正常ノ行使ヲ留保スル追放権ヲ害スルコトナカルベシ

七　第七条ニ関シ

一、……

二、締約国ハ或職業ニ従事スル為ニ必要トスル資格若ハ保障ノ同等ナルコトヲ認ムル協定ガ右同等ナリトスルニ必要ナル保障ガ存在スルト認メラルル国ノ間ニ締結セラルルコトヲ好マシキ旨ヲ宣言ス

三、締約国ハ外国人ノ待遇ニ関スル本条約ノ規定ガ其ノ領域内ニ入国ヲ許サレタル労働者、被傭人及ビ其ノ他賃銀ヲ受クル者ニ付テモ一切ノ他ノ外国人ニ付テト同様ニ適用セラルベキコトヲ約ス

但シ締約国ハ本条約ノ規定ヲ以テ外国労働者、被傭人及ビ其ノ他賃銀ヲ受クル者ノ一時的滞在及ビ定

住ニ関スル条件及ビ保障ヲ規定スルモノト解セザルベク且ツ或国ガ内国ノ労働市場ヲ保護スル為ニ執ルコトヲ必要トスル措置ニ付自国ノ態度ヲ表明スルモノト解セザルベシ

八　第八条ニ関シ

一、締約国ハ外国人ノ入国ヲ拒ミ又ハ之ヲ追放スルコトニ付自国ニ認メラレタル権利ヲ行使スルコトニ依リ本条ニ規定セル保障ヲ無効ナラシメザルコトヲ約ス

二、本条ノ規定ハ締約国ガ第七条ニ依リ内国民ニ保留スルコトヲ得ル職業又ハ同条ノ規定ニ依リ之ニ従事スルニ際シ特別ノ規則又ハ条件ニ服セシムル職業ノ従事ヲ外国人ニ禁止スルコトヲ妨グルモノニ在ラズ

（九〜一三　略）

最終議定書

一

本会議ハ一部ノ国ガ内国労働市場ヲ保護スル為執ルコトヲ必要トスル手段ガ生産及ビ商業ニ及ボスコトアルベキ障害ニ付注意ヲ喚起セント欲ス

本会議ハ該問題ガ特別ノ法令又ハ協定ノ目的ト為ルベキモノト認ムルモ一国ノ必要ト相容レ得ル範囲内ニ於テ出来得ル限リ広汎ナル自由制度ガ漸次ニ施行セラルルコトノ希望ヲ表明セント欲ス

本会議ハ此ノ目的ノ為ニ出来得ル限リノ範囲内ニ於テ外国労働者、被傭人及ビ其ノ他ノ賃銀ヲ受クル者ノ自由交換ヲ回復スル為、特ニ左ノ目的ヲ達スル為事情ガ有利ト認メラルルニ於テハ直ニ商議ヲ開始スルコトノ希望ヲ表明ス

イ、企業ニ熟練セル部員ヲ構成スベキ技術者、被傭人及ビ労働者ノ交換ニ対シ又ハ実務家其ノ他ノ者ガ外国ニ於テ自己ノ職業上ノ修練ヲ完成スル為之ニ赴ク自由ニ対シ現ニ課セラルル制限ノ撤廃

ロ、渡リ労働者及ビ季節労働者ノ往来ニ対スル適当ナル規則ノ設定

ハ、仲介業者ノ術策ニ対シ労働者ヲ保護スル為ノ最モ有効ナル手段ノ調査

二

本会議ハ締約国ガ非締約国ト締結スルコトアルベキ条約ニ於テモ出来得ル限リ本条約ノ適合スルコトヲ望マント思惟ス

四　国際連合と国際人権規約

第二次大戦後成立した国際連合は、その憲章第一条において戦争の惨禍を繰り返さないため「国際平和及び安全の維持」と並んで「人種、性、言語又は宗教による差別なくすべての者のために人権及び基本的自由を尊重する」ことをその目的にかかげているが、一九四八年一〇月一〇日その第三回総会において「世界人権宣言」(Universal Declaration of Human Rights) を採択し、尊重さるべき三〇カ条にわたる具体的人権を明らかにした。

しかしながら、この宣言は加盟国の努力義務を定めたものであって具体的に法的拘束力を有する条約ではなかった。そこで国際連合は、人権に関する法的拘束力のある規約の検討を重ね一九六六年(昭和四一年)一二月一六日第二一回総会において二つの国際人権規約(International Covenants on Human Rights) を採択した。「経済的、社会的及び文化的権利に関する国際規約」(社会権規約又はA規約とよばれる)と「市民的及び政治的権利に関する国際規約」(自由権規約またはB規約)である(国際人権規約の成立過程やその具体的内容等については後述する)。

国際人権規約が保障する人権は、さきの世界人権宣言に規定される人権にほぼ対応し、同宣言の市民的・政治的権利が自由権規約に、また経済的・社会的・文化的権利が社会権規約に、それぞれ条約化されたものとなっている。また、国際人権規約の人権規定と日本国憲法の人権規定とを比較すると、全体的・概括的にいえば、国際人権規約は日本国憲法の人権規定を補完・補強するもの、少なくとも詳細に精密化し発展させるものと、評価されよう。また、この規約は外国人にたいしても十分に人権を保障することとなっており、従って、外国人の法的地位に関し国際法上の制約が大きくなってきたことが注目される。すなわち、これまで私権の享有についていわれていた内国民待遇ないし内外人平等主義が、公権(基本的人権)についても適用されるようになったからである。

以上、さきの国際連盟と外国人待遇問題につづき国際連合による国際人権規約の制定を見てきたが、国際連盟による「外国人ノ待遇ニ関スル条約案」が成案を見なかったとはいえ、国際連合と同様に、戦争による惨禍を繰り返さないよう各国家が協力して一般国際法(多国間条約)の策定に努めてきたことを感知することができる。外国人の処遇の歴史は、五期五主義を経てきていると先に紹介してきたところであるが、今や第六期に入りそれは国際協力主義、世界(人類)主義に入ったと言えるのではないだろうか。

2　我が国における外国人の法的地位の沿革

明治二九年四月二七日法律第八九号をもって公布した民法の第二条が「外国人ハ法令又ハ条約ニ禁止アル場合ヲ除ク外私権ヲ享有ス」と定めて内外人平等主義を規定したことにより、我が国は、安政の開国以来わずか三、四〇年の間に外国人斬捨御免の敵視主義から内外人平等主義に進んで文明諸国の仲間入りをすることになった。しかし、これは私法上のことで、公法上の権利義務については、他の文明諸国と同様、なお内外人平等主義の原則をとるにまでは至っていない。以下では、我が国における外国人の法的地位の沿革の概観を試みる。

一　明治年代以前

古代には、支那人および朝鮮人を文化の師として優遇していたこともある。古代三韓または漢土と通商貿易を行った頃およびオランダあるいはポルトガルと交通した時代においては、貿易のみを許可し、特定港市以外の地域に居住ないし旅行する自由は認められていなかった。その後、徳川時代に鎖国主義政策がとられ、一般的には、外国人の入国を認めなくなったが、オランダおよび清国との貿易のみを認めていた。しかし、長崎港のみを開港し、オランダ人は出島に、清国人は唐館一三軒部屋に、居住地を制限している。また、対馬の宗家にのみ朝鮮との貿易を認めていた(1)。

ところで、外国人処遇の歴史については一般的に文化の進歩にともない外国人の地位も又進歩するものであり、世界各国の法制は皆、斬捨御免の敵視主義よりしだいに内外人平等主義に進むものであることは先に述べてきたところである。しかし、その処遇が問題となるのはとりわけ近代国家の成立以後であり、我が国については明治維新を経て近代国家となった明治以降からであるが、世界史的にみれば、一八五〇年代に進行していた資本主義的世界市場、世界体制の確立の最後の一環といえる頃からであろう。東アジア諸国が半強制的・従属的ではあったものの、そこに編入され、我が国においてはいわゆる安政の開国期であった、そのあたりから考察するのがよいと考える。

開　国　対外的に鎖国をつづけていた封建日本が、欧米の先進資本主義列強に近代的な国交、通商関係を強いられ、いわゆる不平等条約の締結を起点として資本主義的世界市場と近代国際政治のなかに従属的に包摂されたことを開国といわれており、一八五三年七月（嘉永六年六月）、浦賀に来航したペリー提督が率いる蒸気艦隊に威圧された幕府がまずアメリカ大統領国書を受領し、翌年（安政元年）三月、再度来航したペリーとの間に日米和親条約（神奈川条約）を締結したのを発端とする。以来幕府は、イギリス（同年八月）、ロシア（同年一二月）、オランダ（同年一二月）とも和親条約を結び、外国船の寄港と補給のために下田、箱館（函館）、長崎等を開港し、我が国は、幕府が祖法として長く堅持していた鎖国政策を打ち破られて、ついに欧米諸国に開国するに到った。

しかし、これら和親条約は、商船・軍艦等の寄港のために我が国の開港を求める程度で、いまだ自由な貿易を規定する通商条約ではなかった。たとえば、日米和親条約は一二カ条からなるが、下田・箱館（函館）二港を開港し、薪水・食糧等を供給すること、両港における遊歩区域を設定すること、アメリカ船の必要品の購入許可、外交官の下田駐在許可、最恵国約款の承認等であり、両港における遊歩区域は「……下田港内の小島周り凡七里の内は勝手徘徊いたし箱館港の儀は追て取極候事」（第五条）であった(2)。ただし、日露和親条約第八条は、両国人が相手の国において法を犯した場合には、「是ヲ取押エ処置スルニ、各其本国ノ法度ヲ以テスベシ」と、のちの領事裁判権に通ずるものを規定していた。

修好通商条約の締結　安政五年にいたり、我が国は欧米諸国と修好又は通商条約を締結した。一八五六年（安政三年）、日米和親条約にもとづいて来日した日本駐在総領事T・ハリスは、幕府との執拗な交渉の結果、五八年七月二九日（安政五年六月一九日）、日米修好通商条約を締結し、幕府はひきつづき同年中に、オランダ（七月一〇日）、ロシア（七月一一日）、イギリス（七月一八日）、フランス（九月三日）とも同様な修好通商条約の締結を余儀なくされた（日米以下これら条約は、天皇の勅許を待つということでその調印を引き延ばしていた幕府が、第二次アヘン戦争（アロー戦争）で中国（清朝）を屈服させたイギリス、フランスの大艦隊がそのまま日本に転進して新条約の締結をせまるという情報をハリスからうけて、勅許を待つことなくあわてて調印に踏み切ったものである。これがいわゆる尊皇攘夷に発展し、やがて倒幕にいたる原因となる）。いわゆる「安政仮条約」又は「安政五カ国条約」で、外交関係のみならず締結各国との自由な通商貿易も規定され、ここに我が国の開国は最終的に確定した。

なお、それ以後も同様な条約がポルトガル（万延元年六月一七日）、ドイツ（同年一二月一四日）、スイス（文久三年一二月二九日）、ベルギー（慶応二年六月二一日）、イタリア（同年七月一六日）、デンマーク（同年一二月七日）との間にそれぞれ締結された。

安政五カ国条約の内容についてみるに、条約の箇条数は国ごとに異なるが、共通の主な内容は次のとおりである。

① 相互に首都に公使を、開港場に領事を置く。

② 神奈川（横浜）、長崎、函館の三港を一八五九年七月四日（安政六年六月五日）、新潟を一八六〇年一月一日、兵庫を一八六三年一月一日から開港する。

③ 江戸を一八六二年一月一日、大阪を一八六三年一月一日から開市する。両地では、商売を行う間だけ外国人の逗留を認める。

④ 日本人と外国人とは、役人の干渉を受けることなく自由に品物の売買ができる。

⑤ 関税率は日本と外国とが協定し、条約で定める。

⑥ 外国の貨幣は、日本貨幣と同種同量で通用する。

⑦ 日本で罪を犯した外国人は、領事の審理を受け有罪の場合は外国の法律でもって領事が処罰する。

⑧ 条約を締結している国の一つが日本から新たな権利を獲得したときは、これは直ちに条約締結国のすべてに適用される。

⑤⑦⑧の協定関税率制度、領事裁判権、片務的な最恵国待遇の三条項は、同年アロー戦争（第二次アヘン戦争）の敗北によって清がロシア、アメリカ、イギリス、フランスの四カ国と結んだ天津条約の中にも盛り込まれているもので、不平等条約の根幹をなす条項であり、我が国の政治上、経済上の対外従属的地位は明確になった。

条約にしたがって、一八五九年七月から五カ国と貿易が開始されたが、その結果はどうなったのか、次の記述を参照されたい（平凡社『世界大百科事典』第四巻五四六頁〔貿易の影響〕〔倒幕の発端〕から）。

〔貿易の影響〕　欧米列強はさらに、これら条約上の特権を利用して各開港場の居留地の治安と行政を掌握しつつあたかも列国共同の領土のように自治管理し、この日本のなかの異国のような居留地を幕府に迫って拡大させ、さらには攘夷運動からの自衛を口実として、そこに軍事基地さえも建設した。また外国商人たちは、当時の東アジアの国際通貨たるメキシコ・ドル（洋銀）を持ちこんでは国際的には相対的に安かった国内の金貨（小判）と交換して自由に国外に持ちだし、ぼろもうけをした。さらに、当初は一律従価五％とされた輸出関税率、五～三五％とされた輸入関税率も、一八六六年（慶応二）、江戸協約（改税約書）を強要して輸出入関税とも一律従価五％規準の従量税という低税率に改定させ、欧米資本主義の市場拡大の一環として日本市場をさらに広く開放させていった。

こうして展開しはじめた対外貿易では、横浜がすぐにその中心となった。かくして横浜は通商港として急膨張しはじめた、外商たちが殺到してきたが、しかしその中心はすでに東インド貿易や中国貿易の経験をつんで世界の市況に通じた近代商社、植民地銀行群や大海運会社であった。いずれもイギリス系のジャーディン・マセソン会社、東洋銀行、香港上海銀行、P＆O汽船会社などは、その代表的なものである。そのため、海運や貿易金融をふくむ商権はすべて欧米列強が独占し、日本人貿易商といえば、外商に国産品を売りこむ売込商、外商が持参した諸商品を買いとる引取商というのがせいぜいで、日本人の手になる直輸出・直輸入などは皆無に近かった。このような半植民地的な貿易形態と対応して、貿易構造もまた従属的であった。すなわち日本は、手工業的な半製品たる生糸や、茶、水産物などの第一次産品を輸出する一方、まず大衆的に需要される綿製品、さらに毛織物、砂糖また武器・艦船などの資本制大工業生産物の輸入が急増し、それらの輸入全体が輸出総額を上回るようになっていった。メキシコ・ドルの流入・金貨流出にともなう幣制の混乱とかさなったこの綿製品や砂糖の大量流入のなかで、国内各地の広範な綿業や糖業など商業的農業・農村手工業は打撃をうけて衰退し、物価急騰と経済の混乱、各地民衆の生活破綻にともなう社会不安もまた未曾有となった。

〔倒幕の発端〕　開国とともに、これに反発する尊皇攘夷運動も、当初はおもに封建的な理念にもとづいた下級武士層のそれが中心であった。しかし、まずは条約の違勅調印と反対派弾圧をあえて行った大老井伊直弼や対外屈従の幕閣たちへの襲撃、外国の外交官や外国人への襲撃を主としていた尊皇攘夷運動も、かかる国民的な苦難を背景として徐々に反幕・倒幕運動に展開しはじめた。他方、開港および通商開始以降の生活混乱とむすびついたこれら政争激化にともなう負担増が、中・下層農民や都市民を中核とした〈世直し〉の百姓一揆や都市打毀《うちこわし》を急激に拡大、激化させていった。こうして日本の開国は同時に、二百数十年来の江戸幕府の倒壊と明治維新による国家統一という歴史的大変革の、直接の発端ともなったのである。

ところで、これらの修好通商条約は、さきの和親条約とちがって貿易を目的とするものであるが、後の改正条約とくらべるとまだ貿易のみで、かつそれも一定の開港地・市においてのみ貿易のために居住を認めたにすぎなかった。日米修好条約によれば、「此ノ箇条ノ内ニ載タル各地ハアメリカ人ニ居留ヲ許スベシ居留ノ者ハ一箇ノ地ヲ賃ヲ出シテ借リ又其所ニ建物アレバ之ヲ買フ事妨ナク且住宅倉庫ヲモ許スベシト雖之ヲ建ルニ托シテ要害ノ場所ヲ取建ル事ハ決シテ成サザルベシ此掟ヲ堅クセン為ニ其建物ヲ新築改造修補ナド為ス事アラン時ニハ日本人是ヲ見分スルコト当然タルベシ。アメリカ人建物ノ為ニ借リ得ル一箇ノ場所並ニ港々ノ定則ハ各港ノ役人トアメリカ「コンシユル」ト議定スベシ若シ議定シ難キ時ハ其事件ヲ日本政府トアメリカ「ヂプロマチーキ・アゲント」ニ示シテ処置セシムベシ其居留場ノ周囲ニ門墻ヲ設ケズ出入自在ニスベシ。」(第三条)と定め、「此ノ箇条ノ内ニ載タル各地」とは同条にある神奈川(下田の代港)、兵庫、長崎、新潟、函館の開港場と江戸・大阪の開市場であり、ここに居留し、あるいは借地ないし建造物の購入並びに住宅や倉庫を建造しうることが認められている。また、右地域以外に居住することが制限されているほか、公使、外交代表および総領事以外の一般の外国人の旅行範囲も、右地域から一〇里四方以内(ただし、神奈川は六郷川以東。兵庫は京都の一〇里以内)に制限されていた。しかし、前示条約によって、我が国の法令に服しない地位すなわち、領事裁判権の特権が認められていた。(3)

(1)　太田益男「日本国憲法下の外国人の法的地位」(九頁。啓文社、昭和三九年)。

(2)　同条約の実施細則ともいえる条約附録には次のような規定がある。

第一条　下田鎮台支配所の境を定め人為の関所を設くるは其意の儘たるべし然れどもアメリカ人も亦既に約せし日本里数七里の境関所出入するに障ある事なし但し日本法度に悖るものあらば番兵之を捕へ其船に送るべし

第二条　此港に来り商船鯨漁船の為め上陸地三箇所定め置く其一は下田其一は柿崎其一は港内の中央にある小島の東南に当る浜辺に設くべし合衆国の人民必ず日本官吏に対し叮嚀を尽すべし

第三条　上陸のアメリカ人免許を請ずして武家町家に一切立寄るべからず但し寺院市店見物は勝手次第たるべし

第四条　徘徊の者休息所は追て其為旅店設候迄で下田仙寺柿崎玉泉寺二箇所と定め置くべし

第五条、第六条、第七条　略

第八条　港取締役一人港内案内者定め置くべし

第九条　市店の品を選ぶに買主の名と品の価とを記し御用所に送り其価は同所にて日本官吏に渡し品は官吏より受取るべし

第一〇条　鳥獣遊猟は都而日本に於て禁ずる所なればアメ

リカ人も亦此制度に服すべし
第一一条、第一二条、第一三条　略

(3)　たとえば、日米修好通商条約第六条では次のように定められていた。
「日本人ニ対シ法ヲ犯セルアメリカ人ハアメリカコンシユル裁断所ニテ吟味ノ上アメリカノ法度ヲ以テ罰スヘシアメリカ人ヘ対シ法ヲ犯シタル日本人ハ日本役人糺断ノ上日本ノ法度ヲ以テ罰スヘシ日本奉行所アメリカコンシユル裁断所ハ双方商人逋債等ノ事ヲモ公ケニ取扱フベシ　スベテ条約中ノ規定並ニ別冊ニ記セル所ノ法則ヲ犯スニ於テハコンシユルヘ申達シ取上品並ニ過料ヲ日本役人ヘ渡スベシ両国役人　雙方商民取引ノ事ニ付テ差構フ事シ」

二　明治時代

明治の新政府は、徳川幕府がその末期に行った開国政策をうけつぎ、すすんで欧米諸国の文明を取り入れようとし、我が国は近代社会の第一歩をふみだすことになる。政府は主権国家の名実を得るためにこれまでの不平等条約の改正交渉を行うことにし、条約改正の予告期に当たる一八七一年(明治四年)〈万国対等〉を目的のひとつとして廃藩置県を行った。その後、条約改正の予備交渉とその前提となる近代的法治国家への改変準備のため岩倉具視使節団を欧米視察に派遣した。さらにその後、鹿鳴館などをつくって、欧化政策をとる一方で、条約改正をすすめた。改正交渉は、その後も困難を極めたが、一八九四年(明治二七年)七月一六日、日英通商航海条約の調印に成功した。つづいて列国とも条約を締結し、一八九九年から実施された。

条約改正と内地雑居　明治二七年八月二七日、日米通商航海条約の改正条約が締結された。日米通商航海条約によれば「両締盟国ノ一方ノ臣民ハ他ノ一方ノ版図内何レノ所ニ到リ、旅行シ或ハ住居スルモ全ク随意タルベク而シテソノ身体及ビ財産ニ対シテハ完全ナル保護ヲ享受スベシ。該臣民ハ其ノ権利ヲ伸長シ及ビ防護センガ為メ自由ニ且ツ容易ニ裁判所ニ訴出ルコトヲ得ベク又該裁判所ニ於テ其ノ権利ヲ伸長シ防護スルニ付キ内国民ト同様ニ代言人弁護人及ビ代人ヲ選択シ且ツ使用スルコトヲ得ベク而シテ右ノ外司法取扱ニ関スル各般ノ事項ニ関シテ内国民ノ享有スル総テノ権利及ビ特典ヲ享有スベシ。住民権、旅行権及ビ各種動産ノ所有、遺嘱又ハ其ノ他ノ方法ニ因ル所ノ動産ノ相続並ニ合法ニ得ル所ノ各種財産ヲ如何ニ処分スルコトニ関シ両締盟国ノ一方ノ臣民ハ他ノ一方ノ版図内ニ在リテ内国若ハ最恵国ノ臣民或ハ人民ト同様ノ特典、自由権利ヲ享有シ且ツ此等事項ニ関シテハ内国若ハ最恵国ノ臣民或ハ人民ニ比シテ多額ノ税金若ハ賦課金ヲ徴収セラルルコトナカルベシ。両締盟国ノ一方ノ臣民ハ他ノ一方ノ版図内ニ於テ良心ニ関シ完全ナル自由及ビ法律、勅令及ビ規則ニ従テ公私ノ礼拝ヲ行フ権利並ニ其ノ宗教上ノ慣習ニ従ヒ埋葬ノ為メ設置保存セラル所ノ適当便宜ノ地ニ自国人ヲ埋葬スルノ権利ヲ享有スベシ。何等ノ名義ヲ以テスルモ該国民ヲシテ内国若ハ最恵国ノ臣民或ハ人民ノ納ムル所若ハ納ムベキ所ニ異ナルカ又ハ之ヨリ多額ノ取立金若ハ租税ヲ納メシムルコトヲ得ズ。」(第一条)、「両締盟国ノ一方ノ臣民ガ他ノ一方ノ版図内ニ於テ住居若ハ商業ノ為メニ供スル家宅、製造所、倉庫、店舗及ビ之ニ属スル附属構造物ハ侵スベカラズ。右家宅等ヘ猥ニ侵入捜索スベカラズ又帳簿書類或ハ簿記帳ヲ検査点検スベカラズ。但シ内国臣民ニ対シ法律、勅令及ビ規則ヲ以テ制定セル条件及ビ定式ニ拠ルトキハ此ノ限ニアラズ。」(第三条)と定められており、また第一八条において治外法権(領事裁判制度)が廃された。これにより従来の外国人居留地は市区に編入され、アメリカ人は我が国の全領域内を旅行し、居住できることになり、いわゆる内地雑居(内地全面解放)が認められた。同時に我が法権も回復した。日英通商航海条約も同様であり、ベルギー、ポルトガル、イタリア、ドイツ、フランス、オーストリア、スイス、オランダとの間にも同様の条約改正が締結された(いずれも実施期日は条約締結から満五年後)。

このように我が国は、安政条約の改正により、法権を回復(領事裁判制度の廃止)する一方、外国人のいわゆる内地雑居を認めるに至った。これに伴い外国人は、従来の居留地から我が国全土に散らばって旅行し、居住・営業活動等を行うことができることになったが、これに対応して我が国は、外国人の出入国及び在留管理のための国内法令を制定した。明治三二年七月八日公布内務省令第三二号「宿泊届其ノ他ノ件」、同年七月一七日公布勅令第三五二号「条約又ハ慣行ニ依リ居住ノ自由ヲ有セザル外国人ノ居住及営業ニ関スル件」(本書三三頁以下参照)であり、前者は、我が国がはじめて一般的に外国人の登録を制度化した法令であり[1]、また後者により、一般労務者が我が国へ入国することは、原則として認められなくなった。

「宿泊届其ノ他ニ関スル件」

第一条　旅店主其ノ他営業ニ依リ他人ヲ宿泊セシムル者ハ庁府県令ニ依リ其ノ所定ノ事項ヲ所轄警察官署ニ届出ベシ

前項ノ届出ハ庁府県令ニ規定アル場合ヲ除クノ外派出所若ハ駐在所ノ巡査又ハ巡回ノ警察官吏ニ之ヲ為スコトヲ得

第二条　宿泊者ハ其ノ家ノ主人若ハ管理人ノ請求アルトキハ第一条ニ依リ届出ヲ要スル事項ヲ告ケ又ハ主人若ハ管理人ノ交付セル用紙ニ之ヲ記載スベシ

第三条　一戸ヲ構ヘテ居住シ又ハ一戸ヲ構ヘザルモ九十日以上同一市町村ニ居住スヘキ目的ヲ以テ居住スル外国人ハ自己及ビ其ノ携帯セル家族ニ関シ氏名、国籍、職業、年齢、居住所、居住ノ年月日、前居住所、外国ニ於ケル住所及ビ携帯セル家族ノ続柄ヲ居住ノ日ヨリ十日内ニ所轄警察官署ニ届出ベシ

前項ニ該当セザルモ九十日以上同一市町村ニ居住シタル外国人ハ九十日ノ末日ヨリ十日内ニ前項ノ届出ヲ為スベシ

外国人一戸ヲ構ヘザル場合ニ於テハ之ヲ寄寓セシメタル者又ハ外国人他人ノ家屋ヲ借受ケ一戸ヲ構ヘタル場合ニ於テハ家屋所有者若ハ家屋管理人第一項及ビ第二項ノ届書ニ連署スベシ

日本ノ国籍ヲ失ヒ猶引続キ同一居住所ニ居住スル者ハ本条ノ届出ヲ要セズ

第四条　第七条ノ登録簿ニ登録セラレタル外国人移転スルトキハ左ニ記載シタル者移転ノ日ヨリ十日内ニ移転ノ年月日及ビ移転先ヲ所轄警察官署ニ届出ベシ但シ第四号ニ依リ移転者自ラ届出ヲ為スベキトキハ其ノ届出ハ移転前タルベシ

一　寄寓ノ外国人移転シタルトキハ之ヲ寄寓セシメタル者

二　一戸ヲ構ヘタル外国人ノ家族移転シタルトキハ其ノ外国人

三　一戸ヲ構ヘタル外国人自ラ移転シ家族猶其ノ戸ニ留ルトキハ首長タルベキ成年者若シ首長タルベキ成年者ナキトキハ成年者中ノ年長者

四　一戸ヲ構ヘタル外国人ニシテ其ノ家屋ヲ所有スル者全戸他ヘ移転スルトキハ其ノ外国人

五　前各号ニ該当セザルトキハ家屋所有者又ハ家屋管理人

第五条　第七条ノ登録簿ニ登録セラレタル外国人自己又ハ家族ノ姓氏国籍ニ変更ヲ生ジタルトキハ変更ノ

日ヨリ十日内ニ所轄警察官署ニ届出ベシ
第六条　戸籍吏外国人ノ身分登記ヲ為シタルトキハ其ノ事項ヲ其ノ外国人居住所所轄警察官署ニ通知スベシ
　外国人身分ニ関スル届書ニハ居住所ヲ記載スベシ
第七条　警察官署ハ登録簿ヲ備ヘ置キ第三条第一項第二項第四条及ビ第五条ニ依リ届出ヲ受ケタル事項竝ビニ第三条第一項第二項及ビ第四項ニ該当スル外国人ニ関シ第六条ニ依リ通知ヲ受ケタル事項ヲ登録スベシ届出若ハ通知ナキトキト雖第九条ニ依リ本条ノ登録ヲ要スル事実ヲ知リ得タルトキ亦同ジ
第八条　何人ト雖第七条登録簿ノ閲覧又ハ登録ノ謄本若ハ抄本ノ交付ヲ請求スルコトヲ得
　登録簿ノ閲覧ヲ請求スル者ハ手数料トシテ金十銭ヲ納メ謄本若ハ抄本ノ交付ヲ請求スル者ハ一枚ニ付金十銭ヲ納ムベシ其ノ一枚ニ満タザルモノト雖亦同シ但シ枚数ハ原本ニ依リ之ヲ計算ス
　前項手数料ハ収入印紙ヲ請求書ニ貼付シテ之ヲ納ムベシ
第九条　第一条ニ依リ届出ヲ要スル事項又ハ第七条登録簿ニ登録スベキ事項其ノ他本人家族寄寓者ニ関シ警察官吏ノ尋問ヲ受ケタル者ハ之ニ答フベシ旅券又ハ其ノ他国籍ヲ証明スベキ証書ヲ携帯スル外国人ハ警察官吏ノ請求ニ依リ之ヲ示スベシ
第十条　第九条ニ違背シテ警察官ノ尋問ニ答ヘズ若ハ答フルニ実ヲ以テセズ又ハ其ノ請求ニ応ゼサル者ハ刑法ヲ適用スル場合ノ外二十円以下ノ罰金ニ処ス
第十一条　第一条、第三条第一項第二項、第四条及ビ第五条ノ届出ヲ為サザル者ハ一円二十五銭以下ノ科料ニ処シ届出ヲ為スモ実ヲ以テセザル者ハ刑法ヲ適用スル場合ノ外二十円以下ノ罰金ニ処ス
　第二条及ビ第三条第三項ニ違背シタル者ハ一円二十五銭以下ノ科料ニ処ス
第十二条　本令施行ノ際現ニ帝国版図ニ居住セル外国人ニ関シ第三条第一項第二項ニ定ムル届出ノ期間ハ本令施行ノ日ヨリ起算ス
第十三条　本令ハ明治三十二年七月十七日ヨリ施行ス

「条約若ハ慣行ニ依リ居住ノ自由ヲ有セサル外国人ノ居住及営業等ニ関スル件」

第一条　外国人ハ条約若ハ慣行ニ依リ居住ノ自由ヲ有セザル者ト雖従前ノ居留地及ビ雑居地以外ニ於テ居住、移転、営業其ノ他ノ行為ヲ為スコトヲ得但シ労働者ハ特ニ行政官庁ノ許可ヲ受クルニ非ザレハ従前ノ

居留地及ビ雑居地以外ニ於テ居住シ又ハ其ノ業務ヲ行フコトヲ得ズ
労働者ノ種類及ビ本令施行ニ関スル細則ハ内務大臣之ヲ定ム
第二条　前条第一項但書ニ違背シタル者ハ百円以下ノ罰金ニ処ス
附　則
第三条　本令ハ明治三十二年八月四日ヨリ施行ス
第四条　明治二十七年勅令第百三十七号ハ本令施行ノ日ヨリ廃止ス

（参考）

内務省令第四十二号

明治三十二年勅令第三百五十二号条約若ハ慣行ニ依リ居住ノ自由ヲ有セサル外国人ノ居住及ビ営業等ニ関スル件施行細則左ノ通リ相定ム

明治三十二年七月二十八日

内務大臣　侯爵　西郷従道

第一条　明治三十二年勅令第三百五十二号第一条ノ行政官庁ハ庁府県長官トス
第二条　明治三十二年勅令第三百五十二号第一条ノ労働者ハ農業漁業鉱業土木建築製造運搬挽車仲仕業其ノ他雑役ニ関スル労働ニ従事スル者ヲ云フ但シ家事ニ使用セラレ又ハ炊爨若ハ給仕ニ従事スル者ハ此ノ限ニ在ラス
第三条　労働者ニ与ヘタル許可ハ庁府県長官ニ於テ公益上必要アリト認ムルトキハ之ヲ取消スコトヲ得

新政府が条約改正を成し遂げ我が国が列国と対等な国家になったのは、名実ともに近代法治国家としての体制を整備したからにほかならない。そこで、以下明治時代における外国人の地位にかかる国内法を列挙する（太田益男前掲「日本国憲法下の外国人の法的地位」から）。

なおその前に、いったい明治時代にどのくらいの外国人が我が国に在留していたかを「日本帝国統計年鑑」によってみると、左のとおりである。

明治初期の在留外国人は、政府や日本側商社に雇われるもの（いわゆる「お雇い外国人」）のほかは、貿易商業活動者が多かったが、なかでも中国人は貿易商又は外国人商社の使用人等として来る者がふえ（明治四年締結された日清修好通商条約においては、商民が貿易のため開港都市に往来する自由を認めたうえ、相互の治外法権を定めている）、その数は在留外国人中半数以上をしめていた。しかし、前出の「条約若ハ慣行ニ依リ居住ノ自由ヲ有セサル外国人ノ居住及営業等ニ関スル件」により、当時低賃金労務者として世界各地に進出して問題をおこしていた中国人労務者の我が国の流入は阻止された。

私　権　明治二九年四月二七日法律第八九号をもって公布された民法により、「外国人ハ法令又ハ条約ニ禁止アル場合ヲ除ク外私権ヲ享有ス」（第二条）ることになり、内外人平等主義の原則が採られた。また、外国人法人の認許について、同法第三六条は、「外国法人ハ国、国ノ行政区画及ヒ商事会社ヲ除ク外其成立ヲ認許セス但法律又ハ条約ニ依リテ認許セラレタルモノハ此限ニ在ラス（一項）。前項ノ規定ニ依リテ認許セラレタル外国法人ハ日本ニ成立スル同種ノ者ト同一ノ私権ヲ有ス但外国人カ享有スルコトヲ得サル権利及ヒ法律又ハ条約中ニ特別ノ規定アルモノハ此限ニ在ラス（二項）」と規定している。

参政権・公職　明治二一年四月二五日公布法律第一号「市制町村制」は、「凡帝国臣民ニシテ公権ヲ有スル独立ノ男子二年以来、市（町村）ノ住民トナリ(二)其市（町村）ノ負担ヲ分任シ其市（町村）ニ於テ地租ヲ納メ若クハ直接国税年額二円以上ヲ納ムル者ハ其市（町村）公民トス……」（第七条）と規定し、さらに、「凡市（町村）公民ハ市（町村）ノ選挙ニ参与シ市ノ名誉職ニ選挙セラルルノ権利アリ又其名誉職ヲ担任スルハ市（町村）公民ノ義務ナリトス……」（第八条一項）。「市（町村）公民（第七条）ハ総テ選挙権ヲ有ス……」（第一二条一項）。「選挙権ヲ有スル市（町村）公民（第一二条一項）ハ総テ被選挙権ヲ有ス……」（第一五条一項）と規定している。したがって、外国人は市町村の公民となる資格がなく、選挙権・被選挙権が認められていない。

我が国に在留する外国人数

年	総数	中国	朝鮮	アメリカ	イギリス	ドイツ	フランス	ロシア	その他
明治九年	四、三四八	二、三七一	〇	一三二	一、〇二五	一八六	一九〇	四九	三九五
明治二十三年	九、七〇七	五、四九八	九	九七二	一、七四八	五五九	三五三	五〇	五一八
明治四十三年	一四、八九七	八、四二〇	四十四年（二、五七七）	一、六三三	二、四三〇	七八二	五三四	一一七	九八一

明治二六年四月一四日公布法律第一一号「集会及結社法」は、「日本臣民ニ非サル者ハ政談集会ノ発起人トナルコトヲ得ス」（第五条）、「日本臣民ニ非サル者ヲ政談集会ノ講談論議者タラシムルコトヲ得ス」（第七条）と規定しており、したがって、外国人は、政治に関する集会の発起人たることはもちろん、政治集会において発言することも禁じられている。

また、明治四一年四月一四日公布法律第五三号（昭和一〇年法律第三五号により改正）「公証人法」は、「帝国臣民ニシテ成年以上ノ男子タル（一号）条件ヲ具備スル者ニ非サレハ公証人ニ任セラルルコトヲ得ス」（第一二条一項）と規定しており、外国人は公証人となる資格がない。

職業・営業　以下の各規定による制限がなされていた。

ⓘ　外国人は、国立銀行を創立する資格はない。

明治九年八月一日公布太政官布告第一〇六号「国立銀行条例」第一条。

「此条例ヲ遵奉シ国立銀行ヲ創立セント欲スル者ハ何人ヲ論セス（外国人ヲ除ク外（傍点は筆者。以下同じ））五人以上結合シタル人々成規第一条ニ掲クル所ノ手続ヲ以テ其創立願書ヲ大蔵省ノ紙幣寮ヘ差出スヘシ……」

また、外国人は、日本銀行あるいは横浜正金銀行を創立する資格はない（明治一五年太政官布告第三二号「日本銀行条例」第五条並びに同二〇年勅令第二九号「横浜正金銀行条例」第五条）。

ⅱ　外国人は、新聞の発行人、編輯人並びに印刷人になる資格はない。

明治二〇年一二月二八日公布勅令第七五号「新聞紙条例」第六条。

「内国人ニシテ満二十歳以上ノ男子ニ非サレハ発行人、編輯人、印刷人トナルコトヲ得ス」

ⅲ　外国人は、鉱業を営む資格はなく、鉱業を営む組合の組合員または会社の株主となる資格もない。

明治二三年九月二五日公布法律第八七号「鉱業条例」第三条一項。

「帝国臣民ニ非サレハ鉱業人トナリ又ハ鉱業ニ関スル組合員又ハ会社ノ株主トナルコトヲ得ス」

この鉱業条例は、プロイセン・フランスの法制に範をとり、近代鉱業経営の法的制度を確立したものであり、明治三八年三月八日法律第四号をもって公布された「旧鉱業法」の前身をなしているものである。旧鉱業法も、「帝国臣民又ハ帝国法律ニ従ヒ成立シタル法人ニ非サレハ鉱業権者トナルコトヲ得ス」（第五条）と規定し、外国人もしくは外国法人が、我が国で鉱業を営むことを禁止している。

ⅳ　砂鉱業についても同様で、外国人は我が国において、砂鉱業を営むことはできず、また、砂鉱採取組合の組合員または会社の株主となる資格はない。

明治二六年三月四日公布法律第一〇号「砂鉱採取法」第一条一項。

「帝国臣民ニ非サレハ採取人トナリ又ハ採取業ニ関スル組合員又ハ会社ノ社員トナルコトヲ得ス」

この「砂鉱採取法」は、明治四二年三月二五日法律第一三号をもって公布された「旧砂鉱法」の前身をなしているものであるが、旧砂鉱法第二三条は、前述の旧鉱業法第五条を準用する旨規定しており、従って外国人または外国法人は、我が国において砂鉱業を営む資格はない。

ⅴ　外国人及び外国法人は、取引所の会員または取引員となることはできない。

明治二六年三月四日公布法律第五号「取引所法」第一一条一項。

「帝国臣民又ハ帝国法令ニ依リ設立シタル会社ニ非サレハ取引所ノ会員又ハ取引員トナルコトヲ得ス」

なお、合名会社、合資会社、株式合資会社、株式会社についても、外国籍を有する場合においては、取引所の会員または取引員となることができない。すなわち「取引所法」第一一条四項は、「合名会社、合資会社又ハ株式合資会社ニ在リテハ其ノ無限責任社員ノ全員カ帝国臣民タルモノ、株式会社ニ在リテハ其ノ資本ノ半額以上及議決権ノ過半数カ帝国臣民又ハ帝国法令ニ依リ設立シタル法人ニ属シ其ノ取締役其ノ他ノ業務ヲ執行スル役員ノ全員カ帝国臣民タルモノニ非サレハ会員又ハ取引員トナルコトヲ得ス無限責任社員又ハ取締役員其ノ他ノ業務ヲ執行スル役員中前二項ニ該当スル者アル場合亦同シ」と定めている。

ⅵ　外国人は、我が国の弁護士となる資格はない。

明治二六年三月四日公布法律第七号「弁護士法」第二条一項は、「弁護士タラムト欲スル者ハ左ノ条件ヲ具フルコトヲ要ス」と定めているところ、その条件として「日本臣民ニシテ民法上ノ能力ヲ有スル成年以上ノ男子タルコト」（第二条一項一号）と規定し日本臣民に限っている。

ⅶ　移民取扱人となる資格はない。

明治二九年四月七日公布法律第七〇号「移民奨励法」（現行移民保護法の前身）第七条ノ一第一項。

「帝国臣民又ハ帝国臣民ノミヲ社員若ハ株主トスル商事会社ニシテ帝国ニ於テ主タル営業所ヲ有スルモノニ非サレハ移民取扱人タルコトヲ得ス」

(viii) 外国船舶は、我が国において、物品あるいは旅客運送などの営業をなすことはできない。

明治三二年三月八日公布法律第四六号「船舶法」第三条。

「日本船舶ニ非サレハ不開港場ニ寄港シ又ハ日本各港ノ間ニ於テ物品又ハ旅客ノ運送ヲ為スコトヲ得ス但法律若クハ条約ニ別段ノ定アルトキ、海難若クハ捕獲ヲ避ケントスルトキ又ハ主務大臣ノ特許ヲ得タルトキハ此限ニ在ラス」

(ix) 外国人は、水先人となる資格はない。

明治三二年三月一四日公布法律第六三号「水先法」第二条は、「水先免状ハ左ノ条件ヲ具備スル者ニ授与ス」と定め、その条件として「帝国臣民ナルコト」(第二条一号)と、日本人に限定している。

(x) 外国人が、農漁業、鉱業、工業、土木建築、製造、運搬、挽車、仲仕などの職業ないし営業のほか雑役に従事する場合においては、行政官庁の許可を必要とする。

明治三二年勅令第三五二号「条約又ハ慣行ニ依リ居住ノ自由ヲ有セサル外国人ノ居住及営業等ニ関スル件」第一条。

「外国人ハ条約若ハ慣行ニ依リ居住ノ自由ヲ有セサル者ト雖ドモ従前ノ居留地及雑居地以外ニ於テ居住、移転、営業其ノ他ノ行為ヲ為スコトヲ得但シ労働者ハ特ニ行政官庁ノ許可ヲ受クルニ非サレハ従前ノ居留地及雑居地以外ニ於テ居住シ又ハ其ノ業務ヲ行フコトヲ得ス

労働者ノ種類及本令施行ニ関スル細則ハ内務大臣之ヲ定ム」

明治三二年内務省令第四二号(明治三二年勅令第三五二号「条約若ハ慣行ニ依リ居住ノ自由ヲ有セサル外国人ノ居住及営業等ニ関スル件」施行細則[2])。

「明治三十二年勅令第三百五十二号第一条ノ行政官庁ハ庁府県長官トス」(第一条)

「明治三十二年勅令第三百五十二号第一条ノ労働者ハ農業漁業鉱業土木建築製造運搬挽車仲仕業其ノ他雑役ニ関スル労働ニ従事スル者ヲ云フ但シ家事ニ使用セラレ又ハ炊爨若ハ給仕ニ従事スル者ハ此ノ限ニ在ラス」(第二条)

財産権

(i) 一般に、土地所有権を外国人が所有することは近世

にいたるまで認められず、我が国においても、外国人の土地所有権の売買もしくは質権ないし抵当権の設定を禁止している（明治六年一月一七日公布太政官布告第一八号「地所質入書入規則」第一一条。なお本規則は、後述の明治四三年法律第五一号「外国人ノ土地所有権ニ関スル件」により廃止されたが、同法律自身施行されなかった）。そして、同規則に関連して明治六年太政官布告第一〇三号は、外国人の妻となった日本人の不動産所有をも禁止している（同布告第四条）。

また、明治七年太政官布告第一二四号は、外国人に対し鉱物を売買ないし質入することを禁止して、外国人がわが国の鉱物を所有することを禁じている。

(ii)　明治三二年三月一六日公布法律第六七号「外国人ノ抵当権ニ関スル法律」にもとづき、外国人が我が国において不動産の抵当権を設定することを認め、また明治三四年九月一二日公布法律第三九号「外国人永代借地権ニ関スル法律」により、外国人および外国法人に対して永代借地権が認められた。

「政府ノ永代借地権ヲ以テ外国人又ハ外国法人ノ為ニ設定シタル永代借地権ハ之ヲ物権トシ民法中所有権ニ関スル規定ヲ準用ス（一項）。永代借地権ハ民法ノ規定ニ従ヒ他ノ権利ノ目的タルコトヲ得（二項）。地券、条約又ハ法令ニ別段ノ定メアル場合ニハ前二項ノ規定ヲ準用ス（三項）」（同法第一条）

(iii)　明治四三年四月一二日公布法律第五一号「外国人ノ土地所有権ニ関スル件」は、前示「地所質入書入規則」を廃止したうえ、相互主義により外国人並びに外国法人に対し我が国の土地所有権を享有しうることを認めた（ただし、北海道、台湾、樺太並びに勅令をもって指定する国防地区の取得は禁止され、また、外国法人が土地所有権を取得せんとするときは、内務大臣の許可を必要とされた）。しかし、同法は、施行されるにいたらなかった。

「日本ニ住所若クハ居所ヲ有スル外国人又ハ日本ニ於テ登記ヲ受ケタル外国法人ハ其本国ニ於テ帝国ノ臣民又ハ法人カ土地ノ所有権ヲ享有スル場合ニ限リ土地ノ所有権ヲ享有ス但シ外国法人カ土地ノ所有権ヲ取得セントスルトキハ内務大臣ノ許可ヲ要ス（一項）。前項ノ規定ハ勅令ヲ以テ指定シタル国ニ属スル外国人ニ之ヲ適用ス（二項）」（第一条）

「外国人及外国法人ハ左ノ地域ニ於テ土地ノ所有権ヲ有スルコトヲ得ス。北海道（一号）台湾（二号）樺太（三号）国防上必要ナル地域（四号）（一項）。前四号ノ地域ハ勅令ヲ以テ之ヲ指定ス（二項）」（第二条）

(iv)　国立銀行、日本銀行および横浜正金銀行の株券を所有し株主となることはできない。

「……且其他何人ニテモ（外国人ヲ除ク外）爾後其銀行ノ株主タランコトヲ同意シ随テ其姓名ヲ株主牒ニ登記シタルモノハ又同ク其銀行ノ株主タルノ権利アルベシ」（明治九年太政官布告第一〇六号「国立銀行条例」第三五条）

「……日本銀行ノ株券ハ総テ記名券トナシ日本人ノ他売買譲渡ヲ許サス」（明治一五年太政官布告第三二号「日本銀行条例」第五条）

「横浜正金銀行ノ株式ハ日本人ノ外売買譲与スルコトヲ許サス」（明治二〇年勅令第二九号「横浜正金銀行条例」第五条）

(v) 外国人は、軍人恩給を受ける権利はない。

明治二三年六月二〇日公布法律第四五号「軍人恩給法」第二四条は、「軍人左ニ掲クル事項ノ一ニ当ルトキハ退職恩給、免除恩給、増加恩給、賑恤金、給助金ヲ受クベキ資格消滅ス（一項）。……、日本臣民タルノ分限ヲ失ヒタルトキ（二号）」と規定しており、したがって、軍人恩給を受くべき権利を有する日本国民も、日本国民たる身分を失い外国人もしくは無国籍者となった場合においては、受給資格が消滅する。

(vi) 鉱業権ないし砂鉱権を有しない。

前述の「鉱業条例」（明治二三年法律第八七号）第三条および「旧鉱業法」（明治三八年法律第四五号）第五条、あるいは「砂鉱採取法」（明治二六年法律第一〇号）第一条および「旧砂鉱法」（明治四二年法律第一三号）第二三条に規定するとおりである。

(vii) 外国人または外国法人は、我が国における航海、造船、遠洋漁業、生糸直輸出などの奨励金を受ける資格をもたない。

「日本臣民又ハ日本臣民ノミヲ社員トスル会社ノ所有ニ属スル船舶ニ非サレハ航海奨励金ヲ下附セス又此船舶ヲ外国人ニ売渡、交換、贈与、質入、書入スルコトヲ得ス」（明治二九年法律第一五号「航海奨励法」第一条・第三条・第一一条）

「帝国臣民又ハ帝国臣民ノミヲ社員トスル会社カ船舶製造者タル場合ニ非スンハ造船奨励金ヲ下附セス」（明治二九年法律第一六号「造船奨励法」第一条）

「帝国臣民ニ非サレハ輸出奨励金ヲ下附セス」（明治三〇年法律第四八号「生糸直輸出奨励法」第一条）

「本法ニ依リ奨励金ヲ受クルコトヲ得ヘキ者ハ帝国臣民又ハ帝国臣民ノミヲ社員又ハ株主トシテ帝国法律ニ従ヒ設立シタル法人ニ限ル」（明治三八年法律第四〇号「遠洋漁業奨励法」第二条）

ⅷ 外国人、外国法人もしくは実質的に外国性を有する日本法人は、日本船舶の所有権を享有することは制限される。

明治三二年三月八日公布法律第四六号「船舶法」第一条一項（日本船舶所有権を享有しうるものを規定している）。

「日本ノ官庁又ハ公署（一号）。日本臣民（二号）。日本ニ本店ヲ有スル商事会社ニシテ合名会社ニ在リテハ社員ノ全員、合資会社及ヒ株式合資会社ニ在リテハ取締役ノ全員、株式会社ニ在リテハ取締役ノ全員カ日本臣民ナルモノ（三号）。日本ニ主タル事務所ヲ有スル法人ニシテ其代表者カ日本臣民ナルモノ（四号）」

「旧商法ノ規定ニ従ヒテ設立シタル合資会社ニ在リテハ業務担当員ノ全員カ日本臣民ナルモノ」（同法第一条二項）

ⅸ 外国人は、我が国の東洋拓殖株式会社並びに朝鮮銀行の株券を取得し株主となることはできない。

「東洋拓殖株式会社ノ株式ハ総テ記名式トシテ日本人ニ限リ之ヲ所有スルコトヲ得」（明治四一年八月二七日公布法律第六三号「東洋拓殖株式会社法」第三条）

「朝鮮銀行ノ株券ハ記名式トス。帝国臣民ニ非サレハ朝鮮銀行ノ株主ト為ルコトヲ得ス」（明治四四年三月二九日公布法律第四八号「朝鮮銀行法」第五条）

（1）我が国で最初に外国人登録を制度化した国内法令は、つぎの「帝国内ニ居住スル清国臣民ニ関スル件」（明治二七年八月四日公布勅令第一三七号）である。また本勅令は、我が国出入国管理に関する最初の国内法令でもある。

「帝国内ニ居住スル清国臣民ニ関スル件」

第一条　清国臣民ハ本令ノ規定スル所ニ従ヒ帝国内従来居住ヲ許サレタル場所ニオイテ身体財産ノ保護ヲ受ケ向後モ引続キ居住シ且其ノ地ニ於テ平和適法ノ職業ニ従事スルコトヲ得但帝国裁判所ノ管轄ニ服従スベシ

第二条　前条ニ依リ帝国内ニ居住スル所ノ清国臣民ハ本令発布ノ日ヨリ二十日以内ニ其ノ居住地ノ府県知事ニ申出テ住所職業氏名ノ登録ヲ請フベシ

第三条　府県知事ハ第二条ノ登録ヲ受ケタル清国臣民ニ対シ登録証書ヲ交付スベシ

第四条　第二条ノ登録済ノ清国臣民ハ其ノ居住地ヲ移転スルコトヲ得但此ノ場合ニ於テハ先ヅ其ノ登録証書ニ原居住地府県知事ノ裏書ヲ受ケ新居住地ヘ到着後三日間ニ其ノ地府県知事ニ申出テ更ニ第二条ノ登録ヲ受クベシ

第五条　府県知事ハ本令規定ノ登録ヲ請ハザル清国臣民ヲ版図外ニ退去セシムルコトヲ得

第六条　清国臣民ニシテ帝国ノ利益ヲ害スル所為アル者、犯罪ノ所為アル者、秩序ヲ紊乱スル者又ハ以上ノ嫌疑

アル者ハ各法令ニ依テ処分スルノ外府県知事ハ仍《ナオ》之ヲ帝国版図外ニ退去セシムルコトヲ得

第七条　本令ハ帝国官庁竝ニ臣民ニ雇用セラルル清国人ニモ適用ス

第八条　本令ハ交戦上ノ目的ノ為ニ帝国軍衙ヨリ在留清国臣民ニ対シ発スル命令処分ニ関係スルコトナシ

第九条　本令発布ノ後ニ於テ清国臣民ノ帝国版図内ニ入ルコトヲ許スハ府県知事ヲ経テ内務大臣ノ特許ヲ得タル者ニ限ル

第十条　本令ハ発布ノ日ヨリ施行ス

(2)　本書三四頁参照。

三　大正時代

右に述べたように明治時代には、その後半期ともいうべき明治二七年七月一六日に日英通商航海条約の改正が締結され、またそれに引続く欧米諸国との通商航海条約の改正により領事裁判制度が廃されていわゆる治外法権が廃止となって我が国の法権が回復したが、同時に右条約改正の相手国人はいわゆる内地雑居が認められて居住地の制限をうけずに我が国を自由に旅行し、かつ、居住することが認められるに至った。また、明治三二年八月四日の勅令第三五二号「条約若ハ慣行ニ依リ居住ノ自由ヲ有セサル外国人ノ居住及営業ニ関スル件」により右以外の外国人でも、労働者を除いて、それまでの居住地や雑居地以外において居住・営業・移転等が自由に行えるようになったのである。そしてこの時期は、外国人の地位に関係する他の国内法令もまた欧米先進国にならって整備されつつある時期でもあった。

次に、大正時代に入っての変化をみてみよう。

1　「外国人入国ニ関スル件」の制定

我が国が明治時代に外国人の入国についていわば自由で開放的な方針をとっていた理由としては、西洋諸国においても外国人の入国に寛大であったことと米国への日本人の移住に対する配慮があったからであったが、時代が大正時代に入ると国際的に緊張が高まり、大正三年七月には遂に第一次世界大戦が勃発するに至った。そしてこのことを機に我が国も外国人の入国等に次第に制限的方向に向かうこととなり、大正七年一月二四日には、我が国ではじめての一般的な外国人管理法ともいうべき内務省令第一号「外国人入国ニ関スル件」が制定され明治時代にはなかった管理体制がしかれたのである。なお、我が国は第一次世界大戦には大正三年八月二三日、日英同盟にもとづいてドイツに対して宣戦を布告してこれに参加したが、同大戦は大正七年一一月一一日対独休戦条約が調印され、開戦以来四年余を経てようやく終結した。

外国人入国ニ関スル件

第一条　本邦ニ渡来スル外国人ニシテ左記各号ノ一ニ該当スト認ムル者ハ地方長官（東京府ニ於テハ警視総監以下之ニ倣フ）ニ於テ其ノ上陸ヲ禁止スルコトヲ得

一　旅券又ハ国籍証明書ヲ所持セサル者

二　帝国ノ利益ニ背反スル行動ヲ為シ又ハ敵国ノ利便ヲ図ル虞アル者

三　公安ヲ害シ又ハ風俗ヲ紊ル虞アル者

四　浮浪又ハ乞丐ノ常習アル者

五　各種伝染病患者其ノ他公衆衛生上危険ナル疾患アル者

六　心神喪失者心神耗弱者貧困者其ノ他救助ヲ要スヘキ虞アル者

前項第一号ノ旅券又ハ国籍証明書ハ本人ノ写真ヲ添附シタルモノニシテ本国官憲ノ発給ニ係リ在外帝国大公使又ハ在外帝国領事官ノ査証ヲ経タルモノニ限ル

第二条　帝国臣民ノ入国ニ関シ旅券又ハ国籍証明書ノ提示ヲ必要トセサル国ノ臣民又ハ人民ニ付テハ特ニ前条第一項第一号ニ関スル規定ヲ適用セサルコトヲ得

第三条　本邦ニ渡来スル外国人ハ当該警察官吏ノ請求ニ応シ旅券又ハ国籍証明書ヲ提示シ及第一条第一項各号其ノ他必要ナル事項ノ調査ニ関スル推問ニ対シ真実ナル陳述ヲ為スヘシ

第四条　前条ニ違背シ又ハ他人ノ氏名ヲ記載シタル旅券又ハ国籍証明書ヲ使用シ若ハ虚偽ノ方法ニ依リ旅券又ハ国籍証明書ノ査証ヲ受ケタル者ハ地方長官ニ於テ上陸ヲ禁止シ又ハ帝国領土外ニ退去ヲ命スルコトヲ得

第五条　本令ノ規定ハ帝国ニ駐在スル外国大公使大公使館員外国領事官領事館員竝其ノ家族及外国政府ノ公務ヲ帯フル者ニ之ヲ適用セス帝国港湾ニ寄港スル外国船舶ノ乗組員ニ付亦同シ

附　則

本令ハ公布ノ日ヨリ之ヲ施行ス但シ旅券又ハ国籍証明書ニ関スル事項ハ大正七年二月一日ヨリ之ヲ施行ス

前項但書ノ期日ニ於テ本邦渡来ノ途中ニ在ル外国人ニシテ本令第一条ノ旅券又ハ国籍証明書ノ発給又ハ査証ヲ受クルコト能ハサル事由アリト認ムル場合ニ於テハ本令第一条第一項第一号ニ関スル規定ヲ適用セサル

コトヲ得

「外国人入国ニ関スル件」においては第一条で六項目にわけて上陸禁止事由が定められているが、同条第一項一号で「旅券」の所持が、また同条第二項において「査証」の付与が外国人の入国に義務づけられていることに注意すべきである。現代国際社会において当然のことと考えられている旅券と査証による入国規制は、この当時すなわち第一次世界大戦が勃発して諸国の入国管理が厳格化するとともに一般化したものであって比較的新しい制度といえよう。

「旅券」（PASSPORT・パスポート）とは発給国が所持人が自国民であること及びその身分を証明し、かつ外国官憲に対してその者に対する保護と旅行の便宜供与を依頼する公式の旅行文書であって、平時の国境通過にあたりその提示を求める制度はすでに一八世紀の後半から行われていたといわれる。これに対して「査証」（VISA・ビザ）とは外国に駐在する領事官等の発給する旅券上の裏書き（推せん状）でありその性質は所持人の旅券が真正かつ有効であることならびに査証に表示されている条件の下に一応入国が差支えないとするものである。第一次大戦当時各国はいずれも自国の利益に反する好ましくない外国人の入国を禁止する目的で外国人の入国を取締る規則を制定し、自国に入国しようとする外国人に対しては、まず本国官憲の発給する旅券を必要とし、かつその旅券にはあらかじめ自国の在外官憲の査証を要することとし、もって旅券と査証の制度により好ましからざる外国人の入国を防止しようとしたのである。このように査証制度は第一次世界大戦当時にひろく整備されたものであるが、その後大正七年に同大戦が終了した後も査証制度は引続いて採用され、外国人の入国に原則として必要な要件の一つとして現在に至っている。

ところで第一次世界大戦終了後、査証制度を存続して国際交通上の障壁を設けておくことは好ましくないとして欧米諸国中には査証相互免除協定を結ぶ国々も現れた。そのため大正一三年四月、我が国も前記「外国人入国ニ関スル件」第二条を改正し日本人の入国に対し査証を必要としない国の国民に対しては査証条件の規定を適用しないことが出来るとし、大正年代中にベルギー、フランス、イタリー、リヒテンシュタイン、オランダ、ドイツ、香港とそれぞれ査証相互免除協定を結び、我が国とこれら諸国との間の旅行の容易化を図っている。

「外国人入国ニ関スル件」によれば、旅券又は国籍証明書を所持しない者(1)、日本国の利益に反する行為をし又は敵国の利益を図るおそれのある者、公安を害し風俗を乱すおそれのある者などの上陸を地方長官（知事。東京府においては警視総監）が禁じうるものとし、また渡来する外国人は警察官吏の請求に応じて旅券又は国籍証明書を提示し、その他必要な取調べに正しい陳述をすることを義務づけており、これに違反し又は他人名義の旅券等を使用しあるいは虚偽の方法により査証を受けた者には地方長官が上陸禁止や退去強制を命じうることなどが定められている。このように当時においては外国人の上陸の許否や退去強制の権限は地方長官に属していたものであるがこの制度はその後第二次世界大戦後まで引続いて行われていた。

なお、第一次大戦後組織された国際連盟において外国人の処遇問題がとりあげられ、内外人平等主義の原則を確立しようとする努力がなされたがそれが実を結ぶに至らなかったことはさきにのべたところである。

2　その他の制定された法令

大正時代において「外国人入国ニ関スル件」以外に新たに制定された外国人関係法令は次のとおりである（太田益男「日本国憲法下の外国人の法的地位」二三一―二五頁）。

公　職　外国人は陪審員となる資格はない。

大正一二年四月一八日公布法律第五〇号「陪審員法」第一二条一項。

「帝国臣民タル男子ニシテ三十歳以上タルコト」

職業・営業

ⅰ　外国航空機が、我が国において有償で旅客もしくは貨物の運送などの営業を行うことは原則として制限される。

大正一〇年四月九日公布法律第五四号「航空法」第三五条。

「日本航空機ニ非サル航空機ニ依リ有償ニテ日本各地ノ間ニ於テ旅客又ハ貨物ノ運送ヲ為スコトヲ得ス但シ行政官庁ノ許可ヲ受ケタルトキハ此ノ限ニ存ラス」

ⅱ　外国人が弁理士となることは原則として制限される。(2)

大正一〇年四月三〇日公布法律第一〇〇号「弁理士法」第二条。

「左ノ条件ヲ具フル者ハ弁理士タル資格ヲ有ス
一、帝国臣民又ハ農商務大臣ノ定ムル所ニ依リ外国ノ国籍ヲ有スル者ニシテ私法上ノ能力者タルコト
二、帝国内ニ住所ヲ有スルコト
三、弁理士試験ニ合格シタルコト」

財産権

ⅰ 敵国人との取引の禁止。第一次世界大戦において我が国は連合国側としてドイツ、オーストリア、ハンガリー、トルコと敵対関係となったための措置。

大正六年四月二三日勅令第四一号「対敵取引禁止令」第二条。

「主務大臣ニ於テ別段ノ定ヲ為シタル場合ヲ除クノ外左ノ各号ニ掲クル者ヲ当事者トスル取引又ハ其ノ者ノ為ニスル取引ハ之ヲ為スコトヲ得ス

一、敵国

二、敵国人又ハ敵国法人」

ⅱ 敵国人の財産管理

大正八年六月二三日勅令第三〇四号「独逸国等ニ属スル財産管理令」第一条。

「政府ハドイツ国、オーストリア・ハンガリー国又ハトルコ国ニ属シ又ハ其ノ国人若ハ法人ニ属スル財産ヲ管理スルコトヲ得」

ⅲ 外国人および外国法人は朝鮮殖産銀行の株主となることは出来ない。

大正七年六月七日公布制令第七号「朝鮮殖産銀行令」第四条。

「朝鮮殖産銀行ノ株券ハ記名式トス帝国臣民又ハ帝国法令ニ依リ設立シタル法人ニ非サレハ朝鮮殖産銀行ノ株主ト為ルコトヲ得ス」

ⅳ 実質的に外国性を有する日本法人は日本航空機を所有することができない。

前出「航空法」第二条。

「左ノ各号ノ一ニ該当スル者ノ所有スル航空機ハ之ヲ日本航空機トス

一、日本国又ハ日本ノ公共団体

二、日本臣民

三、日本法令ニ依リ設立シタル会社ニシテ合名会社ニ在リテハ社員ノ全員、合資会社及合名会社ニ在リテハ無限責任社員ノ全員、株式会社ニ在リテハ取締役ノ全員カ日本臣民タルモノ

四、前号ニ掲クル法人以外ノ法人ニシテ日本法令ニ依リ設立シ其ノ代表者カ日本臣民タルモノ」

ⅴ 外国人は我が国の恩給をうける資格がない。

大正一二年四月一四日公布法律第四八号「恩給法」第九条一項。

「年金タル恩給ヲ受クルノ権利ヲ有スル者左ノ一ニ該当スルトキハ其ノ権利消滅ス

三、国籍ヲ失ヒタルトキ」

ⅵ 外国人、外国法人並びに実質的に外国性を有する日

本法人は相互主義に基づき土地所有権の享有を認められるが、我が国の国防上必要な地区においては土地所有権の取得の制限ないし禁止される。

大正一四年四月一日公布法律第四二号「外国人土地法」。

「帝国臣民又ハ帝国法人ニ対シ土地ニ関スル権利ノ享有ニ付禁止ヲ為シ又ハ条件若ハ制限ヲ附スル国ニ属スル外国人又ハ外国法人ニ対シテハ勅令ヲ以テ帝国ニ於ケル土地ニ関スル権利ノ享有ニ付同一若ハ類似ノ条件若ハ制限ヲ附スルコトヲ得」（第一条）

「帝国法人又ハ外国法人ニシテ社員、株主若ハ業務ヲ執行スル役員ノ半数以上又ハ資本ノ半額以上若ハ議決権ノ過半数カ前条ノ外国人又ハ外国法人ニ属スルモノニ対シテハ勅令ノ定ムル所ニ依リ之ヲ其ノ外国人又ハ外国法人ト同一ノ国ニ属スルモノト看做シ前条ノ規定ヲ適用ス」（第二条一項）

「国防上必要アル地区ニ於テハ勅令ヲ以テ外国人又ハ外国法人ノ土地ニ関スル権利ノ取得ニ付禁止ヲ為シ又ハ条件若ハ制限ヲ附スルコトヲ得」（第四条一項）

なお、本法第九条により、さきに示した「地所質入書入規則」（明治六年第一八号布告）および「外国人ノ土地所有権ニ関スル件」（明治四三年法律第五一号）は廃止された。

その他

(i) 外国人または外国法人の破産に関し相互主義が規定された。

大正一一年四月二五日公布法律第七一号「破産法」第二条。

「外国人又ハ外国法人ハ破産ニ関シ日本人又ハ日本法人ト同一ノ地位ヲ有ス但シ本国法ニ依リ日本人又ハ日本法人カ同一ノ地位ヲ有スルトキニ限ル」

(ii) 外国人となった者は位階を失う。

大正一五年一〇月二一日公布勅令第三二五号「位階令」第九条。

「有位者国籍ヲ喪失シタルトキハ其ノ位ヲ失フ」

（1）第二条において相互主義が認められており、これにより当時中国は日本人の入国に旅券携帯を不要としていたので我が国へも中国人の無旅券入国が認められていた。

（2）太田益男・前出書二三頁は「弁理士法第二条によれば帝国臣民でない者すなわち外国人は我が国の弁理士になる資格がない旨規定している」としているが、法令全書によると同条は右のとおりとなっている。

四　昭和時代Ⅰ（第二次大戦終了まで）

時代も大正から昭和へと移りかわると世界的に国際緊張がふたたび高まり、我が国も満州事変（昭和六年）、上海事変（昭和七年）を経た後、昭和八年三月二七日国際連盟を脱退した。その後昭和一二年七月七日の蘆溝橋事件からついに日中両国は全面戦争に入り、また昭和一四年九月にはドイツのポーランド攻撃を機に英仏はドイツに宣戦を布告した。昭和一五年九月二七日にはいわゆる日独伊三国同盟の成立、同一六年六月二二日ドイツの対ソ宣戦布告を経て、同年一二月八日には我が国も太平洋戦争に突入した。ついでドイツ、イタリアも対米戦争に参戦し、戦争は世界的規模に広がったのである。

このような国際情勢を背景として、我が国の外国人の

戦前（昭和一〇年）における港別外国人の入国数

港	人員	港	人員
総数	四二、六二九	長崎	四、一〇八
神戸	二〇、一一二	門司	一、三四七
横浜	九、七二七	その他	一、六六一
下関	五、六七四		

戦前における我が国に在留していた外国人の数

年	総数	中国	（朝鮮）	アメリカ	イギリス	ドイツ	フランス	ソ連	その他
大正九年	三五、五六九	二二、四二七	（四〇、七五五）	三、九六六	四、一八八	六三〇	六七四	一、七一四	一、九七〇
昭和五年	五三、三二〇	三九、四四〇	（四一九、〇〇九）	三、六三七	三、一四四	一、三三八	六九四	三、五八七	二、五八九
昭和一五年	三九、二三七	一九、四五三	（一、二四一、三一五）	四、七五五	一、六九三	二、七一三	五一五	七三一	九、三七七（三、七八七）

（注）①朝鮮欄の（　）は当時日本国民であり外数である。②「その他」欄の（　）内は満州国（昭和七年三月一日建国）人で内数である。③明治時代の在留外国人数は三六頁を参照。

戦前における外国人の入国

年	総数	米国	英国	フランス	ドイツ	ソ連	中国	その他	(朝鮮)
大正15	二四、七〇六	六、七〇四	三、六二四	四二九	五三六	八四九	一〇、九七七	一、五八七	(九一、〇九二)
昭和2	二六、三八六	六、六五四	三、八八〇	三五四	六〇九	九九〇	一二、三八三	一、五一六	(一三八、〇一六)
3	二九、八〇〇	七、七八二	三、七六一	五五五	七四二	一、二五一	一三、八八九	一、八二〇	(一六六、二八六)
4	三四、七五五	八、五二七	四、三六二	四三九	九四〇	一、五八七	一六、三〇〇	二、六〇〇	(一五三、五七〇)
5	三三、五七二	八、五二一	五、二四六	四六六	九八五	一、四五三	一四、五四三	二、三五八	(一二七、七七六)
6	二七、二七三	六、一六二	三、五二三	四六二	六七二	一、〇八二	一二、八七八	二、四九四	(一四〇、一七九)
7	二〇、九六〇	四、三一〇	三、五二五	四七八	七二一	一、〇六六	七、七九二	三、〇六八	(一四九、五九七)
8	四六、二六四	五、七九二	五、一一七	六三六	一、一一八	一、〇九一	九、一四六	三、三六四	(一九八、六三七)
9	三五、一九六	七、九四七	六、三九一	八八三	一、三一三	一、四二七	一三、六七六	四、五五九	(一七五、三〇一)
10	四二、六二九	九、一一一	七、二九三	八九四	一、五三三	一、二八〇	一四、二六〇	八、二六八	(一一三、一四一)
11	四二、五六八	九、六五五	六、九九二	九二〇	一、四四六	一、三一五	一一、三九八 (五、八五五)	四、九八七	(一一五、八六六)
12	四〇、三〇二	一〇、〇七七	六、〇九七	八八二	一、八一六	一、五六二	八、二七五 (五、八八九)	五、七〇四	(一一八、九一二)
13	二八、〇七二	五、一四八	三、二〇九	五一一	一、八六一	一、六四八	四、〇二一 (七、四二八)	四、二四五	(一六一、二二二)
14	三七、二四四	六、七一一	三、六一六	五三三	二、五八五	一五七	七、三三五 (九、四八〇)	六、八三八	(三一六、四二四)
15	四三、四三五	五、九八三	二、八〇四	五五〇	五、四四二	四四七	九、九六八 (九、五一八)	八、七七三	(三八五、八二二)

(注)　一　運輸省観光局「入国外人統計」(昭和四年以前は大蔵省統計、五年以後は内務省統計に基づく)。ただし、朝鮮欄は、内務省統計。
二　中国欄の(　)は満州国人で外数である。ただし、総数には含む。
三　朝鮮欄の(　)は当時日本国民であったので外数としている。

入国等の規制も強化されてくるのであるが、その前に大正時代から昭和の初期にかけての期間にどのような外国人が、どのくらい我が国に在留していたかを国勢調査（毎年一〇月一日施行）によってみると表のとおりである。

なお、このころ（大正一五年から昭和一五年まで）の外国人入国者数の国籍別推移を表に示すと前頁の表のとおりであって、昭和八年からドイツ人が増加し、その反面昭和一三年ごろより米・英・ソ連人が減少するなど前記国際情勢を如実に反映しているものといえよう。

昭和一〇年における外国人の港別の入国数は四九頁下段の表のとおりである。航空機時代の現代と対比すると、当時我が国を訪れる外国人は殆んど船舶によったことがわかり興味深いものがある。なお、同年における国籍別・滞在期間別・入国目的別の外国人入国数の表を参考のために左に掲げた。

ところで大正七年に第一次世界大戦が終了し、その後しばらくの間世界も平和となったため欧米諸国中には査証相互免除協定を結ぶ国もあらわれ、我が国も同一三年

戦前（昭和一〇年）における国籍別・滞在期間別・入国目的別外国人の入国数

（昭和一〇年）

国籍	総人員	滞在期間			入国目的			
		一五日未満	三カ月未満	三カ月以上	観光	公務	商用	その他
総数	四二、六二九	一四、九四一	九、八五九	一七、八二九	一六、〇四五	七〇六	三、六六七	二二、二一一
中国	一四、二六〇	二、一六〇	一、四一五	一〇、六八五	一、三一四	一五二	一、三四六	一一、四四八
米国	九、一一一	六、〇〇四	二、〇一五	一、〇九二	六、一八八	五三	四四八	二、四二二
英国 アイルランド	七、二九三	三、四〇四	二、九〇八	九八一	四、五九一	五四	四六九	二、一七九
ドイツ	一、五二三	四三九	五七九	五〇五	六二〇	一四	二四〇	六四九
ソ連	一、二八〇	四六二	四八〇	三三八	二〇六	一二五	二七九	六七〇
フランス	八九四	三二七	四一五	一五二	四九九	一一	四七	三三七
その他	八、二六八	二、一四五	二、〇四七	四、〇七六	二、六二七	二九七	八三八	四、五〇六

（注）　運輸省国際観光局「昭和一〇年度入国外人統計」。

「外国人入国ニ関スル件」第二条を改正して査証条件に相互主義を規定し、大正年間において七カ国と査証相互免除協定を結んで、我が国とこれら諸国との間の旅行の容易化を図ったことはさきにものべたが、昭和年代に入ってからも同五年までにスイス、デンマーク、ノルウェー、オーストリア、アイスランド、エストニア、リスアニア、ラトビア、チェコスロバキア、ハンガリー、カナダの各国とそれぞれ査証相互免除協定を締結した。またフランスとの協定により仏領印度支那（現在のベトナム、ラオス、カンボジアの地域である）にも査証免除が昭和八年二月一日より実施された。

これらの査証相互免除協定は、大正時代に締結されたものもふくめて、その内容において殆んど相違はないが、その要点は大略次のようなものであった。

㈠　我が国の国籍を有する者は、外国等に居住する者も含めて我が国官憲発給の有効な旅券を所持していれば相手方官憲の査証を要することなく相手国に入国し又は通過することが出来る。

㈡　相手国の国籍を有する者は、同国外に居住する者も含めて、相手国官憲発給の有効な旅券を所持していればわが国官憲の査証を要することなくわが国に入国しあるいは通過することが出来る。

㈢　査証相互免除協定は、協定国の外国人の入国又は滞在等に関する国内法規の適用になんらの影響も及ぼさない。

㈣　一カ月の猶予期間を置き、いつでも一方的通告に依り廃棄しうる。

なお、「外国人入国ニ関スル件」第二条に関して、中国人については、本条の認める相互主義によって無旅券入国が認められていたことは、さきにふれたとおりであるが、昭和七年三月一日に成立した満州国においても日本人の同国入国につき旅券又は国籍証明書の携帯を必要としなかったため相互主義により同国人のわが国への無旅券入国が認められていた。

1　「外国人ノ入国、滞在及退去強制ニ関スル件」の制定

昭和一四年五月一日、次に掲げる内務省令第六号「外国人ノ入国、滞在及退去ニ関スル件」が施行された。この新たに制定された省令は大正七年公布の「外国人入国ニ関スル件」及び明治三二年公布の「宿泊届其ノ他ニ関スル件」を廃止し、整備して一本化したものであるが、当時の国際情勢から防諜的な問題もあって外国人の在留管理をより強化したものである。この省令による従前の

措置と異なる諸点は大略次のとおりである。

㈠　入国と通過の区別が定められたこと（第一条）。すなわち滞在期間により一五日以上を「入国」とし、未満を「通過」とした。本邦を通過しようとする外国人は一五日以上滞在することは出来ないが入国した者は滞在期間の延長を申請することが出来る（第七条）。

㈡　航空機により渡来する外国人の取扱いが定められた（第三条）。

㈢　入国・通過の条件に適合しない者にも特許により入国等が許可しうるよう規定された（第六条）。

㈣　旅館主等は外国人が宿泊した場合、一二時間以内に氏名・国籍・住所・年齢・職業・上陸地・前夜宿泊地・行先地・投宿目的を所轄の警察署長に届出ることとされた（第八条）。

㈤　旅券又は国籍証明書を取得できない外国人が中国又は満州国へ旅行しようとするときは旅行証明書の下付を居住地所轄の警察署長へ願出るように定められた（第一二条）。

㈥　六〇日以上滞在する外国人が出国しようとするときはその旨を居住地所轄の警察署長に届出ることとされた（第一七条）。

㈦　申告書様式等各種の書式や特許その他の許可手数料が定められた。

外国人ノ入国、滞在及退去ニ関スル件

第一条　本令ニ於テ入国トハ外国人十五日以上滞邦スル場合ヲ謂ヒ通過トハ十五日未満滞邦スル場合ヲ謂フ

第二条　本邦ニ渡来スル外国人ニシテ左ノ各号ノ一ニ該当スル者ハ地方長官（東京府ニ在リテハ警視総監以下之ニ同シ）ニ於テ其ノ入国又ハ通過ヲ禁止スヘシ

一　旅券若ハ国籍証明書又ハ之ニ代ルヘキ証明書ヲ所持セサル者

二　帝国ノ利益ニ背反スル行動ヲ為シ又ハ敵国ノ利便ヲ図ル虞アル者

三　公安ヲ害シ又ハ風俗ヲ紊ル虞アル者

四　各種伝染病患者其ノ他公衆衛生上危険ナル疾患アル者

五　心神喪失者、心神耗弱者、貧困者其ノ他救助ヲ要スヘキ虞アル者

六　第五条第二項ニ違反シタル者

前項第一号ノ旅券若ハ国籍証明書又ハ之ニ代ルヘキ

証明書ハ本人ノ写真ヲ貼附シタルモノニシテ所属国官憲又ハ国際慣例ニ依ル特定国官憲ノ発給ニ係リ且本邦上陸前一年以内ニ在外帝国大公使若ハ領事官ノ査証ヲ経タルモノ又ハ其ノ発給ニ限ル渡航証明書ニ限ル査証ハ入国査証又ハ通過査証トス通過査証ハ通過一回限リ有効トス

第三条　航空機ニ依リ本邦ニ渡来スル外国人ニシテ前条第一項各号ノ一ニ該当スル者ハ地方長官ニ於テ之ヲ降機セシメ最近出航ノ船舶又ハ航空機ニ依リ本邦ヲ退去セシムヘシ

第四条　帝国臣民ノ入国ニ関シ旅券若ハ国籍証明書又ハ之ニ代ルヘキ証明書ノ提示ヲ必要トセサル国ノ国民ニ付テハ第二条第一項第一号ノ規定ヲ其ノ旅券若ハ国籍証明書又ハ之ニ代ルヘキ証明書ニ当該国官憲ノ査証ヲ必要トセサル国ノ国民ニ付テハ同条第二項中査証ニ関スル規定ヲ適用セサルコトヲ得

第五条　本邦ニ渡来スル外国人ハ各寄港地（飛行場ヲ含ム）ニ於テ警察官吏ノ査閲ヲ経タル後ニ非サレハ入国又ハ通過スルコトヲ得ス

前項査閲ニ際シ外国人ハ別記第一号様式ニ依ル申告書ニ事実ヲ記入署名シ、当該警察官吏ノ請求ニ応シ旅券其ノ他ノ証明書ヲ提示シ必要ナル事項ノ質問ニ対シ真実ナル陳述ヲ為スヘシ

第六条　有効ナル旅券若ハ国籍証明書ハ之ニ代ルヘキ証明書ヲ所持セサル外国人ニシテ之ヲ所持セサルコトニ付相当ノ事由アリト認ムルトキハ地方長官ハ其ノ入国又ハ通過ヲ特許スルコトヲ得

第二条第一項第五号ニ該当スル外国人ニシテ確実ナル監護人又ハ身元引受人ノ保証アリ地方長官ニ於テ支障ナシト認ムルトキハ其ノ入国又ハ通過ヲ特許スルコトヲ得

通過特許又ハ入国特許ヲ受ケントスル外国人ハ別記第二号様式ニ依リ上陸地地方長官ニ特許ヲ願出ツヘシ

地方長官外国人ニ対シ第一項又ハ第二項ノ特許ヲ与フル場合ハ別記第三号様式ニ依ル入国特許証又ハ通過特許証ヲ発給スヘシ但シ旅券其ノ他ノ証明書ヲ所持スル場合ニ於テハ之ニ別記第四号様式ニ依リ入国特許又ハ通過特許ノ証印ヲ押捺スヘシ

本邦ヲ通過スル外国人ニシテ入国セントスル者ハ地方長官ニ於テ第一項又ハ第二項ニ準シ其ノ入国ヲ特許スルコトヲ得

第七条　本邦ヲ通過スル外国人十五日以上滞邦スルコトヲ得ス本邦ニ入国スル外国人ニシテ三十日以上滞

邦セントスル者ハ上陸ノ日ヨリ十日以内ニ別記第五号様式ニ依リ上陸地又ハ其ノ現ニ滞在スル地ノ地方長官ニ滞邦許可ヲ願出ツヘシ
滞邦期間満了後引続キ滞邦セントスル外国人ハ期間満了前十日前迄ニ別記第六号様式ニ依リ居住地又ハ滞在地地方長官ニ滞邦期間延長ノ許可ヲ願出ツヘシ
滞邦許可又ハ滞邦期間延長許可ノ期間ハ一年以内トス

第八条　営業ニ依リ外国人ヲ宿泊セシムル者ハ宿泊ノ時ヨリ十二時間以内ニ左ノ事項ヲ所轄警察署長ニ届出ツヘシ

一　氏名
二　国籍
三　住所
四　年齢
五　職業
六　本邦ニ於ケル上陸地
七　前夜宿泊地
八　行先地
九　投宿目的

前項ノ届出ハ所轄ノ派出所若ハ駐在所又ハ巡回ノ警察官吏ニ之ヲ為スコトヲ得
宿泊外国人ハ営業主若ハ管理人又ハ之ニ代ルヘキ者ノ請求アルトキハ第一項ニ掲ケタル事項ヲ告ケ又ハ用紙ニ記載スヘシ

第九条　六十日以上滞邦スル外国人ハ上陸ノ日ヨリ十五日以内ニ別記第七号様式ニ依リ所轄警察署長ニ居住届出ヲ為スヘシ但シ十五歳未満ノ者ハ此ノ限ニ在ラス
居住届出事項中ニ変更ヲ生シタルトキハ変更ノ日ヨリ十日以内ニ所轄警察署長ニ届出ツヘシ
第一項ノ外国人其ノ居住所ヲ移転シタルトキハ移転ノ日ヨリ十日ニ其ノ旨移転先所轄警察署長ニ届出ツヘシ

第十条　警察署長ハ外国人居住登録簿ヲ作製シ前条ノ規定ニ依リ届出ヲ受ケタル事項ヲ登録スヘシ
外国人居住登録簿ノ閲覧ヲ請求セントスル者ハ手数料トシテ二十銭ヲ納付スヘシ

第十一条　居住届出ヲ為シタル外国人ハ最近六月以内ニ撮影シタル写真（正面、脱帽半身像4.5×6㎝ノ形ニシテ台紙ニ貼付セサルモノ）一葉ヲ所轄警察署長ニ提出シ居住証明書ノ交付ヲ請求スルコトヲ得
前項ノ居住証明書ノ交付ヲ請求セントスル者ハ手数料トシテ一枚ニ付五十銭ヲ納付スヘシ

第十二条　第九条ノ届出ヲ為シタル外国人ニシテ旅券若ハ国籍証明書又ハ之ニ代ルヘキ証明書ヲ取得シ得サル者満洲国又ハ支那ニ旅行セントスルトキハ別記第八号様式ニ依リ居住地所轄警察署長ニ旅行証明書ノ下付ヲ願出ツヘシ
旅行証明書ハ発給ノ日ヨリ六月間有効トス
旅行証明書ノ下付ヲ受ケタル者ハ手数料トシテ一部ニ付二十円ヲ納付スヘシ
旅行証明書ヲ所持スル外国人ニシテ満洲国又ハ支那ニ駐在スル帝国大公使若ハ領事官ノ査証ヲ経前項ノ有効期間内ニ本邦ニ帰来スル者ニ対シテハ第二条第一項第一号ノ規定ヲ適用セス

第十三条　外国人船員ニシテ搭乗船舶ノ本邦港湾ニ碇泊中当該港ノ所属スル市町村域ニ限リ一時上陸シ帰船スル者ニ対シテハ第二条第一項第一号ノ規定ヲ適用セス

第十四条　外国人第八条第一項各号ニ掲クル事項又ハ第九条ノ届出事項其ノ他必要ナル事項ニ関シ警察官吏ノ質問ヲ受ケタルトキハ真実ナル陳述ヲ為スヘシ
旅券、国籍証明書、船員手帳又ハ之ニ代ルヘキ証明書ヲ携帯スル外国人ハ警察官吏ノ請求ニ応シ之ヲ提示スヘシ

第十五条　入国特許ヲ受ケタル者ハ二十円通過特許ヲ受ケタル者ハ十円ノ手数料ヲ納付スヘシ
滞邦許可又ハ滞邦期間延長許可ヲ受ケタル者ハ十円ノ手数料ヲ納付スヘシ但シ帝国臣民ニ対シ此ノ種ノ手数料ヲ徴収セサル国ノ国民ニ対シテハ之ヲ免除ス
前二項ノ手数料ハ十五歳未満ノ者及天災其ノ他不可抗力ニ因リ入国又ハ通過ヲ特許セラレタル者ニ対シテハ之ヲ免除ス

第十六条　第十条乃至第十二条及前条ノ手数料ハ収入印紙ヲ以テ納付スヘシ

第十七条　六十日以上滞邦スル外国人本邦ヲ出国セントスルトキハ予メ居住地所轄警察署長ニ其ノ旨届出ツヘシ
地方長官ハ前項ノ規定ニ違反シタル外国人ノ入国又ハ通過ヲ禁止スルコトヲ得

第十八条　地方長官ハ左ノ各号ノ一ニ該当スル者ニ対シ帝国領土外ニ退去ヲ命スルコトヲ得
一　第二条第一項各号ノ一ニ該当スル者
二　他人ノ氏名ヲ記載シタル旅券若ハ国籍証明書又ハ旅行証明書其ノ他之ニ代ルヘキ証明書ヲ行使シタル者
三　虚偽ノ方法ニ依リ旅券若ハ国籍証明書又ハ旅行

証明書其ノ他之ニ代ルヘキ証明書ノ査証ヲ経タル者

四　第五条第一項ノ規定ニ違反シタル者

五　第七条第二項又ハ第三項ノ許可ヲ受ケスシテ滞邦スル者

第十九条　第五条第二項、第七条第一項乃至第三項、第八条、第九条又ハ第十四条ノ規定ニ違反シタル者ハ五十円以下ノ罰金又ハ拘留若ハ科料ニ処ス

第二十条　左ノ各号ノ一ニ該当スル者ハ三月以下ノ懲役若ハ禁錮又ハ百円以下ノ罰金ニ処ス

一　地方長官ノ退去命令ニ違反シタル者

二　第十八条第二号乃至第四号ノ一ニ該当スル者

附　則

本令ハ昭和十四年五月一日ヨリ之ヲ施行ス

本令施行ノ際現ニ帝国領土内ニ居住スル外国人ニ関シテハ第七条及第九条ニ定ムル願出又ハ届出ノ期間ハ本令施行ノ日ヨリ起算ス

大正七年一月内務省令第一号外国人入国ニ関スル件ハ之ヲ廃止ス

2　「外国人ノ旅行等ニ関スル臨時措置令」の制定

その後国際関係は悪化の一途をたどり、遂に昭和一六年一二月八日には太平洋戦争が勃発するに至ったが、開戦の翌日である同月九日に次の内務省令第三一号「外国人ノ旅行等ニ関スル臨時措置令」が発せられた。これは戦時における我が国の国防上の利益を保護する目的のためのいわゆる戦時立法で外国人の管理をさらに強化したものであるが、その主たる内容は次の二項目である。

㈠　外国人は内務大臣の許可をうけない限り同大臣の指定した区域に立入り又は居住することができない（第一条）。

㈡　外国人は居住地を管轄する地方長官の許可をうけない限り居住している府県外に旅行することができない（第五条）。

内務大臣等は許可したときは許可証を発給することと定められており（第二条、第五条）、また業務上等の特別の理由で常時一定地域間を旅行しようとする者は居住地を管轄する地方長官に定期旅行の許可を願出ることが出来、これに対して地方長官は右願出を許可したときは定期旅行許可証を発給する（第六条）こととなっている。

なお、右臨時措置令第一条第一項による外国人の立入禁止区域は、同日付内務省告示第六四七号により要塞地

帯、軍港要港の境域及び陸軍輸送港域などが指定されたが、横浜市の大部分、大阪市、神戸市、仙台市、新潟市の全部など極めて広範囲にわたっている。参考のために右告示も併せて掲載する。

外国人ノ旅行等ニ関スル臨時措置令

第一条　外国人ハ戦時又ハ事変ニ際シ内務大臣ニ於テ国防上ノ利益ヲ保護スル為指定シタル区域内ニ立入又ハ居住スルコトヲ得ズ但シ内務大臣ノ許可ヲ受ケタル者ハ此ノ限ニ在ラズ

前項ノ規定ハ鉄道、軌道、航空機又ハ定期航海ヲ為ス船舶ニ依リ単ニ当該区域ヲ通過スル者ニハ之ヲ適用セズ

内務大臣第一項ノ区域ヲ指定シタルトキハ之ヲ告示ス

第二条　外国人前条ノ許可ヲ受ケントスルトキハ居住地地方長官ヲ経由シ別記第一号様式ニ依ル願書ヲ提出スベシ

内務大臣第一項ノ許可ヲ与フル場合ハ許可証ヲ発給ス

第三条　前条ノ許可ヲ受ケタル外国人ニシテ左ノ各号ノ一ニ該当スルトキハ其ノ許可ヲ取消スコトアルベシ

一　虚偽ノ方法ニ依リ許可ヲ受ケタルトキ

二　許可証ヲ他人ニ貸与シ又ハ之ヲ改竄シタルトキ

三　許可条件ニ違反シタルトキ

四　国防上緊急措置ヲ講ズルニ当リ必要ナルトキ

第四条　戦時又ハ事変ニ際シ帝国領土内ニ在ル外国人ハ其ノ居所又ハ住所ヲ別記第二号様式ニ依リ所轄警察署長ニ届出ヅベシ

本邦ニ渡来シタル外国人ハ昭和十四年三月内務省令第六号外国人ノ入国、滞在及退去ニ関スル件第五条ノ規定ニ依ル申告書ニ記載シタル行先地ニ到着シタル時ヨリ二十四時間以内ニ前項ノ届出ヲ為スベシ

第五条　外国人ハ戦時又ハ事変ニ際シ居住地地方長官ノ許可ヲ受クルニ非ザレバ其ノ居住スル道府県外ニ旅行スルコトヲ得ズ

前項ノ許可ヲ受ケントスル者ハ居住地所轄警察署長ヲ経由シ別記第三号様式ニ依ル願書ヲ提出スベシ

地方長官第一項ノ許可ヲ与フル場合ハ別記第四号様式ニ依ル旅行許可証ヲ発給スベシ

第一項ノ許可ヲ受ケ旅行スル者其ノ途中ニ於テ許可事項ト異リタル旅行ヲ為サントスルトキハ最寄警察署長ニ其ノ旨申出デ旅行許可証ノ訂正ヲ受クベシ

第六条　外国人ニシテ業務上其ノ他特別ノ事由ニ依リ常時一定地域間ヲ旅行セントスル者ハ別記第五号様式ニ依リ居住地地方長官ニ定期旅行ノ許可ヲ願出ヅルコトヲ得

地方長官前項ノ願出ニ付相当ノ事由アリト認ムルトキハ一定地域間ノ旅行ニ限リ三月以内ノ期間ヲ附シ別記第六号様式ニ依ル定期旅行許可証ヲ発給スベシ

第七条　本邦ニ渡来シタル外国人ニシテ其ノ上陸地ヨリ第四条第二項ノ行先地ニ向ケ旅行セントスル者ニ対シテハ上陸地所轄警察署長ニ於テ別記第七号様式ニ依ル特別旅行証ヲ発給スベシ

前項ノ特別旅行証ハ第五条ノ規定ニ依ル旅行許可証ト看做ス

第八条　第四条ノ規定ニ依リ届出ヲ為シタル外国人其ノ居住スル道府県外ニ居所又ハ住所ヲ移転セントスルトキハ第五条ノ規定ニ準ジ旅行ノ許可ヲ受クベシ

前項ノ外国人其ノ居所又ハ住所ヲ移転シタルトキハ移転後二十四時間以内ニ第四条ノ規定ニ準ジ所轄警察署長ニ届出ヅベシ

第九条　第四条乃至第六条及前条ノ規定ハ内務大臣ニ於テ特ニ指定シタル者ニ之ヲ適用セズ

前項ニ依リ指定シタル者ニ対シテハ別記第八号様式ノ証票ヲ発給ス

第十条　第二条又ハ第五条乃至第七条ノ規定ニ依リ下付ヲ受ケタル許可証若ハ特別旅行証不用トナリ又ハ有効期間ヲ経過シタルトキハ遅滞ナク之ヲ発給シタル官庁ニ返納スベシ

第十一条　第一条、第四条、第五条又ハ第八条ノ規定ニ違反シタル者ハ三月以下ノ懲役若ハ禁錮又ハ百円以下ノ罰金ニ処ス

第十二条　第二条、第四条乃至第六条又ハ第八条ノ願届ニ際シ虚偽ノ申告又ハ記載ヲ為シタル者及第十条ノ規定ニ違反シタル者ハ拘留又ハ科料ニ処ス

附　則

本令ハ公布ノ日ヨリ之ヲ施行ス

本令施行ノ際現ニ第一条ノ規定ニ依リ内務大臣ノ指定シタル区域内ニ在ル外国人ハ本令施行ノ日ヨリ五日以内ニ第二条ノ規定ニ依リ許可ヲ願出ヅベシ内務大臣ニ於テ新ニ区域ヲ指定シタル際現ニ其ノ区域内ニ在ル外国人亦之ニ準ズ

前項ノ外国人ニ限リ本令第一条第一項ノ規定ニ拘ラズ許可又ハ不許可ノ処分アル迄当該区域内ニ居住スルコトヲ得

本令施行ノ際現ニ帝国領土内ニ在ル外国人ニシテ昭和十四年三月内務省令第六号外国人ノ入国、滞在及退去ニ関スル件第九条ノ規定ニ依リ居住届出ヲ為シタル者ハ本令第四条ノ規定ニ依リ届出ヲ為シタル者ハト看做ス

本令施行ノ際現ニ帝国領土内ニ在ル外国人ニシテ前項以外ノ者ハ本令施行ノ日ヨリ五日以内ニ第四条ノ届出ヲ為スベシ

内務省告示第六四七号

外国人ノ旅行等ニ関スル臨時措置令第一条第一項ノ区域左ノ通指定ス

昭和十六年十二月九日

内務大臣　東条　英機

一、要塞地帯、軍港要港ノ境域及陸軍輸送港域但シ東京湾要塞地帯ニ在リテハ磯子区及戸塚区以外ノ横浜市ヲ除ク

二、伊豆七島、小笠原諸島、硫黄列島及種子島北端ト黒島北端ヲ結ブ一線以南ノ鹿児島県、沖縄県ノ諸島

三、

(1)　北海道　小樽市、釧路市、室蘭市、釧路支庁管区、胆振支庁管区、網走支庁管区、根室支庁管区

(2)　大阪府　大阪市

(3)　兵庫県　神戸市

(4)　長崎県　諫早市、東彼杵郡、西彼杵郡、南松浦郡、北高来郡、南高来郡

(5)　新潟県　新潟市

(6)　三重県　津市、四日市市、松坂市、三重郡、河芸郡、一志郡、飯南郡、度会郡、志摩郡

(7)　愛知県　名古屋市、豊橋市、半田市、知多郡、碧海郡、幡豆郡、宝飯郡、渥美郡

(8)　宮城県　仙台市

(9)　広島県　豊田郡、賀茂郡、安芸郡、佐伯郡

(10)　山口県　岩国市、徳山市、防府市、玖珂郡、大島郡、熊毛郡、都濃郡

(11)　徳島県　徳島市、勝浦郡、那賀郡

(12)　愛媛県　南宇和郡

(13)　高知県　幡多郡

(14)　大分県　大分市、別府市、速見郡、大分郡

(15)　宮崎県　南那珂郡、東臼杵郡

(16)　鹿児島県　囎唹郡、肝属郡

3　その他の制定された法令

終戦までの昭和時代において右の「外国人ノ入国、滞在及退去ニ関スル件」ならびに「外国人ノ旅行等ニ関スル臨時措置令」以外に新たに制定された外国人関係法令は次のとおりである[1]。

職　業

ⅰ　外国人が計理士となることは原則として制限される。

昭和二年三月三一日公布法律第三一号「計理士法」第二条。

「左ノ条件ヲ具フル者ハ計理士タル資格有ス

一　帝国臣民又ハ主務大臣ノ定ムル所ニ依リ外国ノ国籍ヲ有スル者ニシテ私法上ノ能力者タルコト

二　計理士試験ニ合格シタルコト」

財産権

ⅱ　大蔵大臣の指定する「指定外国人」は同大臣の許可がある場合を除いて財産の取得ないし処分が制限あるいは禁止された。この措置は太平洋戦争が近づくにつれて国際的緊張も高まり米英等敵性国並びにそれら諸国人が我が国において有する財産や経済活動を取締るものでいわゆる資産凍結であった。なお、米国等もこのころ本邦資産の凍結を行った（昭和一六年七月二八日公布大蔵省令第四六号「外国人関係取引取締規則」参照[2]）。

ⅲ　敵国人の財産を封鎖した。

昭和一六年一二月二三日公布法律第九九号「敵産管理令」。

「政府ハ必要アルトキハ敵産ニ関シ管理人ヲ選定シ之ヲ管理セシムルコトヲ得

本邦ニ於テ敵産トハ敵国、敵国人其ノ他命令ヲ以テ定ムル者ニ属シ又ハ其ノ者ノ保管スル財産（事業若ハ営業又ハ之ニ対スル出資ヲ含ム）ヲ謂フ」（第一条）

「政府ハ命令ノ定ムル所ニ依リ敵産ニ対シ政府ノ指定スル者ニ対スル売却其ノ他必要ナル事項ヲ命ズルコトヲ得」（第二条）

ⅳ　外国人（外国法人及び実質的[3]に外国性を有する日本法人を含む）は日本製鉄株式会社等の株主となることは出来ない。

昭和八年四月六日公布法律第四七号「日本製鉄株式会社法」第三条。

「日本製鉄株式会社ノ株式ハ記名式トシ政府、公共団体、帝国臣民又ハ帝国法令ニ依リテ設立シタル法人ニシテ其ノ議決権ノ過半数ガ外国人若ハ外国法人ニ属セサルモノニ限リ之ヲ所有スルコトヲ得」

その他

ⓥ　不正競争によって損害をうけた外国人のうち、我が国に住所又は営業所を有せずかつその本国とわが国との条約等により特別の定がない場合には加害者に求償することが出来ない。

昭和九年三月二七日公布法律第一四号「不正競争防止法」。

「不正ノ競争ノ目的ヲ以テ左ノ各号ノ一ニ該当スル行為ヲ為シタル者ハ被害者ニ対シ損害賠償ノ責ニ任ズ」（第一条）

「外国人ニシテ本法施行ノ地域内ニ住所又ハ営業所ヲ有セザルモノハ条約又ハ之ニ準ズベキモノニ別段ノ規定アル場合ヲ除クノ外第一条ノ請求ヲ為スコトヲ得ズ」（第三条）

外国人関係取引取締規則

第一条　本令ニ於テ指定国トハ大蔵大臣ノ指定スル外国ヲ謂フ

前項ノ規定ニ依リ指定シタルトキハ大蔵大臣之ヲ告示ス

第二条　本令ニ於テ指定国人トハ左ニ掲グルモノヲ謂フ

一　指定国ノ国籍ヲ有スル人（日本ノ国籍ヲ有スル本邦居住者ヲ除ク）

二　大蔵大臣ノ指定スル者

前項第二号ノ規定ニ依リ指定シタルトキハ大蔵大臣之ヲ告示ス

第三条　本令ニ於テ指定国法人トハ左ニ掲グルモノヲ謂フ

一　指定国竝ニ指定国ノ行政区画、公共団体及此等ニ準ズルモノ

二　指定国ニ本店又ハ主タル事務所ヲ有スル法人

三　指定国ノ本令ニ依リ設立セラレタル法人ニシテ前各号ニ該当セザルモノ

第四条　本令ニ於テ指定国系法人トハ指定国法人以外ノ法人ニシテ左ニ掲グルモノヲ謂フ

一　指定国法人又ハ指定国人ガ資本金ノ二分ノ一以上ヲ占ムルモノ

二　指定国法人又ハ指定国人ガ前号以外ノ関係ニ於テ経営ヲ支配スルモノ

三　指定国人、指定国法人、第一号ニ該当スルモノ又ハ全号ニ該当スルモノガ資本金ノ二分ノ一以上ヲ占ムルモノ又ハ其ノ他ノ関係ニ於テ経営ヲ支配スルモノニシテ前各号ニ該当セザルモノ

四　前各号ニ掲グルモノ以外ノ法人ニシテ指定国内ニ於テ事業又ハ営業ヲ為スコトヲ主タル目的トスルモノ
五　大蔵大臣ノ指定スルモノ
前項第五号ノ規定ニ依リ指定シタルトキハ大蔵大臣之ヲ告示ス
第五条　本令ニ於テ指定国居住者トハ左ニ掲グルモノヲ謂フ
一　指定国ニ住所又ハ居所ヲ有スル人ニシテ指定国人以外ノモノ
二　法人(指定国法人及指定国系法人ヲ除ク)ノ支店其ノ他ノ営業所ニシテ指定国ニ在ルモノ
第六条　本令ニ於テ指定外国人トハ指定国人、指定国法人、指定国系法人又ハ指定国居住者ヲ謂フ
第七条　本令ニ於テ外国系本邦法人トハ本邦法人ニシテ左ニ掲グルモノヲ謂フ
一　外国法人又ハ外国人ガ資本金ノ二分ノ一以上ヲ占ムルモノ
二　外国法人又ハ外国人ガ前号以外ノ関係ニ於テ経営ヲ支配スルモノ
三　外国人、外国法人、第一号ニ該当スルモノ又ハ前号ニ該当スルモノガ資本金ノ二分ノ一以上ヲ占ムルモノ又ハ其ノ他ノ関係ニ於テ経営ヲ支配スルモノニシテ前各号ニ該当セザルモノ
第八条　本令ニ於ケル動産ニハ本邦通貨、外国通貨及有価証券(有価証券ニ準ズルモノヲ含ム以下同ジ)ヲ含マズ
第九条　指定外国人ハ大蔵大臣ノ許可ヲ受クルニ非ザレバ本令施行地内ニ於テ左ニ掲グル財産ノ取得又ハ処分ヲ為スコトヲ得ズ但シ第十条乃至第十三条又ハ第二十条ノ規定ニ依リ許可ヲ受ケタル場合ハ此ノ限ニ在ラズ
一　不動産又ハ永代借地権
二　価額百円相当額以上ノ動産
三　地上権、地役権又ハ不動産買戻権
四　質権又ハ抵当権
五　鉱業権、砂鉱権、漁業権又ハ森林伐採権
六　工業所有権、著作権又ハ此等ニ準ズルモノ
七　事業、営業又ハ事業若ハ営業ニ対スル出資(有価証券ヲ除ク)
八　内国為替以外ノ価額二十円相当額以上ノ有価証券(本邦内旅行ノ為ノ乗車券、乗船券及此等ニ準ズルモノヲ除ク以下同ジ)
九　内国為替

十　外国通貨

前項ノ行為ヲ為スニ付許可ヲ受ケントスル者ハ本令附属申請書式第一号乃至第十号ニ依ル許可申請書ヲ提出スベシ

第十条　指定外国人ハ大蔵大臣ノ許可ヲ受クルニ非ザレバ本令施行地内ニ於テ左ニ掲グル行為ヲ為スコトヲ得ズ但シ第十三条ノ規定ニ依リ許可ヲ受ケタル場合ハ此ノ限ニ在ラズ

一　外貨債権又ハ邦貨債権ノ処分（相殺ノ場合ヲ含ム）

二　邦貨債権ノ譲受

三　債務ノ引受

四　債務ノ保証

前項ノ行為ヲ為スニ付許可ヲ受ケントスル者ハ本令附属申請書式第十一号又ハ第十二号ニ依ル許可申請書ヲ提出スベシ

第十一条　指定外国人ハ大蔵大臣ノ許可ヲ受クルニ非ザレバ本令施行地内ニ於テ左ニ掲グル行為ヲ為スコトヲ得ズ但シ第十三条ノ規定ニ依リ許可ヲ受ケタル場合ハ此ノ限ニ在ラズ

一　不動産、本邦通貨、外国通貨、価額百円相当額以上ノ動産又ハ価額二十円相当額以上ノ有価証券ノ寄託ヲ為シ又ハ寄託ヲ受クルコト

二　前号ニ掲グルモノニシテ寄託ヲ為シタルモノノ返還ヲ受ケ又ハ寄託ヲ受ケタルモノノ返還ヲ為スコト

前項ノ行為ヲ為スニ付許可ヲ受ケントスル者ハ本令附属申請書式第十三号又ハ第十四号ニ依ル許可申請書ヲ提出スベシ

第十二条　指定外国人ハ大蔵大臣ノ許可ヲ受クルニ非ザレバ本令施行地内ニ於テ不動産、価額百円相当額以上ノ動産又ハ価額二十円相当額以上ノ有価証券ノ賃借、転貸借又ハ賃借権ノ取得若ハ処分ヲ為スコトヲ得ズ

前項ノ行為ヲ為スニ付許可ヲ受ケントスル者ハ本令附属申請書式第十五号ニ依ル許可申請書ヲ提出スベシ

第十三条　指定外国人ハ大蔵大臣ノ許可ヲ受クルニ非ザレバ本令施行地内ニ於テ左ニ掲グル行為ヲ為スコトヲ得ズ

一　貸付金ノ貸付又ハ回収

二　借入金ノ借入又ハ返済

三　預ケ金ノ預入又ハ引出

四　預リ金ノ受入又ハ払戻

前項ノ行為ヲ為スニ付許可ヲ受ケントスル者ハ本令附属申請書式第十六号乃至第十九号ニ依ル許可申請書ヲ提出スベシ

第十四条　指定外国人ハ大蔵大臣ノ許可ヲ受クルニ非ザレバ本令施行地内ニ於テ一箇月ヲ通ジ五百円（法人以外ノ場合ハ世帯毎ニ五百円）以上ノ本邦通貨ヲ取得又ハ処分スルコトヲ得ズ但シ取得又ハ処分ノ原因ト為ルベキ行為ニ付第九条乃至第十三条又ハ外国為替管理法施行規則ノ規定ニ依リ許可ヲ受ケタル行為ヲ為ス場合ハ法ノ限ニ在ラズ

　前項ノ規定ノ適用ニ付テハ本邦内ニ於テ振出サレ本邦内ニ在ル銀行ヲ支払人トスル当座小切手ニシテ本邦内ニ於テ支払ハルルモノハ本邦内ノ支払ノ手段トシテ使用セラルル場合ニ限リ之ヲ本邦通貨ト看做ス

　第一項ノ行為ヲ為スニ付許可ヲ受ケントスル者ハ本令附属申請書式第二十号ニ依ル許可申請書ヲ提出スベシ

第十五条　指定外国人ハ第九条乃至第十四条ノ規定ニ拘ラズ左ニ掲グル場合ハ第九条乃至第十四条ノ規定ニ掲グル行為ヲ為スニ付大蔵大臣ノ許可ヲ受クルコトヲ要セズ

一　本邦ノ公租公課其ノ他之ニ準ズルモノノ支払ヲ為ス為必要ナルトキ

二　本邦内ニ居住スル本邦人タル使用人其ノ他ノ従業者ニ対シ俸給給与其ノ他之ニ準ズルモノノ支払ヲ為ス為必要ナルトキ

三　大蔵大臣ノ指定スル場合ニ該当スルトキ

前項第三号ノ指定ニ依リ規定シタルトキハ大蔵大臣之ヲ告示ス

（以下、略）

(1)　太田益男「日本国憲法下の外国人の法的地位」二六―二九頁。

(2)　同規則第一条一項の大蔵大臣の指定する外国として、右公布日に大蔵省告示第二八一号により「アメリカ合衆国、アメリカ合衆国領地全体、フィリピン連邦」が指定されたことに続き太平洋戦争の開始するまでにそれぞれ大蔵省告示によりカナダ、英国（香港・ボルネオ・マレー等海外領土を含む）、オランダ（蘭領印度を含む）、オーストラリア、ビルマ、インド、ニュージーランド、南アフリカ連邦が指定され、開戦後も昭和一六年一二月にメキシコ等中南米一〇カ国及びエジプトが指定されている。

(3)　日本製鉄株式会社のほか東北興業株式会社、東北振興電力株式会社および台湾拓殖株式会社。これらの会社はいずれも昭和一一年にそれぞれ特別法により設立されているが、各法律中に右と同様趣旨の規定が存在する。

五　昭和時代Ⅱ（平和条約発効まで）

昭和一六年一二月八日の真珠湾攻撃で始った太平洋戦争は、我が国がアメリカ、イギリス、中国等の連合国を相手とした戦争であり、それはドイツ、イタリア、日本等のいわゆる枢軸国と連合国との間に戦われた全世界にわたる第二次世界大戦の一環であったが、緒戦の戦況こそ日本軍に有利に展開しアジア各地等に進出したものの、昭和一七年六月のミッドウェー海戦に大敗したことを契機として我が国は敗退の一途をたどり、また欧州においても枢軸国側はイタリアの降伏に続き昭和二〇年五月八日ドイツが連合国に無条件降伏を行った。連合国側は、同年七月ベルリン郊外のポツダムで首脳会議を開催し、その結果同二六日に対日ポツダム宣言を発表した。なお同宣言は我が国に宣戦していたアメリカ、イギリス及び中国の署名で出されたものであるが八月九日のソ連の対日参戦に伴いソ連も参加した四カ国の共同宣言となっている。同宣言は軍国主義の除去（六項）、連合国による占領（七項）、カイロ宣言に基づく日本領土の縮小（八項）、日本軍の武装解除と復員（九項）、戦争犯罪人の処罰と民主主義の確立（一〇項）、賠償の支払いと軍事産業の禁止（一一項）等をあげ、我が国に無条件降伏を要求するものであったところ、八月一四日、我が国はついにその無条件受諾を決定し翌一五日終戦の詔書が発せられた。そして九月二日東京湾上のミズーリ号艦上で降伏文書の調印が行われここに三年九カ月にわたる太平洋戦争も終了し第二次大戦は終結したのである。

我が国は右降伏文書調印の日である昭和二〇年九月二日以降、その後平和条約が発効した同二七年四月二八日まで連合国による占領管理の下におかれた。

ところで占領管理の方式には直接管理と間接管理の二方式があるが、第二次大戦後の我が国に対する占領管理の方式としてはドイツに対するものと異なり間接管理であった。すなわち連合国は日本政府の存在を認めたうえ連合国最高司令官が我が国政府に対して指令、指示又は覚書等を発することにより、必要事項を指示しこれらの指示に基づいて我が国政府が法令の制定改廃の措置をとるなどして指示の実施に当ることが原則であった。また占領下であり当然のことながら我が国内法令は連合国の占領管理政策に反しない限度においてのみその効力を有していたのであることはいうまでもない。

1　占領下のわが国における外国人等の法的地位

我が国の占領に伴い我が国への出入国は連合国最高司令官の指揮監督に委ねられ、占領当初は連合軍の出入国を除いて一切停止状態となった。昭和一四年三月内務省令第六号「外国人ノ入国、滞在及退去ニ関スル件」は未だ廃止されずに形式的には存続していたが有名無実であった。

我が国にその当時在留する外国人等については戦勝国の占領軍である連合国人のほか戦勝国人として特殊な地位にある連合国人、連合国に対する敵国人として特殊な地位にある枢軸国人、連合国人でも枢軸国人でもない外国人である中立国人ならびに我が国から割譲されるべき地域の人である朝鮮人及び台湾人に大別されそれぞれ特殊性を有していた。

これら日本に在留する外国人等の取扱いに関しては、「日本占領及び管理のための降伏後における初期の基本的指令」（昭和二〇年一一月一日）において「(1)連合軍の捕虜及び流民については、その保護及び送還を確実に行う。(2)中立国の国民は、適当な軍事当局に登録しなければならない。かれらは送還されることもありうる。(3)連合国人であって日本に居住し、又は抑留されているすべての非軍人は、それが適当と認められる場合には抑留し、又は居住を制限する。(4)中立国人である台湾人及び朝鮮人は、軍事上の安全の許す限り解放国民として取り扱われるが、従来は日本臣民であったのであり、必要な場合には敵国人として取り扱われる。かれらは、もし希望するならば送還されることもありうるが、送還の優先権は連合国人に与えられる。」などの方針が明らかにされた。(1)

この占領下の時期のわが国における外国人等の地位は連合国すなわち多数の国家により決定されるものであり、したがって通常の一国が主権に基づいて決定する場合と異なって国際的行為であるといえようが、具体的な法律関係における外国人等の地位等の大略は次のとおりであった。(2)

ⓐ　連合国人

我が国各地に駐留した連合国の占領軍は広汎な治外法権を有していた。国際法上一般に合意に基づいて他国家内に在る軍隊は治外法権を有するが、第二次世界大戦の日本占領の場合は戦争状態継続中の占領軍たる性質を有するもので、その治外法権性は一層強大であり、その顕著なものは司法権の制限とそれからの免除となって現われていた。連合国民は刑事及び民事の日本の裁判権から原則として免除され、また連合国人のうちでもその一部すなわち占領軍と密接な関係にある者らについては免除の程度が一段と高かった。すなわち次の如くである。

ⅰ　民事裁判権について（一九四六年二月二六日「民事裁判権の行使」について覚書第一～二項）。

「連合国軍に附属或は随伴する連合国の国民或は団体（法人を含む）」については、我が国裁判権のあらゆる管轄が否定された。しかし「その他の連合国の国民或は団体に関係する一切の民事事件の判決、或は右の国民又は団体が当事者であり或は当事者となることあるべき一切の判決」については、原則として判決の再審査権を留保し、又は右の国民及び団体の権利を十分保護するため審判停止その他必要と認める措置をとる権利を保留するに止めている。

ⅱ　刑事裁判権について（昭和二一年二月一九日「刑事裁判権の行使」に関する覚書）。

連合国民について我が国裁判所の刑事裁判権は一切否定された。犯罪を犯した場合の逮捕も原則として我が国警察の権限外であった。さらに「占領軍、占領軍将兵、又は占領軍に附属し又は随伴する者」に対する若干の犯罪行為についての我が国裁判所の管轄権が否定された。

したがって「占領軍に附随し或は随伴する者」である連合国人は、自らの犯罪に関してのみでなく自己法益の保護に関しても占領軍裁判所に期待することが出来たのであるがその反面占領軍の軍律に服するものであった。また右の「占領軍に附随し或は随伴する者」には連合国人のみでなく、他のいかなるもの、すなわち中立国人、枢軸国人、日本人、朝鮮人又は台湾人も含まれうるものであったという。

ⓑ　**枢軸国民**

連合国と第二次世界大戦中交戦関係にあった諸国の国民、すなわちいわゆる枢軸国の国民の地位に関しては次のとおり連合国人の地位と非常に異なっていたものであった。

ⅰ　民事・刑事の司法権を含む我が国の法権に服する。

ⅱ　財産は凍結される（昭和二〇年九月一三日「連合国及び枢軸国財産の保全」に関する覚書）。

ⅲ　インフレーションに対する金融緊急措置や、特別税を含む一般の課税等の行政措置に服する。(3)

ⅳ　食糧配給上も特権を有しない。(4)

ⓒ　**中立国人**

連合国でも枢軸国でもない第二次世界の中立国としては、スウェーデン、スイス、スペイン、ポルトガル、バチカン、アイルランド等があったが、これらの国の人々については次のとおりであった。

(i) 原則としてわが国の法権、裁判権に服する。

(ii) 食糧配給上特権を有する（後掲（注）4参照）。

(iii) 金融緊急措置、課税等に服する。

ⓓ 朝鮮人、台湾人等(5)

従前我が国の支配下にあった朝鮮及び台湾出身者については外国人ではないが同時に日本人とも必ずしも地位を同じにしたわけではない。これらの者は原則として、一般日本人同様日本の司法権、行政権の下に立ち、特に地方的法律規則に従う。すなわち外国人一般とは異なる地位にあった。金融措置、課税、食糧配給、警察取締りについても同様であった。しかし本国帰還に際して我が国裁判所から受けた刑の判決を連合国最高司令官に再審査して貰う特権、すなわち司法権に関し、一部特定の特権を有していた（昭和二一年二月一九日「朝鮮人その他の国民に科せられた判決の再審査」に関する覚書）。

なお、朝鮮人等に対する刑事判決の再審査が行われたのは次の条件を備えた場合に限られていた。

(i) 本国へ帰還する意思を証明すること。

日本に滞留するときはこの特典はない。

(ii) 許された救済策を尽したこと。

上訴し得るに拘らず上訴しなかったようなときは判決再審査の特典を受け得ない。

(iii) 判決を科せられた者からの要求のあること。

連合国最高司令官は判決を再審査しその結果執行の停止、不承認、中止、軽減、全部又は一部の免除又は減刑等の処分をなすことが出来たが、いかなる場合でも判決を加重することはないとされた。

おって、昭和二一年一〇月五日連合国総司令部は東京在住の外国人数（総計三六八二一）を発表したがそれは次の通りである。

中国人（台湾人を含む）五九四五、ソ連人五五九、アメリカ人（第二世）二〇六、アメリカ人（戦時残留せる）四〇、英本国人一五二、イタリア人一一二、フランス人一〇二、インドネシア人六八、シャム人三三、イギリス人（第二世）二五、フィリッピン人二二、オランダ人二一、オーストリア人二〇、カナダ人一六、インド人一五、ポーランド人一一、他の英帝国領域人一〇、安南人八、デンマーク人七、トルコ人七、エストニア人七、メキシコ人五、ベルギー人五、ニュージーランド人五、ブラジル人五、イラン人三、チェッコ人二、ノールウェー人二、シリヤ人二、——以上連合国民（但しイタリヤ人シャム人は若干特殊な地位にある）。ポルトガル人四二、スエーデン人一八、スイス人一六、スペイン人五、ヴァチカン人三、アイルランド人一――以上中立国民。ドイツ人二〇六（別にオーストリア人五）、ハンガリア人七、ルーマニア人一――以上枢軸国民。朝鮮人二九〇〇〇。無国籍人一〇二。

（1）法務省入国管理局「出入国管理の回顧と展望」七四頁。

（2）以下、主として高野雄一「外国人の地位に関する総合的研究」、日本管理法令研究第一四号、昭和二二年一一月二〇日、大雅堂、二四～二九頁による。

（3）連合国人には金融緊急措置令の適用は免除され（昭和二一年三月二七日大蔵省発表）、財産税の特別税は課せられない（財産税法第二条）。但し普通の国税、地方税は課せられる。

（4）連合国人、中立国民には特別に加配が指令されている（昭和二二年七月一九日、同三〇日「連合国民・中立国民及び無国籍人に対する食糧配給」に関する覚書）。

（5）いわゆる琉球人もここに含まれていた。なお台湾人については、昭和二〇年七月中華民国が台湾省民に中国籍を付与する法律を制定し、同年一〇月二五日から実施した。したがってそれによれば台湾人も連合国人としての地位に立つこととなるが、国籍の変更は平和条約にまつべきであるとの主張もあって、この関係は個々的にたとえば課税又は食糧配給上中華民国領事が中国籍を証明した者に限り連合国民たる中華民国人として取扱われた。

2　占領下における出入国管理

ⓐ　外国人等の引揚げ

昭和二二年三月までに終戦後我が国に残留していたドイツ人及びオーストリア人一九〇三人、イタリア人一三〇人が総司令部の命令で帰国させられ、またインドネシア人一三六人も帰国したが、占領初期の出入国問題において極めて大きな比重を占めていたのは六〇〇万人にも達した日本軍人及び在留邦人の海外からの引揚げといわゆる非日本人（朝鮮人、台湾人及び琉球出身者）の引揚げ問題であった。これら非日本人のうち最も多数をしめていた朝鮮人の引揚げは終戦直後から混乱のうちにはじまり昭和二一年三月までに約一三〇万人が引揚げたのであるが、同年二月一七日総司令部から引揚げ計画輸送を軌道にのせるために「朝鮮人、中国人、琉球人及び台湾人の登録に関する覚書」が発せられ、同年三月一八日から登録が実施された。同年九月二日の議会における内務大臣答弁[1]によれば登録実施当時の朝鮮人登録者は六四万六九〇〇人（九月までの帰国者約五万人）、台湾省民一万二〇〇〇人（九月までの帰国者約三千人）で内地に在留を希望する者の推計は朝鮮人一三万人、台湾省民四千人であったという。

朝鮮人の帰国希望者は右のとおり登録者約六五万人の

うち五一万人を上廻っていたが、昭和二一年夏以降は引揚げは全く低調となり同年四月から年末までの引揚者は八万二三〇〇人、同二二年は八三九二人、同二三年以降は年間わずかに二〜三〇〇〇人台となっていた。そして昭和二五年九月に朝鮮動乱が勃発してここに朝鮮人の集団引揚げは終了した。この結果終戦当時約二〇〇万人在留していた朝鮮人は、約五〇万人が我が国に残ることとなったが、これらの人々の多くは早くから我が国に来住して安定した生活の基盤を築いていた者であった。

なお、朝鮮人のほか昭和二四年までに大陸系中国人約四万人、台湾人約二万四千人、琉球出身者約一八万人などの引揚げが行われている（以下は、法務省入国管理局「出入国管理の回顧と展望」七四〜七六頁参照）。

当時の日本への、また日本からの引揚げは連合軍の厳重な管理の下に計画的に行われたものであるが、昭和二一年五月七日に発せられたその基本的指令は次のとおりであった。

日本人及び非日本人の引揚に関する件（抄）

昭和二一年五月七日

1　この覚書は、次の者の引揚を規律する基本的指令である。

イ、次の者の軍管理下にある地域からの日本人

米国太平洋陸軍部隊最高司令官

太平洋地域最高司令官

中華民国陸軍大元帥

東南アジア連合国軍最高司令官

オーストラリヤ軍最高司令官

ソ連極東軍最高司令官

（適当な協定が成立した場合）

ロ、以前に、中国、台湾、朝鮮及び琉球諸島の住民であって、日本に移動させられたもの

2　この覚書の附属Ⅷにあげてある覚書及び無線電報に含まれている従来の指示は、この指令によって代えられる。

3　将来、前記第1項にあげられている地域からの引揚及び同地域への引揚に関するすべての一般的指令は、できる限り、この覚書の追加又は修正の形式で日本帝国政府に対して発せられる。

4　日本帝国政府は、この覚書の附属に含まれている諸指示を米第八軍司令官の監督の下に、遂行することを要する。

附　属

附属Ⅰ　旧日本占領地域内日本人の引揚及び非日

本人の日本からの引揚に関する一般方針
附属II 引揚処理のための日本国内引揚援護局
附属III 日本からの引揚及び日本への引揚
附属IV 補給及び輸送
附属V 医療上及び衛生上の手続
附属VI 通貨、有価証券並びに他の証書類及び財産
附属VII 雑
附属VIII 覚書の廃棄

附属 I

旧日本占領地域内日本人の引揚及び非日本人の日本からの引揚に関する一般方針

次の方針は、旧日本占領地域内日本人の引揚及び非日本人の日本からの引揚に適用される。

5 引揚用艦船による輸送は、日本側の引揚計画によって日本に向う者及び日本より退去する者、又はその他連合国最高司令官によって、特例として認可された者に限られる。

6 本国に引き揚げた非日本人は、連合国最高司令官によって認可された場合以外は、商業上の便宜の得られる時期まで、日本に帰還することは許されない。

附属 II

日本からの引揚及び日本への引揚

第一節 一般計画

* 本附属書及び本覚書全般を通じて使用されている「非日本人」という語は、中国人、台湾人、朝鮮人及び琉球人のみを含む。

7 この計画において、引揚希望の登録をし、しかも引揚者収容所に移動するに当たり、日本帝国政府の計画に従うことを拒絶する非日本人は、その引揚に対する特権を失い、将来のいかなる引揚計画においても考慮されない。そのような人々の目録は、日本帝国政府により保管されなければならない。

第二節 朝鮮人の引揚

8 次の計画が朝鮮人の引揚を規律する。

9 船舶輸送

イ、日鮮間往復輸送

日鮮間往復の日本の引揚船による近距離輸送は、毎日次の人数を処理できるように割当てられる。

	当初	昭和二一年五月五日までに
博多	一、五〇〇	三、〇〇〇
仙崎	五〇〇	一、〇〇〇

ロ、日本―朝鮮―中華民国間の往復輸送

上海、博多間を往復する特定日本船舶に、釜山で下船する朝鮮人を博多で乗船させることができる。

10 日本の港から引き揚げる朝鮮人の処置

イ、以前に北緯三十八度以南の朝鮮に居住していたもので現在日本にいる朝鮮人の引揚は、昭和二一年九月三〇日又はそれ以前に完了しなければならない。

ロ、朝鮮人は、次に指示する毎日の割合で次の諸港から釜山へ輸送しなければならない。

	当初	昭和二一年五月五日までに
博多	一、五〇〇	三、〇〇〇
仙崎	五〇〇	一、〇〇〇
合計	二、〇〇〇	四、〇〇〇

右の当初における一日の処理率は、これを次第に増加して昭和二一年五月五日までに規定の率に達するように保証しなければならない。その後は、帰国を希望する朝鮮人のすべてが日本から残りなく引き揚げるか、又は引揚の特権を失うまで継続される。右を確実にするために、引揚援護局には充分の朝鮮人を待機させておくことを要する。

11 北緯三十八度以北の朝鮮への引揚

北鮮への引揚は、適当な協定が成立するまで見合わせる。北鮮行の朝鮮人は、北鮮への引揚可能となる時まで日本にとどめる。

12 朝鮮人囚人の引揚

イ、日本帝国政府は、非軍人の朝鮮人囚人を、その服役期間労役に服し、正当に、釈放されるまでは、引き揚げさせない。但し、これは、日本政府の恩赦又は減刑の権利を少しでもおかすものと解釈されてはならない。

ロ、前記は、昭和二一年二月一九日付連合国総司令部覚書AG〇一五（昭和二一年二月一九日）LS（SCAPIN　七五七）、件名「朝鮮人及び他の特定国人に対する判決の審査」の規定に従わなければならない。

第三節　台湾人の引揚

13 次の計画が台湾人の引揚を規律する。

14 船舶輸送

フィリッピン諸島又は東南アジア連合軍最高司令官若しくはオーストラリア軍の管理する地域行の指定船舶に空所のあるときは台湾で下船する台湾人を収容することを要する。

15 日本諸港を経由する台湾人の処理

日本からの引揚を希望する台湾人は、日本人乗組の船舶で退去するため昭和二一年五月五日から一一日の一週間に、呉地区引揚援護局に集合することを要する。

第四節　琉球への及び琉球からの引揚

16　次の計画は、日本から琉球諸島への琉球人の引揚及び日本人の琉球から日本への引揚を規律する。

17　琉球人の日本からの引揚

イ、琉球諸島へのすべての引揚は、追って指示あるまで停止される。

ロ、日本帝国政府は、貧困な琉球人避難者に対して、充分な食糧、住居、医療処置、寝具及び衣料を支給しなければならない。

附　属　VI

通貨、有価証券並びに他の証書類及び財産

1　厚生省は、現在内地に引揚中の日本人及び各本国に引揚中の中国人、台湾人、朝鮮人及び琉球人の処理に関して、次に掲げる措置を実施しなければならない。

3　日本から本国へ引き揚げる朝鮮人、中国人、台湾人又は琉球人の処理に際し、日本帝国政府は、

イ、一人当り一、〇〇〇以下の円通貨携行を許可すること。

(1)　中国人、台湾人及び琉球人は日本銀行通貨を携行のこと。

(2)　日本帝国政府は、朝鮮人に対し、朝鮮銀行通貨を一対一の基準で、日本銀行通貨に兌換すること。

ロ、朝鮮人及び中国人に対しては、次の物件を通貨以外に持ち帰らせること。

(1)　日本及び引揚先国の金融機関が発行した郵便貯金通帳及び銀行預金通帳

(2)　日本及び引揚先国で発行した生命保険証券

(3)　日本国内の金融機関が発行して、日本国内で支払われるべき小切手、手形及び預金証書

ハ、衣類及び所有者だけに価値ある動産の携行を許可すること。これらの動産は、一人当り重量にて二五〇ポンドに制限される。日本帝国政府は、引揚計画予定を遅らせることなく、この追加手荷物を処理するに必要な措置を講じなければならない。

ニ、(1)　各人から領収書引換に次の物件を取り上げること。

(a)　前記第三項イ、記載の額を超過するすべての他の通貨と円通貨

引揚朝鮮人が携行するすべての日本銀行通貨は取りまとめられ、朝鮮銀行通貨と交換に受け取られる額を超過するすべての通貨に対しては、各個に領収書が発行される。（前記第三項イ(2)及び昭和二一年三月三〇日付連合国総司令部覚書ＡＧ〇九一、三一（二一年三月三〇日）

ESS／FI（SCAPIN—八五四—A）、件名「帰国朝鮮人に対する通貨の交換」参照）

(b) 金塊、銀塊、白金塊及び塊状になっているこれらの金属の合金

(c) 前記第三項ロに明記した以外の小切手、手形、為替手形、有価証券、約束手形、支払命令書、譲渡指図書又は他の金融証書類

(d) 日本内地又は外地での金融若しくは財産処分の委任権、代理権又は他の許可証若しくは指図書

(e) 前記第三項ロに特に記載した以外、特別の指定のないすべての負債証拠物件又は財産所有証拠物件

(f) 美術品及び所有者以外の者にとっても価値のある動産及び前記第三項ハに規定された限度を超える私有物

(2) 個別の領収書と引換に押収した物件は、連合国最高司令官から追って指示あるまで安全に保管することを要する。

ⓑ 不法入国の抑制

昭和二一年五月総司令部は「本国へ引揚げた非日本人は連合国最高司令官の許可のない限り商業交通の可能となるまで日本に帰還することは許されない」ことを指示した。しかしさきにのべたように昭和二一年の夏以降の朝鮮半島等への引揚げは全く低調となり、その反面朝鮮人等の連合国最高司令官の許可をうけない我が国への不法入国は増大したのである。同年四月から一二月までの間朝鮮人約一万七〇〇〇人が当時の警察力をもって不法入国により検挙されているが実際にはこれに数倍する者が不法入国したものと推測されている。また台湾や沖縄からの不法入国も行われていた。

昭和二一年の夏朝鮮半島でコレラが大流行したため、総司令部では同年六月一二日「日本への不法入国の抑制に関する覚書」を出し、日本政府も運輸省などが中心となって積極的な不法入国対策を講じた。

日本への不法入国の抑制に関する件

昭和二一年六月一二日

1　朝鮮にコレラが発生して、急激にまん延の情勢にある。無許可の船舶による朝鮮から日本への保菌者の転入によってもたらせられる病菌の侵入の恐るべき危険にかんがみ、日本港に不法入港しようとする船舶を捜索し、且つ、逮捕するため断乎たる処置が必

要である。
2　日本帝国政府は、次の措置を講ずることを要する。
a、日本港への不法入港船舶を捜索する処置を実施すること。

b、すべてのこのような船舶を取り抑えて、その乗組員、乗客及び積荷とともに、仙崎、佐世保又は舞鶴へ回航の上その港にいる米国軍官憲に引き渡すこと。

c、日本で抑留中のこのような船舶の船員及び船客の上陸を許さないこと。
3　日本帝国政府は、この指令の規定を実行するために執った処置の報告を、本年六月二〇日までにこの司令部へ提出することを要する。

さらに同年一二月一〇日総司令部は重ねて左記の覚書を発し、それにより未だコレラ流行中の朝鮮から我が国に朝鮮人が船舶により輸送されることを防ぐため、我が国政府がかかる不法入国船舶を発見し、拿捕し、回航して連合国側に引渡すため積極的な手段を引続きとるべきことを明らかにした。また不法入国朝鮮人の送還に関し我が国政府のとるべき措置をも指令している。

日本への不法入国の抑制に関する件

昭和二一年一二月一〇日
1　参　照
a、昭和二一年六月一二日付連合国総司令部覚書二一年六月一二日前記と同一件名
b、昭和二一年八月九日付連合国総司令部覚書二一年八月九日件名「仙崎引揚援護局経由による引揚廃止」
2　前記の覚書を廃止して後記をもって代える。
3　朝鮮においては、なおコレラがまん延しているから、朝鮮から内地に不法に人を輸送する船舶を捜索し、且つ、逮捕するために断乎たる措置を続けてとらなければならない。
4　日本帝国政府は、次のことをすることを要する。
a、日本港への不法入港船舶を捜索する措置を引き続き実施すること。

b、すべてこのような船舶を取り抑えて、可能な場合には、乗組員、乗客及び積荷とともに佐世保又は舞鶴へ回航の上、その港の米軍官憲に引き渡すこと。

c、内地で逮捕されたすべての朝鮮人不法移民に対するコレラ検疫及び医療処置を入国に関する現存の覚

書に従って行うこと。これら検疫官の許可を得た後、不法入国者を鉄道で佐世保援護局に輸送すること。

d、朝鮮人不法移民は、佐世保援護局からこの目的のために指示された船舶で送還すること。

e、朝鮮人不法移民を送還する列車及び引揚船には、警備のため日本人警官を乗り込ませること。

5　日本人警官の警備に必要な援助及び威信を与え、且つ、その活動を調整するために必要な連合軍警備兵は、地方軍司令官に申請すれば与えられる。

このころの不法入国者の検挙数は表に示すとおりで昭和二一年に比較し翌二二年以降かなり減少しているが、これは我が国の取締体制の充実、特に昭和二二年五月二日に後述の外国人登録令（勅令第二〇七号）を公布施行したことや、同二三年五月の海上保安庁の設置、同二五年の朝鮮動乱の勃発による海上警戒の強化さらには外国人登録証明書の様式改正により偽造が困難になったことなどが原因であると考えられる。

国籍別不法入国者の検挙数

	総数	朝鮮	中国	琉球	その他
昭和二一年（四～一二月）	一七、七三七	一七、七三三	四		
昭和二二	六、一九二	六、〇一〇	一一七	六五	
昭和二三	八、一六七	七、九七八	八七	一〇二	
昭和二四	八、七〇二	八、三〇二	八七	三一三	
昭和二五	二、八五八	二、四三四	二一	四〇三	
昭和二六	四、四二〇	三、五〇三	九四	八二	二

（注）　警察庁・海上保安庁統計より。

外国人の入国は終戦後一般に制限されていたところであるが、昭和二一年四月二日、総司令部は次の覚書を発し外国人の我が国への入国と登録の手続きを定めた。それによると、連合国最高司令部は占領軍に属さない外国人の我が国への入国を許可することがあるが、その許可は我が国政府に通知される。また、入国を許可された外国人は外国に我が国の領事が駐在していないため査証の取得は必要としないが、入国後内務省に対して登録を行うべきこととされている。

外国人の日本入国の登録に関する覚書

一九四六年四月二日

一、占領軍部隊に属さない外国人が、随時日本へ入国する許可を与へられることがある。これらの者は、半永久的に日本に居住するであらう。現在外国には日本領事が駐在せず、従つて旅行査証を受けることが出来ないために、合法的な入国居住手続の設定が必要となる。

二、次に述べる手続に於て日本帝国政府が、日本側としての処置を実施するための手段を講ずることが希望される。

a　最高司令部は、入国を許可された者に対して、その許可を通告し、旅券査証の必要は廃棄されるが、彼等が日本に到着したときは、登録のために日本の内務省に出頭すべきことを通知するであらう。

b　日本帝国政府は、前記aに記された所によつて入国を許可せられた者の氏名を通報せられる。

c　これらの者が内務省に出頭したならば、日本帝国政府はこれを登録し、身分証明書その他日本国内居住を合法化するに必要な書類を交付することを要する。

なお、同年七月、外国人の入国に関して米第八軍から横浜地方終戦連絡事務局に対して入国場所は厚木と横須賀に限定すること、検疫を行うべきこと、荷物を査閲すべきことなどの指示が発せられた。(2)

ⓒ　外国人登録令の施行

昭和二二年五月二日外国人登録令(勅令第二〇六号)が公布され同日から施行された。

当時、我が国には多くの朝鮮人や台湾人が在留していたが、加えて多数の不法入国者の潜入があり、また他の外国人の居住関係も把握されていない状態であったので、終戦後の社会に秩序を回復するために、総司令部の指示もあってこの政令を公布施行したのである。なお、当時の出入国管理に関する権限は連合国最高司令官にあり、我が国政府になかったため、外国人登録令には入国許可に関する規定は置かれていないが、同令は、外国人管理の基本法として在留外国人の登録と、同令違反者の退去に関する事項をその主たる内容としている。

この外国人登録令の目的は「外国人の入国に関する措置を適切に実施し、かつ外国人に対する諸般の取扱の適正を期する」(第一条)ことにあった。すなわち、まず第一に、登録を行うことにより不法入国者の発見を容易にして不法入国を防止すると同時に正当に入国した外国人に対する保護に資する。第二には、住居、営業さらには、課税、食糧配給に至るまで登録を基として外国人の取扱いの適性を期するものであった。

外国人登録令[3]は、朝鮮人、及び台湾人のうち内務大臣の定めるものを外国人とみなし（第一一条）、連合国最高司令官の承認がなければ一般外国人は本邦に入ることはできないと定めている（第三条）。

登録の申請については、外国人が本邦に入ったときは、六〇日以内に居住地の市町村長に対して一定の登録事項を申請しなければならないが（第四条）、外国人登録令施行の際、現に本邦に在留する外国人は三〇日以内に申請を要するとされた（附則）。

市町村長は登録原簿を備え（第五条）、登録の申請を受けたときは登録証明書を交付する（第六条）。

外国人は登録証明書を常に携帯し、内務大臣の定める官公吏の請求があるときは、これを呈示しなければならないとされた（第一〇条）。内務大臣の定める官公吏とは、警察官及び外国人の登録の業務に従事する官公吏である（施行規則第八条）。また、外国人は本邦を退去するときは登録証明書を返還するよう定められた（第九条）。

居住地が変更した場合や登録事項の変更についても登録の申請を要することとなった（第七条、第八条）。

罰則として、不法入国者、登録の申請を行わず又は虚偽の申請をした者、登録証明書を携帯せず又は登録証明書の呈示を拒否した者、登録証明書を偽変造し又は行使した者等は六月以下の懲役若しくは禁錮、千円以下の罰金又は拘留若しくは科料に処せられる（第一二条）。

違反者の国外退去の方法について地方長官が退去を命ずる退去命令（第一三条）と同命令に服さない者を内務大臣が退去を強制する退去強制（第一四条）が定められた[4]。

退去命令又は退去強制に不服のある者は一定期間（一〇日）以内に訴訟を提起することができ[5]、その期間内及び訴訟係属中は退去されない（第一五条）。

外国人登録令

第一条　この勅令は、外国人の入国に関する措置を適切に実施し、且つ、外国人に対する諸般の取扱の適正を期することを目的とする。

第二条　この勅令において外国人とは、日本の国籍を有しない者のうち、左の各号の一に該当する者以外の者をいう。

一　連合国軍の将兵及び連合国軍に附属し又は随伴する者並びにこれらの者の家族

二　連合国最高司令官の任命又は承認した使節団の

構成員及び使用人並びにこれらの者の家族

三　外国政府の公務を帯びて日本に駐在する者及びこれに随従する者並びにこれらの者の家族

第三条　外国人は、当分の間、本邦（内務大臣の指定する地域を除く。以下これに同じ。）に入ることができない。

前項の規定は、連合国最高司令官の承認を受け（連合国最高司令官が経由すべき港湾又は飛行場を指定したときは、当該港湾又は飛行場を経由し）本邦に入る外国人については、これを適用しない。

第四条　外国人は、本邦に入つたときは六十日以内に、外国人でないものが外国人になつたときには十四日以内に、居住地を定め、内務大臣の定めるところにより、当該居住地の市町村（東京都の区の存する区域並びに京都市、大阪市、名古屋市、横浜市及び神戸市においては区、以下これに同じ。）の長に対し、所要の事項の登録を申請しなければならない。

地方長官は、交通困難その他やむを得ない事由があると認めるときは、前項に規定する期間を伸長することができる。

第一項の申請は、二以上の市町村の長に対してこれをすることができない。

第五条　市町村の長は、内務大臣の定めるところにより、外国人登録簿を調整し、これを市町村の事務所に備えなければならない。

第六条　市町村の長は、第四条の規定により登録の申請を受けたときは、内務大臣の定めるところにより、所要の事項を登録するとともに、登録証明書を交付しなければならない。

第七条　外国人は、居住地を変更したときは、十四日以内に、内務大臣の定めるところにより、新居住地の市町村の長に登録の申請をしなければならない。

前項の場合においては、新居住地の市町村の長は、内務大臣の定めるところにより、所要の事項を登録するとともに、前居住地の市町村の長の公布した登録証明書と引き替えに登録証明書を交付しなければならない。

第四条第二項及び第三項の規定は、第一項の場合にこれを準用する。

第八条　外国人は、登録事項に変更を生じたときは、十四日以内に、内務大臣の定めるところにより、変更の登録を申請しなければならない。

前項の場合においては、市町村の長は、内務大臣の定めるところにより、変更の登録をしなければならない。

第四条第二項の規定は、第一項の場合にこれを準用する。

第九条　外国人は、本邦を退去するときは、その経由する港湾又は飛行場の所在地を管轄する地方長官（東京都においては警視総監を含む。）の指定する官公吏に、登録証明書を返還しなければならない。

外国人が外国人でなくなつたときは、その者は、十四日以内に、居住地の市町村の長に登録証明書を返還しなければならない。

第十条　外国人は、常に登録証明書を携帯し、内務大臣の定める官公吏の請求があるときは、これを呈示しなければならない。

外国人は、内務大臣の定める官公吏の請求があるときは、旅券、国籍を証明する文書その他登録証明書の正当な所持人であること又は登録証明書に記載された事項の真実であることを証明するに足る文書を呈示しなければならない。

第十一条　台湾人のうち内務大臣の定めるもの及び朝鮮人は、この勅令の適用については、当分の間、これを外国人とみなす。

この勅令及びこの勅令に基く命令に規定する登録の申請その他の行為は、疾病その他内務大臣の定める事由に因り本人においてこれをすることができないときは、内務大臣の定める者がこれをしなければならない。

第十二条　左の各号の一に該当する者は、六箇月以下の懲役若しくは禁錮、千円以下の罰金又は拘留若しくは科料に処する。

一　第三条の規定に違反して本邦に入つた者

二　第四条第一項、第七条第一項又は第八条第一項の規定に違反して登録の申請をせず又は虚偽の申請をした者

三　第四条第一項、第七条第一項又は第八条第一項の規定による登録の申請を妨げた者

四　第四条第三項又は第七条第三項において準用する第四条第三項の規定に違反して二以上の市町村の長に登録の申請をした者

五　第九条の規定に違反して登録証明書を返還しない者

六　第十条の規定に違反して登録証明書その他の文書の呈示を拒否した者

七　行使の目的を以て登録証明書を他人に交付し若しくは他人名義の登録証明書の交付を受け又

は他人名義の登録証明書を行使した者
八　行使の目的を以て登録証明書を偽造若しくは変造し又は偽造若しくは変造に係る登録証明書を行使した者
第十三条　地方長官（東京都においては警視総監、以下これに同じ。）は、左の各号の一に該当する外国人に対し、本邦外に退去を命ずることができる。
一　第三条の規定に違反して本邦に入つた者
二　前条に掲げる罪を犯し禁錮以上の刑に処せられた者
三　前号に掲げる者を除く外、前条の規定により刑に処せられた者で再び同条各号の一に該当する行為のあつた者
第十四条　内務大臣は、その定めるところにより、左の各号の一に該当する外国人に対し退去を強制することができる。
一　第三条の規定に違反して本邦に入つた者
二　前条の規定による退去命令に違反した者
第十五条　第二条の規定による地方長官又は内務大臣の処分に対して不服のある者は、第十三条の場合にはその処分のあつた日、前条の場合にはその強制に著手した日から十日以内に訴を提起することができる。
前二条の規定による処分に係る外国人は、前項の期間内及び訴の提起があつたときは訴訟の係属中は、これを退去せしめることができない。

附　則

この勅令は、公布の日から、これを施行する。但し、第十五条の規定（附則第三項において準用する場合を含む。）は、日本国憲法施行の日から、これを施行する。この場合においては、同条の規定施行前になされた地方長官又は内務大臣の処分については、同条第一項中「第十三条の場合にはその処分のあつた日、前条の場合にはその強制に著手した日」とあるのは「日本国憲法施行の日」と読み替えるものとする。
この勅令施行の際現に本邦に在留する外国人は、この勅令施行の日から三十日以内に、第四条の規定に準じて登録の申請をしなければならない。
第十二条乃至第十五条の規定は、前項の場合について、これを準用する。

理　由

連合国最高司令官の要求に基き制定する必要があるからである。

（注）昭和二二年一二月一七日、内務省の廃止に伴い

外国人登録令の「内務大臣」は「法務総裁」となった。

昭和二四年政令三八一号による外国人登録令の一部改正は、登録証明書の有効期間を三年としたこと（八条の二で追加）、罰則の強化、退去命令制度の廃止等を内容とするものであり同二五年一月一六日から施行されたが、外国人は同月三一日までに旧登録証明書を返還してあらたに登録証明書を申請しなければならないとされた（附則二）。

外国人登録令が改正されるに至った理由としては、政令三八一号によれば「外国人登録令実施の現状にかんがみ、外国人の登録の正確を期し、且つ、不法入国その他同令違反の行為の取締を適正に行う必要があるからである」とのべられており当時の社会状勢をうかがうことができよう[6]。

外国人登録令は昭和二二年五月二日に公布施行されているが、その当時の出入国の状況を次に簡略にのべることにする（前掲「出入口管理の回顧と展望」七六～八〇頁参照）。

終戦により我が国の統治権は連合国最高司令官の指揮監督にゆだねられ、外国人の出入国管理についても同司令官の直接に管理するところとなり外国人の入国は一般的に制限されていたが、昭和二二年八月には外国人の経済活動の見地から貿易業者の入国が認められ、また、同年一二月からは外国船の横浜寄港にさいして停泊中の六時間だけ、東京・鎌倉・箱根地区に旅行することが認められ、同二三年六月には一週間二四人を限度として観光のための入国が許可された。

当時の出入国管理の実施機関としては人の出入国については第八軍司令官が、船舶の出入については海軍司令官が、航空機の出入については極東空軍司令官がそれぞれ管理するものであり、出入国港には第八軍の税関、入国、検疫の管理部が設けられていた。また入国港は連合国最高司令官によって入国許可の際に指定されたが、おおむね、空港については羽田及び岩国の空軍飛行場、海港については小樽・函館・横浜・横須賀・名古屋・清水・神戸・呉・佐世保・三池及び長崎の各港であった。

昭和二五年二月三日総司令部は「個人、航空機、船舶の日本への出入国管理に関する回章」をもって新たに入国申請の諸手続きを示したが、右によれば指定入国港として前記の海空港のほかに、海港として大阪及び門司が指定され、また我が国へ入国を希望する外国人は、「占領軍にかかる公務により入国する軍人及び軍属」、「連合国最高司令官によって我が国に出入国することを許可された民間の船舶又は航空機によって通過する者」、「我が国に出入国する民間の船舶又は航空機の乗員又は乗客」を除いて、すべて連合国最高司令官よりあらかじめ許可を受けなければならないとされたが、入国許可のカテゴリーとしては入国目的の如何にかかわらず滞在の期間に応じて次のように示されている。(7)

㈠　通過者（In transit）。一五日を超えない期間、滞在を許可される。

㈡　旅行者（Tourist）。九〇日を超えない期間、滞在を許可される。

㈢　一時訪問者（Temporary Visitor）。一八〇日を超えない期間、滞在を許可される。

㈣　半永住者（Semi-Permanent resident）。無期限に滞在することを許可される。

㈤　永住者（Permanent resident）。永住のため滞在することを許可される。

㈥　占領軍要員（Occupation Force Personnel）。特に定めざる限り無期限に滞在することを許可される。

なお、入国者は入国港において入国監理官に旅券と連合国最高司令官の入国許可書を示して入国の証印をうけることとされた。

このような手続で我が国に入国した外国人は戦前我が国に居住し、戦時中引き揚げていた者が多かったといわれる。

ⓓ　出入国管理体制の整備——出入国管理庁の設置等

昭和二四年六月二二日総司令部は我が国政府に「入国管理部設置に関する件」を発し、「日本政府は同年一一月より米第八軍司令官監督の下に進駐軍要員を除き、連合国最高司令官の許可をうけて出入国するすべての個人に対する出入国監督の責任を負う」としたうえで次の措置をとることを指示した。

㈠　各出入国港の税関に、入国監理官を配置する。入国監理官は米第八軍司令官の直接監督下に置かれる。

㈡　連合国最高司令官の与えた出入国の許可を記録する中央官署を設立すること。

㈢　不法入国者、不法在留者の追放に必要な措置をとること。

右指示をうけた我が国政府はこれを実施するために同年八月一〇日「出入国管理に関する政令」（政令二九九号）を定めて外務省管理局に入国管理部を設置した。入国監理官を配置する税関は当初一四カ所、入国監理官の定員は三〇名であったが、翌昭和二五年八月には開港数は三七、入国監理官は一二〇名となり、今日の入国管理局の基礎となったのである。

入国管理部設置に関する件

日本政府に対する覚書（一九四九年六月二二日）

一、参　照

A　一九四八年六月二三日付連合国最高司令官回章第一九号　個人航空機船舶の日本へ及び日本よりの出入国に対する統制に関する件

B　一九四九年一月一日付連合国最高司令官回章第一号　個人商用入国者に関する件

C　一九四六年四月八日付日本政府あて覚書（AG三二一、ES／IE　SCAPIN　九四一ＩA）
日本の税関組織に関する件

D　一九四九年二月一日付日本政府あて覚書（AG〇九五、四八年五月二二日GA　SCAPIN　一九七二）
親族訪問者の日本入国の件

二、一九四九年一一月一日より、米第八軍司令官監督の下に、日本政府は、連合国最高司令官の許可を受けて日本へ出入国する官命により旅行する進駐軍要員を除くすべての個人に対する出入国監督の責任を負う。

三、現在、連合国最高司令官により日本入国を許可されおる個人は、次の通りである。

(1)　呼寄家族
(2)　通信員
(3)　商用入国者
(4)　文化的入国者
(5)　使節団員家族
(6)　商用入国者家族
(7)　日本に駐在せざる外国外交官
(8)　政府官吏並びに使用人
(9)　通過旅客
(10)　対日理事会職員
(11)　連合国最高司令官に派遣された外交使節団員
(12)　駐日外交団付武官
(13)　宣教師
(14)　近親訪問者
(15)　遊覧旅行者
(16)　その他

四、日本政府は、即時、次のため必要なる措置を採るべし。

(a)　一九四八年連合国最高司令部回章第一九号により指定された各入国港にて、米第八軍司令官の監督下に運営されおる税関に、必要な入国監理官を配置する。入国監理官は、米第八軍司令官の直接監督下に置かれる。

(b)　日本政府は、官命により旅行する進駐軍要員を除き、日本へ出入国する個人に連合国最高司令官の与えたすべての許可を記録する中央官署を設立すべし。該官署は、「セントラル・ロケーター・ファイルズ」と称し、米第八軍司令官の監督下に勤務する入国監理官に対し連合国最高司令官の与えたすべての許可に関する情報を提供する。「セントラル・ロケーター・ファイルズ」には、連合国最高司令官が日本へ出入国を許可した個人に関する情報を受けるため充分な英語会話に堪能なる人員を二十四時間勤務で配置する。斯る情報を受くるときは、遅滞なく、連合国最高司令官により与えられたる許可を日本政府入国監理官に通告すること。

五、連合国最高司令官により与えられた許可の情報を得るためには、伝書使は、毎週火、木、土曜の正午に連合国最高司令部に出頭し、許可の「リスト」を受領する。

六、一九四九年一一月一日より、日本政府は個人の日本への不法入国の予防の責任を負う。斯る措置に際し、特に、連合国最高司令官により正式入国港として認められざる港からの入国に重点を置くことが望ましい。日本政府は、不法入国者として逮捕せられた者及び権限なくして日本に在留する者の追放に必要なる措置を採る。

ところで、外務省に入国管理部が設置された当時の出入国管理行政は、次のように各省庁が別機構として行っており、その連絡調整を入国管理部が行うという状態であった。

ⓘ　正規出入国は外務者。税関におかれた入国監理官が出入国の審査を行う。

ⓘⓘ　外国人登録は法務府民事局。都道府県、市区町村が実施する。

ⓘⓘⓘ　違反取締は法務府検察局。都道府県知事が退去強制令書を発付し、その執行は警察があたる。

ⓘⓥ　収容は厚生省引揚援護庁。佐世保引揚援護局針尾収容所に収容する。

ⓥ　護送及び送還は国家警察。

このような状態に対して昭和二五年七月八日、連合国最高司令官は、内閣総理大臣に書簡を送り、不法入国取締に関し政府機構の弱点について注意を喚起しこの弱点を矯正する為にとられるべき手段を示したが、さらに同年九月一五日覚書「出入国に関する件」を発しわが国政府の出入国管理の機構の改善を指示した。

この覚書は現在の出入国管理の機構を理解するうえでも次の点から重要であるといえる。すなわち覚書は、

(一)　外国人の出入国管理を、警察又は矯正と全く別個の機関の所管とする。

「不法入国により逮捕された者を拘留する為、矯正保護組織又は国家警察ないし自治警察組織に全く属さず又何等関係のない所要のプロセスイング・センター（処理収容所）を設置すること」（同覚書二のｂ）

(二)　正規入国と不法入国を一体とした出入国管理事項全般にわたる機構を確立する、

「日本国政府に対し……出入国事務にかかる政策をたて、手続上の管理を行い、又、積極的調整を行う機構を設置することを指令する」（同覚書三）

ことを指示しているのであって、このことは現在の出入国管理機構の基礎となっているのである。

我が国政府は、この指令をうけて昭和二五年九月三〇日、出入国管理庁設置令（政令二九五号）を制定公布した。出入国管理庁は外務省の外局であって（同令第二条）、その任務は「外国人の出入国の管理、外国人の登録及び不法に本邦に入国した者の退去強制に関する事務を行うこと」（同令第三条）であり、外国人の出入国及び在留管理を一元的に行う行政機関で、かつ、警察機関や矯正施設と全く関係のないものであった。

すなわち、出入国管理庁設置令によれば出入国の審査は税関におかれた出入国監理官がこれを行い、出入国管理庁長官は出入国監理官の行う事務について税関長を指揮監督する（同令第六条）。また、退去強制令書の発付は入国審査官が行い（第七条）、退去強制令書の施行及び入国者収容所における警備は入国警備官が行う（第八条）こととなり、入国者収容所も出入国管理庁の付属機関となった（第一一条）。さらに東京、神戸、松江、下関及び福岡に地方支分部局として出張所が置かれ（第一五条）、ここに出入国管理を司る統一的な機構が発足したのである。

なお、出入国管理庁発足当時の実人員は本庁一二七名、針尾収容所三五五名、出張所一五五名、合計六三七名で、これとは別に税関の職員の中から、[8]一二〇名が出入国監理官として三七の港に配置されており、さらに都道府県知事及び市町村長に外国人登録事務が委任されていた。

昭和二五年九月一五日付連合国最高司令官の前記覚書「出入国に関する件」は、また、不法入国者等の退去強制に関する公正な手続を至急整備することを、我が国政府

に対して指示するものであり、右に基づき昭和二六年二月二八日、「不法入国者等退去強制手続令」(昭和二六年政令三三号)が制定されたが、その実施前に総司令部から、同令は実行上難点が多いこと及び単に退去強制手続のみならず出入国全般にわたる諸手続を含む包括的な管理令を制定する必要がある旨要請があったため、不法入国者等退去強制手続令はその大部分の実施が延期された。また、おりから、平和条約の締結が議題に上っていたなどの事情もあり、我が国の国際社会への復帰に備え諸外国の法令をも検討し国際慣例に即した統一法令として、「出入国管理令」(昭和二六年政令三一九号。なお、昭和五六年の改正により名称を「出入国管理及び難民認定法」と改められた)が制定公布され、同年一一月一日から施行された。

なお、出入国管理令施行の日から「出入国管理庁」は「入国管理庁」となり、それまで税関に置かれていた出入国監理官の制度は廃止され、入国審査官が違反関係だけでなく上陸の審査をも行うこととなった。機構についても入国者収容所が長崎県大村市と神奈川県横浜市におかれ、出張所は、東京ほか一〇カ所(仙台、横浜、名古屋、神戸、高松、松江、下関、福岡、大村、鹿児島)に、また出入国港として羽田、岩国の両空港のほか海港三七カ所が指定されたのである。

ⓔ 出入国管理令の制定

出入国管理令は、昭和二六年一〇月四日公布され、同年一一月一日から施行されたものであるが、同令は平和条約の締結が間近に予想される状況の中で、平和条約の締結後の我が国の独立国としての国際社会への復帰に備えて、諸外国の法令をも参照として国際慣例に即した出入国及び在留の管理の統一法令として制定されたものである。[9]

ところで出入国管理令は、外国人の入国、上陸、在留出国、退去強制及び日本人の出国、帰国等につき定めたもので、我が国ではじめての外国人の管理の統一的法典であり、内容的にもこれまでの制度と諸々の点において異なっているが、その中でも注目すべきものとして在留資格の制度の導入をあげることができよう。従前は、入国許可のカテゴリーとしては入国目的の如何にかかわらずむしろ滞在の期間に応じて、一時訪問者(Temporary Visitor 滞在一八〇日以内)、半永住者(Semi-Permanent resident 滞在無期限)、永住者(Permanent resident 永住)等があったことはさきにおいてのべた通りであるが、出入国管理令においては、外国人は出入国管理令第四条に定められた在留資格を有しなければ本邦に上陸しえないものとされ、*在留期間は在留資格に応じて決定されることとなった。

＊　出入国管理令第四条は次のとおり定めている。

> 第四条　外国人（乗員を除く。以下この条において同じ。）は、この政令中に特別の規定がある場合を除く外、左に掲げる者のいずれか一に該当する者としての在留資格（外国人が本邦に在留するについて本邦において左に掲げる者のいずれか一に該当する者としての活動を行うことができる当該外国人の資格をいう。以下同じ。）を有しなければ本邦に上陸することができない。
> 一　外交官若しくは領事官又はこれらの者の随員
> 二　日本国政府の承認した外国政府又は国際機関の公務を帯びる者
> 三　通過しようとする者
> 四　観光客
> 五　本邦で貿易に従事し、又は事業若しくは投資の活動を行おうとする者
> 六　本邦の学術研究機関又は教育機関において特定の研究を行い、又は教育を受けようとする者
> 七　本邦の学術研究機関又は教育機関において研究の指導又は教育を行おうとする者
> 八　本邦で音楽、美術、文学、科学その他の芸術上又は学術上の活動を行おうとする者
> 九　本邦で演劇、演芸、演奏、スポーツその他の興業を行おうとする者
> 十　宗教上の活動を行うために外国の宗教団体により本邦に派遣される者
> 十一　外国の新聞、放送、映画その他の報道機関の派遣員として本邦に派遣される者
> 十二　産業上の高度な又は特殊な技術又は技能を提供するために本邦の公私の機関により招へいされる者
> 十三　本邦でもっぱら熟練労働に従事しようとする者
> 十四　本邦で永住しようとする者
> 十五　第五号から第十三号までの各号の一に該当する者の配偶者及び未成年の子で配偶者のないもの
> 十六　前各号に規定する者を除く外、外務省令で特に定める者
> 2　前項各号（第一号、第二号及び第十四号を除く。）に規定する者の在留期間は、三年をこえない範囲内で外務省令で定める。

在留資格は、右のように法定されたもので、これらのいずれかに該当しない限り外国人は上陸を許可されず、また上陸を許可された外国人にはその認められた在留資格の範囲内の活動のみが許されるのである。

在留資格制度の長所としてあげられるものは次のとおりである。まず、外国人にとって、あらかじめ自己の入国目的から判断して上陸を許可されるかどうか、意図する活動が我が国で認められるのかどうか、また当該活動

を行うにあたりどの程度の期間の在留が認められるのかの判断をすることができることである。他方、外国人を受入れる国家の側からは、特定の在留資格につき定められている具体的内容を上陸の審査の基準とすることになるので事務の迅速、かつ画一的な処理が可能となり、上陸後の在留管理についても活動の範囲を明確にした一定の枠を基準とした管理を行うことができることがあげられる。(10)

　このように外国人はその意図する活動に見合った特定の在留資格を有しなければ上陸を許可されず（出入国管理令第四条）、在留資格の保持は在留の条件であり（第一九条第一項）、その在留資格に属する者の行うべき活動以外の活動を許可なく行うときは処罰され（第七三条）、また、在留資格の変更をうけないで当該在留資格以外の在留資格に属する者の行うべき活動をもっぱら行っていると明らかに認められる者は退去強制の対象となり（第二四条第四号イ）、かつ処罰される（第七〇条）ものとされ、在留資格制度は、まさに外国人の管理の根幹をなす制度といえる。

　昭和二六年に制定・公布・施行された出入国管理令は、その後、難民の認定事務をとり入れ併せて出入国管理制度に若干の改正を加えて昭和五六年六月、名称も「出入国管理及び難民認定法」と改められ、同五七年一月一日より施行されているが、在留資格制度は右改正にあたりある種の資格に若干の手直しが行われ(11)、また、その後の法改正において在留資格の整備、拡大が行われる(12)など、出入国管理令に定められていた他の制度や手続と同様に基本的に現在も維持されている。

（1）　内務大臣の答弁内容は前出日本管理法令研究第一四号二九頁による。

（2）　法務省入国管理局「出入国管理の回顧と展望」七七頁。

（3）　内務大臣の定める台湾人とは、台湾人で本邦外にある者及び本邦に在る台湾人で中華民国駐日代表部から登録証明書の発給をうけた者のうち、外国人登録令第二条各号に掲げる者（連合国軍人、軍属及びその家族等）以外の者である（同令施行規則第一〇条）。

（4）　このように、まず出国の義務を課しそれに違反する者を実力をもって退去を強制する方法は、欧州諸国で行われているいわゆる強制執行型の外国人の追放である。外国人登録令は昭和二四年政令三八一号により一部改正されたが、違反者の国外退去の方法は、改正後の同令第一六条により法務総裁による退去強制の方法のみによることとなった。このような退去強制はアメリカ法系のもので、即時強制型といわれ、昭和二四年の外国人登録令の改正以後我が国の出入国管理法令において行われているところである。

（5）　昭和二四年政令三八一号による改正で、右退去命令に対する提起及び係属中の退去強制の制限に関する規定は削除されている。

(6)　当時の外国人登録の実態等は、川上厳氏によれば次のとおりである（出入国管理の歩ゆみ（十一）、外人登録九九号、二六〜七頁）。

「外国人登録令の施行により、昭和二十三年五月三十一日を期限として、従来からの在留外国人（外国人とみなされた朝鮮人、台湾人を含む）の登録を行なつたところ、当初同令に対する理解が不十分で、期限内の登録率は極めて不成績であり、止むを得ず事実上同年八月三十一日まで期限を延長した。

外国人登録令の上からいえば、従来からの在留外国人は登録期限を徒過した後は、登録懈怠の責を問われることなくして新たに登録を申請することはできない建前であるが、前記のように法定期限を事実上延期したため、この間に登録申請をした者は訴追されなかつたところ、実際にその後においても、かなり寛大に申請を受理したようである。登録人員増加の状況を見ると、右のような受理の仕方は昭和二十二年において特に著しかつたと思われる。

かかる取扱の結果、従来からの在留者であつて、過失によつて登録時期を失した善意の者も相当救済されたであろうが、他面虚無人名義の登録や二重登録が行なわれ、又は密入国者が偽つて登録を受けるというような弊害のあつたことも察するに難くない。よつて政府は後述する食糧配給との連結措置をも講ずる一方、昭和二十四年四月三十日付法務庁法務行政長官発都道府県知事あて通達をもつて、爾後新規の登録申請があつた場合に、登録申請義務懈怠の事実が認められたときは、捜査機関に告発することとし、併せて密入国や二重登録などの不正の発見に便ならしめ、次いで同年十一月一日付法務府民事法務長官通達をもつて、爾後適法入国、出生、婚姻等による場合を除き、新規の登録申請は、一応登録申請義務懈怠として先ず告発し、捜査の結果退去を強制する必要がないということが判明した者のみ登録せしめる取扱とした。しかし、この方針がどの程度励行されたかは明らかでない。

登録事務のこのような実状にかんがみ、改正登録令が制定され、外国人登録証明書の一斉切替措置がとられたわけであるわけである。この措置の目的は、登録証明書の偽造及び変造を防止することによつて、不法入国者及び未登録者の発見捕捉を容易ならしめるとともに、切替を機会に既登録者の再調査を行ない、外国人登録令の的確な実施を図ろうとするものであつた。

この切替は昭和二十五年一月三十一日をもつて一応終了したのであるが、その成績は次（表）のとおりであつた。

切替未済が十七％、十万人余の多数に上つた理由として、当時の主管局の挙げているのは、次の三点である。

(1)　虚無人名義の登録、二重登録等のいわゆる幽霊が整理されたこと
(2)　死亡者、本国帰還者等が整理されたこと
(3)　政治的その他の理由で切替に応じなかつた者のあること

右の実例として、山形県下その他において切替に際し多数朝鮮人の転出届があつたが、実際にそのような動きがなく、かつ転出先として届けられた大阪等に、これに照応する

転入がなく、結局その数だけ整理されたという事実があった（中略）。昭和二十三年七月九日付法務庁法務行政長官、農林省食糧管理局長官発都道府県知事あて連名通達によって、外国人登録と食糧配給との連結措置が実施された。これは虚無人名義の登録や二重登録、従つて食糧の二重受配を整理する反面、実在しながら無登録又は無配給籍であつた者を登録又は受配せしめようとするものである。この措置は、第一回同年七月三十一日現在、第二回同年十二月三十一日現在、第三回昭和二十四年三月二十日現在の三回にわたつて実施された（中略）。三回の連結措置によつて、合計八万人余の無登録者を新たに登録せしめる一方、虚無人名義の登録又は二重登録などを整理することによつて、約四万人を減じ、差引登録面では約四万人の増を見たにかかわらず、配給面では配給籍を新たに設ける必要のあつた者は約一万五千人であつたのに対し、二重受配等約四万人の配給を停止し、差引約二万五千人分の配給食糧を節約することができたわけであつて、一応の成果を挙げたのである。」

（7）当時連合国最高司令官によって入国を許可されていた者は、呼寄家族、通信員、商用入国者、宣教師、近親訪問者、遊覧旅行者などである（後出日本政府に対する覚書「入国管理部設置に関する件」の三、参照）。

（8）小樽、函館、釧路、釜石、塩釜、東京、川崎、横浜、羽田、横須賀、清水、名古屋、四日市、大阪、神戸、下津、敦賀、舞鶴、広畑、宇野、呉、広島、岩国、徳山、下関、新居浜、門司、八幡、若松、唐津、博多、佐世保、長崎、三池、鹿児島、津久見。

（9）出入国管理令の制定理由としては、同令に次のようにのべられている。

理　由

昭和二十五年九月十五日付連合国最高司令官総司令部覚書「出入国に関する件」に基き、すべての人の出入国の公正な管理を実施するため、現行の出入国の管理に関する政令を廃止して、新たに出入国管理令を制定する必要があるからである。

	朝鮮人	台湾人	中国人	その他	計
昭二四・一二・三一	五九六、八七九	一六、六三七	二一、九四五	一〇、一二二	六四五、五八三
昭二五・一・三一	四九三、〇六四	一四、一八五	二〇、〇二四	八、九七六	五三六、二四九
切替申請率	八三％	八五％	九二％	八九％	八三％
切替未済	一〇三、八一五	二、四五二	一、九二一	一、一四六	一〇九、三三四

(10)　在留資格制度は米国で発達した制度で、米国移民法系の出入国管理体系をとるわが国やカナダ、フィリピン、タイ、韓国等で行われている。在留資格制度が米国で発達した理由としては、米国は移民受入国であり、特定の入国目的を有する者とそれを有しない者（移民）を区別する必要性があったからであるといわれる。

欧州諸国においては在留資格制度を採用しておらず、外国人は査証官あるいは外事警察の自由裁量により入国を許可される。しかし、外国人は入国後一定期間（フランスやスイスでは三カ月）以内に申請して改めて在留の許可を取得するものとされ、その許可には具体的に在留の条件が付されるのが通常であるといわれる。これを前記の「在留資格」と比較すると、外国人にとっては、入国は容易であっても活動目的にそった在留許可が取得できるかどうかあらかじめ判断することがむずかしく、また外国人を管理する側にとっても在留許可に付された個々的条件の遵守を監視しなければならず、在留管理を迅速、画一的に行うことがむずかしいものと思われる。

(11)　三号の削除、四号の改正、六号の二の新設等である。出入国管理及び難民認定法第四条参照。

(12)　平成元年改正の同法第二条の二参照。

3　国籍法の制定

国籍とは、国家の構成員としての個人の資格であり包括的な身分であって、自国の国籍を有しない者が外国人であるが、国籍の得喪を定め、人のわが国の国籍の有無を規定する国籍法（昭和二五年法律第一四七号）が、昭和二五年五月四日制定され(1)、同年七月一日より施行され、従前の国籍法は廃止された。これにより日本人となる者の範囲や外国人が日本人となりうる場合等に変動があった。以下、簡略に旧国籍法との相違点をのべることとしたい。

旧国籍法との異なる点は列記すれば次のとおりである(2)。

(i)　国籍取得の原因は、出生（第二条）及び帰化（第三条）に、また、国籍喪失の原因は、志望による外国国籍の取得（第八条）、国籍を留保しないことによる国籍の当然喪失（第九条）及び国籍離脱（第一〇条）にそれぞれ限定され、右以外に旧国籍法が国籍の得喪原因としてかかげていた婚姻、認知、養子縁組、離婚、離縁、夫又は父母による日本国籍の得喪等は、当然に日本国籍得喪の効果をともなわぬこととなったこと。

(ii)　旧国籍法における国籍回復の制度が帰化の制度に統一されたこと（第六条第四号）。

(iii)　帰化の許可条件に若干の変更が加えられたこと（第四条から第六条まで）。

(iv)　日本に特別の功労のある外国人に対し帰化を許

可する場合旧国籍法でその要件とされた勅裁が国会の承認に改められたこと（第七条）。

ⓥ 外国人は帰化によって完全に日本国民たる資格を取得し、旧国籍法にみるような帰化人の公法上の資格を制限する規定が設けられていないこと（旧国籍法第一六条、第一七条参照）。

ⓥⓘ 国籍を留保しないことによる国籍の当然喪失の場合は、旧国籍法では勅令で指定された外国で生れた日本国民だけに限られていたのが、出生による国籍の取得について出生地主義の原則を採用するすべての外国で生れた日本国民に拡張されたこと（第九条）。

ⓥⓘⓘ 国籍離脱について旧国籍法ではその可能な場合がせまく限定され、かつ、国籍離脱の方法として法務総裁に対する届出による場合と法務総裁の許可による場合の二に分けられていたのが、日本の国籍とともに外国の国籍を有する者はすべて法務総裁に対する届出によって日本の国籍を離脱することができることとされたこと（第一〇条）。

ⓥⓘⓘⓘ 旧国籍法にみるような国籍喪失を一般的に制限する規定が設けられていないこと（旧国籍法第二四条参照）。

ⓘⓧ 帰化の許可の申請または国籍離脱の届出は、本人が十五歳未満であるときは、法定代理人が代ってするものとされたこと（第一一条）。

ⓧ 帰化または国籍の離脱は、官報告示の日から効力を生ずるものとされたこと（第一二条）。

ⓧⓘ 旧国籍法中の家族制度に立脚する規定はすべて撤廃されたこと。

すなわち、旧国籍法施行当時においては、日本人を一方の当事者とする婚姻、養子縁組、認知等のいわゆる渉外的身分行為および夫婦・親子国籍同一主義による国籍の得喪があったが、[3] 昭和二五年制定の国籍法では、渉外的身分関係の変動があっても日本国籍に影響はないこととなった。日本国籍の取得は出生（同法第二条）、帰化（第四条ないし第七条）だけであり、国籍の喪失は、自己の志望による外国籍の取得（第八条）、国籍の不留保（第九条）及び外国籍を併せ有するものの国籍離脱（第一〇条）に限られる。これらの改正はさきにものべたように新憲法が個人の尊厳、両性の本質的平等、国籍の離脱の自由を、国民の基本的権利と規定したためにその趣旨にそって行われたものである。なお、朝鮮人・台湾人の国籍については講和条約によって解決せられるべき問題であるとして全くふれられておらず、[4] したがってこの国籍法改正によって朝鮮人・台湾人の国籍に影響があったものではない。

（1）　従前の国籍法（明治三二年法律第六六号）は昭和二五年制定の国籍法の施行と同時に廃止された。旧法の改正ではなく旧法の廃止・新法の制定の形式がとられている。旧国籍法の家族制度に対する考慮が、個人の尊厳と両性の本質的平等、国籍離脱の自由を国民の基本的権利として保障した新憲法と、それにもとづく改正民法の趣旨に抵触する点が多く、このため旧国籍法を改正する必要が生じたが、改正すべき条文が多数にのぼる関係上、旧法を廃止して新法を制定する形式がとられたのである。

（2）　平賀健太・国籍法　上巻一四〇～一四二頁による。

（3）　(1)取得については、旧国籍法第五条、六条、一三条、一五条、二七条。(2)喪失については、旧国籍法第一八条、一九条、二一条、二二条、二三条。

（4）　平賀・前出書一四〇頁。

4　平和条約の発効

我が国に対する平和条約は第二次大戦の終了の後、米ソの対立が未だ顕在化しない時期には全面講和として考えられていたが、米ソ対立が顕在化した昭和二三年には多数講和の考えが生じ全面講和が後退し、米ソ対立が激化した昭和二五年にいたるや多数講和が米国によって強力に推進されるようになった。(1)

昭和二六年九月四日、米国サンフランシスコ市において、米英両国の合同招請による対日講和会議が開催された。同会議には五二カ国が参加し、わが国は吉田茂首相が出席した。同会議は米ソの対立のうちに八回にわたる全体会議ののち、九月八日に平和条約の署名が行われて終了したが、参加国のうち、ソ連、ポーランド、チェコスロバキアは署名せず、またインドネシアは署名はしたがその後の批准を行わなかった。なお、インド、ビルマはサンフランシスコ会議に参加せず、また、中国代表として北京政府と国府とのいずれを招請すべきかについて主要連合国の意見が一致しなかったため中国代表は招請されなかった。サンフランシスコ講和会議による平和条約は、昭和二六年一一月一八日、我が国国会により承認され、同月二八日批准書の寄託が行われた後、翌二七年四月二八日発効し、ここに我が国は待望の独立を回復し国際社会に復帰したのである。(2)

平和条約は、我が国の国際連合憲章の遵守と世界人権宣言の目的を実現するための努力を内外に宣言した前文と、平和、領域、安全、政治及び経済条項、請求権及び財産、紛争の解決、最終条項の七章からなっており、我が国と連合国間の戦争状態はこの条約の効力の発生する日に終了し、我が国は完全な主権を認められるが（第一条)、我が国は朝鮮の独立を承認し、台湾、千島列島、樺太等に対するすべての権利等を放棄することとなり(第二条)、また、我が国は連合国に対し賠償を支払い(第一四条)連合国及び連合国人の財産の返還を行うこと(第一五条)等が定められた。

なお、平和条約には前文及び本文七章二七カ条のほか次の三つの付属文書がある。

ⓘ　契約、時効期間、流通証券、保険契約に関する議定書[3]。

ⓘⓘ　一九三九年(昭和一四年)九月一日に我が国が当事国であったすべての多数国間条約の効力を承認すると同時に平和条約発効後一年以内に日本が加入を約束する多数国間条約を列挙した我が国の宣言。

ⓘⓘⓘ　我が国の領域内にある連合国基地の尊重を約束した我が国の宣言。

日本国との平和条約(抄)

署　名　一九五一年九月　八日

効力発生　一九五二年四月二八日

連合国及び日本国は、両者の関係が、今後、共通の福祉を増進し且つ国際の平和及び安全を維持するために主権を有する対等のものとして友好的な連携の下に協力する国家の間の関係でなければならないことを決意し、よつて、両者の間の戦争状態の存在の結果として今なお未決である問題を解決する平和条約を締結することを希望するので、

日本国としては、国際連合への加盟を申請し且つあらゆる場合に国際連合憲章の原則を遵守し、世界人権宣言の目的を実現するために努力し、国際連合憲章第五十五条及び第五十六条に定められ且つ既に降伏後の日本国の法制によつて作られはじめた安定及び福祉の条件を日本国内に創造するために努力し、並びに公私の貿易及び通商において国際的に承認された公正な慣行に従う意思を宣言するので、

連合国は、前項に掲げた日本国の意思を歓迎するので、

よつて、連合国及び日本国は、この平和条約を締結することに決定し、これに応じて下名の全権委員を任命した。これらの全権委員は、その全権委任状を示し、それが良好妥当であると認められた後、次の規定を協定した。

第一章　平　和

第一条【戦争の終了、主権の承認】(a)　日本国と各連合国との間の戦争状態は、第二十三条の定めるところ

によりこの条約が日本国と当該連合国との間に効力を生ずる日に終了する。

(b)　連合国は、日本国及びその領水に対する日本国民の完全な主権を承認する。

第二章　領　域

第二条【領土権の放棄】(a)　日本国は、朝鮮の独立を承認して、済州島、巨文島及び欝陵島を含む朝鮮に対するすべての権利、権原及び請求権を放棄する。

(b)　日本国は、台湾及び澎湖諸島に対するすべての権利、権原及び請求権を放棄する。

(c)　日本国は、千島列島並びに日本国が千九百五年九月五日のポーツマス条約の結果として主権を獲得した樺太の一部及びこれに近接する諸島に対するすべての権利、権原及び請求権を放棄する。

(d)　日本国は、国際連盟の委任統治制度に関連するすべての権利、権原及び請求権を放棄し、且つ、以前に日本国の委任統治の下にあった太平洋の諸島に信託統治制度を及ぼす千九百四十七年四月二日の国際連合安全保障理事会の行動を受諾する。

(e)　日本国は日本国民の活動に由来するか又は他に由来するかを問わず、南極地域のいずれの部分に対する権利若しくは権原又はいずれの部分に関する利益についても、すべての請求権を放棄する。

(f)　日本国は、新南群島及び西沙群島に対するすべての権利、権原及び請求権を放棄する。

第三条【信託統治】　日本国は、北緯二十九度以南の南西諸島(琉球諸島及び大東諸島を含む。)、孀婦岩の南の南方諸島(小笠原群島、西之島及び火山列島を含む。)並びに沖の鳥島及び南鳥島を合衆国を唯一の施政権者とする信託統治制度の下におくこととする国際連合に対する合衆国のいかなる提案にも同意する。このような提案が行われ且つ可決されるまで、合衆国は、領水を含むこれらの諸島の領域及び住民に対して、行政、立法及び司法上の権力の全部及び一部を行使する権利を有するものとする。

第四条【財産】(a)　この条の(b)の規定を留保して、日本国及びその国民の財産で第二条に掲げる地域にあるもの並びに日本国及びその国民の請求権(債権を含む。)で現にこれらの地域の施政を行っている当局及びそこの住民(法人を含む。)に対するものの処理並びに日本国におけるこれらの当局及び住民の財産並びに日本国及びその国民に対するこれらの当局及び住民の請求権(債権を含む。)の処理は、日本国とこれらの当局との間の特別取極の主題とする。第二条に掲げる地域にある連合国又はその国民の財産は、まだ返還されていない限り、施政を行っている当局が現状で返還しなければならない。（国民という語は、この条約で用いるときはいつでも、法人を含む。）

(b)　日本国は、第二条及び第三条に掲げる地域のいずれかにある合衆国軍政府により、又はその指令に従つて行われた日本国及びその国民の財産の処理の効力を承認する。

(c)　日本国とこの条約に従つて日本国の支配から除かれる領域とを結ぶ日本所有の海底電線は、二等分され、日本国は、日本の終点施設及びこれに連なる電線の半分を保有し、分離される領域は、残りの電線及びその終点施設を保有する。

第三章　安　全

第五条【国連の集団保障、自衛権】(a)　日本国は、国際連合憲章第二条に掲げる義務、特に次の義務を受諾する。

(i)　その国際紛争を、平和的手段によつて国際の平和及び安全並びに正義を危うくしないように解決すること。

(ii)　その国際関係において、武力による威嚇又は武力の行使は、いかなる国の領土保全又は政治的独立に対するものも、また、国際連合の目的と両立しない他のいかなる方法によるものも慎むこと。

(iii)　国際連合が憲章に従つてとるいかなる行動についても国際連合にあらゆる援助を与え、且つ、国際連合が防止行動又は強制行動をとるいかなる国に対しても援助の供与を慎むこと。

(b)　連合国は、日本国との関係において国際連合憲章第二条の原則を指針とすべきことを確認する。

(c)　連合国としては、日本国が主権国として国際連合憲章第五十一条に掲げる個別的又は集団的自衛の固有の権利を有すること及び日本国が集団的安全保障取極を自発的に締結することができることを承認する。

第六条【占領の終了】(a)　連合国のすべての占領軍は、この条約の効力発生の後なるべくすみやかに、且つ、いかなる場合にもその後九十日以内に、日本国から撤退しなければならない。但し、この規定は、一又は二以上の連合国を一方とし、日本国を他方として双方の間に締結された若しくは締結される二国間若しくは多数国間の協定に基く、又はその結果としての外国軍隊の日本国の領域における駐とん又は駐留を妨げるものではない。

(b)　日本国軍隊の各自の家庭への復帰に関する千九

百四十五年七月二十六日のポツダム宣言の第九項の規定は、まだその実施が完了されていない限り、実行されるものとする。

(c)　まだ代価が支払われていないすべての日本財産で、占領軍の使用に供され、且つ、この条約の効力発生の時に占領軍が占有しているものは、相互の合意によつて別段の取極が行われない限り、前記の九十日以内に日本国政府に返還しなければならない。

第四章　政治及び経済条項（略）

第五章　請求権及び財産

第一五条【連合国財産の返還】(a)　この条約が日本国と当該連合国との間に効力を生じた後九箇月以内に申請があつたときは、日本国は、申請の日から六箇月以内に、日本国にある各連合国及びその国民の有体財産及び無体財産並びに種類のいかんを問わずすべての権利又は利益で、千九百四十一年十二月七日から千九百四十五年九月二日までの間のいずれかの時に日本国内にあつたものを返還する。但し、所有者が脅迫又は詐欺によることなく自由にこれらを処分した場合は、この限りでない。この財産は、戦争があつたために課せられたすべての負担及び課金を免除して、その返還のため課金を課さずに返還しなければならない。所有者により若しくは所有者のために又は所有者の政府により所定の期間内に返還が申請されない財産は、日本国政府がその定めるところに従つて処分することができる。この財産が千九百四十一年十二月七日に日本国に所在し、且つ、返還することができず、又は戦争の結果として損傷若しくは損害を受けている場合には、日本国内閣が千九百五十一年七月十三日に決定した連合国財産補償法案の定める条件よりも不利でない条件で補償される。

(b)　戦争中に侵害された工業所有権については、日本国は、千九百四十九年九月一日施行の政令第三百九号、千九百五十年一月二十八日施行の政令第十二号及び千九百五十年二月一日施行の政令第九号（いずれも改正された現行のものとする。）によりこれまで与えられたところよりも不利でない利益を引き続いて連合国及びその国民に与えるものとする。但し、前記の国民がこれらの政令に定められた期限までにこの利益の許与を申請した場合に限る。

(c)(i)　日本国は、公にされ及び公にされなかつた連合国及びその国民の著作物に関して千九百四十一年十二月六日に日本国に存在した文学的及び美術的著作権がその日以後引き続いて効力を有することを認め、且つ、その日に日本国が当事国であつた条約又は協定が戦争の発生の時又はその時以後日本国又は当該連合国の国内法によつて廃棄され又は停止されたかどうかを問わず、これらの条約及び協定の実施によりその日以後日本国において生じ、又は戦争がなかつたならば生ずるはずであつた権利を承認する。

(ii)　権利者による申請を必要とすることなく、且つ、いかなる手数料の支払又は他のいかなる手続もすることなく、千九百四十一年十二月七日から日本国と当該連合国との間にこの条約が効力を生ずるまでの期間は、これらの権利の通常期間から除算し、また、日本国において翻訳権を取得するために文学的著作物が日本語に翻訳されるべき期間からは、六箇月の期間を追加して除算しなければならない。

第一六条【非連合国にある日本資産】　日本国の捕虜であつた間に不当な苦難を被つた連合国軍隊の構成員に償いをする願望の表現として、日本国は、戦争中中立であつた国にある又は連合国のいずれかと戦争していた国にある日本国及びその国民の資産又は、日本国が選択するときは、これらの資産と等価のものを赤十字国際委員会に引き渡すものとし、同委員会は、これらの資産を清算し、且つ、その結果生ずる資金を、同委員会が衡平であると決定する基礎において、捕虜であつた者及びその家族のために、適当な国内機関に対して分配しなければならない。この条約の第十四条(a)2(II)の(ii)から(v)までに掲げる種類の資産は、条約の最初の効力発生の時に日本国に居住しない日本の自然人の資産とともに、引渡しから除外する。またこの条の引渡規定は日本国の金融機関が現に所有する一万九千七百七十株の国際決済銀行の株式には適用がないものと了解する。

第一七条【裁判の再審査】(a)　いずれかの連合国の要請があつたときは、日本国政府は、当該連合国の国民の所有権に関係のある事件に関する日本国の捕獲審検所の決定又は命令を国際法に従い再審査して修正し、且つ、行われた決定及び発せられた命令を含めて、これらの事件の記録を構成するすべての文書の写を提供しなければならない。この再審査又は修正の結果、返還すべきことが明らかになつた場合には、第十五条の規定を当該財産に適用する。

(b)　日本国政府は、いずれかの連合国の国民が原告又は被告として事件について充分な陳述ができなかつた訴訟手続において、千九百四十一年十二月七日から日本国と当該連合国との間にこの条約が効力を生ずるまでの期間に日本国の裁判所が行つた裁判を、当該国民が前記の効力発生の後一年以内にいつでも適当な日本国の機関に再審査のため提出することができるようにするために、必要な措置をとらなければならない。日本国政府は、当該国民が前記の裁判の結果損害を受けた場合には、その者をその裁判が行われる前の地位に回復するようにし、又はその者にそれぞれの事情の下において公正且つ衡平な救済が与えられるようにしなければならない。

第一八条【戦前からの債務】(a)　戦争状態の介在は、戦争状態の存在前に存在した債務及び契約（債券に関するものを含む。）並びに戦争状態の存在前に取得された権利から生ずる金銭債務で、日本国の政府若しくは国民が連合国の一国の政府若しくは国民に対して、又は連合国の一国の政府若しくは国民が日本国の政府若しくは国民に対して負つているものを支払う義務に影響を及ぼさなかつたものと認める。戦争状態の介在は、また、戦争状態の存在前に財産の滅失若しくは損害又は身体傷害若しくは死亡に関して生じた請求権で、連合国の一国の政府が日本国政府に対して、又は日本国政府が連合国政府のいずれかに対して提起し又は再提起するものの当否を審議する義務に影響を及ぼすものとみなしてはならない。この項の規定は、第十四条によつて与えられる権利を害するものではない。

(b)　日本国は、日本国の戦前の対外債務に関する責任と日本国が責任を負うと後に宣言された団体の債務に関する責任とを確認する。また、日本国は、これらの債務の支払再開に関して債権者とすみやかに交渉を開始し、他の戦前の請求権及び債務に関する交渉を促進し、且つ、これに応じて金額の支払を容易にする意図を表明する。

（以下、略）

(1)　外務省外交資料館　日本外交史辞典　四八六頁。以下の平和条約に関する部分は同辞典四八五～四九三頁による。

(2)　サンフランシスコ平和条約に参加せず又は参加したが署名しなかった国々についても、次のとおりその後我が国との間に二国間平和条約あるいはこれに代る文書が締結されて我が国と正常な関係が回復した。

○中華民国との平和条約。昭和二七年四月二八日

○インドとの平和条約。昭和二七年六月九日

○ビルマとの平和条約。昭和二九年一一月五日

○ソ連邦との共同宣言。昭和三一年一〇月一九日

○ポーランドとの国交回復に関する協定。昭和三二年二月八日

○チェコスロバキアとの国交回復に関する協定。昭和三

二年二月一三日

〇インドネシアとの平和条約。昭和三三年四月八日

（3）　これは希望する国だけが署名するもので我が国を加え二九国が署名した。

六　昭和時代Ⅲ（平和条約の発効に伴う措置等）

1　朝鮮人及び台湾人の日本国籍の喪失

平和条約の発効に伴い、朝鮮及び台湾は条約の発効の日から我が国の領土から分離し、これに伴って朝鮮人及び台湾人はすべて我が国の国籍を喪失した。したがって朝鮮人及び台湾人は平和条約発効の日である昭和二七年四月二八日をもって外国人となったのである。(1)(2)(3)

また、もと朝鮮人又は台湾人であった者でも、平和条約の発効前に内地人との婚姻、縁組等の身分行為により内地の戸籍に入籍すべき事由の生じていたものは内地人であり、平和条約の発効後もなんらの手続を要することなく、引き続き我が国の国籍を有する。これに対して、もと内地人であっても条約の発効前に、朝鮮人又は台湾人との婚姻、養子縁組等の身分行為により内地の戸籍から除籍せらるべき事由の生じたものは朝鮮人又は台湾人であって平和条約の発効とともに日本の国籍を喪失したのである。

講和条約発効後は身分行為によって内外戸籍間の移動はなく、朝鮮人及び台湾人が我が国の国籍を取得するには一般の外国人と同様に帰化の手続によることとなった。

なお、平和条約第二条(c)により樺太及び千島も我が国の領土から分離されたが、これらの地域に本籍を有する者については従来日本本土と同じように戸籍法が適用されていたいわゆる内地籍の者であり、我が国の国籍を喪失していない。ただし、これらの地域が我が国の領土外となったので本籍を有しない者となり、戸籍法による就籍が行われた。

また、平和条約第三条により、北緯二九度以南の南西諸島、小笠原諸島、硫黄列島及び南鳥島は米国を唯一の施政権者とする信託統治の下におかれたが、我が国はこれら諸島を放棄したものではなく、いわゆる残存主権が存在していたのであって、したがってこれらの地域に本籍を有する者は条約の発効後も日本国籍を有し、かつ同地域に引き続いて本籍を有するものである。

（1）　平和条約発効の日以前において、朝鮮人及び台湾人は日本国籍を有していたが、個々の法律上の取扱いとして内地人と異なる取扱いも行われており、国内法上必ずしも内

地人と全く同じではなかった。講和条約発効前の朝鮮人・台湾人の地位につき平賀健太氏は次のように説明されている（平賀・国籍法　上巻一六三～四頁）。

「朝鮮人や台湾人も原則的に日本国籍を有すると解すべきである以上、一般国内法の解釈としても、法文上日本国民の範囲に制限を設けず、またことがらの性質上台湾人・朝鮮人を除外する趣旨をみとめることができない以上、日本国民という場合には朝鮮人・台湾人をも含むと解釈すべきである。たとえば鉱業法第五条にいう「帝国臣民」の中にはこれらの者も含むと解釈すべきである。しかしながらこのことは朝鮮人及び台湾人をすべての関係において内地人と同一に取り扱うということを意味しない。日本降伏後台湾及び朝鮮は、日本の主権の範囲外におかれたばかりでなく、これらの地域において生じた現実の政治上の事態は、ことがらの性質によって台湾人及び朝鮮人を実質上外国人として取り扱うのを相当とする場合を生じている。そしてこの場合において、いかなる範囲で、そしてまたいかなる形式で朝鮮人・台湾人を外国人として取り扱うかは法令の種類によってかならずしも一様でない。二、三の事例をあげるならば、

1　公職選挙法（昭和二五年法律一〇〇号）は、すべての朝鮮人・台湾人に対し選挙権及び被選挙権を停止しているが、これらの者を呼ぶに「戸籍法の適用を受けない者」という表現を用いている（附則第二項）。

2　外国人登録令第一一条は、「台湾人のうち法務総裁の定めるもの、及び朝鮮人」を同令の適用に関しては外国人とみなし、同令施行規則第一〇条は、外国人とみなさるべき台湾人を「台湾人で本邦外に在るもの及び本邦に在る台湾人で中華民国駐日代表団から登録証明書の発給を受けた者」に限定している。

3　刑事裁判権については中華民国駐日代表団から登録証明書の発給を受けた台湾人は連合国人とみなされ、日本の裁判所には管轄権がないこととなっている。

しかし朝鮮人についてはこのような刑事裁判権の制限はない。

4　特殊のものとしては「外国人の財産取得に関する政令」（昭和二四年政令五一号）第二条第一号は、同令の規定する特定の種類の財産の取得について外資委員会の認可を必要とする「外国人」の定義として

「戸籍法の規定の適用を受け本籍を有すべき以外の者。但し、昭和二〇年九月二日に日本の国籍を有し、且つ、同日以後引続きこの政令の施行地域に居住する者は、除外する。もっとも、その者が同日以後外国の国籍を取得し、又は連合国最高司令官の任命し、若しくは承認した使節団が発行する登録証明書の交付を受けたときは、除外しない」

と規定している。

以上のように、法令の種類によって朝鮮人及び台湾人の取扱いはかならずしも一定していないが、これらの諸規定は、すべて朝鮮人・台湾人が本来日本国籍を有することを前提としていることを注意しなければならない」。

（2）　朝鮮及び台湾は、我が国の領土から分離したものであ

る。一般に分離・割譲地の人民の国籍は、戦後の講和条約等で定められることが多いが、我が国に対する平和条約の中には、朝鮮・台湾ともに、それに関する規定が定められていない。このように特に規定がないときは譲渡国の国籍を失い、譲受国の国籍を取得することが国際法の原則である。ところで、条約等の規定によりいわゆる国籍の選択権を認めることは第一次大戦後まで広く一般に認められたが、第二次大戦のときは、イタリアの講和条約で認めただけで他の講和条約では認められなかったという（横田喜三郎・国際法II　有斐閣　法律学全集　八九頁参照）。

(3)　台湾人の日本国籍喪失の時期につき、最高裁判所の刑事裁判例では、我が国と中華民国との平和条約が発効した昭和二七年八月五日であるとするが（昭和三七年一二月二五日大法廷判決　外国人登録法違反被告事件　刑集一六巻一二号一六六一頁）、日本国との平和条約発効の日（同年四月二八日）をもって日本国籍を喪失したとする行政解釈と実務はその後も変更されていない。右判例につき、横山実氏は

「台湾の領土変更の根拠を日華平和条約に求めるものであり（中略）、中華民国は平和条約の当事国でなく、わが国とは別個に日華平和条約を締結しているのでその点を重視するものと思われる（中略）。わが国の立場からはポツダム宣言を前提とする降伏文書の調印によって、将来における台湾の分離が約束された平和条約によって法律上確定したと解するのが相当であり、日華平和条約は、その事実を中国との関係において確認したと解すべきものと考える。そしてそのかぎりにおいては平和条約発効まで、台湾は日本国土の一部であり、台湾人は日本人であると観念して、終戦前と同様、国内における異法地域として共通法秩序によらしめ、その結果を前提として、日本国籍を喪失する台湾人の範囲を決定しようとする行政先例の態度はきわめて妥当適切なものとしなければならない」

としている（有斐閣　別冊ジュリスト　渉外判例百選（増補版）一九八頁）。

2　出入国管理令の改正——入国許可権の回復

平和条約の発効により我が国は主権を回復し、わが国の入国許可の権限も回復された。占領下にあっては、昭和二二年五月二日公布・施行の外国人登録令第二条において、外国人を定義し、

○　この勅令において外国人とは、日本の国籍を有しない者のうち、左の各号の一に該当する者以外の者をいう。

一　連合国軍の将兵及び連合国軍に附属し又は随伴する者並びにこれらの者の家族

二　連合国最高司令官の任命又は承認した使節団の構成員及び使用人並びにこれらの者の家族

三　外国政府の公務を帯びて日本に駐在する者及びこれに随従する者並びにこれらの者の家族

として連合軍の構成員やその家族・随伴者、施設団員とその家族・使用人、外国政府の公用者と家族・随伴者等は外国人登録令の対象外としたうえで、出入国管理令第三条において、

〇　外国人は、当分の間、本邦（内務大臣の指定する地域を除く。以下これに同じ。）に入ることができない。
　前項の規定は、連合国最高司令官の承認を受け（連合国最高司令官が経由すべき港湾又は飛行場を指定したときは、当該港湾又は飛行場を経由し）本邦に入る外国人については、これを適用しない。

と定め、外国人の本邦への入国許可の権限は連合国最高司令官にあることを明示している。

　出入国管理令（昭和二六年政令三一九号）は、昭和二六年一〇月四日に制定公布され、同年一一月一日から施行されているが、施行当時は未だ平和条約発効前であり、したがって同令の対象となる外国人も同令第二条の定義において

〇　この政令において、左の各号に掲げる用語の意義は、それぞれ当該各号に定めるところによる。
　二　外国人　日本の国籍を有しない者のうち、左に掲げる者の一に該当する者以外の者をいう。
　　イ　連合国の軍隊の将兵
　　ロ　連合国占領軍に公に附属する者又は連合国占領軍に随伴してその要務に服する者
　　ハ　連合国人であって連合国の公務を帯びて本邦に入る者
　　ニ　イ、ロ及びハに掲げる者に随伴するその配偶者、直系血族、兄弟姉妹及びその他の被扶養者

とあるように連合国軍及び連合国の公務を帯びる者とその家族・随伴者等は出入国管理令の対象外であり、これらの者についての入国許可権限は我が国には認められていなかった。

　平和条約が発効し我が国の独立が回復された後は、独立国としての入国許可権も当然に回復されたが、そのことは、平和条約発効の日である昭和二七年四月二八日に公布され即日施行された「ポツダム宣言の受諾に伴い発する命令に関する外務省関係諸命令の措置に関する法律」（法律第一二六号）第一条による出入国管理令の一部改正にも次のように示されている。すなわち、同令上の「外国人」とは一義的に「我が国の国籍を有しない者」であるとされ、さきにのべた平和条約発効前の同令第二条に認められているような我が国の国籍を有しない者に対する適用除外は出入国管理の一般法である出入国管理令にはもはや認められておらず、外国人に対する入国許可権

はここに完全に回復されたのである。

○　出入国管理令（昭和二十六年政令第三百十九号）の一部を次のように改正する。

第二条第二号を次のように改める。

二　外国人　日本の国籍を有しない者をいう。

3　外国人登録法の制定

我が国との平和条約の効力の発生に伴い、新たに本邦に在留する外国人の居住関係及び身分関係を明確ならしめるために外国人の登録の手続を制定する必要があることから外国人登録法（法律第一二五号）が、平和条約発効の日である昭和二七年四月二八日に公布、即日施行され、外国人登録令（昭和二二年勅令第二〇六号）は廃止された。これは旧登録令の規定のうち出入国及び退去強制に関する規定を除外したうえ、同令の中の外国人登録に関する部分を不備を改めて新たに法律として定めたものであって、同年一〇月に新法に基づく最初の登録が行われた。なお、外国人登録法は、その後数度の改正を経て現在に至っている。

4　終戦前から引続いて本邦に在留する朝鮮人・台湾人に対する在留上の特別措置――いわゆる法律第一二六号の施行

平和条約の発効当時我が国には約六〇万人の朝鮮人・台湾人が在留しており、これらの者の日本国籍離脱により出入国管理令の対象となる大量の外国人が生じたことになる。しかし、これらの人々は自己の意思によらずに新たに外国人となったものであり、我が国はそれらの特殊事情を考慮して、前記「ポツダム宣言の受諾に伴い発する命令に関する外務省関係諸命令の措置に関する法律」（法律第一二六号）を、昭和二七年四月二八日公布・即日施行して、我が国が降伏文書に署名をした昭和二〇年九月二日以前から引き続いて我が国に在留している朝鮮人及び台湾人に対しては、同年九月三日からこの法律施行の日までに出生した子も含めて別に法律で定めるまでの当分の間は、出入国管理令に定める在留資格を有することなく在留することができるものとした（同法第二条第六号）。

したがって、平和条約発効後我が国に在留する一般外国人は、右の在留資格を有しないで在留する朝鮮人・台湾人と、在留資格を有する外国人の二つに分かれることとなった(1)。

なお、講和条約発効後の朝鮮人・台湾人に対する子女教育及び生活保護についての運用については、在留関係と同じく特殊事情が考慮されている。(2)

ⓐ　**日米行政協定の発効**

昭和二七年四月二八日、平和条約発効と同時に「日本国とアメリカ合衆国との間の安全保障条約第三条にもとづく行政協定」（いわゆる「日米行政協定」）が発効した。

そして、外国人の出入国及び在留管理について右協定により例外が認められることとなった。すなわち、駐留米軍人・軍属およびそれらの家族等は我が国に出入国するにあたり上陸手続に関する出入国管理令の適用がなく、在留資格制度の枠外で在留することが出来、また外国人登録の適用も免除されたのである。これにより我が国の入国許可権等が一部制限をうけることになるが、それは、我が国が自ら締結した条約に基づくものである。これに対して米軍用機や軍用船に右の駐留軍人等に該当しない一般旅客である外国人が便乗しているときは、それら外国人の出入国につき出入国管理令は全面的に適用される。

なお、昭和三六年に日米安保条約が改定され日米行政協定は「日本国とアメリカ合衆国との間の相互協力及び安全保障条約第六条にもとづく施設及び区域並びに日本国における合衆国軍隊の地位に関する協定」（いわゆる「日米地位協定」）となったが、出入国の手続は殆んど同じ内容であり、また昭和二九年に締結された「日本国における国際連合の軍隊の地位に関する協定」（いわゆる「国連軍協定」）においても国連軍軍人等の出入国に関し同様のことが規定されて、同じく出入国管理令及び外国人登録の適用の免除がなされることとなり現在に至っているのである。

ⓑ　**出入国管理行政の法務省移管——入国管理局の発足**

出入国管理行政は昭和二五年に設立された外務省の外局である「出入国管理庁」により一元的に行われるようになったことはさきにのべたとおりであるが、平和条約が締結され我が国が独立を回復したことに伴い、外務省は外交に専念するためその体制を確立する必要があり、国内行政である出入国管理行政を同省の所管より分離しこれを法務省へ移管したのである。すなわち、昭和二七年七月三一日「法務府設置法等の一部を改正する法律」（法律第二六八号）が公布され同年八月一日から施行されたが、これにより「入国管理庁設置令」（昭和二六年政令第三二〇号）は廃止され、出入国の管理及び外国人の登録に関する事項は法務省の所管となり、法務省の内局として「入国管理局」が置かれ、左の事務を掌ることとなった。

ⓘ　出入国の管理に関する事項
ⓘⓘ　本邦における外国人の在留に関する事項
ⓘⓘⓘ　外国人の登録に関する事項
ⓘⓥ　入国者収容所及び入国管理事務所に関する事項

このように出入国管理行政が法務省の所管となった理由として次のものがあげられる(3)。

ⓘ　外国人の上陸審査、資格審査、違反審査は、いずれも特定の法律要件に該当するかどうかを判断し、相手方に法律で定めた一定の地位を付与する純然たる法律的事務であること。

ⓘⓘ　退去強制手続は、いわゆる準司法的性格のものであること。

ⓘⓘⓘ　外国人登録は、外国人の住民登録ともいうべきもので、法務省所管の国籍又は戸籍関係の業務と関連するものであること。

ⓘⓥ　上陸の拒否や退去強制は、外国人の人権に対する重大な制限であり、運用のいかんによっては、基本的人権に対する侵害ともなりかねないので「人権擁護の府」である法務省の所管とするのが適当であること。

なお、出入国管理の地方における機構としては、従前の入国管理庁時代の地方支分部局としての出張所(仙台・東京・横浜・名古屋・神戸・高松・松江・下関・福岡・大村・鹿児島)から、出入国管理行政の法務省移管を機に「入国管理事務所」と改められ、また入国管理事務所に出張所が置かれた。移管直後の地方出入国管理官署は次の表のとおりであり、一二の入国管理事務所及び三八の出張所が設けられていた。また、これらのほかに退去強政令書の執行を受ける者を送還するため一時的にこれらの者を収容する機関として法務大臣の管理に属する附属機関として入国者収容所が、入国管理庁時代から引続いて長崎県大村市と神奈川県横浜市におかれることとなった。

その後、行政需要の増大や変化、また沖縄の復帰等に伴い、昭和五五年当初には入国管理事務所は一四(表にかかげるもののほか、成田・大阪・広島・那覇。なお、松江及び大村の各事務所は、これより以前に廃止されている)、出張所は九九となったが、昭和五五年一一月、行政機構の整備を図ることを目的として「地方支分部局の整理のための行政管理庁設置法等の一部を改正する法律」(法律第八五号)が制定され、これに関連して、入国管理事務所及び同出張所は、地方入国管理局(八)及び支局(二)並びにこれらの出張所(一〇三)に改められる

名称	位置	管轄区域	出張所
札幌入国管理事務所	札幌市	北海道	釧路港　小樽港　室蘭港　函館港
仙台入国管理事務所	仙台市	宮城県　福島県　岩手県　青森県　山形県　秋田県	青森港　釜石港　塩釜港
東京入国管理事務所	東京都	東京都　新潟県　埼玉県　群馬県　千葉県　茨城県　栃木県　山梨県　長野県	東京港　羽田空港
横浜入国管理事務所	横浜市	神奈川県　静岡県	横浜港　川崎港　横須賀港　清水港
名古屋入国管理事務所	名古屋市	愛知県　三重県　岐阜県　福井県　石川県　富山県	名古屋港　四日市港　敦賀港
神戸入国管理事務所	神戸市	大阪府　京都府　兵庫県　奈良県　滋賀県　和歌山県	神戸港　下津港　広畑港　大阪港　舞鶴港
高松入国管理事務所	高松市	香川県　愛媛県　徳島県　高知県　岡山県	宇野港　新居浜港
松江入国管理事務所	松江市	鳥取県　島根県	
下関入国管理事務所	下関市	広島県　山口県　福岡県の内門司市	下関港　呉港　徳山港　広島港　岩国空港　門司港
福岡入国管理事務所	福岡市	福岡県(門司市を除く。)佐賀県　熊本県　大分県　長崎県の内上県郡、下県郡及び壱岐郡	博多港　八幡港　若松港　三池港　津久見港　唐津港
大村入国管理事務所	大村市	長崎県(上県郡、下県群及び壱岐郡を除く。)	長崎港　佐世保港
鹿児島入国管理事務所	鹿児島市	宮崎県　鹿児島県	鹿児島港

ことになり、同法は昭和五六年四月一日から施行された。

おって、昭和六一年一一月末現在の入国管理局の地方組織は、ブロック機関として札幌、仙台、東京、名古屋、大阪、高松、広島、福岡に地方入国管理局が設けられ、また東京入国管理局に横浜及び成田、大阪入国管理局に神戸、福岡入国管理局に那覇、の各支局が置かれている。地方入国管理局及び支局に出張所が置かれ、その合計は九九である。なお、附属機関として大村市及び横浜市に入国者収容所が置かれていること[4][5]は、出入国管理行政の法務省移管当時と同じである。

（1）　昭和二七年一一月の在留外国人五七万三三一八名のうち、在留資格を有しない右法律第一二六号第二条第六号該当者（いわゆる法一二六―二―六該当者）は、五四万一二一九名、その子は九四二名であり、その他は三万一一五七名（うち永住者一万四六七七名）であった。また、同年一二月末現在の外国人登録人員数は五九万三九五五で、うち韓国及び朝鮮五三万五〇六五、中国四万二一四七、米国六九二二、英国一五五四、カナダ一〇九一、ドイツ八九五、フランス五五八、インド五二九、イタリア三六四、フィリピン三四一、オランダ三一一、無国籍九二九、その他三二四九である（法務省入国管理局「出入国管理の回顧と展望」一一七頁、一七二～五頁）。

（2）　朝鮮人・台湾人が、法的に、外国人になったことに伴い、それらの者には義務教育が適用されなくなったが、昭和二八年二月、文部省は「なるべく便宜を供与し、教育委員会としては、朝鮮人の保護者からその子女を義務教育学校に就学させたい旨の申出があった場合には、日本の法令厳守を条件に、就学させるべき学校長の意見を徴したうえで、事情の許すかぎり、従前通り入学を許可する」ように通達した。また、生活保護法は、外国人には適用されないのが原則であるが、朝鮮人・台湾人にはその特殊事情を考慮して、その後も適用されており、これに関連して、この法律第一二六号の制定過程において、出入国管理令第二四条の退去強制事由の規定については、行政運用によって、同条第四号のホ（貧困者などで国または地方公共団体の負担となっている者を退去強制することができるとするもの）などの適用に制限を加える政府方針が表明されている（前出「出入国管理の回顧と展望」八三頁による）。

（3）　前出「出入国の回顧と展望」八四～八五頁による。

（4）　法務省入国管理局「出入国管理」昭和六一年、一八三頁。

（5）　現在の入国管理局の地方組織としては、成田支局が成田空港支局となり、大阪入国管理局に平成六年九月四日関西空港支局が設置された。入国者収容所については、横浜入国者収容所が平成五年一二月二四日茨城県牛久市へ移転改組し、東日本入国管理センターに、また大村入国者収容所が大村入国管理センターに、それぞれ改められたほか、平成七年一一月一日大阪府茨木市に西日本入国管理センターが設けられている。なお、地方入国管理局及び同支局の出張所は平成九年四月末現在九二である。

七　昭和時代Ⅳ（在日韓国人に対する協定永住権の付与）

平和条約の発効に伴いとられた諸措置以降の、我が国における外国人の法的地位に関連する措置としては、まず、次にのべる在日韓国人に対する日韓地位協定による、いわゆる協定永住権の付与があげられる。

1　日韓法的地位協定の締結

朝鮮人及び台湾人は、平和条約の発効まで我が国の国籍を有していたものであり、その特殊な事情から、我が国が降伏文書に署名をした昭和二〇年九月二日以前から引き続いて本邦に在留している朝鮮人及び台湾人に対しては、昭和二七年四月二八日までに出生したその子もふくめて「ポツダム宣言の受諾に伴い発する命令に関する外務省関係諸命令の措置に関する件」（昭和二七年法律第一二六号）によって、別に法律で定めるまでの当分の間は出入国管理令に定める在留資格を有することなく在留することができるものとされたこと（同法第二条第六号）は、さきにのべたとおりであるが、昭和二六年から我が国政府と韓国政府との間に一四年にわたって行われ、同四〇年にようやく調印のはこびとなった日韓国交正常化交渉（いわゆる日韓会談）において、在日韓国人の法的地位についての問題は当初より重要課題として討議され、その結果昭和四〇年一二月一八日両国の外交領事関係の開設等をさだめた「日本国と大韓民国との間の基本関係に関する条約」とともに「日本国に居住する大韓民国国民の法的地位及び待遇に関する日本国と大韓民国との間の協定」（「日韓法的地位協定」。「在日韓国人の法的地位協定」ともいわれる）が締結され、終戦前から引続いて我が国に在留している韓国人及びその一定の直系卑属はその申請により同協定に基づき、一般外国人よりも有利な条件で本邦に永住する権利を付与されることとなったのである。(1)(2)

日韓会談で締結された「日本国に居住する大韓民国国民の法的地位及び待遇に関する日本国と大韓民国との間の協定」（日韓法的地位協定。いわゆる「在日韓国人の法的地位協定」）は次のとおりであって、これを簡略にいえば終戦前に来日し同協定による永住の申請のときまで引続いて我が国に居住している韓国人及びその一定の直系卑属は、この協定により本邦に永住する権利をみとめられ（第一条）、永住許可（いわゆる協定永住）が与えられた者については退去強制事由が協定に別に定められているがそれは一般の外国人に比しいちじるしく制限されており（第三条）、また、教育、生活保護、国民健康保険並びに帰国のさいの持帰り財産及び送金についての考慮が払われることとなっている（第四条）。

さらに、協定永住を許可された者の直系卑属として我が国で出生した者についての我が国における居住について、韓国政府の要請があれば協定の発効から二五年を経過するまでに協議を行うことも合意されている（第二条）。

○　日本国に居住する大韓民国国民の法的地位及び待遇に関する日本国と大韓民国との間の協定

（昭和四〇年一二月一八日　条約第二八号）

第一条

1　日本国政府は、次のいずれかに該当する大韓民国国民が、この協定の実施のため日本国政府の定める手続に従い、この協定の効力発生の日から五年以内に永住許可の申請をしたときは、日本国で永住することを許可する。

(a)　一九四五年八月一五日以前から申請の時まで引き続き日本国に居住している者

(b)　(a)に該当する者の直系卑属として一九四五年八月一六日以後この協定の効力発生の日から五年以内に日本国で出生し、その後申請の時まで引き続き日本国に居住している者

2　日本国政府は、1の規定に従い日本国で永住することを許可されている者の子としてこの協定の効力発生の日から五年を経過した後に日本国で出生した大韓民国国民が、この協定の実施のため日本国政府の定める手続に従い、その出生の日から六〇日以内に永住許可の申請をしたときは、日本国で永住することを許可する。

3　1(b)に該当する者でこの協定の効力発生の日から四年一〇箇月を経過した後に出生したものの永住許可の申請期限は、1の規定にかかわらず、その出生の日から六〇日までとする。

4　前記の申請及び許可については、手数料は、徴収されない。

第二条

1　日本国政府は、第一条の規定に従い日本国で永住することを許可されている者の直系卑属として日本国で出生した大韓民国国民の日本国における居住に

ついては、大韓民国政府の要請があれば、この協定の効力発生の日から二五年を経過するまでは協議を行なうことに同意する。

2　1の協議に当たっては、この協定の基礎となっている精神及び目的が尊重されるものとする。

第三条

第一条の規定に従い日本国で永住することを許可されている大韓民国国民は、この協定の効力発生の日以後の行為により次のいずれかに該当することとなった場合を除くほか、日本国からの退去を強制されない。

(a)　日本国において内乱に関する罪又は外患に関する罪により禁錮《こ》以上の刑に処せられた者（執行猶予の言渡しを受けた者及び内乱に附和随行したことにより刑に処せられた者を除く。）

(b)　日本国において国交に関する罪により禁錮《こ》以上の刑に処せられた者及び外国の元首、外交使節又はその公館に対する犯罪行為により禁錮《こ》以上の刑に処せられ、日本国の外交上の重大な利益を害した者

(c)　営利の目的をもって麻薬類の取締りに関する日本国の法令に違反して無期又は三年以上の懲役又は禁錮《こ》に処せられた者（執行猶予の言渡しを受けた者を除く。）及び麻薬類の取締りに関する日本国の法令に違反して三回（ただし、この協定の効力発生の日の前の行為により三回以上刑に処された者については二回）以上刑に処せられた者

(d)　日本国の法令に違反して無期又は七年をこえる懲役又は禁錮《こ》以上の刑に処せられた者

第四条

日本国政府は、次に掲げる事項について、妥当な考慮を払うものとする。

(a)　第一条の規定に従い日本国で永住することを許可されている大韓民国国民に対する日本国における教育、生活保護及び国民健康保険に関する事項

(b)　第一条の規定に従い日本国で永住することを許可されている大韓民国国民（同条の規定に従い永住許可の申請をする資格を有している者を含む。）が日本国で永住する意思を放棄して大韓民国に帰国する場合における財産の携行及び資金の大韓民国への送金に関する事項

第五条

第一条の規定に従い日本国で永住することを許可されている大韓民国国民は、出入国及び居住を含むすべての事項に関し、この協定で特に定める場合を除くほか、すべての外国人に同様に適用される日本国の法令

の適用を受けることが確認される。

第六条

この協定は、批准されなければならない。批准書は、できる限りすみやかにソウルで交換されるものとする。

この協定は、批准書の交換の日の後三〇日で効力を生ずる。

（注）　昭和四〇年六月二二日に東京で署名された日本国に居住する大韓民国国民の法的地位及び待遇に関する日本国と大韓民国との間の協定の批准書の交換は、昭和四〇年一二月一八日にソウルで行なわれた。よって、同協定は、その第六条の規定に従い、昭和四一年一月一七日に効力を生ずる。

〔昭和四〇年一二月一八日
外務省告示第二五七号〕

なお、右法的地位協定が署名されたさいに、次の合意議事録にも両国の政府代表の署名が行われ法的地位協定に関する諸了解が示されたが、その中で我が国は、協定永住を許可された者につき退去強制にさいして人道的考慮をはらうこと（第三条関係の2）、公立の小中学校への入学を認めること、生活保護は従前のとおりとすること、国民健康保険の被保険者とする措置をとること、帰国のさいは原則としてすべての財産及び資金を携行し又は送金することを認めること等（以上第四条関係）に合意している。

○日本国に居住する大韓民国国民の法的地位及び待遇に関する日本国と大韓民国との間の協定についての合意された議事録

（昭和四〇年一二月一八日
外務省告示第二五八号）

日本国政府代表及び大韓民国政府代表は、本日署名された日本国に居住する大韓民国国民の法的地位及び待遇に関する日本国と大韓民国との間の協定に関し次の了解に到達した。

第一条に関し、

1　同条1又は2の規定に従い永住許可の申請をする者が大韓民国の国籍を有していることを証明するため、

(i)　申請をする者は、旅券若しくはこれに代わる証明書を提示するか、又は大韓民国の国籍を有している旨の陳述書を提出するものとする。

(ii)　大韓民国政府の権限のある当局は、日本国政府の権限のある当局が文書により照会をした場合には、文書により回答するものとする。

2　同条1(b)の適用上「(a)に該当する者」には、一九四五年八月一五日以前から死亡の時まで引き続き日本国に居住していた大韓民国国民を含むものとする。

第三条に関し、

1　同条(b)の適用上「その公館」とは、所有者のいかんを問わず、大使館若しくは公使館として使用されている建物又はその一部及びこれに附属する土地（外交使節の住居であるこれらのものを含む。）をいう。

2　日本国政府は、同条(c)又は(d)に該当する者の日本国からの退去を強制しようとする場合には、人道的見地からその者の家族構成その他の事情について考慮を払う。

3　大韓民国政府は、同条の規定により日本国からの退去を強制されることとなった者について、日本国政府の要請に従い、その者の引取りについて協力する。

4　日本国政府は、協定第一条の規定に従い永住許可の申請をする資格を有している者に関しては、その者の永住が許可された場合には協定第三条(a)ないし(d)に該当する場合を除くほか日本国からの退去を強制されないことにかんがみ、その者について退去強制手続が開始した場合において、

(i)　その者が永住許可の申請をしているときには、その許否が決定するまでの間、また、

(ii)　その者が永住許可の申請をしていないときには、その申請をするかしないかを確認し、申請をしたときには、その許否が決定するまでの間、

その者の強制送還を差し控える方針である。

第四条に関し、

1　日本国政府は、法令に従い、協定第一条の規定に従い日本国で永住することを許可されている大韓民国国民が、日本国の公の小学校又は中学校へ入学することを希望する場合には、その入学が認められるよう必要と認める措置を執り、及び日本国の中学校を卒業した場合には、日本国の上級学校への入学資格を認める。

2　日本国政府は、協定第一条の規定に従い日本国で永住することを許可されている大韓民国国民に対する生活保護については当分の間従前どおりとする。

3　日本国政府は、協定第一条の規定に従い日本国で永住することを許可されている大韓民国国民を国民健康保険の被保険者とするため必要と認める措置を執る。

4　日本国政府は、協定第一条の規定に従い日本国で永住することを許可されている大韓民国国民（永住許可の申請をする資格を有している者を含む。）が日本国で、永住する意思を放棄して大韓民国に帰国する場合には、原則として、その者の所有するすべての財産及び資金を携行し又は送金することを認める。このため、

(i)　日本国政府は、その者の所有する財産の携行に関しては、法令の範囲内で、その携帯品、引越荷物及び職業用具の携行を認めるほか、輸出の承認に当たりできる限りの考慮を払うものとする。

(ii)　日本国政府は、その者の所有する資金の携行又は送金に関しては、法令の範囲内で、一世帯当り一万合衆国ドルまでを帰国時に、及びそれをこえる部分については実情に応じ、携行し又は送金することを認めるものとする。

一九六五年六月二二日に東京で

また、右の法的地位協定の署名にさいして、法務大臣は、次の声明を発して、終戦以前から我が国に在留していた韓国人で、平和条約発効の日までに一時帰国した人々の我が国における在留の安定のために在留特別許可や出入国管理令上の永住（いわゆる一般永住）等の付与等好意的な取扱いをすることを明らかにした。

この声明においては、また、平和条約発効日までの戦後入国者についても情状によりそれに準ずる措置を講ずることを明らかにしている。

○　在日韓国人の法的地位及び待遇に関する協定の署名に際して行なわれた日本国法務大臣声明

（昭和四〇年六月二二日）

日韓協定の調印に当たり、戦後入国者の取扱いに関し、次のとおり声明する。

終戦以前から日本国に在留していた大韓民国国民であっても、終戦後平和条約発効までの期間に一時韓国に帰国したことのあるものは、「日本国に居住する大韓民国国民の法的地位及び待遇に関する協定」第一条の対象とはならないが、これらの人々については、現在まですでに相当長期にわたり本邦に生活の根拠を築いている事情をも考慮し、協定発効後はわが国におけるその在留を安定させるため好意的な取扱いをすることとし、本大臣において特別に在留を許可するとともに、更に申請があった場合にはその在留状況等を勘案して、可能な限り入国管理法令による永住を許可する方針を

とることとした。
　右に伴い前段に該当しない大韓民国国民である戦後入国者についても、平和条約発効日以前から本邦に在留していたことが確証される場合には、情状によりこれに準ずる措置を講ずることといたしたい。

　さらに、同じく法的地位協定の署名にあたり、法務省入国管理局長及び文部省初等中等教育局長の次の談話が発表されている。なお、右の法務大臣声明及び両局長談話は、韓国に対する約束ではないので国際的な義務を負うものではないが、協定交渉の過程で論議された事柄につき公表された方針であって道義的責任を負うものであるといわれる。(3)

○　法務省入国管理局長談話　　協定永住許可を受けている者の近親者が、再会のため日本訪問を希望するときは、できるかぎり、好意的配慮を払う。

○　文部省初等中等教育局長談話　　協定永住許可を受けている者の教育上の取扱いについては、できるかぎり、好意的に取扱う。

(1)　平和条約の発効で我が国の国籍を喪失した朝鮮人のすべてが韓国籍を有しているものではない。韓国籍の得喪は韓国が自ら定めるべきことでありかつ韓国の有効な支配が朝鮮半島の全てに及んでいないので、朝鮮半島出身者のすべてを一律かつ当然に韓国籍を取得したものとすることはできないからである。したがって在日朝鮮人が韓国籍を有するかどうかの確認は韓国政府発行の旅券又は国民登録証等の国籍証明文書の提示あるいは韓国政府の権限ある当局の具体的回答によることとなる。

(2)　日韓国交正常化交渉経緯の大略は次のとおりであり、韓国の政情等により会議はしばしば中断され、第七次会談にいたってようやく妥結した。なお、以下は主として外務省外交資料館編「日本外交史辞典」七〇五～七〇八頁によるが、また法務省入国管理局「出入国管理の回顧と展望」八六～八八頁をも参照した。

　日韓会談は対日平和条約調印後四二日目である昭和二六年一〇月二〇日、連合国総司令部のあっせんで、まず「在日韓国人の法的地位」について会談が開かれ、ついで同年一一月の予備会談において「外交関係をふくむ基本関係の樹立」「請求権」「在日韓国人の国籍および処遇」「漁業」「海底電線」「通商航海条約」「船舶」を課題とすることが合意された。

　昭和二七年二月一五日から本会議(第一次会談)となり問題別に委員会を開いて討議が行われたが、漁業及び請求権問題で両国の意見の対立がはげしく四月二五日に会談は打切りとなった。

　昭和二八年四月一五日第二次会談が前回同様分科委員会で始められたが七月二四日休会となった。同年一〇月六日、第三次会談が開かれたが請求権問題の日本側代表の発言内容を韓国側が非難して一〇月二一日会議は決裂した。

なお、韓国は、この間、昭和二七年一月一八日に「隣接海洋に対する主権宣言」を行い、いわゆる李承晩ラインを設定し、同年八月以降同ライン内に入った日本漁船の拿捕を行い、昭和三二年までにその数は一五二隻、抑留された日本漁船員は二〇二五名に達した。韓国政府は、また、戦前から我が国に在留する韓国人の国籍及び処遇が未解決であることを理由に昭和二七年五月から被退去強制者のうち不法入国者以外の戦前から我が国に在留している者の引取りを拒否し、さらには昭和二九年九月には不法入国者をも含めて全面的に被退去強制者の引取りを拒否したため大村入国者収容所の収容人員は常時一五〇〇～一八〇〇人にも達する状態となり、この引取問題が漁業と共に日韓間の重要問題となった。この問題は昭和三二年一二月三一日にいたり、「日本側は終戦前から日本に在留する韓国人を収容所から釈放する」、「韓国側は刑期満了の日本人漁船員を釈放し、不法入国韓国人を引取る」ということで妥結をみ、日本側は昭和三三年二月一一日までに大村入国者収容所に収容中の在日韓国人刑罰法令違反者四七四名を仮放免して、在留特別許可を与え、他方韓国側は昭和三三年二月から五月までの間に不法入国者一〇〇二名を引取り同国に抑留されていた日本人漁船員九二二名を我が国に送還した。

昭和三三年四月一五日、四年半ぶりに会談が再開された（第四次会談）が、在日朝鮮人の北朝鮮帰還問題について我が国の措置を韓国側が非難して会談は順調に進まないでいたところ、日本政府が昭和三四年二月一三日、赤十字国際委員会の仲介によるその実施を決定して四月一三日からジュネーブで日本・北朝鮮両赤十字会談が開始されるや日韓会談は停止状態となった。同三五年四月一五日会談はようやく再開されたが、四月一九日に学生革命により李承晩政権が崩壊したため会談は中絶した。

昭和三五年八月、張勉内閣が成立し、同年一〇月第五次会談が開かれたが、翌年五月一六日軍事革命により張勉内閣は崩壊し会談はまたもや中絶することとなった。

昭和三六年一〇月二〇日、第六次会談が開かれ、以来請求権問題や漁業問題を中心に討議を重ねたが、同三九年六月三日日韓会談反対・朴正煕政権打倒のデモに対してソウルに戒厳令がしかれるに及んで会談はまたまた中絶するにいたった。

昭和三九年一二月三日会談（第七次会談）が再開され、そして同四〇年六月二二日にいたり、「日本国と大韓民国との間の基本関係に関する条約」「日本国と大韓民国との間の漁業に関する協定」「財産および請求権問題の解決並びに経済協力に関する日本国と大韓民国との間の協定」「日本国に居住する大韓民国国民の法的地位および待遇に関する協定」「文化財及び文化協力に関する日本国と大韓民国との協定」のほか関係文書（議定書二、合意議事録五、交換公文九、往復書簡二、討議の記録二）の署名が行われた。

昭和二六年の予備会談以来右署名までの日韓間の諸会同は実に約一、五〇〇回に及んだという。

本条約諸協定は日韓両国国会による批准承認ののち昭和四〇年一二月一八日ソウルにおいて批准書が交換され、ここに日韓間の国交が正常化し、同日付をもって相互に大使館が開設されたのである。

（3）辰巳信夫「在日朝鮮人の法的地位協定と出入国管理特別法」法曹時報第一八巻第三号三八五頁。

2　出入国管理特別法の制定

日韓法的地位協定を実施するための国内法として「日本国に居住する大韓民国国民の法的地位及び待遇に関する日本国と大韓民国との間の協定の実施に伴う出入国管理特別法」（昭和四〇年法律第一四六号。なお、一般に「出入国管理特別法」といわれている）が制定され、協定の効力が発生する日（昭和四一年一月一七日）に併せて施行された。

出入国管理特別法は次の九カ条から成っており、協定永住の許可権者は法務大臣であるが、法務大臣は協定に規定するものが期間内に申請をしたときはこれを許可するものとすること（第一条）、許可申請は市町村長に対して行うこと（第二条）、法務大臣は入国審査官又は入国警備官に許可要件の存否に関しては事実の調査をさせることができること（第三条）、協定永住の許可書が交付されること（第四条）、韓国の国籍を失ったときは協定永住許可が失効すること（第五条）、協定永住を許可されたものに対する退去強制は出入国管理特別法に定める事由に限定されること（第六条）、出入国及び在留について特別法に定めのないことのほかは一般法たる出入国管理令によること（第七条）等が規定されている。

○日本国に居住する大韓民国国民の法的地位及び待遇に関する日本国と大韓民国との間の協定の実施に伴う出入国管理特別法

（昭和四〇年一二月一七日　法律第一四六号）

（協定に基づく永住）

第一条　日本国に居住する大韓民国国民の法的地位及び待遇に関する日本国と大韓民国との間の協定（以下「協定」という。）第一条1及び2に規定する大韓民国国民は、法務大臣の許可を受けて、本邦（出入国管理令（昭和二六年政令第三一九号）に定める本邦をいう。）で永住することができる。

2　法務大臣は、前項に規定する者が協定第一条1から3までに定める期間内に前項の許可の申請をしたときは、これを許可するものとする。

（申請）

第二条　前条の許可の申請は、居住地の市町村（東京都の特別区の存する区域及び地方自治法（昭和二二年法律第六七号）第二五二条の一九第一項の指定都市にあっては区。以下同じ。）の事務所に自ら出頭し、当該市町村の長に、法務省令で定めるところにより、永住許可申請書その他の書類及び写真を提出して行なわなければならない。ただし、一四歳に満たない者については、写真を提出することを要しない。

2　一四歳に満たない者についての前条の許可の申請は、親権を行なう者又は後見人が代わってしなければならない。

3　第一項の場合において、申請をしようとする者が疾病その他身体の故障により出頭することができないときは、法務省令で定めるところにより、代理人を出頭させることができる。

4　市町村の長は、第一項の書類及び写真の提出があったときは、前条の許可を受けようとする者が申請に係る居住地に居住しているかどうか、及び提出された書類の成立が真正であるかどうかを審査したうえ、これらの書類（法務省令で定める書類を除く。）及び写真を、都道府県知事を経由して、法務大臣に送付しなければならない。

（調査）

第三条　法務大臣は、第一条の許可を受けようとする者が同条第一項に規定する者に該当するかどうかを審査するため必要があるときは、入国審査官又は入国警備官に事実の調査をさせることができる。

2　入国審査官又は入国警備官は、前項の調査のため必要があるときは、関係人に対し出頭を求め、質問をし、又は文書の提出を求めることができる。

3　入国審査官又は入国警備官は、第一項の調査について、公務所又は公私の団体に照会して必要な事項の報告を求めることができる。

（永住許可書の交付及び外国人登録原票等への記載）

第四条　法務大臣は、第一条の許可をしたときは、永住許可書を、都道府県知事及び市町村の長を経由して、交付するものとする。

2　都道府県知事又は市町村の長は、第一条の許可を受けた者については、その者に係る外国人登録法（昭和二七年法律第一二五号）に定める外国人登録原票の写票又は同法に定める外国人登録原票及び登録証明書に同条の許可があったことを記載するものとする。

（許可の失効）

第五条　第一条の許可を受けている者が大韓民国の国籍を失ったときは、その許可は、効力を失う。

（退去強制）

第六条　第一条の許可を受けている者については、出入国管理令第二四条の規定による退去強制は、その者がこの法律の施行の日以後の行為により次の各号の一に該当することとなった場合に限って、することができる。

一　刑法（明治四〇年法律第四五号）第二編第二章又は第三章に規定する罪により禁錮《こ》以上の刑に処せられた者。ただし、執行猶予の言渡しを受けた者及び同法第七七条第一項第三号の罪により刑に処せられた者を除く。

二　刑法第二編第四章に規定する罪により禁錮《こ》以上の刑に処せられた者

三　外国の元首、外交使節又はその公館に対する犯罪行為により禁錮《こ》以上の刑に処せられた者で、法務大臣においてその犯罪行為により日本国の外交上の重大な利益が害されたと認定したもの

四　営利の目的をもって、麻薬取締法（昭和二八年法律第一四号）、大麻取締法（昭和二三年法律第一二四号）、あへん法（昭和二九年法律第七一号）又は刑法第一四章に規定する罪を犯し、無期又は三年以上の懲役に処せられた者。ただし、執行猶予の言渡しを受けた者を除く。

五　麻薬取締法、大麻取締法、あへん法又は刑法第一四章に規定する罪により三回（この法律の施行の日前の行為によりこれらの罪により三回以上刑に処せられた者については、二回）以上刑に処せられた者

六　無期又は七年をこえる懲役又は禁錮《こ》に処せられた者

2　法務大臣は、前項第三号の認定をしようとするときは、あらかじめ外務大臣と協議しなければならない。

3　第一条の許可を受けている者に関しては、出入国管理令第二七条、第三一条第三項、第三九条第一項、第四三条第一項、第四五条第一項、第四七条第一項及び第二項、第六二条第一項並びに第六三条第一項中「第二四条各号」とあるのは、「日本国に居住する大韓民国国民の法的地位及び待遇に関する日本国と大韓民国との間の協定の実施に伴う出入国管理特別法第六条第一項各号」とする。

（出入国管理令の適用）

第七条　第一条の許可を受けている者の出入国及び在留については、この法律に特別の規定があるものの

ほか、出入国管理令による。

（省令への委任）

第八条　この法律の実施のための手続その他その執行について必要な事項は、法務省令で定める。

（罰則）

第九条　次の各号の一に該当する者は、一年以下の懲役又は三万円以下の罰金に処する。

一　虚偽の申請をして第一条の許可を受け又は受けさせた者

二　威力を用いて第一条の許可の申請を妨げた者

附　則

この法律は、協定の効力発生の日（昭和四一年一月一七日）から施行する。

出入国管理特別法第六条に定める退去強制事由は、協定永住の許可を受けた者に適用される退去強制事由であり、これらの者はこれら事由に該当しない限り我が国から退去を強制されることはない。これらの事由の大要は、

ⓘ　内乱又は外患に関する罪により禁錮以上の刑に処せられたこと。ただし、執行猶予の言渡しを受けた者及び附和随行の罪により刑に処せられた者は除かれる（第一号）

ⓘⓘ　国交に関する罪により禁錮以上の刑に処せられたこと（第二号）

ⓘⓘⓘ　外国の元首等に対する犯罪により禁錮以上の刑に処せられた者で、法務大臣が外務大臣と協議のうえその犯罪により我が国の外交上の重大な利益が害されたと認定したこと（第三号）

ⓘⓥ　営利の目的で、一定の麻薬類に関する罪を犯して無期又は三年以上の懲役（実刑）に処せられたこと（第四号）

ⓥ　原則として三回以上、一定の麻薬類に関する罪に処せられたこと（第五号）

ⓥⓘ　無期又は七年をこえる懲役又は禁錮に処せられたこと（第六号）

であって、それらは在留国に対する外国人としての基本的な義務に対する重大な違反（第一号ないし第三号）、我が国の国民の健康に極めて重大な悪影響を及ぼすところの麻薬類の取締りに関する法令に対する重大な違反（第四号及び第五号）並びに犯罪の種類を問わず無期又は七年をこえる懲役又は禁錮という重罪を犯したものであり、このような事由に該当しなければ協定永住の許可をうけた者は退去強制の対象となることはないから、これらの人々の我が国における在留は極めて安定したものとなっ

た。なお、これら事由のうち該当事例のあるものは第六号関係で、その数は年に数件程度である。[1][2]

協定永住許可の原則的な申請期限は協定の発効の日である昭和四一年一月一七日から五年を経過した日、すなわち同四六年一月一七日であったが、同四五年一〇月二八日に、日韓両国の法務次官の会談の終了に際して、次の法務大臣の談話が発表された。この談話において法務大臣は、協定永住を許可された者が我が国の社会秩序の下に安定した生活を営み、よりよい待遇をうけうるよう我が国政府は努力する方針であることを表明し、また協定永住をうけた者の家族についてもできる限り一般永住を許可することとしたいむねの方針を明らかにした。

○　日韓両国法務次官会談終了に際しての法務大臣談話

（昭和四五年一〇月二八日）

「日本国に居住する大韓民国国民の法的地位及び待遇に関する日本国と大韓民国との間の協定」による永住許可の申請についての期限は、明年一月一六日となっていることにかんがみ、この際、日韓両国当局は、両国及び両国民間の友好親善の関係の増進にさらに寄与するため、この協定の実施に引き続き協力すべきであり、また、この協定により永住することを許可された者が、この協定の基本精神により、この許可を受けていない者より優遇されることはもとよりである。

日本国法務省は、今後とも、現在この協定により永住を許可された者が、日本国社会秩序の下に安定した生活を営み、よりよい待遇を受けうるよう、努力する方針である。

なお、この協定により永住を許可された者の家族についても、従来から、その入国および在留につき、家族構成その他の事情を勘案したうえ、人道的見地に立って妥当な考慮を払うこととしているが、この際、この協定により永住を許可されている者の配偶者、直系卑属または直系卑属として在留を許可されたもので、この協定発行前に入国し、その許可後五年を経過したものについては、その者の申請に基づき、できるかぎり、出入国管理令による永住を許可する方針をとることとしたい。

協定永住が認められる者は、

○　法的地位協定第一条第一項に該当する者

すなわち昭和二〇年八月一五日（終戦の日）以前から引き続き居住している者又はその者の子として同日以降に

本邦で出生し引き続いて居住している者で昭和四六年一月一六日までに申請したもの

○　法的地位協定第一条第二項に該当する者

すなわち昭和四六年一月一七日以降に出生した者で出生の日から六〇日以内に申請したものである。これらの者の協定永住許可状況は次の表のとおりである(3)。

なお、昭和六一年六月までの協定永住許可者は四三万四、八六一名で、その数は朝鮮半島出身者の外国人登録人員六八万九九一名の約六四%であり、また外国人登録を行っている在留外国人の総数八五七、六二五名の約五一%となっている(4)。

協定永住許可の申請は我が国に在留する朝鮮半島出身者のうち韓国の国籍を取得しているもののみが対象となるのであって、韓国籍を取得しないものはその対象とならないが、これらその対象とならない人々の処遇について、かつて日本国籍を有していた朝鮮半島出身者として、協定永住の許可をうけうる韓国籍を有する者と同様に特殊な事情にあることに変わりはなく、このため我が国政府は昭和二七年法律第一二六号はそのままとし、平和条約の発効によって我が国の国籍を喪失することとなった朝鮮半島出身者及び台湾人並びに平和条約発効までに出生したそれらの子は出入国管理令の定める在留資格を有することなく本邦に在留することを認める従前の取扱いになんら変更は加えていない。なおこれらいわゆる法一二六—二—六該当者及びその一定の直系卑属は、昭和五六年の「出入国管理令の一部を改正する法律」(昭和五六年法律第八五号)による同令の改正でその附則第七項によって永住許可の特例措置が講ぜられ、これらの者から一定期間内(原則として五年以内。昭和六一年一二月三一日まで)に申請があれば、永住(同令第四条第一四号)が許可される

年別協定永住許可件数

	許可数	累計
昭四一・一・一七～五四・一二・三一	三九九、八〇九	三九九、八〇九
五五	六、一三八	四〇五、九四七
五六	五、五六六	四一一、五一三
五七	五、六二八	四一七、一四一
五八	五、六七九	四二二、八二〇
五九	五、五八六	四二八、四〇六
六〇	四、六六二	四三三、〇六八
六一(一～六月)	一、七九三	四三四、八六一

ことになった。

（1）　本邦に正規に在留する外国人ではあるが協定永住許可を有しない者に対して適用される退去強制事由は、出入国管理令第二四条第四号（出入国管理特別法施行当時。現在は「出入国管理及び難民認定法」第二四条第四号であり、かつ出入国管理令当時の退去強制事由のうち第四号(ハ)、(ニ)、(ホ)が削除されるなど若干の変更がある）に列記されており、それらは次の通りであって、これら一般的な退去強制事由に比較すると協定永住許可をうけた者に対する退去強制事由がいかに制限的であるか明らかである。

（退去強制）

第二四条　左の各号の一に該当する外国人については、第五章に規定する手続により、本邦からの退去を強制することができる。

一
二　省略
三

四　本邦に在留する外国人（仮上陸の許可、寄港地上陸の許可、観光のための通過上陸の許可、転船上陸の許可又は水難による上陸の許可を受けた者を除く。）で左に掲げる者の一に該当するもの

イ　旅券に記載された在留資格の変更を受けないで当該在留資格以外の在留資格に属する者の行うべき活動をもっぱら行っていると明らかに認められる者

ロ　旅券に記載された在留期間を経過して本邦に残留する者

ハ　らい予防法の適用を受けているらい患者

ニ　精神衛生法に定める精神障害者で同法に定める精神病院又は指定病院に収容されているもの

ホ　貧困者、放浪者、身体障害者等で生活上国又は地方公共団体の負担になっているもの

ヘ　外国人登録に関する法令の規定に違反して禁こ以上の刑に処せられた者。但し、執行猶予の言渡を受けた者を除く。

ト　少年法（昭和二三年法律第一六八号）に規定する少年でこの政令施行後に長期三年をこえる懲役又は禁こに処せられたもの

チ　この政令施行後に麻薬取締法、大麻取締法、あへん法又は刑法（明治四〇年法律第四五号）第一四章の規定に違反して有罪の判決を受けた者

リ　へからチまでに規定する者を除く外、この政令施行後に無期又は一年をこえる懲役若しくは禁こに処せられた者。但し、執行猶予の言渡を受けた者を除く。

ヌ　売いん又はあっ旋、勧誘、その場所の提供その他売いんに直接に関係がある業務に従事する者

ル　他の外国人が不法に本邦に入り、又は上陸することをあおり、そそのかし、又は助けた者
オ　日本国憲法又はその下に成立した政府を暴力で破壊することを企て、若しくは主張し、又はこれを企て若しくは主張する政党その他の団体を結成し、若しくはこれに加入している者
ワ　左に掲げる政党その他の団体を結成し、若しくはこれに加入し、又はこれと密接な関係を有する者
(1)　公務員であるという理由に因り、公務員に暴行を加え、又は公務員を殺傷することを勧奨する政党その他の団体
(2)　公共の施設を不法に損傷し、又は破壊することを勧奨する政党その他の団体
(3)　工場事業場における安全保持の施設の正常な維持又は運航を停廃し、又は妨げるような争議行為を勧奨する政党その他の団体
カ　オ又はワに規定する政党その他の団体の目的を達するため、印刷物、映画その他の文書図画を作成し、頒布し、又は展示した者
ヨ　イからカまでに掲げる者を除く外、法務大臣が日本国の利益又は公安を害する行為を行ったと認定する者

五
六　省略
七

（2）　出入国管理令及び出入国管理特別法に定める退去強制事由別の該当件数については、前出「出入国管理」一〇一頁。
（3）　前出「出入国管理」九五頁。
（4）　前出「出入国管理」一四〇頁、図一七参照。

八　昭和時代V（国際人権規約への加入）

在日韓国人に対するいわゆる協定永住権の付与の措置のほかに、その後の我が国における外国人の法的地位に関連する諸措置として、国際人権規約への加入、インドシナ難民対策及び難民の地位に関する条約等への加入等難民の保護並びにさきに協定永住許可に関連してふれたところであるが、出入国管理令の改正による長期在留外国人の地位の安定がある。

国際人権規約への加入

第二次大戦後成立した国際連合は、その憲章第一条に戦争の惨禍を繰返さないための「国際の平和及び安全の

維持」と並んで「人種、性、言語又は宗教による差別なくすべての者のために人権及び基本的自由を尊重する」ことをその目的としてかかげているが、さらに一九四八年一二月一〇日その第三回総会において「世界人権宣言」を採択し、尊重されるべき三〇カ条にわたる具体的人権を明らかにした。

しかしながら、右の国際連合憲章に定める「人権及び基本的自由の尊重」は、国際連合の目標とこの目的の実現に努力すべき加盟国の義務を定めたものであり、また、世界人権宣言も各国家及び社会に与えた影響は大きいとしても、その性質は「宣言」であって法的拘束力を有する条約ではなかった(1)。

その後、国際連合は、人権に関する規約の検討を重ね一九六六年（昭和四一年）にいたり、国際連合第二一回総会において二つの国際規約を採択したが、これらはいずれも人権を法的にも保障する条約である。これら国際規約は「経済的、社会的及び文化的権利に関する国際規約」（いわゆるA規約）及び「市民的及び政治的権利に関する国際規約」（いわゆるB規約）であり、またB規約には別に選定議定書がある。そして右の二規約及び選定議定書をあわせて「国際人権規約」と総称する。

なお、国際人権規約は、一九六六年一二月一六日採択されたが、その効力が発生し実施に移されたのはA規約については一九七六年一月三日、B規約及び選定議定書については、一九七六年三月二三日となっている。これはA・B両規約については、それぞれ三五か国が加入した後三カ月経過してはじめて効力が発生することと定められているからである

国際人権規約を構成する各規約等については、A規約は、人権の保障を名実ともに充実したものにするために国家が個人に対して積極的に与えるべき保護である、いわゆる社会権を中心として規定しており、またB規約は、公権力の行使からの個人の保護である自由権を主として規定している。また選定議定書には、B規約に規定する自由権の侵害があったときその被害者である個人からの通報を国際連合の人権委員会が審議を行う制度が規定されている(2)(3)。

我が国は一九七八年（昭和五三年）五月三〇日、A・B両規約に若干の留保をしたうえ署名し(4)、国会における批准承認手続を経て昭和五四年六月二一日加入書を寄託したので両規約は同年九月二一日わが国について効力を発生することとなった。

ところでA規約及びB規約に加入したことにより我が国は次のような義務を負うことになる(5)。

(一)　A規約　立法措置その他の適当な方法によりA規約で認められる権利が人権、宗教等のいかなる差別もなしに完全に実現されることを漸進的に達成するために行動をとらねばならないこととなる。すなわち、我が国は、規約に権利として列挙されたものに関し、これが保護に値するものであるとの認識を明らかにするだけでなく、かかる権利の完全な実現に向かって漸進的に措置を講じるとともに、そのためにとった措置及びこれらの権利の実現についてもたらされた進歩に関する報告を、規約の規定に従って国際連合事務総長に提出しなければならない。

(二)　B規約　すべての個人に対し、人種、宗教等のいかなる差別もなしに、規約において認められる権利が尊重され確保されることを約束する一方、立法措置等がまだとられていない場合には、これらの権利を実現するために必要な立法措置等をとるため、必要な行動をとる義務を負うことになる。また、この規約において認められる権利又は自由を侵害された者が国内において救済措置を受けることを確保しなければならない。更に、我が国は、規約において認められる権利の実現のためにとった措置及び権利の享受についてもたらされた進歩に関する報告を、規約の締約国となったときから一年以内に国際連合事務総長に提出しなければならず、また、その後においても随時人権委員会の要請に応じ報告を提出することとなる。

なお、我が国が国際人権規約に加入することの意義について、園田外務大臣（当時）は国会において「人権の尊重は日本国憲法を支える基本的理念の一つであり、両規約の趣旨は概ね国内的に確保されておりますが、規約の締結は、我が国の人権尊重の姿勢を改めて内外に宣明する観点から意義深いものと考えます。更に、両規約の締結は、人権の保護に係る国内施策の一層の拡充のための契機となることが期待されます。」とのべている。

ところで我が国は選定議定書には加入していないが、その理由としては、同議定書への加入がB規約への当事国にとっても任意的なものであり、かつ権利侵害の個人の通報を人権委員会が審査をする制度が実際的な制度として有効に機能するか否かについて疑問なしとしないからであったという。

（1）　高野雄一『国際社会における人権』岩波書店　六七～六八頁。

（2）　国際人権規約を構成するA・B両規約及び選定議定書の規定するところは詳細であるが、両規約等の構成について、宮崎繁樹氏は「国際人権規約成立の経緯」（法学セミナー一九七九年五月号臨時増刊、三～五頁）において次のとおり説明される。

「1　前　文

A・B両規約は、ほぼ共通の前文を置いており、規約締約国が人権規約の諸条項に同意するにあたって考慮した諸点をあげている。それを列記すれば、次のとおりである。

(a)　国連憲章に示されているように、人類社会のすべての構成員の固有の尊厳と平等で譲ることのできない権利を承認することが、世界における自由、正義および平和の基礎であること。

(b)　これらの諸権利が、人間固有の尊厳に由来すること。

(c)　世界人権宣言にものべられているように、恐怖と欠乏のない自由な人間の理想は、すべての人びとが、その市民的、政治的諸権利と経済的、社会的、文化的諸権利とを共に享有できるような状態を実現した場合に、はじめて達成できること。

(d)　各国家は、国連憲章により、人権と自由の普遍的尊重　遵守を助長する義務を負っていること。

(e)　各個人は、他の個人と自己の所属する社会に対して義務を負い、規約所定の諸権利の増進と擁護に努力する責任があること。

2　総　則

A・B両規約の第一部と第二部は、ともに、総則的規定にあてられている。

(a)　第一部は単独の一条で、人民の自決権に関するものである。

(b)　第二部は両規約とも四カ条からなり、規約当事国が立法を含む適切な措置により規約上の人権実現に努力すべきこと、規約上の諸権利が、人権、皮膚の色、性、言語、宗教、政治的その他の意見、国民的・社会的出身、財産、出生その他の地位というようなものによる差別なしに行使されるよう保障さるべきこと、男女の平等、法律による公共福祉のための権利制限、市民的政治的権利については非常事態時の制限、権利濫用の禁止などを定め、また規約は人権の最低限を定めたものにすぎず、締約国がそれ以上の人権を認めている場合に規約水準に引下げることは許されぬことを明らかにしている。

3　実体的権利規定

第三部はA・B規約とも実体的権利について規定している。

(a)　経済的社会的諸権利に関するA規約上の諸権利は、B規約の諸権利と異なり、生存権的基本権とか社会権的基本権とよばれ、社会国家の理念に基づき国家機関の積極的関与により確保されるものである。したがってその条文形式も、「この規約の締約国は、……すべての人が○○の権利を有することを、認める」という文言をとり、また、その国内事情などにより漸進的に達成することを予定している。

A規約には、⑥労働する権利、⑦労働条件、⑧労働組合、連合体結成、加入、ストライキ権、⑨社会保障を受ける権利、⑩家庭、婚姻、年少者保護、⑪生活水準の維持、⑫身体的・精神的健康、⑬教育を受ける権利、⑭無償初等義務教育の確立、⑮文化的生活に参加する権利、科学の恩恵に浴する権利などが定められている（○内の算用数字は条文を示す。以下同様）。

(b)　これに対して、市民的政治的諸権利に関するB規約上の諸権利は、従来一般に、自由権ないし自由権的基本権とよばれているものがほとんどであり、一八世紀以来の諸国の人権宣言や憲法に共通して掲げられてきたものである。それは、国家権力からの解放、干渉の排除により個人の自由、人権が保障されるという考え方に基づいている。したがってその条文も、「すべての者は（何人も）、○○の権利を有する。または、○○されなければならない」という形式をとり、規約の締約国に対して、当然かつ即時にこれらの諸権利を保障すべきことを求めている。

B規約には、⑥生命に対する権利、死刑の条件、一八歳未満の者に対する死刑・妊娠中の者に対する死刑執行の禁止、⑦拷問・非人道的屈辱的処遇・刑罰の禁止、⑧奴隷制度・奴隷取引・強制労働の禁止、⑨身体の自由安全、恣意的な逮捕拘禁の禁止、⑩自由を奪われた者に対する人道的処遇、未決者と既決囚、成人と未成年囚人の分離、⑪私的債務を理由とする拘禁の禁止、⑫移転・住居選択・出国の自由、自国に帰る権利、⑬外国人追放のための条件と審査請求権、⑭独立公平な裁判所による公正な公開審理を受ける権利、被告人の無罪の推定、弁護権、被告人の権利保護、二重処罰の禁止、⑮罪刑法定主義、刑事法不遡及、⑯法の前における人としての承認、⑰プライバシー、家庭・通信に対する不法な介入、名誉・信用の不法な毀損の禁止、⑱思想・良心・宗教の自由、⑲意見保持・表現・報道・情報入手の自由、⑳戦争挑発・差別待遇・国家的・人種的・宗教的敵意煽動の禁止、㉑平和的集会の権利、㉒結社の自由、㉓家庭・婚姻の保護、㉔児童の平等な保護、氏名・国籍の保障、㉕政治に関与する権利と機会の保障、㉖法の前における平等の保障、㉗種族的・宗教的・言語的少数者の保護、が規定されている（以下略）。

4　実施措置

A規約では第四部、B規約では第四部と第五部が、人権保障の実施措置にあてられている。この実施措置については、規約の審議全体を通じて、各国の意見が最も激しく対立した。そのような関係もあって、A・B両規約はそれぞれ異なった実施措置を定めている。（中略）概要を記すれば、A規約では、規約実施確保の方法として、規約締約国から国連にその実施状況を報告することに重点を置いている。これに対して、B規約では、さらに積極的に新しく審査のための人権委員会 Human Rights Committee を設置することにしている。（以下略）」

（3）　A規約の規定する社会権には、日本国憲法上定められていないものもあるが、その関係につき萩野芳夫氏は「基本的人権の研究」（法律文化社、五二頁）で次のようにのべておられる。

「A規約（社会権規約）と日本国憲法を比較すると、憲法にはない人権類型が規約にとりいれられているものがある。例えば、飢餓からの自由（一一条二項）、心身の健康を享有する権利（一二条）、文化、科学の恩恵を受ける権利（一五条）などである。権利内容が必ずしも明確ではないが、新しい人権を創造していく指導理念として評価することができる。もちろん、国際人権規約は、発展途上国が圧倒的多数を占める国連の舞台で作り出されたものであるところから、全体として、それらの国々の意向が強く反映しており、右の諸権利も、発展途上国でとくに意義をもつものと考えられる。……」

(4)　人権規約に署名するにあたって行った日本政府の留保と解釈宣言は次の通りである（前出法学セミナー、六頁）。

経済的、社会的及び文化的権利に関する国際規約に関する日本国政府の留保

1　日本国は、経済的、社会的及び文化的権利に関する国際規約第七条(d)の規定の適用に当たり、この規定にいう「公の休日についての報酬」に拘束されない権利を留保する。

2　日本国は、経済的、社会的及び文化的権利に関する国際規約第八条1(d)の規定に拘束されない権利を留保する。ただし、日本国政府による同規約の批准の時に日本国の法令により前記の規定にいう権利が与えられている部門については、この限りでない。

3　日本国は、経済的、社会的及び文化的権利に関する国際規約第十三条2(b)及び(c)の規定の適用に当たり、これらの規定にいう「特に、無償教育の漸進的な導入により」に拘束されない権利を留保する。

解釈宣言　日本国政府は、結社の自由及び団結権の保護に関する条約の批准に際し同条約第九条にいう「警察」には日本国の消防が含まれると解する旨の立場をとったことを想起し、経済的、社会的及び文化的権利に関する国際規約第八条2及び市民的及び政治的権利に関する国際規約第二十二条2にいう「警察の構成員」には日本国の消防職員が含まれるものと解釈するものであることを宣言する。

(5)　法務省入国管理局「出入国管理の回顧と展望」二一〇頁。なお、以下についても、主として同書二一一頁ないし二一九頁による。

2　国際人権規約と外国人の人権等

さきに示した外務大臣説明にも明らかなように、国際人権規約の規定をするところは概ねすでに我が国憲法により保障されており、A・B両規約ともその趣旨は殆んど国内的に確保されているところである。したがって我が国においては国際人権規約への加入は特別の新しい権利を個人に付与し、新しい義務を国家に課するといったものではないといわれる。さらに我が国の憲法の解釈として、憲法第三章に規定する「国民の権利」はその文言通りに我が国民に限られるのではなく、権利の性質に反しない限り外国人にも保障されるとするのが近時の通

説・判例である。(1)

しかしながら国際人権規約の基本的理念は、内外人の原則的平等ということにあり、この条約を我が国が批准したことによって、条約上我が国がその規定するところに反しえないこととなり、外国人の処遇に関するこの種多国間条約に我が国が加入したことははじめてのことでもあって、その意味するところは極めて大であるといえよう。このため国会における論議においても外国人の人権、特に長期在留外国人を中心とした在日外国人の人権保障という見地から議論がなされたのであるが、それら議論のうち主要なものは次の通りであった。

ⅰ　労働の権利（A規約第六条関係）について

第六条【労働の権利】1　この規約の当事国は、働く権利を認め、かつ、この権利を保障するため適当な措置を執る。この権利は、すべての者が自由に選択し又は承諾する労働によって生活費を得る機会を求める権利を含む。

2　この規約の当事国がこの権利を完全に実現するために執る措置には、個人に基本的な政治的及び経済的自由を保障する条件の下に着実な経済的社会的及び文化的発展と生産的完全雇用とを達成するための、技術及び職業の指導と訓練との計画、それらの政策並びに技術的方策を、含めなければならない。

右のとおりA規約第六条は、第一項において勤労の権利を保障するため締約国が適当な措置をとるべきこと及び勤労の権利には職業選択の自由が含まれることを規定している。ところでA規約第二条第二項が「この規約に規定する権利が人権、皮膚の色、性、言語等によるいかなる差別もなしに行使されることを保障することを約束する」むね規定しており、このことを併せ考えるとA規約の締約国は自国に在住する外国人を含むすべての者に「労働の権利」を認める義務を負うこととなる。

しかしここに注意すべきことは、国際人権規約は、外国人の入国、滞在の許否についてなんら言及しておらず、そのことに関する国際法上認められている国家の自由裁量をなんら制限するものではないことであって、労働を目的として我が国に入国しようとする外国人の入国、滞在を認めるかどうかは、国際慣習法上の原則のとおり我が国の主権に基づく自由裁量にゆだねられていることである。したがって、また、右A規約第六条の規定は、締約国が出入国管理の法制上、外国人の入国、滞在について例えば在留資格制度のような条件を付し、その条件に違反した外国人を退去強制することや外国人が選択しうる職業の範囲につき妥当な一定の制限を加えることを排除するものでもない。

ⅱ　社会保障の権利（A規約第九条）について

第九条【社会保障】　この規約の当事国は、すべての者が社会保険を含む社会保障を受ける権利を有することを認める。

右の「すべての者」に外国人が含まれることはもちろんである。ただ、合理的理由により内外人の取扱いに差異を設けることまでも排除されない(2)。

なお、社会保障の関係において問題となった事柄の第一として、国民年金等への加入資格が日本国民に限定されていたことがあげられる、国際人権規約への加入後、我が国が、昭和五六年に「難民の地位に関する条約」及び「難民の地位に関する議定書」へ加入したことに伴い、後述するとおり同年六月五日国民年金法、児童扶養手当法、特別児童扶養手当等の支給に関する法律並びに児童手当法の各法律の被保険者、受給者等の要件からいわゆる国籍要件が削除される改正が行われている。

また出入国管理令は、その第二四条四(ホ)において、貧困者等で生活上国又は地方公共団体の負担となっていることを退去強制事由とし、A規約第九条との関係において問題となる余地もあったが、昭和五六年の同令改正に伴い、同令の右条項は削除された。なお、A規約第九条の上で、どのような外国人が社会保障をうける権利があるかについては、合法的滞在者でかつ相当期間継続して居住し、我が国の社会の構成員と認めるべき生活実体を有する者に限るものと解される。

ⅲ　居住・移住の自由（B規約第一二条）について

第一二条【居住、移転及び出国の自由】　1　合法的に一国の領土内にいるすべての者は、その領土内において自由に移転し、及び自由に住居を選択する権利を有する。

2　すべての人は、自国その他いずれの国をも立去る自由を有する。

3　前記の権利には、法律によって定められ、国家の安全、公共の秩序、公衆の健康若しくは道徳、又は他人の権利及び自由を保護するため必要であり、かつ、この規約に認められた他の権利と両立する制限を除くほか、いかなる制限をも課してはならない。

4　何人も、ほしいままに自国に入る権利を奪われない。

第一項に定める居住・移動の自由はその文言にあるとおり「合法的に」領土内にいる者であって、不法入国者、不法残留者等の非合法に滞在する者は除外されることは当然であり、また、領土外からの領土内への移動（入国）もこの自由には含まれない。外国人の入国、滞在にかかる許否の決定は一国の自由裁量であることは先にのべたとおりである。我が国の外国人登録法は、外国人に対し居住地変更登録の申請義務を課し（同法第八条）、その違反に対し刑罰の制裁を加えてはいる（同法第一八条）が、居住地の変更そのものについてはなんら制限しているものではない。また、我が国の出入国管理の法制上外国人の出国にあたり入国審査官による出国の確認をうけないで出国することを禁じ（出入国管理及び難民認定法第二五条一項）、その違反に刑罰を課する（同法第七一条）こととし、あるいは、一定の刑に当たる罪につき訴追されている外国人等につき、入国審査官は二四時間を限り、出国確認の留保を行うことができるむね定められている（同法第二五条の二第一項）が、これらの制度は、いずれも出国それ自体を禁ずるものではなく、また十分に合理性を有する制限であって、B規約第一二条に違反するものではない。

ⅳ　追放についての法定手続の保障（B規約第一三条）について

第一三条【外国人の追放】　合法的にこの規約の当事国の領土内にいる外国人は、法律に従って下された決定によってのみその領土から追放することができるものとし、かつ、国家の安全のためやむを得ない理由により別段の取扱いを必要とする場合を除き、自己の追放に反対する理由を申し立て、権限のある機関により又は権限のある機関が特に指名する一人又は二人以上の者により自己の事件の審査を受け、また、この目的のために前記の機関又は人の前において他の者に代理をしてもらうことを許されなければならない。

我が国における外国人の追放、すなわち退去強制は、すべて出入国管理及び難民認定法所定の事由ならびに手続に基づいて行われているが、その規定は合法的にいる者に限られずすべての被退去強制者を対象としており、B規約第一三条に定める要件、すなわち合法的に締約国の領域内にいる外国人の追放は法律に従って下された決定により行われるべきこと及び後段の規定する追放の事由及び手続等をも満たして十分である。(3)

ⅴ　集会の権利（B規約第二一条）について

第二一条【集会の自由】　平和的な集会の権利は認められなければならない。この権利の行使には、法律に従って課される制限であって、民主的社会において国家の安全若しくは公安、公共の秩序、公衆の健康若しくは道徳の保護又は他人の権利及び自由の保護のために必要なもの以外の、いかなる制限をも課することはできない。

平和的集会の権利について定めたものであり、第一項においては平和的集会の権利の保障、第二項においては、この権利の保障は法律によるべきであり、かつ、一定の理由のために必要とされる以外の制限を付してはならないことを規定する。

さきにものべたように、本規約は、外国人の入国、滞在の許否に関する国家の自由裁量になんら制限を加えるものではないから、たとえ平和的な集会であっても、その目的が政治的であることを理由に入国を拒否しても本規約に違反するものではない。なお、すでに我が国に在留している外国人の集会の場合は、集会の性格が政治的であることのみを理由としてそれを制限すべき法制上の根拠は存在しない。

(vi)　法の下の平等（B規約第二六条）について

第二六条【法の下の平等・無差別】　すべての人は、法の下において平等であり、また、いかなる差別もなしに、法の平等の保護を受ける権利を有する。法は、すべての差別を禁止し、かつ、人種、皮膚の色、性、言語、宗教、政治にその他の意見、国民的若しくは社会的出身、財産、出生又はその他の地位によるいかなる差別にもかかわらず、平等かつ効果的な保護をすべての者に保障しなければならない。

法の下の平等について、まず問題となることは男女の性別によるいわゆる性による差別である。我が国の国籍法は血統主義をとっているが、子の国籍の定め方に父系優先主義をとっていることが右の法の下の平等に反するかどうかについては本規約をめぐる国会の審議においても特に問題となったという。ところでこの父系優先主義は、国籍の消極的及び積極的抵触の防止をその内容とし国際的にも認められているいわゆる国籍唯一の原則に立脚したもので、国籍法の定めている父系優先主義には合理的理由もあり必ずしも法の下の平等に反するものでもなく、「法の下の平等に反し憲法違反である」むね主張する訴訟に対し昭和五六年三月三〇日の東京地方裁判所判決（判例タイムズ四六三号六六頁）及びその控訴審判決である同五七年六月二三日の東京高等裁判所判決（判例時報一〇四五号七八頁）においていずれも請求棄却の判断が示されているところであるが、我が国が、昭和五五年に「女子に対するあらゆる形態の差別の撤廃に関する条約」（いわゆる婦人差別撤廃条約）に加入した結果、この際国籍法の採用している父系主義を見直したらどうかとの見地から、法務大臣は昭和五六年一〇月三〇日国籍法の改正を法制審議会に諮問し、その答申を経て、昭和五九年五月二五日法律第四五号をもって男女平等の見地から父母両系主義の現行国籍法に改められ、同六〇年一月一日から施行されている。[4]

性による差別の問題として日本人の配偶者の入国・在留の許可について男女の性別による差別が行われているとの指摘がなされることもあったが、そのような事案において男女を理由とする差別的取扱いは行われていない。

なお、内外人差別の問題について、そもそも国際人権規約は、各主権国家の並存という現在の国際社会の構造を当然の前提として制定されたものであり、したがって自国民と外国人との間の基本的な地位の相違に由来する取扱い上の差異が存在するとしても、それが両者の地位の相違に基づく合理的な範囲内のものである限り是認されるべきものである。このことに関し、我が国において外国人の居住関係及び身分関係を把握し、もって在留外国人の公正な管理に資するために、自国民に関する戸籍及び住民登録制度とは別に、法律に基づき外国人のみに適用される外国人登録の制度があり指紋の押捺及び外国人登録証明書の常時携帯も定められているが、それら制度はいずれも在留外国人の公正な管理に資するための合理的な理由に基づく必要な措置を定めたものであり本規約になんら抵触するものではない。

（1）いわゆる「マクリーン事件」の判決（昭五三・一〇・四大法廷）において最高裁判所は次のとおりのべている（法学セミナー一九七八年一二月号、九頁）。

「思うに憲法第三章の諸規定による基本的人権の保障は、権利の性質上日本国民のみをその対象としていると解されるものを除き、わが国に在留する外国人に対しても等しく及ぶものと解すべきであり、政治活動の自由についても、わが国の政治的意思決定又はその実施に影響を及ぼす活動等外国人の地位にかんがみこれを認めることが相当でないと解されるものを除き、その保障が及ぶものと解するのが相当である。（以下略）」

なお、日野正晴氏は、右判決は、外国人と憲法の基本的人権とに関する諸々の考え方のうち、文理解釈にとらわれないものであって、これまでのこの種判例の中でも、最も進んだ考え方に立つものであるとされる（「最近の判例から」法律のひろば三二巻二号、三二頁）。

（2）A規約第四条において次のとおり、いわゆる合理的制限を許容している。

第四条【公共の福祉】　この規約の当事国は、国がこの規約に従って付与するこれらの権利の享受については、これらの権利の性質と両立し、かつ、民主的社会における公共の福祉を増進することをもっぱら目的とする場合には、法律によって定められる制限に限ってかかる権利に課することができることを認める。

(3)「入管令の規定は、権利が保障される対象者の範囲において本条より広く、手続の内容においても本条より詳細であり、本条のような例外規定がないので、全般的には本条よりレベルが高いと評価できる。……」(野本俊輔・前出法学セミナー、一七〇頁)。

(4) 婦人差別撤廃条約の批准に備えることがこの改正の直接の契機であるが本質的には、昭和二五年の国籍法制定以来の情勢の変化により改正が必要とされて来たといわれる。すなわち昭和二七年の平和条約発効により多数の外国人が我が国に定住することとなったことや、我が国の発展等により内外人の婚姻が増加し、日本人の子であっても日本国籍を有しない者が増え、我が国の国際的地位の向上と相まってこれら日本人の親族が日本国籍を求めるようになったこと、また近年の男女平等意識の高まりで西欧諸国が父系主義から父母両系血統主義に改めたことなどからわが国の国籍法の再検討が必要と感じられるに至ったものである。なお現行国籍法への改正の主な点は次の通りである(法務省民事局　民事月報　国籍法戸籍法改正特集　昭和五九年による)。

(1) 出生による国籍の取得につき父母両系血統主義の採用(第二条一項)

(2) 準正により日本国民の嫡出子たる身分を取得した者につき、届出による国籍取得制度の新設(第三条)

(3) 日本国民の配偶者たる外国人の帰化条件に夫と妻で差異があったのを同一の条件としたこととともに生計条件、重国籍防止条件等帰化条件の整備(第七条、五条一項四号、五条二項、八条四号)

(4) 国籍の留保を国外で出生した重国籍者に適用する等留保条件の整備(第一二条、一七条一項)

(5) 重国籍者は、成人に達した後、所定期間内にいずれかの国籍を選択しなければならないとする国籍の選択制度の新設(第一一条二項、一四条、一五条、一六条、一七条二項)

(6) 経過措置として改正法施行前に日本国民たる母から出生した子で所定の要件を満たすものは届出により国籍を取得しうるものとした(改正法附則五条、六条)

九　昭和時代VI(難民の保護等)

1　インドシナ難民に対する我が国の対策

近年において我が国でいわゆる難民問題としてマスコミ等世間の関心を集めたものにボート・ピープルと呼ばれるベトナム難民や、ラオス・カンボジア内戦の結果同国から陸続きのタイへ逃れた人々がある。これらの人々はインドシナ難民と呼ばれるが、一九七五年(昭和五〇年)のインドシナ三国の政変以来その数は二〇〇万人をこえるものと思われている。特に小舟で洋上へ逃れて船舶に救助され、我が国に、上陸した人々は、その後我が国で出生した者を含めて昭和六一年六月までに合計八三五六名に達し、我が国の歴史上かつてないほど多数の難民の渡来となった。それら難民の多くはその後米国など第三国に向け出国しているが、同年同月末に我が国に在留中の者も、定住した者一九八〇名、一時滞在中の者九九五名をかぞえている。我が国はこれらボート・ピープルの上陸は人道的見地からこれをみとめ、さらに海外キャンプに一時滞在しているインドシナ難民で我が国に定住を希望する者についても一定の要件（昭和五五年六月一七日付閣議了解「インドシナ難民の定住対策について」参照）の下に定住を認めることとし、これら海外から受入れた定住難民も昭和六一年六月までに一八三〇人に達した。なお、我が国のインドシナ難民のいわゆる定住枠は当初五〇〇人であったがその後拡大を重ねて一万人となり（昭和五六年四月二八日付閣議了解「インドシナ難民の定住枠の拡大について」参照）、昭和六一年六月末現在、元留学生七四二人、ベトナムからの合法出国者一一七人を含めてインドシナ難民で我が国に定住をみとめられた者は四六六九人である（前出・出入国管理一二五〜一三三頁）。我が国はそのほか国際連合難民高等弁務官事務所（ＵＮＨＣＲ）へ、インドシナ難民救済のための資金のほぼ半額という多額の資金協力を行っているがこれは各国中最高の額である。(1)(2)(3)(4)

(1)　外務省情報文化局『インドシナ難民問題と日本』四八頁。なお前記二つの閣議了解も同書七八〜七九頁に登載されている。

(2)　平成元年六月ジュネーブで開催されたインドシナ難民国際会議において、インドシナ三国の政変後十数年を経過しているのにかかわらず難民の流出が絶えず、関係諸国は過重な負担を強いられていることから新たな流出を抑制するため、今後のボートピープルに対し難民性の審査（スクリーニング）を実施することを含めた「包括的行動計画」(Comprehensive Plan of Action) が採択され、わが国もこの国際的合意に基づき同年九月一二日の閣議了解により新たに到着するボートピープルに対し、スクリーニングとしての一時庇護のための上陸の審査を実施することとなった。なおスクリーニングにより難民性の認められなかった者は被退去強制者として送還される。

(3)　平成六年二月ジュネーブで開催されたインドネシア難民国際会議において、右スクリーニング制度の廃止が合意され、わが国も同年三月四日の閣議了解により、スクリーニングとしての一時庇護のための上陸の許可の審査は今後実施しないこととなり、これによりボートピープルは、一時庇護のための上陸の許可を与えられることはなく、一般の外国人と同様に不法入国者として退去強制手続がとられることとなった。なお、この手続中にボートピープルから難民であるとの申し立てがなされたときは、出入国管理及び難民認定法に定める難民認定申請手続きを受けることとなる。

（4）　わが国におけるインドシナ難民の現況としては、平成九年四月末現在、ボートピープル関係では、上陸者数一万三七六八名（ベトナム人を装い直接到着の中国人等いわゆる偽装難民二八八四名を含む）、本邦出生者数五六四名、出国者数六八一六名、定住者数三五二八名、死亡者数一六名、被退去強制該当者数三九六三名（うち被送還者三九三四名）である。また定住許可者は、前記ボートピープルからの定住者のほか海外キャンプからの者四二四八名、元留学生七四二名、合法出国者一六一五名で合計一万一三三名である。なお、いわゆる定住枠は当初五〇〇名でその後拡大を重ねて一万人となったが平成六年一二月六日定住枠そのものが廃止された。

2　難民の地位に関する条約・同議定書への加入

わが国はインドシナ難民の大量発生を契機として難民問題とのかかわりを深めたが、インドシナ難民だけが難民なのではない。難民と呼ばれる人々が世界的な注目を集めたのは第一次世界大戦の前後を通じてのヨーロッパの動乱による難民の発生が最初であった。一九一七年、ロシア革命後一五〇万人のロシア人が国外に逃れたが、その後も一九二一年、アルメニアの独立の失敗、一九二二年、ギリシャ・トルコ戦争、一九三五年、ドイツのザール統合、一九三六年、スペイン内戦等の事件が相次ぎ、さらにナチス・ドイツの占領地域の拡大等によりヨーロッパにおいて新たな難民が次々と出現した。また、第二次大戦後においても、たとえば一九四九年ドイツが東西二国に分かれたため東ドイツから数百万人が西側に流出し、また一九五六年のハンガリー動乱のため約二〇万人のハンガリー人がオーストリアやユーゴ等に流出したといわれている。さらに難民はヨーロッパのみで発生したのではない。第二次大戦後、アジア、アフリカ、中近東、中南米などにおいて諸国の独立の過程や政治体制の変革等に際して、近隣諸国に逃れる多くの人々があった。（1）

(1)　難民条約の概要

難民の地位に関する条約（一般には「難民条約」という）は、第二次大戦中及びその前段の時期とヨーロッパにおいて右のように大量に発生した難民の保護及び救済を目的として、昭和二六年七月二八日に国際連合により採択され昭和二九年四月二二日に発効したものである。（2）

難民条約はこのような目的と経緯で成立したもので、同条約に定義する難民に対して、条約上の保護を与えるものであるが、同条約にいう難民は「迫害のおそれ」という実質的な面のほか、時間的に制約があり「一九五一年一月一日以前に生じた事件の結果として」（第一条A(2)

生じたものに限定されているのであって、その後に発生した難民を対象としていないので、それら新たな難民にも実質的な面で難民条約の要件をみたすものには、条約上の保護を与えるため同条約の右時間的制約を排除する目的で作成されたのが「難民の地位に関する議定書」である。なお、同議定書は昭和四一年一二月一六日国際連合により承認され、同四二年一〇月四日に効力を生じている。

我が国においては、昭和五六年六月五日、国会が難民条約及び同議定書の締結承認案件を可決し、政府はこれをうけて同年一〇月三日に国連事務総長に難民条約の、また同五七年一月一日に同議定書の加入書を寄託し、ともに昭和五七年一月一日から我が国について効力を生じた。なお、我が国は、難民条約及び議定書への加入にあたり留保を付していない。昭和五七年一月末の難民条約締約国は八九、同議定書締約国は八八である。(3)

難民条約は、この条約の趣旨・背景等を明らかにした前文、難民等の定義・難民に与えられるべき保護の諸措置・手続規定等四六カ条よりなる本文、本文(第二八条)に定める旅行証明書に関する附属書及び付録から成っており、本文においては同条約上の難民に該当する者(第一条)に対し、締約国はその一般的義務として、人権、出身国等による差別なく難民に同条約を適用すべきこと(第三条)、また、難民に一般の外国人なみの待遇を与えるべきこと(第七条第一項)を規定したうえ、難民に与えるべき保護等を定めているが、また、難民に対しても、滞在する国の法令の遵守及び公共の秩序の維持を義務づけている(第二条)。

難民条約は、その第一条において、同条約の適用をうける難民を定義しているが、それは同条Aの(1)又は(2)に該当すること、すなわち、過去の七つの特定の取極・条約等により難民と認められている者(Aの(1))並びに、一九五一年一月一日前に生じた事件の結果として、かつ、人種、宗教、国籍若しくは特定の社会的集団の構成員であること又は政治的意見を理由に迫害を受けるおそれがあるという十分に理由のある恐怖を有するために、国籍国(無国籍者については常居所を有する国)の外にいる者であって、その国籍国の保護を受けることができないもの又はそのような恐怖を有するためにその国籍国の保護を受けることができない者……(Aの(2))と定めている。右のうち前者の(Aの(1)該当者)は過去の取極該当者であり特に問題はなく、一般的には後者(Aの(2)該当者)に該当するか否かが問題となる。ところで後者の要件のうち、「一九五一年一月一日以前に生じた事件」については、同条B(1)により、各締約国が地域的制限（欧州に限るかどうか）を付するか否か、すなわち同条項中の(a)、(b)、いずれかの選択を行うこととなっているが、我が国は条約加入にあたって(b)の地理的制限を付さない選択を行っている。また、この「一九五一年一月一日以前に生じた事件」という難民条約上の難民の要件は、さきにのべたように我が国が難民条約と同時に加入した同議定書により除外されているので、我が国にとって「一九五一年一月一日以前に生じた事件」という制限は意味のないこととなっている。

Aの(2)の要件として難民条約の規定するところは、右の時間的制限を別とすると次のとおりであって、それらの要件をすべて満たす必要がある。

① 迫害をうけるおそれがあることの理由が限定されていること。
　条約上その理由は、人権、宗教、国籍若しくは特定の社会的集団の構成員であること又は政治的意見である。

② 迫害をうけるおそれがあることについて十分に理由のある恐怖を有すること。

③ 国籍国（無国籍者については常居所を有する国）の外にいること。

④ 国籍国の保護をうけることができないか若しくは迫害の恐怖のためにこれを望まないこと。

なお、右のいわば難民であることの積極的要件に対して難民条約第一条Cはその喪失事由を定めている。すなわち難民であると認められる事由の消滅（同条項(5)、(6)）のほか、難民による次の行為――国籍国の保護を再び受けること（1）、国籍の回復（2）、新たな国籍の取得（3）、定住していた国への再定住(4)――により難民としての要件を喪うこととなる。また、たとえ難民としての積極的要件を備えていても、同条約第一条D、E、Fに定める事由に該当するときは条約上の難民としての保護を受けられない。これら欠格事由としては平和、人道に対する犯罪、戦争犯罪、避難国での重大犯罪等、また、国連の目的、原則に反する行為などFに規定する犯罪ないし行為を行った者のほか、パレスチナ難民（D該当）、西独基本法に規定するいわゆる民族ドイツ人（E該当）であるといわれる。[4]

条約に規定する難民に与えられる保護は、広範なものであるが、これを分類すると、その国の社会の一員として付与される権利及び難民であるが故に付与される権利となるが、それらには次のようなものがある。[5]

まず、社会の一員としての難民の人権を保障するため、難民条約は精神的、経済的、教育的、社会的権利を定めており、それらは次のとおりであるが、その保障の程度は、自国民に与える待遇と同一の待遇（内国民待遇）一般に外国人に与えると同一の待遇、外国人に与える待遇のうち最も有利な待遇（最恵国待遇）と、各権利等により差異がある。

ⓐ　宗教的自由につき自国民と同一の待遇（第四条）
ⓑ　雇用労働に従事する権利（第一七条）
ⓒ　自営業に従事する権利（第一八条）
ⓓ　公的扶助をうける権利（第二三条）
ⓔ　公租公課の自国民と同一の扱い（第二九条）
ⓕ　財産の取得等についての外国人一般と同一の待遇（第一三条）
ⓖ　著作権及び工業所有権について国民と同一の待遇（第一四条）
ⓗ　配給について国民と同一の待遇（第二〇条）
ⓘ　住居について外国人一般と同一の待遇（第二一条）
ⓙ　初等教育について国民と同一の、中高等教育について外国人一般と同一の待遇（第二二条）
ⓚ　裁判について国民と同一の待遇（第一六条）
ⓛ　国内移動につき外国人一般と同一の待遇（第二六条）
ⓜ　結社の権利につき最恵国待遇（第一五条）

次に、難民であるが故に付与される権利については次のものがある。

㋑　属人法の決定（第一二条）
㋺　行政上の援助（第二五条）
㋩　海外への旅行証明書の発給（第二八条）
㋥　身分証明書の発給（第二七条）
㋭　不法入国に対する刑罰の免除（第三一条）
㋬　追放の禁止（第三二条）
㋣　送還先の制限（第三三条）
㋠　帰化の容易化（第三四条）

そしてこれら難民条約の保護措置は、とりまとめてのべれば、その中心となるものは同条約三三条の送還先の制限（本人の意思に反して人種、宗教、政治的意見等の故に迫害を受けるおそれがある国へ送還されないというノン・ルフールマンの原則）であり、そして、合法的に滞在している難民は、国家の安全又は公の秩序を理由とする場合を除いて追放されず（第三二条）、配給（第二〇条）、初等教育（第二二条）、公共の扶助（第二三条）、労働及び社会保険に関する事項（第二四条）については内国民待遇が保障され、また、職業（第一七条ないし第一九条）や住居（第二一条）に関し最恵国待遇又は他の一般外国人と同等の待遇を保障され、海外旅行のための旅券にかかわる旅行証明書の発給をうけることができ（第二八条）、さらに、迫害国から直接に不法入国した難民が遅滞なく出頭してその理由を示すときは刑事罰を課せられない（第三一条）というものである。[6]

(2) 難民条約と国内法の整備

難民条約・同議定書に我が国が加入したことに伴い、同条約を実施するための国内法の整備が行われた。すなわち、昭和五六年六月五日「難民の地位に関する条約等への加入に伴う出入国管理令その他関連法律の整備に関する法律」が国会において成立し同五七年一月一日から施行された。

この法律は、出入国管理令の改正及び社会保障関係諸法の改正をその内容とするものであってその概要は次項以下に述べるとおりである。

(1)　外務省国際連合局企画調整課編「難民関連事件クロノロジー」法律のひろば第三四巻第九号九頁。

(2)　難民条約の成立の背景及び経緯について　斉賀富美子「難民保護の充実」時の法令昭和五七年三月二三日号によれば次のとおりである。

「第二次世界大戦中及びその前後の政治的、社会的変動のため、主としてヨーロッパにおいてかつてない規模の大量の難民が生じた。このような難民の保護及び救済を目的とする国際的な取極めとして、それまでにも若干のものが作成されていたが、これらの取極めは、いずれもその対象とする難民の範囲、難民に対して与えるべき保護の範囲等が限定されていたばかりでなく、締約国の数も少なかったため、第二次大戦によって生じた難民の保護の観点からはいずれも不十分なものといわざるを得ない状況にあった。このような状況を背景に、対象とする難民の範囲を拡大するとともにその保護の内容の充実を図り、あわせて難民問題の解決をより広範な国際協力によって促進することを目的として、難民条約が作成されることとなった。

国連における難民条約作成の作業は、経済社会理事会が昭和二一年に設置した人権委員会（Commission on Human Rights）によって難民の地位の問題が提起されたことに始まる。これを受けて、昭和二三年、経済社会理事会は、国連事務総長に対し無国籍者の保護に関する調査を行うことを要請した。経済社会理事会は、昭和二四年、事務総長からの報告を受けて、難民及び無国籍者の地位に関する国際条約の作成を検討するためのアド・ホック委員会の設置を決議した（二四八(IX)(B)）。この決議により設置されたアド・ホック委員会は、昭和二五年、「難民の地位に関する条約」及び「無国籍者の地位に関する議定書」の草案を作成した。同年開催された第五回国連総会は、この草案を受けて、この草案の検討及び採択のための全権委員会議（Conference of Plenipotentiaries）をジュネーヴにおいて開催することを決議した（四二九(V)）。この全権委員会議は、昭和二六年七月に二六か国の代表の参加を得て開催され、その結果、難民条約が賛成二四、反対ゼロ、棄権ゼロで採択された（二カ国は欠席）。全権委員会議は、同時に、難民の家族の一体性の維持を確保すること、政府が、引き続きその領域内に難民を受け入れること、難民条約がその定める範囲を超えて適用される模範としての価値を有するものとなること、すべての国が難民としてその領域内にいる者であって難民条約の適用の対象とならないものに対して難民条約を指針として難民条約の定める待遇をできる限り与えること等の五項目から成る勧告を採択した。難民条約は、昭和二六年七月二八日に署名のために開放され、昭和二九年四月二二日に効力を生じた（なお、アド・ホック委員会の作成した無国籍者の地位に関する議定書案については、全権委員会議では、更に詳細な検討を行う必要があるとされた結果、昭和二九年九月に至って「無国籍者の地位に関する条約」として採択されている）」。

（3）　平成八年一〇月一八日現在の難民条約及び同議定書の締約国は共に一二八である。

（4）　田中利彦「難民の概念について」前出法律のひろば　一七頁。

（5）　山神進『難民条約と出入国管理行政』二三～二八頁による。

（6）　前出・山神二三頁

3　出入国管理及び難民認定法への改正

難民条約に定める諸々の保護措置等を与える前提として、当該外国人が難民であるか否かを認定する必要があるが、同条約はその認定方式についてはなんら定めていない。諸外国の立法例をみると、難民認定をいずれかの機関が一括的に行ういわゆる統一認定方式と、個々の行政機関が個別に行う方式がある。我が国としては、統一認定方式を採用し、そして難民も外国人であることから、出入国管理行政を担当している法務省入国管理局が最も妥当であるとの判断に達した結果、出入国管理令を改正し、名称も「出入国管理及び難民認定法」と改めたうえ、その認定手続を同法に組み入れた。これに伴い、同法の目的（第一条）にも従前の「すべての人の出入国の公正な管理」に加え「難民の認定手続を整備すること」が加えられた。なお、出入国管理及び難民認定法により新たに定められた定義や難民関係の主要な制度等は次の通りである。[(1)]

ⓘ　難民の定義（第二条）

難民の定義を「難民の地位に関する条約（以下「難民条約」という）第一条の規定又は難民の地位に関する議定書第一条の規定により難民条約の適用を受ける難民をいう」と定め、難民条約・同議定書にいう難民の定義がそのまま同法においても適用されることを明らかにした。

(ⅱ)　一時庇護のための上陸の許可の制度（第一八条の二）

（一時庇護のための上陸の許可）

第十八条の二　入国審査官は、船舶等に乗っている外国人から申請があった場合において、次の各号に該当すると思料するときは、一時庇護のための上陸を許可することができる。

一　その者が難民条約第一条A(2)に規定する理由その他これに準ずる理由により、その生命、身体又は身体の自由を害されるおそれのあった領域から逃れて、本邦に入った者であること。

二　その者を一時的に上陸させることが相当であること。

2　前項の許可を与える場合には、入国審査官は、当該外国人に一時庇護許可書を交付しなければならない。

3　第一項の許可を与える場合には、入国審査官は、法務省令で定めるところにより、当該外国人に対し、上陸期間、住居及び行動範囲の制限その他必要と認める条件を付し、かつ、必要があると認めるときは、指紋を押なつさせることができる。

「一時庇護のための上陸の許可」は、船舶等に乗っている外国人で難民に該当する可能性がある者について、とりあえずの緊急措置として簡易な手続で迅速に一時的に上陸の許可を行い、本国からの官憲からの追及をたち切り領土的庇護を与えるものであるが、世界にも例をみない制度である。(2)

ここに注意すべきは、この上陸の許可を与えても前記条文からも明らかなようにそれをもって難民条約上あるいは出入国管理及び難民認定法上の難民と認めたことにならないのであって、あくまでも一時的な特例上陸であることである。なお、この上陸の許可をうけたことと後述の法務大臣に対する難民の認定の申請は直接的な関連はないのであって、この上陸の許可をうけた者でも難民の認定の申請を行うかどうかはその者の自由な意思に基づくものである。

(ⅲ)　法務大臣による難民認定の制度（第六一条の二）

（難民の認定）

第六十一条の二　法務大臣は、本邦にある外国人から法務省令で定める手続により申請があったときは、その提出した思料に基づき、その者が難民である旨の認定（以下「難民の認定」という）を行うことができる。

2　前項の申請は、その者が本邦に上陸した日（本邦にある間に難民となる事由が生じた者にあっては、その事実を知った日）から六十日以内に行わなければならない。ただし、やむを得ない事情があるときは、この限りでない。

3　法務大臣は、第一項の認定をしたときは、法務省令で定める手続により、当該外国人に対し、難民認定証明書を交付し、その認定をしないときは、当該外国人に対し、理由を付した書面をもって、その旨を通知する。

我が国では難民条約上の難民であるか否かについてはいわゆる統一認定方式を採用しており、その認定機関として法務大臣がこれにあたり、本人からの申請をまって難民であるか否かを有権的に確定する。

難民の認定とは申請人が難民条約上の難民に該当するか否かを事実に基づいてこれを行うものであり、その性質は自由裁量行為ではない。この点において法務大臣の広い自由裁量が認められる出入国管理行政といわば異質な行政である。

難民の認定の申請が出来る者は「本邦にある」外国人である。本邦にあれば在留の形態は非合法でもよい。これは難民条約が締約国に難民の受入れを義務づけておらず、締約国内にある難民のみを対象としていることに基づくものである。難民か否かの認定に関しては申請人に挙証責任がある。「その者の提出した資料に基づき」とあるのがそれである。法務大臣は必要があるときは難民調査官に指示して調査させることができる（第六一条の二の三）が、その趣旨は申請人の資料のみによることなく適正な認定行政を行うためである。認定の申請には、入国後六〇日という制限がある。我が国の地理的事情から入国後六〇日あれば申請を行うことは一般に十分に可能であるが、やむを得ない事情があるときはこの限りでない旨法に定められている。難民と認定をされたときは難民認定証明書が交付される。

難民の認定をしない処分に不服がある者は法務大臣に対し七日以内に意義の申出をすることができる（第六一条の二の四）。

難民認定の制度は昭和五七年一月一日より行われているものであるが、平成三年までの一〇年間に法務大臣が難民と認定した者は一九七名、難民と認定しないとした者は五二八名である（法務省入国管理局「出入国管理」平成四年一四〇頁）。

難民と認定された者に対する出入国管理及び難民認定法上の効果としては、永住許可の要件緩和の特則（第六一条の二の五）、旅券にかわる難民旅行証明書の発給（第六一条の二の六)、法務大臣の在留の異議申出に対する裁決の特則(第六一条の二の八)がある。なお、難民と認定された者に対しても、出入国管理及び難民認定法第二四条の退去強制事由に該当すれば退去強制手続がとられるのであって、その結果退去強制令書が発付されたときはもはや我が国における在留が否定されたのであるから難民認定証明書は返納することとなる(第六一条の二の七)。退去強制令書が発布される場合その送還先としては、法務大臣が日本国の利益又は公安を著しく害すると認める場合を除き、難民条約第三三条第一項に規定する領域の属する国は含まれない(出入国管理及び難民認定法第五三条第三項)(3)(4)。このことは、同条約の右条項が規定しているいわゆるノン・ルフールマンの原則を国内法化して迫害国向けの送還は、特に法務大臣が出入国管理及び難民認定法第五三条第三項により例外と認める場合を除いてこれを行うことを禁じたものであるが、また、このことは難民の認定をうけている者に限らず、すべての外国人の場合に適用されることとなっている。

ⅳ　難民に対する不法入国等の刑の免除の制度

出入国管理及び難民認定法第七〇条の二は難民の不法入国等の罪についての刑の免除を規定する。

第七十条の二　前条第一号、第二号、第三号、第五号又は第七号の罪を犯した者については、次の各号に該当することの証明があったときは、その刑を免除する。ただし、当該罪に係る行為をした後遅滞なく入国審査官の面前において、次の各号に該当することの申出をした場合に限る。

一　難民であること。

二　その者の生命、身体又は身体の自由が難民条約第一条A(2)に規定する理由によって害されるおそれのあった領域から、直接本邦に入ったものであること。

三　前号のおそれがあることにより当該罪に係る行為をしたものであること。

この規定は難民条約がその第三一条第一項において「締約国は、その生命又は自由が第一条の意味において脅威にさらされた領域から直接来た難民であって許可なく当該締約国の領域に入国し又は許可なく当該締約国の領域内にいるものに対し、不法に入国し又は不法にいることを理由として刑罰を科してはならない。ただし、当該難民が遅滞なく当局に出頭し、かつ、不法に入国し又は不法にいることの理由を示すことを条件とする」と定めていることを国内法化したものである。難民条約の前記条文趣旨とするところは難民に対する人道的処遇を確保する観点から当該難民につきその者が罪を犯した者であることを前提とはするもののこれに刑罰を科してはならないことにある。本条はこの難民条約の趣旨を担保するものである。

本条に定める刑の免除の要件は、難民であって、かつ生命、自由が脅威にさらされていた領域から直接来たものであること及び不法入国又は不法残留をしたことに相当の理由があるという実体的要件と、不法入国又は不法残留することとなった後遅滞なく当局に出頭して不法入国又は不法残留した相当の理由を示すことという手続的要件に分類され、これらの要件はそれぞれ緊急避難的要素及び自首的要素である。(5)

(1)　前項の冒頭にのべたインドシナ難民に対する我が国の対策は、難民条約への加入の前から行われており、出入国管理及び難民認定法による法務大臣の認定する難民とは本来別個のものである。インドシナ難民のうちでも難民条約に定義する（したがって出入国管理及び難民認定法上の）難民に該当するものと該当しないものがありえよう。

(2)　山本達雄・前出法律のひろば二一頁

(3)　難民条約第三三条は次のとおりである。

第三三条　（追放または強制送還の禁止）　1　いかなる締約国も、人種、宗教、国籍、特定社会団体構成員あるいは政治的意見によって難民の生命もしくは自由が脅かされる領域の国境へ、いかなる手段であろうと難民を追放または強制送還してはならない。

2　ただし、在留する国家の安全に対して危険であると思料される相当な理由のある難民、もしくは、ある重大な犯罪について最終判決によって有罪を宣告されており、在留する国家社会に対して危険である難民については、本規定の恩恵を要求することができない。

(4)　出入国管理及び難民認定法第五三条は次のとおり規定されている。

（送還先）

第五十三条　退去強制を受ける者は、その者の国籍又は市民権の属する国に送還されるものとする。

2　前項の国に送還することができないときは、本人の希望により、左に掲げる国のいずれかに送還されるものとする。

一　本邦に入国する直前に居住していた国

二　本邦に入国する前に居住していたことのある国

三　本邦に向けて船舶等に乗った港の属する国

四　出生地の属する国

五　出生時にその出生地の属していた国

六　その他の国

3　法務大臣が日本国の利益又は公安を著しく害すると認める場合を除き、前二項の国には難民条約第三十三条第一項に規定する領域の属する国を含まないものとする。

(5)　渡辺惇「不法入国等の罪についての免除」前出法律のひろば　三五頁。

4　社会保障関係法律の改正

難民条約第四章には福祉として、配給（第二〇条）、住居（第二一条）、学校教育（第二二条）、公的扶助（第二三条）、労働立法及び社会保障（第二四条）に関する難民の保護を定めている。これらのうち、いわゆる社会保障に関する保護は第二三条及び第二四条に次のように定められている。

第二三条（公共の救済）締結国はその領域内に合法的に居住する難民に対して、公共の救済および扶助について自国民に与えるのと同一の待遇を与えなければならない。

第二四条（労働立法および社会保障）1　締約国は、その領域内に合法的に居留する難民に対して、次の各事項について、自国民に与えるのと同一の待遇を与えなければならない。

(a)（略）

(b) 社会保障（業務上の傷害、職業病、妊娠出産、疾病、廃疾、老齢、失業、家族手当、および社会保障計画に含まれるその他の不慮の事故に関する法規定）。ただし、次の取決めがある場合を除く。

(i)（略）

(ii) 公の基金によって全額支払われるべき給付または給付の一部に関して、また、通常年金の受給のための負担条件を充たさない者に支払われる手当に関して、居所地国の法令により定められる特別取決め。（以下、略）

これら条約上にいうところのものとわが国の制度とを対比させると、公的扶助（第二三条）とは生活保護制度が、また社会保障として具体的に列記されている給付事由（第二四条一項(b)）については次のとおりの給付・制度がある[(1)]。

給付事由	該当する給付・制度
①業務災害	労働者災害補償保険における各種給付
②職業病	同　上
③母性	医療保険における分娩費及び出産手当金、母子保健サービス等
④疾病	医療保険療養の給付、公費負担医療等
⑤廃疾	障害年金、特別児童扶養手当、障害福祉サービス等
⑥老齢	老齢年金、老人福祉サービス等
⑦死亡	遺族年金等
⑧失業	
⑨家族的責任	児童手当、母子福祉サービス等
⑩その他	児童扶養手当

難民条約の定めるこれら社会保障関係の条項の保護の程度は、自国民に与えるのと同一の待遇すなわち内国民

待遇である。この内国民待遇は、各種社会保障制度による給付の実質的内容については自国民と難民の間に差があってはならず、難民の生活は自国民と同様社会保障によって支えられることが担保されなければならないが、他方、難民はあくまで自国民ではなく、自国民と同一の待遇といっても、給付の手続きや、法令の立法形式などを含めた全ての面にわたって自国民と全く同一であることまで要求するものではなく、また条約にいう自国民と同一の待遇とは、条約発効の時点で難民が社会保障に関して当該同様の要件を備えた日本国民であったとして受けるべき待遇をいう、との解釈の下に政府は難民条約に加入に伴う必要な措置をとることとした。その措置とは、国民年金法ほか三法の次の改正等である。

① 国民年金法

被保険者の資格に関する要件並びに福祉年金の支給及び失権の要件から国籍要件を撤廃した。

② 児童扶養手当法、特別児童扶養手当等の支給に関する法律及び児童手当法

受給資格者の要件から国籍要件を撤廃した。

これら改正は、被保険者の資格あるいは受給者の資格を規定するそれぞれの条項から「日本国民」という用語を削るもので、このことは形式的には単純であっても難民条約にいう難民に限らず広く一般外国人にこれら年金等への加入の道がひらかれたものであって、社会保障史に銘記されるべき事項の一つに数えられるものである。

（1） 内藤洌「難民条約と社会保障」前出法律のひろば　二九頁。なお、以下は同二七〜三三頁による。

5　長期在留外国人の在留の安定――特例永住の許可

昭和五六年に出入国管理令が出入国管理及び難民認定法と改められその名称の改正及び難民認定関係の新設のみならず従前の出入国管理に関する諸制度も一部改正され同五七年一月一日より同法が施行されたが、この改正は「出入国管理令の一部を改正する法律」（法律第八五号）及び「難民の地位に関する条約等への加入に伴う出入国管理令その他関係法律の整備に関する法律」（法律第八六号）の両法案が成立したことによる。これら二つの法律はともに昭和五六年六月五日に成立し、同月一二日に公布されたものであって、出入国管理令の名称の変更を含む難民条約加入に伴う必要な諸措置は、右の二つの法律のうちの後者すなわち前記法律第八六号により出入国管理及び難民認定法に導入されたが、前者すなわち「出入国管理令の一部を改正する法律」によるその他の改正の主要点は次のとおりであった。(1)

(i) 在留資格制度の整備（第四条）

観光客としての資格（四—一—四）を「短期滞在者」としての資格としたこと、技術研修生の在留資格（四—一—六—二）の新設、通過資格（四—一—三）の削除など。

(ii) 特例上陸許可制度の整備（第一四条ないし第一六条、第一八条）

特例上陸許可制度を航空機時代に適合せしめるように大幅に改正した。

(iii) 在留資格変更制度の整備（第二〇条）

いかなる在留資格からも他の在留資格に法律上変更できるようにした。

(iv) 退去強制事由の整備（第二四条）

国際人権規約及び難民条約に加入したため、らい患者(ハ)、精神病者(ニ)及び公共負担者(ホ)をその事由より削除し、覚せい剤取締法違反を退去強制事由(チ)に加えた。なお、覚せい剤取締法違反者は上陸拒否者（第五条）にも加えられた。

(v) 再入国許可制度の整備（第二六条）

数次再入国及び再入国期限の延長の制度を導入した。

(vi) 保証金額の上限の引上げ（第一三条、第五四条）

仮上陸及び仮放免の保証金の上限を三〇〇万円とした。

(vii) 罰則の法定刑の引上げ（第七〇条以下）

右は「出入国管理令の一部を改正する法律」による出入国管理制度の一般的な改正であるが、このほかに次のとおり長期在留外国人の法的地位を在留の実態に見合った安定するものにするための改正が行われている。それらの具体的措置としては次の二つがある。

(i) 法律第一二六号二条六項該当者及びその子孫について、一定の期間内における本人からの申請に基づき羈束的に永住を許可すること（附則第七項、第一〇項関係）

(ii) 日本人又は永住の許可をうけている者の配偶者又は子についての永住許可の要件を緩和したこと（第二二条第二項ただし書）

右のうち、いわゆる法一二六—二—六該当者及びその子孫に対する永住の許可について附則は次のとおり定めている。

附　則

（永住許可の特例）

7 法務大臣は、次の各号の一に該当する外国人が、法務省令で定める手続により、出入国管理令の一部を改正する法律（昭和五十六年法律第八十五号）の施行の日から五年を経過する日（以下「申請期間最終日」という。）までに第四条第一項第十四号（注、いわゆる一般永住である）に該当する者としての在留資格の取得の申請をしたときは、これを許可するものとする。

一　ポツダム宣言の受諾に伴い発する命令に関する件に基く外務省関係諸命令の措置に関する法律（昭和二十七年法律第百二十六号）第二条第六項に規定する者（以下「法律第百二十六号第二条第六項該当者」という。）で、日本国との平和条約の発効後申請の時まで引き続き本邦に在留しているもの

二　法律第百二十六号第二条第六項該当者の直系卑属として日本国との平和条約の発効の時から申請期間最終日までに本邦で出生し、その後申請の時まで引き続き本邦に在留している者

8　前項第二号に該当する者で申請期間最終日以前三十日以内に出生したものの同項の在留資格の取得の申請期限は、同項の規定にかかわらず、その出生の日から三十日までとする。

9　法務大臣は、法律第百二十六号第二条第六項該当者の子として申請期間最終日後に本邦で出生した外国人が、法務省令で定める手続により、その出生の日から三十日以内に第四条第一項第十四号に該当する者としての在留資格の取得の申請をしたときは、これを許可するものとする。

我が国に在留する外国人の永住の要件は、出入国管理及び難民認定法第二二条第二項により、素行が善良であり、独立の生計を営むに足りる資産又は技能を有し、かつ、法務大臣がその者の永住が我が国の利益に合すると認めることであるところ、右の附則に定めるところによれば、その対象者は一定期間内の申請があれば我が国における在留の継続を唯一の要件として覊束的に永住を許可するものでありきわめて大きな特例措置であるといえる。

このような特例措置の理由としては、日韓法的地位協定に基づく協定永住許可の対象とはならないが、かつて日本人として我が国に居住し平和条約の発効により日本の国籍を失うことになった朝鮮半島出身者及び台湾人並びにその一定の子孫に対して出入国管理及び難民認定法第四条第一項第一四号のいわゆる一般永住の資格を与え、在留のより一層の安定を計るところにある。

なお、この特例措置による永住許可の状況は、前掲の

年別・国籍別特例永住許可件数

	総数〔指数〕	韓国・朝鮮	中国(台湾)	その他	累計
昭57	182,398〔100〕	178,050	4,168	180	182,398
58	36,943〔20〕	36,141	755	47	219,341
59	20,843〔11〕	20,389	421	33	240,184
60	15,094〔8〕	14,796	278	20	255,278
61（1～6月）	4,791	4,710	74	7	260,069

㈟　前出・出入国管理91頁。

表の通りであって昭和六一年六月までに二六万人をこえている。特例永住許可は、法一二六－二－六該当者及びその子孫を対象とするもので、本来は韓国・朝鮮人及び中国(台湾)人のみであるが、婚姻などにより他の外国籍になっている場合にも対象とされることから「その他」も若干入っている。

次に日本人又は永住の許可をうけている者の配偶者又は子についての永住要件の緩和について、出入国管理及び難民認定法第二二条は次のとおり定めている。

第二十二条　在留資格を変更しようとする外国人で第四条第一項第十四号に該当する者としての在留資格への変更を希望するものは、法務省令で定める手続により、法務大臣に対し永住許可を申請しなければならない。

2　前項の申請があった場合には、法務大臣は、その者が次の各号に適合し、かつ、その者の永住が日本国の利益に合すると認めたときに限り、これを許可することができる。ただし、その者が日本人、永住許可を受けている者(日本国に居住する大韓民国国民の法的地位及び待遇に関する日本国と大韓民国との間の協定の実施に伴う出入国管理特別法(昭和四十年法律第百四十六号)に基づく永住の許可を受けている者を含む。）又はポツダム宣言の受諾に伴い発する命令に関する件に基く外務省関係諸命令の措置に関する法律（昭和二十七年法律第百二十六号）第二条第六項の規定により本邦に在留する者の配偶者又は子である場合においては、次の各号に適合することを要しない。

一　素行が善良であること。

二　独立の生計を営むに足りる資産又は技能を有すること。

右によれば日本人、一般永住許可者、協定永住許可者及び法一二六―二―六該当者の配偶者と子については、永住許可の要件のうち素行善良及び独立生計維持能力の二つが欠けていてもその者の永住が我が国の利益に合すると認められたときはいわゆる一般永住を許可できることとしたのであり、その趣旨とするところは、さきにのべた附則における法一二六―二―六該当者及びその一定の子孫に対する羈束的な永住許可の特例措置との均衡を考慮し、かつ、日本人や我が国に生活の本拠があり、永住する者については家族単位で在留の安定を計ろうとする新しい考え方に基づくものである。

（1）　以下、山本達雄「出入国管理令の一部を改正する法律」（法律のひろば八一年八月号二四頁ないし三二頁）を参照

した。

一〇　平成時代（入管法及び外登法の改正等）

これまで我が国における外国人の法的地位の沿革を概観して来たところであるが、近年の我が国の国際的地位の向上に伴う国際化の進展等による国際交流の一層の活発化や人権思想の広がりなど出入国管理行政をとりまく内外の諸情勢の推移を踏まえて、最近の状況に更に適切に対処するため、平成年代に入り出入国管理及び難民認定法の改正や出入国管理特例法の制定、外国人登録法の改正等が行われている。

これら改正等の社会的背景や改正の概要などは次のとおりである。[1]

（1）　法務省入国管理局「出入国管理」平成四年一～二五頁等による。

1　出入国管理及び難民認定法の改正（その一）―「出入国管理及び難民認定法の一部を改正する法律」（平成元年法律第七九号）による改正

(1) 改正の背景

ⓘ　外国人の在留活動多様化と外国人雇用拡大の要請　国際社会における我が国の役割が増大し、国際交流が活発化し、我が国経済、社会等各般の国際化が進展するのに伴って、我が国に入国し、在留する外国人の数は、例えば昭和六三年の新規入国外国人数は約一九六万人で、昭和五三年の約二・三倍となるなど著しく増加した。

また、入国する外国人の中で我が国で就職する者が増大し、その職種も、語学教育、翻訳、通訳など語学に関連する分野を始めとして、技術開発、国際金融、海外業務など多岐にわたるようになった。その背景には、我が国において、専門的な技術・技能や知識、あるいは外国人特有の感性や発想などを生かして働く外国人の活躍への期待の高まりもあった。

ⓘⓘ　不法就労外国人問題への対応

他方、我が国と近隣アジア諸国との間の著しい経済格差の存在、円高による出稼ぎのメリットの拡大などを背景として、観光客等を偽装して我が国に入国し、土木建設作業員、工員、ホステス等として不法に就労する外国人の増加が顕著となり、昭和六三年には、不法就労を理由として摘発された件数は、約一万五千件と昭和五八年の六倍余りに上った。

また、空港・海港での上陸審査の段階で来日の目的が不法な就労目的にあることが判明するなど申請内容に虚偽があるとして「水際」において上陸を許否される外国人も急増した。

こうした不法就労外国人の増加は、経済、国民生活、治安その他社会の各分野に及ぼす影響が大きく、的確な対応が求められるに至った。

(2) 改正の概要

平成元年には、このような情勢の変化を踏まえ、在留資格制度を整備し、審査基準の透明性を改善し、入国審査手続の簡易・迅速化を図るとともに、不法就労問題に対処するための関連規定の整備を図ることを目的として、入管法の改正が行われた。改正法案は、平成元年三月国会に提出された後、同年一二月八日成立、同月一五日公布（平成元年法律第七九号）、翌二年六月一日から施行された。

ⓘ　在留資格制度の整備

ア　在留資格の整備・拡充　外国人が我が国に入国・在留するための基本的な枠組みは、入管法に基づく在留資格制度である。在留資格とは、外国人が本邦に在留中に行うことのできる活動又はその身分・地位を有する者としての活動を行うことができる資格を類型化したものである。すなわち、外国人の入国・在留が認められる場合は、入管法に定めるいずれかの在留資格が付与され、その在留資格ごとに定められた活動のみを行うことができることになっている。

外国人の在留活動は、時代の変化に応じて多様化していたが、法改正前の一八種類の在留資格は昭和二六年に設定されて以来若干の手直しが加えられただけで、状況の変化に十分に対応しきれない面も生じてきていた。そのため、在留資格として定められていない活動を行おうとする外国人(例えば、語学教師や海外取引業務に従事するビジネスマン)に対して、その都度個別に法務大臣が特に在留を認める例が増加していた。

改正法においては、我が国において入国・在留を認められた外国人の活動の内容を一層明確化するために、在留資格の種類や範囲の全般的な見直しを行い、「法律・会計業務」、「医療」、「研究」、「教育」、「人文知識・国際業務」、「企業内転勤」、「文化活動」、「就学」、「永住者の配偶者等」及び「定住者」の一〇種類の在留資格を新たに設けたほか、従前の在留資格についても、その活動の範囲を拡大するなどの整備が行なわれた。

また、今回の法改正で新設したものを含め、合わせて二八種類(1)となる在留資格の規定の仕方についても、在留資格を別表形式で定めた上で、その内容が理解し易くなるよう工夫が加えられている。すなわち、別表第一には、本邦において一定の活動を行うため在留を認められる者に係る在留資格を、また、別表第二には、一定の身分又は地位を有する者として入国・在留を認められる者に係る在留資格が掲げられ、さらに別表第一に掲げられた在留資格を就労が認められるものとそうでないもの、そのそれぞれについて後述の上陸審査基準の適用を受けるものと受けないものとに区別し、加えて、これらとは別に法務大臣が特に指定する活動に係る在留資格が区分して規定されている。

在留資格を定める別表の概要は、次のとおりである。

別表第一　(活動資格)
1の表 (就労活動)
外交、公用、教授、芸術、宗教、報道
2の表 (就労活動) (上陸審査基準の適用有り)
投資・経営、法律・会計業務、医療、研究、教育、技術、人文知識・国際業務、企業内転勤、興行、技能
3の表 (非就労活動)
文化活動、短期滞在
4の表 (非就労活動) (上陸審査基準の適用有り)
留学、就学、研修、家族滞在
5の表 (指定活動)
特定活動

別表第二　(居住資格)
永住者、日本人の配偶者等、永住者の配偶者等、定住者

なお、改正法では、特段の技術、技能又は知識を有することなく行い得る、いわゆる単純労働に従事することを目的とする外国人の入国を認めるための在留資格は設けられていない。これは、単純労働者の受入れに関しては、各方面で議論が分かれているほか、その受入れが我が国社会の各般に及ぼす影響が大きいと考えられるので、これらの問題点について政府内部で引き続き検討すべきであるとの考えに基づくものである。

イ　在留資格の表示方法の改正　我が国に入国が認められた外国人の所持する旅券には、上陸審査の際に決定された在留資格が上陸許可の証印の中に表示されることとなっているが、法改正前における在留資格の表示方法は、「4—1—1」「4—1—5」「4—1—6」等入管法の条・項・号に基づく数字符号を使用していたため、従前これらの表示の意味がわからないとの批判等があった。

しかしながら、法改正後は、個々の在留資格を「外交」「投資・経営」「留学」等の言葉を用いて表現し、これにより、外国人の在留目的、認められている活動等が、その所持する旅券に押された証印（スタンプ）を見ることによって容易に識別できるようになった。

ⅱ　入国審査手続の簡易・迅速化

ア　基準を定める省令の制定　我が国に入国する外国人は、空港・海港において入国審査官により入管法に定める上陸のための条件に適合しているか否かについて上陸審査を受ける必要があるが、その際、一定の在留資格について適用される上陸審査基準については新たに法務省令をもって定められ、公表されることとなり、行政の透明性が確保されることとなった。同省令(「出入国管理

及び難民認定法第七条第一項第二号の基準を定める省令」(平成二年法務省令第一六号。「基準省令」)）は、我が国の産業や国民生活に与える影響などの面から質的・量的調整が必要となることもあり得ると考えられる一定の在留資格について、関係行政機関の長との協議を経て定められたものである。

イ　在留資格認定証明書制度の新設　外国人が我が国に入国するに先だって外国人本人又はその代理人からの申請があれば、当該外国人が在留資格に関する条件に適合していることを証明する文書、すなわち「在留資格認定証明書」を法務大臣が交付する制度が新設された(法第七条の二)。

この制度を新たに導入することにより、我が国へ入国を希望する外国人の利便を図ることができるほか、行政の側においても審査事務の簡易・迅速化が図られることとなった。

ⅲ　不法就労対策関係規定の整備

ア　資格外活動関係規定の整備　我が国に在留する外国人は、その有する在留資格ごとに定められた活動を行うことができるほか、あらかじめ許可を受ければ、既に与えられた在留資格以外のカテゴリーに属する活動を行うこともできる(法第一九条第一項・第二項)。許可を受けずに資格外の就労活動を行った場合、例えば、観光目的で来日したにもかかわらず就労しているような場合には処罰の対象となる。また、専ら資格外活動を行っていると明らかに認められる場合には、処罰の対象となるとともに退去強制の対象となる。

資格外活動の規制の対象については、法改正前「その在留資格に属する者の行うべき活動以外の活動」と概括的に規定していたが、改正法では、その在留資格では認められていない活動のうち「収入を伴う事業を運営する活動」及び「報酬を受ける活動」に限定して退去強制又は処罰の対象とされている。このように必要以上に厳しい規制が行われることのないように配慮するとともに、不法就労外国人に対する退去強制及び罰則の適用がより実効的に行えるようになった。

また、専ら行っていると明らかに認められる場合以外の許可を得ないでする資格外活動に対する法定刑を改め、自由刑の長期が、法改正前の懲役又は禁錮六月から懲役又は禁錮一年とされた(法第七三条)。

イ　就労資格証明書制度の新設　法務大臣は、入管法上我が国での就労が認められている外国人に対して、その申請に基づきその者が行うことのできる収入を伴う事業を運営する活動又は報酬を受ける活動を証明する文書（就労資格証明書）を交付することができることとなった（法第一九条の二第一項）。この就労資格証明書制度は、外国人が雇用主などの相手方に自らがどのような就労が可能であるかを証明できる一方、雇用主が就労することの許されていない外国人を誤って雇用することを未然に防ぐことに役立つものである。

ウ　不法就労助長罪の新設　　不法就労外国人の増加を抑制するためには、不法就労外国人本人のみを取り締まるだけでなく、その雇用主又はブローカー等不法就労外国人を来日させる吸引力又は推進力となっている者をも併せて取り締まる必要があるので、不法就労外国人であることを承知の上で就労させている雇用主又は不法就労外国人の入国や就職をあっせんするなど不法就労活動を助長する者等については、これら不法就労活動を助長する行為を独立の犯罪とし、次の行為を行った者は、三年以下の懲役又は二〇〇万円以下の罰金に処せられることとなった（法第七三条の二。ただし、情状により併科される場合がある）。

①　不法就労外国人の雇用主がその事業活動に関し、外国人に不法就労活動をさせる行為

②　外国人に不法就労活動をさせるためにこれを自己の支配下に置く行為

③　業として、外国人に不法就労活動をさせる行為又は②の行為に関しあっせんする行為

なお、「不法就労活動」とは、外国人が許可を受けずに行った資格外活動（ア参照）、及び有効な旅券を所持せずに本邦に入った外国人（不法入国者）、上陸許可（寄港地上陸許可、乗員上陸許可等の特例上陸許可を含む）を受けずに本邦に上陸した外国人（不法上陸者）、許可された在留期間又は上陸期間等を超過して本邦に残留する外国人（不法残留者）の行う報酬その他の収入を伴う活動をいう。

この不法就労助長罪については、両罰規定により上記①ないし③の行為が法人等の業務に関して行われた場合には当該行為者が罰せられるほか、法人等に対しても罰金刑が科されることとなる。また、外国において上記②及び③の行為をした者についても刑法第二条の例に従って、処罰することができることとなった。

ⅳ　その他の改正

ア　出入国管理基本計画　　我が国に入国・在留する外国人が増加し、その活動内容もますます多様化している中で、外国人の入国・在留が国民生活や経済等に今まで以上に大きな影響を及ぼすようになりつつある。このため、今後の出入国管理行政には、外国人の入国・在留状況や我が国の国民生活や経済に及ぼしている影響ある

いは及ぼし得る影響を総合的に分析し、中・長期的視野に立って、出入国及び在留の管理にかかわる基本的な指針を明確にし、その運営を図ることが必要となってきた。

このような観点から、法務大臣が、外国人の入国及び在留の管理の指針となるべき事項等を盛り込んだ「出入国管理基本計画」を関係行政機関の長と協議の上で策定し公表するものとし、より適正な出入国管理行政の運営を図ることとしたものである（法第六一条の九）。

イ　退去命令を受けた者が「とどまることができる場所」の指定　上陸手続において法第一〇条に基づく口頭審理又は法第一一条に基づく法務大臣の裁決の結果、上陸が認められず特別審理官又は主任審査官から退去を命ぜられた外国人は、我が国から直ちに退去しなければならないこととされているが、この場合、航空機や船舶の出国便の時間の都合などで直ちに退去できない場合もある。このような外国人については、空港近くのホテルなどの宿泊施設において出発便を待つこととなるが、不法就労をもくろむ外国人に対する上陸許否の激増に伴い、宿泊施設から逃亡する事案が増加するなどの問題が生じていた。

そこで、特別審理官又は主任審査官は、退去命令を受けた外国人に対して期間と場所を指定して、出入国港の近くのホテル等の施設にとどまることを許すことができること（法第一三条の二）、並びに退去を命ぜられた者が遅滞なく退去しない場合は退去強制事由に該当すること（法第二四条第五の二号）、と定められ退去命令をめぐる法律関係が整備された。

ウ　運送業者の責任と費用負担の免除　上陸を許否された外国人の身柄を確保し退去させるための責任と費用については、その外国人の乗ってきた航空機や船舶の長あるいはそれらを運航する運送業者が負担すべきものとされているが（法第五九条第一項）、上陸許否事案の増加に対応して運送業者の負担の軽減と厳正な上陸審査の確保を図る見地から、有効な旅券を所持し、かつ、有効な査証を受けている外国人については、場合により宿泊費用等その者をとどめおくための運送業者等の責任と費用の負担の全部又は一部を免除し得ることとされた（法第五九条第三項）。

エ　査証免除に関する規定の整備　我が国に上陸しようとする外国人は、あらかじめ海外にある我が国の在外公館で査証（ビザ）を取得する必要があるが、短期間の観光等を目的とする外国人については、我が国政府と当該外国人の国籍国政府との間の取決めにより相互に査証を免除している場合は、査証を取得することなく我が国への上陸申請をすることができることとされている。改正法第六条第一項では、従前の規定が査証免除の措置について厳格な「相互主義」に基づく旨定めていたのを改め、相互主義によらなくとも我が国の判断により一方的に査証が免除される措置をとり得るようにするとともに、こうした取決めに基づいて査証を免除する旨を明確にした（法第六条第一項）。

オ　数次乗員上陸許可制度の新設　国際定期航路に就航している航空機や船舶の乗員など頻繁に我が国に出入国する外国人乗員について、法改正前は、航空機や船舶が入港しその者が上陸する度に入国審査官が乗員上陸を許可し、許可書を交付していたが、改正法では、一定の条件の下に許可を受けた日から一年間、その都度許可を受けることなく何度でも上陸することのできる数次乗員上陸許可の制度が新たに設けられ、外国人乗員の上陸手続の簡素・合理化が図られた（法第一六条第二項）。

（1）　平成元年の入管法改正では、別表第二には「平和条約関連国籍離脱者の子」の在留資格を含む五つの在留資格が定められていたが、平成三年に「日本国との平和条約に基づき日本の国籍を離脱した者等の出入国管理に関する特例法」（「出入国管理特例法」。後述）が制定されたことにより、在留資格「平和条約関連国籍離脱者の子」が削除され、現在の在留資格は二七種類となっている。

2　日本国との平和条約に基づき日本の国籍を離脱した者等の出入国管理に関する特例法（平成三年法律第七一号）の制定

(1)　制定の背景

我が国には、終戦前から本邦に引き続き在留し、昭和二七年四月二八日、日本国との平和条約の発効により、自己の意思に関わりなく日本の国籍を離脱することとなった韓国・朝鮮人及び台湾人並びにその子孫に当たる外国人が約六〇万人在留している。

これらの人々は、永年にわたり我が国社会で生活してきた者であり、その法的地位については、これまでにもその安定化を図るための種々の措置が講じられてきた。しかしながら、それらの措置は、いずれもその時々における時代背景に応じたものであり、これらの人々を包括的に対象とする立法が行われなかった結果として、これらの人々の法的地位は複雑多様化したものとなっていた。

近年、これらの人々の我が国社会における定住性はますます高まりつつあり、これらの人々が我が国の社会秩序の下でできる限り安定した生活を営むことができるようにすることが重要な課題となっていた。他方、これらの人々のうち、在日韓国人三世以下の者の法的地位の問題については、「日本国に居住する大韓民国国民の法的地位及び待遇に関する日本国と大韓民国との間の協定」(昭和四〇年条約第二八号。「日韓法的地位協定」。この協定に基づく「協定永住」も含めて、一〇九頁以下を参照)に基づき韓国政府との間で昭和六〇年以来累次にわたり協議が行われ、平成三年一月に海部総理(当時)が訪韓した際に、その協議が決着し、その内容を取りまとめた覚書に日韓両国外相が署名を行った。

「日本国との平和条約に基づき日本の国籍を離脱した者等の出入国管理に関する特例法」(「出入国管理特例法」)は、この協議の結果を踏まえ、終戦前から我が国に引き続き在留し、日本国との平和条約の発効により日本国籍を離脱した者及びその子孫全体について、その法的地位の一層の安定化を図ることを目的として、入管法の特例を定めたものである。

なお、本法は、平成三年四月二六日、第一二〇回国会において可決成立し、同年五月一〇日公布(平成三年法律第七一号)、同年一一月一日から施行された。

(2)　出入国管理特例法の概要

本法の対象者は、法第二条において平和条約国籍離脱者及び平和条約国籍離脱者の子孫として定義されている者である。本法は、日韓法的地位協定に基づく協議の結果を踏まえて制定されたものではあるが、在日韓国人と同様の歴史的経緯及び定着性を有する者については、同様の法的地位を付与するのが適当であるので、本法においては、対象者の国籍は問わないこととされている。

ⓘ　法定特別永住者

ア　平和条約国籍離脱者　「平和条約国籍離脱者」とは、日本国との平和条約に基づき日本国籍を離脱した者で、昭和二〇年九月二日(降伏文書調印の日)以前から引き続き本邦に在留するもの及びその後平和条約発効日までにその子として本邦で出生しその後引き続き本邦に在留するものをいう。その範囲は、「ポツダム宣言の受諾に伴い発する命令に関する件に基く外務省関係諸命令の措置に関する法律」(昭和二七年法律第一二六号)第二条第六項に規定する者(「①戦前から引き続き我が国に在留する朝鮮半島出身者及び台湾出身者並びに②平和条約発効までに出生したそれらの子」。「法一二六—二—六該当者」。一〇四頁以下参照)で引き続き本邦に在留しているものと同一であり、終戦後に来日した者やいったん帰国した者は、対象とはならない。

イ　平和条約国籍離脱者の子孫　「平和条約国籍離脱者の子孫」とは、平和条約国籍離脱者の直系卑属として本邦で出生しその後引き続き本邦に在留する者で、平和条約国籍離脱者からその者までの各世代の者が、少なくとも次の世代の出生時までは本邦での在留が継続しているものをいう。平和条約国籍離脱者からその者までの血統的つながりと各世代の本邦における在留の継続性とが確保されている者を対象とする。

出入国管理特例法施行の際、本邦に在留する平和条約国籍離脱者及び平和条約国籍離脱者の子孫は、原則として何らの申請を要せず本法の規定に基づいて特別永住者としての資格を付与し、本邦で永住することができることとした。すなわち、これまでの法一二六―二―六該当者、協定永住者及び永住者の在留資格を有する者は、永住資格又はこれに準ずる法的地位を有する者であり、その在日経歴や身分関係は、永住許可等の際の記録や外国人登録記録により既に明らかとなっているので、あらためて特別永住許可の申請を行なうことなく特別永住者の資格を付与されることとなった。また、在留期間の制限のある平和条約関連国籍離脱者の子の在留資格を有する者についても、これらの者が法一二六―二―六該当者の子であることから、何らの申請を要せず、特別永住者の資格が付与されることとなったのである（法第三条）。

ⅱ　その他の特別永住者

平和条約国籍離脱者又は平和条約国籍離脱者の子孫で永住資格又はこれに準ずる法的地位を有するものは法定特別永住者とされるので、特別永住許可の対象となる者は、出入国管理特例法施行後の出生者及び同法施行時に永住資格又はこれに準ずる法的地位を有していない者である。

ア　出生者等に対する特別永住許可（法第四条関係）

本邦で出生した者又は日本国籍を含む重国籍者として出生した者（入管法上日本人として扱われる）で外国国籍の選択等により日本国籍を失ったものは、出生等の後六〇日以内に市区町村の事務所で特別永住許可の申請を行い、許可を得て特別永住者として在留できることとなった。

イ　定住者等に対する特別永住許可（法第五条関係）

永住者を除く入管法別表第二の在留資格を有する者が対象となり、これらの者は、地方入国管理局において申請を行い、許可を得て、特別永住者として在留することができることとなった。

ⅲ　特別永住者に対する入管法の特例

ア　退去強制の特例　　特別永住者といえども外国人である以上、退去強制を行うことが全くあり得ないとすることは相当ではないが、特別永住者の有する歴史的経緯及び本邦における定着性を考慮してその法的地位のより一層の安定化を図るために、退去強制事由は、次のとおり極めて限定されている（法第九条）。

国・出身地別在留資格別特別永住対象外国人

区分＼国・出身地	韓国・朝鮮	中国	その他	総数
法126―2―6	17,424	775	129	18,328
協定永住	323,197	0	0	323,197
永住者	268,178	24,277	9,306	301,197
平和条約関連国籍離脱者の子	2,125	16	11	2,152
総数	610,924	25,068	9,446	645,438

(注)　平成2年12月末現在の外国人登録者数である。これ以外に，定住者，日本人の配偶者等の在留資格を有する本法対象者が約1,000人と推計されている。「その他」の欄の多くは，昭和47年の日中国交正常化に際し，中国の国籍を離脱し無国籍となった人々である。

(ア)　内乱に関する罪及び外患に関する罪

刑法（明治四〇年法律第四五号）第二編第二章の内乱に関する罪又は第三章の外患に関する罪により禁錮以上の刑に処せられた場合。ただし、執行猶予が言い渡された場合及び附和随行者など単なる暴動関与者の場合は対象とはならない。

(イ)　国交に関する罪

刑法第二編第四章の国交に関する罪（外国国章の損壊等、私戦の予備・陰謀又は中立命令違背の罪）により禁錮以上の刑に処せられた場合。

(ウ)　外交上の利益に係る罪

外国の元首や外交使節に対する暴行、傷害、名誉棄損等の種々の犯罪又は大使館や公使館等の公館に対する放火、住居侵入その他の犯罪により禁錮以上の刑に処せられた場合で、法務大臣において、その犯罪行為により日本国の外交上の重大な利益が害されたと認定したとき。

(エ)　重大な国家的利益を害する罪

無期又は七年を超える懲役又は禁錮に処せられた場合で、法務大臣において、その犯罪行為により日本国の重大な利益が害されたと認定したとき。例えば、我が国の民主的秩序を破壊する目的で爆発物取締罰則違反、汽車電車転覆罪、殺人罪、放火罪、人質強要罪等を犯し、無期又は七年を超える懲役又は禁錮に処せられた者等が考えられる。

イ　再入国許可の有効期間の特例　特別永住者については、企業の駐在員等として海外で勤務したり、海外に留学する場合を考慮し、当初の再入国許可の有効期間については四年（一般の外国人は有効期間が一年）を超えない期間、本邦外での延長の期間については一年を超えず、当初の許可から五年（一般の外国人は二年）を超えない期間とする特例が設けられた（法第一〇条）。

ウ　上陸のための審査の特例　再入国許可を受けて出国した特別永住者が再入国する場合の入国審査官の上陸審査においては、入管法第七条第一項に定める上陸のための条件のうち第一号の旅券の有効性のみを審査の対象とし、上陸拒否事由の該当性については審査しないこととなり、在留の安定化が図られている（法第七条）。

3　出入国管理及び難民認定法の改正（その二）―「出入国管理及び難民認定法の一部を改正する法律」（平成九年法律第四二号）による改正

(1)　改正の背景・趣旨・目的

近隣諸国からの船舶を利用した集団密航事件の激増、国内外のブローカー組織・暴力団関係者等の集団密航事件への組織的関与などの出入国管理をめぐる状況に的確に対応するため、密航者を我が国に送り込む行為等について、その実態に即し、厳しく対処することができるよう、出入国管理及び難民認定法の改正を行ったものである。

なお、本改正法律は、平成九年五月一日に公布され、同年五月一一日から施行された。

(2)　改正の概要

ⓘ　集団密航に係る罪の新設

ア　集団密航者を本邦に入らせ、又は上陸させた者を五年以下の懲役又は三〇〇万円以下の罰金に処し、営利の目的の場合は、一年以上一〇年以下の懲役及び一、〇〇〇万円以下の罰金に処する。

イ　集団密航者を本邦に向けて輸送し、又は本邦内において上陸の場所に向けて輸送した者を三年以下の懲役又は二〇〇万円以下の罰金に処し、営利の目的の場合は、七年以下の懲役及び五〇〇万円以下の罰金に処する。

ウ　アの罪を犯した者からその上陸させた外国人を収受し、又はその収受した外国人を輸送し、蔵匿し、若しくは隠避させた者を五年以下の懲役又は三〇〇万円以下の罰金に処し、営利の目的の場合は、一年以上一〇年以下の懲役及び一、〇〇〇万円以下の罰金に処する。

ⅱ　その他の関連規定の整備

ア　不法入国関係規定の整備

上陸の許可等を受けないで本邦に上陸する目的を有する外国人については、その者が有効な旅券等を所持する場合であっても不法入国罪で処罰するとともに、退去強制の対象とする。

イ　営利目的等不法入国等援助罪の新設

営利の目的で又は偽変造旅券の提供等により不法入国又は不法上陸を容易にした者を三年以下の懲役若しくは二〇〇万円以下の罰金に処し、又はこれを併科する。

ウ　不法入国者等蔵匿・隠避罪の新設

退去強制を免れさせる目的で、不法入国者又は不法上陸者を蔵匿し、又は隠避させた者を三年以下の懲役又は一〇〇万円以下の罰金に処し、営利の目的の場合は、五年以下の懲役及び三〇〇万円以下の罰金に処する。

エ　必要的没収の範囲の拡大

集団密航に係る罪に使用された船舶等や車両を必要的没収の対象とする。

オ　退去強制事由の追加

右記の罪により刑に処せられた外国人を退去強制の対象とする。

4　出入国管理及び難民認定法の改正（その三）―「出入国管理及び難民認定法の一部を改正する法律」（平成一〇年法律第五七号）による改正

⑴　改正の背景・趣旨・目的

近年の国際交流の一層の活発化に伴い、その旅券が我が国の出入国管理及び難民認定法上有効なものとは認められない台湾等の地域からの入国者が増加しているところ（平成九年における中国（台湾）からの入国者は約八六万人）、これらの外国人が本邦に入国する際には、在外公館等において発給する渡航証明書等を必要とし、出入国関係事務が複雑となっているとともに、量的にも業務対応が困難な地域が現れていた。

そこで、出入国関係事務の合理化・効率化を図るため、このような地域の権限のある機関が発行した文書について、「出入国管理及び難民認定法」上の有効な旅券として取り扱うことを可能とするため、同法の改正を行ったものである。

なお、右改正法律は、平成一〇年五月八日に公布され、同年六月八日から施行された。

(2)　改正の概要

「出入国管理及び難民認定法」第二条第五号の「旅券」の定義に、日本国政府、日本国政府の承認した外国政府又は権限のある国際機関が発行した旅券等のほか、政令で定める地域の権限のある機関の発行したこれらに相当する文書を追加する。

【参考】国籍（出身地）別外国人入国者数

	国籍（出身地）	平成８年	平成９年
1	韓国	1,224,441	1,236,597
2	中国（台湾）	756,785	857,877
3	米国	606,652	642,933
4	中国	257,393	283,467
5	その他	1,399,258	1,648,640
	総　　数	4,244,529	4,669,514

5　出入国管理及び難民認定法の改正（その四）―「出入国管理及び難民認定法の一部を改正する法律」（平成一一年法律第一三五号）による改正

(1)　改正の背景・趣旨・目的

前記4のとおり、平成九年に集団密航者を不法入国させる行為等の処罰を内容として出入国管理及び難民認定法（以下「入管法」という。）の一部を改正したが、その後も不法入国事件は減少に転じたとは言えない状況にあり、不法入国又は不法上陸後の不法在留外国人、あるいは二七万人余と高止まりの状況を呈している不法残留者による犯罪の惹起等が相次いでいた。

そこで、これらの不法滞在者に対し、適正かつ厳格に対処するため、不法入国又は不法上陸後本邦に在留する行為に対する罰則を設け、併せて、事務処理の合理化等を図るため、入管法の一部改正を行ったものである。

なお、右改正法律は、平成一一年八月一八日に公布され、平成一二年二月一八日から施行された。

(2)　改正の概要

ⓘ　不法在留罪の新設

不法入国又は不法上陸後に本邦に在留する行為は我が国の治安等に与える悪影響が大きいことから、不法入国又は不法上陸後に本邦に在留する行為に対する罰則を設けることとする。

ⅱ　不法滞在者等被退去強制者に対する上陸拒否期間の伸長

不法滞在者等の再度の入国に対し、厳格な対応を行うため、本邦からの退去を強制された者に係る上陸拒否期間を「一年」から「五年」に伸長する。

ⅲ　再入国許可の有効期間の伸長

事務処理の合理化等のため、再入国許可の有効期間を「一年を超えない範囲内」から「三年を超えない範囲内」に伸長する。

6　外国人登録法の改正（その一）―「外国人登録法の一部を改正する法律」（平成四年法律第六六号）による改正

(1)　改正の経緯

法定の一定期間を超えて我が国に在留する外国人は、外国人登録制度により、自らの身分事項や居住の事実をその居住する市区町村の事務所において登録するものとされている。

同制度の根拠法である外国人登録法は、昭和六〇年以降これまでの間に四回にわたる改正が行われた。このうち、「日本国有鉄道改革法等施行法」（昭和六一年法律第九三号）第七〇条による改正については、旧国鉄の民営化に伴い鉄道公安職員官職が廃止されたため、登録証明書の提示義務に関する関係条項を改めたものであり、出入国管理特例法附則第九条による改正は、新たに「特別永住者」としての資格が新設されたことに伴い、外国人登録原票の記載事項の変更登録等に関する特例を定めた形式的な改正であった。

一方、昭和六二年法律第一〇二号及び平成四年法律第六六号による改正は、いずれも指紋押なつ制度の見直しを図ることとしたものであった。すなわち、前者は指紋押なつ回数を原則一回限りとすること及び登録証明書の様式をラミネートカード化することに伴う調整方法の変更を主な内容とするものである。また、後者は我が国社会への定着性を深めた永住者及び特別永住者については、指紋押なつ制度を廃止し、新しい同一人性確認のための手段を導入することを主な内容とするものであった。

昭和二七年の外国人登録法の制定とともに人物の特定及び同一人性の確認のため導入された指紋押なつ制度（昭和三〇年四月二七日から施行）は、登録証明書の不正使用等の防止に大きな効果を果たしてきたが、指紋を押させることに心理的負担があること等を理由に外国人等からの反対もあって、これまで累次にわたる法改正等によりその適用を緩和する措置がとられてきた。しかるに、昭和五九年末ころから外国人団体が指紋押なつ制度の廃止を求める運動を展開するに至り、署名運動や街頭での集会・行進、国会や地方自治体等に対する要請行動が積極的に行われ、また、これら外国人諸団体の働きかけにより、外国人登録法の改正・改善を求める意見を採択する地方議会も多数に上った。特に、在日韓国・朝鮮人については、その有する歴史的経緯及び我が国への定着性を考慮し、指紋押なつを廃止すべしとの論が打ち出され、韓国政府もこの問題に強い関心を持つようになり、昭和六〇年一二月から始まった協定永住韓国人の「三世」の法的地位協議も、この指紋押なつ制度の廃止問題を中心に議論が進められた。

近年における外国人登録法の改正は、我が国の国際的な人的交流が進み、不法入国者、不法滞在者、不法就労者等、国や社会の利益を侵害し、国民生活の秩序を乱す外国人の入国が跡を絶たないという状況の下、指紋押なつ制度をどのように緩和し、前述の要請に応えるべきかが、その課題とされてきたが、この間昭和六〇年五月一四日の閣議において、外国人登録法の指紋に関する政令の改正が決定され「回転指紋」から「平面指紋」に、また黒色インキから無色の液を用いる方法に改めるなど外国人の心理的負担を解消する改善措置も講じられた。

(2)　昭和六二年法律第一〇二号による改正

昭和六〇年の大量切替時期に際し、在留外国人や関係者の間から指紋制度の緩和ないし廃止を求める要望が盛んに表明されるようになり、中には、あえて法に違反して指紋の押なつを拒否する者もあって、にわかに、外国人登録制度、特に指紋押なつ制度に内外の関心と注目が集まった。

政府においては、昭和五七年の外国人登録法改正の経緯にかんがみ、指紋押なつ制度を含む外国人登録法の再改正を早々に行うことに問題なしとしないとしつつも、指紋押なつを不快とする在留外国人の心情を配慮し、更に指紋押なつ制度の緩和を図る余地があるかどうかについて研究、検討を行うこととしたのである。

昭和六二年法律第一〇二号による改正の概要は次のとおりである。

①　登録事項としての「在留資格」を「在留の資格」に改め、入管法に定める在留資格のほか、いわゆる協定永住等外国人が本邦に在留できる法的地位、資格を登録事項に含めることとすること。

②　一六歳以上の外国人は、新規登録を受けた日又は前回確認を受けた日から五年を経過する日前三〇日

以内に登録事項の確認の申請をしなければならないとなっているのを、新規登録を受けた日等の後の五回目の誕生日から三〇日以内に確認申請を行わなければならないことと改めるとともに、新規登録の申請に際し、旅券を提出しない等のためその者の在留の資格が確認されていない者及び在留期間が一年未満である等のため指紋を押していない者についての確認申請を行わなければならない期間は、新規登録等を受けた日から一年以上五年未満の範囲内において市区町村長が指定する日から三〇日以内とすること。

③　一六歳以上の外国人は、新規登録又は登録証明書の引替交付、再交付若しくは切替交付等の申請をする場合に、指紋を押さなければならないこととなっているのを改め、登録証明書の引替交付、再交付若しくは切替交付の申請に際し、その者が既に指紋を押なつしている場合には、市区町村長から、「登録されている者と当該申請に係る者との同一性が指紋によらなければ確認できないとき」等を理由に指紋の再押なつを命じられたときを除き、更に指紋を押すことを要しないこととすること。

④　市町村の長が外国人に交付する登録証明書の作成に関する事務の一部を地方入国管理局の長において処理することとすること。

⑤　改正法律の施行の日は、公布の日から一年以内の政令で定める日（（注）昭和六三年六月一日）とすること。

(3) 平成四年法律第六六号による改正

ⓘ 改正の背景

ア　昭和六二年の外国人登録法の一部を改正する法律（昭和六二年法律第一〇二号）制定の際の衆・参法務委員会における附帯決議　昭和六二年第一〇九回国会において、指紋押なつは原則一回とすること等を主な内容とする改正が行われたが、その際、衆・参各法務委員会でそれぞれ次の附帯決議がなされた。

衆議院法務委員会における附帯決議（昭和六二年九月四日）

政府は、次の諸点について格段の努力をなすべきである。

①　出入国管理行政をとりまく今後の内外の諸情勢の推移を踏まえ、多年にわたり本邦に在留する外国人の立場を配慮する等、外国人登録制度のあり方について検討すること。

②　同一人性の確認の手段について、指紋押なつ制度

に代わる制度の開発に努めること。

③　指紋押なつ拒否者に対しては、制度改正の趣旨を踏まえ、人道的見地に立った柔軟な対応を行うこと。

④　外国人登録証明書の常時携帯・提示義務違反に関する規定の運用に当たっては、乱用にわたることのないよう、常識的弾力的に行うこと。

参議院法務委員会における附帯決議（昭和六二年九月一八日）

政府は、次の諸点について格段の努力をなすべきである。

①　我が国の置かれている国際的環境及び在日外国人の人権等を考慮し、当委員会における政府答弁等を踏まえ、今後引き続き、多年にわたり在留する外国人の立場を考慮しつつ、外国人登録制度の在り方及び指紋押なつの代替措置等、その基本的問題について検討を加え、改善を図ること。

②　外国人登録証明書の携帯義務及び提示義務に関する規定の適用については、指導に重点を置くとともに、個人の生活態様、青少年の教育にも配慮し常識的かつ弾力的に行うこと。

③　旧法下における指紋押なつ拒否者に対する行政上、刑事上の措置に関しては、法改正の趣旨及び具体的事情を勘案し、人道的立場に立った柔軟な対応を行うこと。

④　法執行に当たっては、関係地方自治団体の意見を十分に尊重すること。

イ　平成三年一月一〇日署名の日韓外相覚書　日韓法的地位協定に基づく協議の結果、平成三年一月一〇日、海部総理（当時）の韓国訪問に際して日韓両国の中山太郎、李相玉各外相（いずれも当時）が署名した覚書において、歴史的経緯及び定着性を有する在日韓国人に関し、次の内容の日本政府の方針が示された。

①　指紋押なつについては、これに代わる手段をできる限り早期に開発し、これによって在日韓国人三世以下の子孫はもとより、在日韓国人一世及び二世についても指紋押なつを行わないこととする。このため、今後二年以内に指紋押なつに代わる措置を実施することができるよう所要の改正法案を次期通常国会に提出することに最大限努力する。指紋押なつに代わる手段については、写真、署名及び外国人登録に家族事項を加味することを中心に検討する。

②　外国人登録証の常時携帯制度については、運用の在り方も含め適切な解決策について引き続き検討する。同制度の運用については、今後とも、在日韓国

人の立場に配慮した常識的かつ弾力的な運用をより徹底するよう努力する。

ⅱ　改正の概要

ア　永住者及び特別永住者に対する指紋押なつ制度の廃止と、これに代る同一人性確認手段の採用等　法務省は、外国人登録制度をめぐる諸情勢に対応し得るよう指紋押なつに代わる手段の開発につき各界の有識者、地方自治体等から意見を聴取するなど、研究・検討を行った結果、我が国社会で長年にわたり生活し、本邦への定着性を深めた永住者及び特別永住者については指紋押なつ制度を廃止し、これに代わる新たな同一人性確認の手段として、写真、署名及び一定の家族事項の登録を採用するとともに、これに関連して登録証明書の様式の変更、その他所要の関連規定の整備を図るための外国人登録法の一部改正法案を第一二三回国会に提出した。同法案は、平成四年五月二〇日に可決・成立し、政省令及び関連通達の整備等施行へ向けての準備作業を経て、同五年一月八日に施行された。

改正の要点は次のとおりである。

① 永住者及び特別永住者については、指紋押なつ制度を廃止すること。

② 一六歳以上の永住者及び特別永住者は、新規登録等の申請の際に登録原票及び署名原紙に署名することとし、当該署名を登録証明書に転写すること。

③ 永住者及び特別永住者の登録事項として、家族事項（本邦にある父母及び配偶者の氏名、生年月日及び国籍。世帯主にあっては、さらに、世帯の構成員の氏名、生年月日、国籍及び世帯主との続柄。）を追加すること。

イ　新しい外国人登録証明書カード作成システム及び写真撮影システムの導入　現行制度の下では、最終的な同一人性確認の手段である指紋に代わるものとして、写真は改正外国人登録法による新制度の下では格段の重要性を帯びることとなり、鮮明かつ均質な画像の写真を確保することが不可欠となる。また、新たに採用された署名の保管管理及び最近多くなってきた現行ラミネート・カード方式の外国人登録証明書の偽変造事案問題等新たな必要性や問題点に情報処理装置を中心とした新しい電子工学技術による事務処理で対応しようとするのが「外国人登録画像情報システム」である。その概要は、次のとおりである。

(ア)　地方入国管理局及び支局並びに特定の出張所における写真撮影の実施　このシステムにおいては鮮明かつ均質な顔写真を確保するとともに外国人の利

便を図るため、全国四〇の地方入国管理官署に写真撮影機器を設置し、登録申請用写真を希望する者の直接撮影を行い、規格に合った写真を提供する。これにより撮影した写真を画像情報として法務本省に一定期間保存し、登録証明書の調製事務を所管する一一の地方入国管理局・支局の送信要求に応じて電送することにより、登録証明書上に鮮明かつ均質な顔写真を確保する。

(イ)　登録証明書の調製　新しいシステムによる登録証明書の調製は、市町村から現行の紙に書かれたものではなくフロッピー・ディスクにより送付されてきた登録事項等の文字情報と外国人登録証明書調製用台紙・指紋原紙・署名原紙により送付されてきた写真及び署名又は指紋を地方入国管理局又は同支局において電磁的処理を行い、プラスチックカードに転写し登録証明書を作成する。この新しい方式は顔写真等を感熱昇華転写(1)するものであり、最高水準の鮮明な画像が付された小型で携帯に便利なだけでなく、偽変造の極めて困難な登録証明書の作成を可能とするものである。

ウ　その他関連規定の整備等　以上のほか、主な改正点は次のとおりである。

①　署名をしていない永住者及び特別永住者については、登録の確認申請の期間を指定すること。

②　旧法下で交付された登録証明書を所持する永住者及び特別永住者は、新法施行後いつでも新様式の登録証明書の交付を受けることができるものとすること。

③　地方入国管理官署において写真の撮影を行うことができることとするための根拠を政令で定めること。

④　不署名罪の規定を設けるなど、罰則その他の関連規定を整備すること。

なお、政府案等に対する衆議院の審議において、次の二点を内容とする修正が行われた。

①　居住地の変更登録義務違反に係る罰則について自由刑を廃止し罰金刑のみとすること。

②　法律の交付の日から施行日の前日までの間に一六歳に達する永住者及び特別永住者について指紋押なつを要しないものとすること。

また、改正法案の審議の際、外国人登録制度の在り方について検討し、法施行後五年を経た後の速やかな時期までに適切な措置を講ずべきこと、外国人登録証明書の常時携帯制度・提示義務等に関する規定の運用に当たっては、外国人の日常生活に不当な制限を加えないよう配慮すべきことなどを内容とする附帯決議が行われた。

（1）　熱でカード（塩化ビニール製）に染料を染み込ませる方法であり、染料を塗布した三原色の特殊フィルムを使用し、カラー転写するもの。

7　外国人登録法の改正（その二）―「外国人登録法の一部を改正する法律」（平成一一年法律第一三四号）による改正

(1)　改正の背景・趣旨・目的

外国人登録制度の在り方については、前記6の平成四年の外国人登録法の一部改正の際の衆・参両議院法務委員会における、改正法施行後五年を経過した後の速やかな時期までに制度の在り方について検討を行い、適切な措置をとるよう求める附帯決議の趣旨を踏まえ検討を重ねてきたところ、特に、外国人登録法の指紋押なつ制度については、平成四年の法改正において、永住者及び特別永住者（以下「永住者等」という。）に対し、署名及び家族事項の登録を指紋押なつに代わる同一人性確認の手段としたが、その後特段の問題も生じておらず、かかる確認手段はそれなりに定着しているものと認められ、また、地方自治体から指紋押なつ制度の廃止について強い要請が出されていた。

そこで、外国人登録における指紋押なつ制度を廃止し、これに代えて署名及び家族事項の登録を導入するとともに、登録原票についてその管理に関する規定の整備及び一定範囲の開示制度を新設し、併せて外国人の負担軽減及び事務処理の簡素化を図るため、外国人登録法の一部改正を行ったものである。

なお、右改正法律は、平成一一年八月一八日に公布され、同一二年四月一日から施行された。

(2)　改正の概要

ⓘ　非永住者に対する指紋押なつ制度の廃止

指紋押なつ義務が課されている非永住者について、これを廃止し、永住者等と同様の署名及び家族事項の登録という同一人性確認手段を採用する。

ⓘⓘ　登録原票の管理に関する規定の整備及び一定範囲の開示制度の新設

登録原票の管理に関する規定を整備するとともに、原則非公開としている登録原票について、一定の範囲でその内容の開示を認める規定を新設する。

ⓘⓘⓘ　永住者等に係る登録事項の一部削減

永住者等について、登録事項のうち、「職業」及び「勤務所又は事務所の名称及び所在地」を削減する。

ⓘⓥ　永住者等に係る登録証明書の切替期間の伸長

永住者等について、次の登録証明書の切替交付申請（登録事項の確認申請）までの期間を、現行の「五回目の誕生日」から「七回目の誕生日」に伸長する。

(v) 居住地変更等に係る代理申請範囲の拡大

居住地、在留の資格、在留期間等に係る変更登録申請について、一六歳以上の同居の親族にまで代理申請の範囲を拡大する。

(vi) 特別永住者に係る登録証明書の携帯義務違反の罰則を罰金から過料に軽減する。

8　外国人登録法の改正（その三）―「地方分権の推進を図るための関係法律の整備等に関する法律（いわゆる地方分権推進一括法）」（平成一一年法律第八七号）による改正

(1)　改正の背景・趣旨・目的

地方分権を推進するための一環として、これまでいわゆる機関委任事務とされていた外国人登録事務に関し、国と地方公共団体の役割分担について見直しを行ったものである。

なお、外国人登録法の一部改正を含む右地方分権推進一括法は、平成一一年七月一六日に公布され、同一二年四月一日から施行された。

(2)　改正の概要

(i) 外国人登録原票の写票の送付等に係る都道府県知事の経由事務を廃止する。

(ii) 外国人登録原票の移動に係る都道府県知事の承認事務を廃止する。

(iii) 外国人登録事務のうち市町村が処理するものを法定受託事務とする。

II　社会生活における外国人の地位

我が国における外国人の法的地位という問題については、当然のことながら、すでに我が国に滞在又は居住している外国人が日本の国内法上どのような私法上又は公法上の権利を享受し義務を負担することとなるのか、ということが中心の課題であるが、同時に、外国人はどのようにして我が国への入国・上陸が許可されて我が国での在留ができるようになるのだろうかという点も、その前提として把握されなければならないことになる。

こうした大枠の考え方に立って、まず我が国における外国人法制の沿革を、入国・滞在に関する仕組みの移り変わりを柱にして、時に明治・大正・終戦前の各時代における具体的な外国人関係法令にもふれながら、現在に至るところまで辿ってきた。

この結果、外国人の入国・滞在に関する我が国の法制がどのように変遷し、現在の仕組みがどう構成されているかについては、相当高度の理解が可能なようにかなり詳しく説明をし、また、現在の我が国における外国人の公法上又は私法上具体的な権利義務関係を考える場合に知っておいた方がよいと思われる明治、大正あるいは終戦前の各時代における関係法制の概略についても、我が国のなかで外国人の法的な地位がその時々の国際的又は国内的な社会情勢を背景にどんなふうに変化してきたか、そのあらましのイメージをつかむために必要な範囲で簡単にふれてみた。このようにして、我が国における外国人の法的地位という問題を考察するためのいわば準備作業を一応終えることができたので、本来のテーマである「国内法上の地位」について、できるだけ幅広く問題点を拾い上げながら、我が国の外国人に関する法令の規定を具体的に見ていくこととしたい。

1　国内法上の外国人の地位

我が国に入国・在留する外国人の概況

さて、まず最初に、具体的な法令の規定を点検するための基礎を確かめる意味で、我が国における外国人という存在あるいは外国人ということばなどを少し時間を割いて見直してみよう。というのは、我が国における外国人の存在が、日本人にとって社会生活上どのような意味をもち、また、日本の社会に対して政治・経済・文化などの面でどれほどのインパクトを及ぼすものなのか、この点に関する一般的な考察を抜きにして我が国の外国人に関する法律や判例を読んでみたとしても、それは、概念的・抽象的な知識の整理に役立つことは確かであろうが、反面、そうした法律や判例に示された論理又は考え方が現実社会において実質的にどの程度の意味があるものなのか（つまり、どれほど具体的・客観的な重要性があるのか）ということの検分が欠落した、幾分片手落ちの勉強になってしまうことを危惧しないでもない。そこでまず、我が国における外国人問題を法律以外の面で一般的に概観し、そのイメージをつかむことにしたい。

外国人入国者数又は外国人在留者数は、わが国における外国人問題の規模あるいは深みといった点についておおよそ見当をつける上で、まず第一に記憶されるべき最も基礎的なデータである。外国人と日本の社会とのより実質的なかかわり合いは、単に入国者又は在留者の数をみただけで推測できるものではなく、さらに進んで在留の具体的な内訳についてのデータを確かめなければ、本当に詳しい状況が分かるものではない。例えば、外国人留学生の入国が年に二五〇〇人とか在留数が一万人とといってみても、それだけでは、ほんの大枠での雑な見当を付けることができるのみで、日本社会にとってこうした数字がどんな意味をもつかということまで具体的に考えるのは困難である。こうした検討をしようと思えば、さらに留学生に関する内訳の数字またはデータとして、学校別・学科別の分布、学部・大学院の別、卒業・修了の比率やそのために必要な年数、卒業・修了後の処身・進路状況（帰国か残留か等）、年齢・家族構成、私費留学と奨学金留学の別、居住の状況、生活費支弁の実情（アルバイトなど）、本国での家庭事情や生活状況、日本人学生や教職員との交際関係、周囲の日本人社会との交流など、思いつくままにあげただけでも実に多くのデータが必要となるであろう。外国人入国者数又は在留数は、こうした意味で、我が国における外国人問題のサイズについて極めて初歩的な推測をするための素朴な参考資料にすぎない。しかし、外国人問題の大きさ又は重みをはかるためには、やはり全体としての入国者数又は在留者数の点検から始めることが最も自然な手順であろうと思われるので、右に述べたような制限付きのものであることを念頭に置きながら、いくつかの主だった数字をみていくこととしたい。

イ　入国者数

a　昭和五六（一九八一）年の外国人入国者数

外国人入国者の総数　昭和五六年一月から一二月までの一年間における入国者数をみることにしよう。法務省の「第二一出入国管理統計年報（昭和五六年）」によれば、昭和五六年の正規入国外国人は表a－1のとおりであった。すなわち、正規入国外国人の総数は一五五万二二九六人で、昭和五三年に正規入国外国人がはじめて一〇〇万人を超えて以来最も多い数となった。この一五五万人を地域別にみると、半ば以上（五一・五パーセント）がアジアの諸国からの入国者であり、次いで、アメリカ、カナダなど北アメリカから二四・二パーセント、ヨーロッパから一八・八パーセントとなっている。また、国籍別の内訳では、ずば抜けて多いのがアメリカ、台湾、韓国の三つで、この三者だけで全体の約五六パーセントを占めており、さらにイギリス、香港、カナダ、西ドイツ、フィリピンなどがこれに続いている。なお、ここで若干注意を要するのは、イギリスと香港の関係で、「イギリス」として計算された一二万人のうち大雑把にいって約半数は香港籍のイギリス人とみてよく、「香港」として計上されている同地居住の中国系人と合わせると、香港から我が国への正規入国者数は一〇万人を超えているものと認められる。

ところで、話の順序が逆になったが、以上みてきた「正規入国外国人」というのは、我が国に何らかのかたちで

表ａ－１　昭和56年　正規入国外国人

国　　籍	人　数	構成比
総　　数	1,552,296	100.0
アジア州	798,658	51.5
（うち）韓国	250,709	16.2
中国	17,550	1.1
（台湾）	305,233	19.7
中国（香港）	46,614	3.0
インドネシア	24,368	1.6
シンガポール	25,398	1.6
フィリピン	37,483	2.4
タイ	23,768	1.5
インド	16,038	1.0
マレーシア	20,896	1.4
ヨーロッパ州	292,385	18.8
（うち）イギリス	120,771	7.8
西ドイツ	40,198	2.6
フランス	27,616	1.8
アフリカ州	14,607	0.9
北アメリカ州	375,619	24.2
（うち）アメリカ	310,726	20.0
カナダ	44,718	2.9
メキシコ	15,836	1.0
南アメリカ州	29,760	1.9
オセアニア州	38,825	2.5
（うち）オーストラリア	29,276	1.9
無国籍	2,442	0.2

㈲　国籍は構成比1.0以上のものをとった。

表ａ－２　昭和56年　新規入国外国人

興　行	留学・研　修	外交・公　用	被扶養家　族	教　育	宗　教	就　職	報　道	文　化	熟練労働	技術提供	その他
26,615	23,129	14,325	13,878	2,002	1,953	1,923	1,248	1,091	484	245	8,118
4,089	1,451	3,454	4,650	763	1,526	583	333	403	2	63	401
1,419	1,796	4	1,162	194	9	114	4	30	261	3	468
1,141	521	610	835	193	26	190	213	37	28	28	148
2,308	3,029	1,205	2,083	241	73	83	129	167	1	16	2,581
87	95	2	44	11	2	48	3	6	140	16	86
158	138	476	162	75	74	50	30	35	1	3	81
429	167	579	334	55	30	17	99	42	1	10	50
12,039	834	405	325	17	11	142	7	7	2	2	184
263	304	812	331	20	18	28	40	11	0	4	84
473	224	332	221	43	2	22	46	19	4	9	83
4,209	14,570	6,446	3,731	390	182	646	344	334	44	91	3,952

入国した外国人の全体からいわゆる協定該当者（日米地位協定による軍人、軍属及びその家族で、軍艦又は軍用機によらずに入出国した者のこと）と特例上陸者（我が国での在留を目的としない外国人のために入管法が通常の上陸とはちがったかたちで一時的・通過的に上陸することを認めている特例上陸の制度により上陸した者のこと）を除いたものである。したがって、我が国において何らかの滞在目的を有する一般の外国人については、「正規入国外国人」の数をみればある程度のイメージをとらえることができる。ただし、この正規入国外国人には、すでに我が国に在留中の外国人で再入国許可により一旦出国し、海外で用務をすませた後に再び日本に入国したものも含まれているので、右にみたような意味における一般外国人の入国のトータルな状況（とく

に上陸審査の総件数など）を知るためにはこの数字を参考にすればよいわけだが、我が国に入国する一般外国人の正味（すなわち、我が国に新たに入国・滞在することとなる外国人がどれほどあるのか）を考えようと思えば、正規入国外国人の数から再入国許可による入国者の数を差し引いたものを前提にしたほうがよいことになる。このように正規入国外国人から再入国許可による入国者を除いたものを法務省の統計年報では「新規入国外国人」と呼んでいるが、昭和五六年の新規入国外国人は、表ａ－２に示すとおり、総数一三三万七二〇人であった。この新規入国外国人について、入国目的別・国籍別の構成比をみたのが表ａ－３である。

	総　数	観光・通過等	商用・事業等
総数	1,330,720	947,614	288,095
アメリカ	296,936	219,094	60,124
台湾	285,280	241,252	38,564
イギリス	115,323	78,865	32,488
韓国	101,845	51,144	38,785
香港	44,763	31,657	12,566
カナダ	43,551	35,640	6,628
西ドイツ	37,108	21,658	13,637
フィリピン	35,889	17,004	4,910
オーストラリア	28,314	18,313	8,086
フランス	25,520	15,531	8,511
その他	316,191	217,456	63,796

新規入国者の国別内訳　新規入国者の内訳をみると、主なところは次のとおりである。まず、国籍別では、アメリカが二九万六九三六人（二二パーセント）で最も多いが、台湾も二八万五二八〇人（二一パーセント）とほとんどこれに並んでいる。以下、イギリス一一万五三二三人（九パーセント弱）、韓国一〇万一八四五人（八パーセント弱）、香港四万四七六三人（三パーセント強）の順で続き、カナダ、西ドイツ、フィリピン、オーストラリア、フランスなどからの入国も多い。我が国への新規入国外国人の約四分の三は以上の一〇カ国からの入国者で占められている。なお、香港からの入国者は、この場合、イギリス人と中国人を合わせて約一〇万人（韓国とほぼ同じ）とみてよいことはさきにも述べたとおりである。

新規入国者の目的別内訳　つぎに、これらの外国人がどのような用務で我が国に入ったかという入国目的別の内訳をみると、観光・通過等が当然ながら最も多く、九四万七六一四人で全体の七一パーセント強を占めている。これに続くのは商用・事業活動を目的とするもので、二

表ａ－３　昭和56年　新規入国外国人の入国目的・国籍別構成比

興行	留学・研修	外交・公用	被扶養家族	教育	宗教	就職	報道	文化	熟練労働	技術提供	その他
2.00	1.74	1.08	1.04	0.15	0.15	0.14	0.09	0.08	0.04	0.02	0.61
15.36	6.27	24.11	33.51	38.11	78.14	30.32	26.68	36.94	0.41	25.71	4.94
1.38	0.49	1.16	1.57	0.26	0.51	0.20	0.11	0.14	0.00	0.02	0.13
5.33	7.77	0.03	8.37	9.69	0.46	5.93	0.32	2.75	53.93	1.23	5.77
0.50	0.63	0.00	0.41	0.07	0.00	0.04	0.00	0.01	0.09	0.00	0.16
4.29	2.25	4.26	6.02	9.64	1.33	9.88	17.07	3.39	5.78	11.43	1.82
0.99	0.45	0.53	0.73	0.17	0.02	0.17	0.18	0.03	0.02	0.02	0.13
8.67	13.10	8.41	15.01	12.04	3.74	4.32	10.34	15.31	0.21	6.53	31.79
2.27	2.97	1.18	2.05	0.24	0.07	0.08	0.13	0.16	0.00	0.02	2.53
0.33	0.41	0.01	0.32	0.55	0.10	2.50	0.24	0.55	28.92	6.53	1.06
0.20	0.21	0.00	0.10	0.03	0.00	0.11	0.01	0.01	0.31	0.04	0.19
0.59	0.60	3.32	1.17	3.74	3.79	2.60	2.40	3.21	0.21	1.23	1.00
0.36	0.32	1.09	0.37	0.17	0.17	0.11	0.07	0.08	0.00	0.01	0.19
1.61	0.72	4.04	0.90	2.75	1.54	0.88	7.93	3.85	0.21	4.08	0.62
1.16	0.45	1.56	2.41	0.15	0.08	0.05	0.27	0.11	0.00	0.03	0.13
45.23	3.61	2.83	2.34	0.85	0.56	7.38	0.56	0.64	0.41	0.82	2.27
33.54	2.32	1.13	0.90	0.05	0.03	0.40	0.02	0.02	0.01	0.01	0.51
0.99	1.31	5.67	2.38	1.00	0.92	1.46	3.21	1.01	0.00	1.63	1.03
0.93	1.07	2.87	1.17	0.07	0.06	0.10	0.14	0.04	0.00	0.02	0.30
1.78	0.97	2.32	1.59	2.15	0.10	1.14	3.69	1.74	0.83	3.67	1.02
1.85	0.88	1.30	0.87	0.17	0.01	0.09	0.18	0.07	0.02	0.03	0.32
15.82	62.99	45.00	26.88	19.48	9.32	33.59	27.56	30.61	9.09	37.14	48.68
1.33	4.61	2.04	1.18	0.12	0.06	0.20	0.11	0.11	0.01	0.03	1.25

構成比，下段が国籍別にみた入国目的別構成比。

八万八〇九五人（二二パーセント弱）である。このように、観光と商用だけで新規入国者の約九三パーセントに上るので、その他の目的で日本に来る外国人は非常に限られたものとなる。このなかで、興行活動のために入国するものが二万六六一五人（二パーセント）いるのは、若干目立った現象である。留学・研修でも二万三一二九人、外交・公用が一万四三二五人、被扶養家族として入国するものが日本人の外国籍家族を含めて一万三八七八人、教育、宗教、報道等は二〇〇〇人以下といった状況のなかで、興行入国者のこうした存在はどのような意味をもつのだろうか。

外国人入国者の滞在期間　新規入国外国人の内訳として第三に興味がひかれるのは、これら

	総数	観光・通過	商用・事業
総数	100.00	71.21	21.65
アメリカ	22.31	23.12 73.78	20.87 20.25
台湾	21.44	25.46 84.57	13.39 13.52
イギリス	8.67	8.32 68.39	11.28 28.17
韓国	7.65	5.40 50.22	13.46 38.08
香港	3.36	3.34 70.72	4.36 28.07
カナダ	3.27	3.76 81.84	2.30 15.22
西ドイツ	2.79	2.29 58.36	4.73 36.75
フィリピン	2.70	1.79 47.38	1.71 13.68
オーストラリア	2.13	1.93 64.68	2.81 28.55
フランス	1.92	1.64 60.86	2.95 33.35
その他	23.76	22.95 68.77	22.14 20.18

(注) 上段が入国目的別にみた国籍別

の外国人はどのくらいの期間我が国で滞在しているのだろうかという点である。昭和五六年に入国した外国人が結果的に何年間日本で滞在したかは、相当年数の期間がたってからでないと正確には確かめようがないが、法務省の統計年報には同じ年に出国した外国人の滞在期間が紹介されている。これに基づいて右にみた一〇カ国人の滞在期間をみると、表a－4のようになるが、外国人の滞在期間は全体的にそれほど長いものではない。昭和五六年には約一三一万人の外国人が出国した（新規入国は一三三万だった）が、そのうちの約九割は一カ月で出国しており、三カ月までに九六パーセント、六カ月たつと九八・五パーセントが出国したことになる。そして、国連の人口統計でいう長期滞在外国人（滞在期間が一年を超えるもの）は、全体の一パーセントにも満たない。表a－2の入国目的別の入国者数をみると、留学・研修、外交・公用、被扶養家族、教育、宗教などいずれも相当の割合で滞在が長期にわたるものがあるのではないかと思われる。しかし、出国者のデータでは、我が国での滞在が一年を超えるものが全体の僅か一パーセントにも満たないのである。もっとも、表a－4の数字は、再入国許可を受けて出国した外国人を除外しているから、我が国での滞在期間が一年を超えるような者はあまり含まれていないのではないかとも考えられる。しかし、我が国に入国した外国人は、我が国で住みついてしまわない限り、いつかは出国するのである。その意味では、相当長期間我が国で滞在した者も原則的には表a－4の数字にはいっていると考えてよい。ただ、ここで確かめておく必要があるのは、右の原則の例外としてこの表に入ってこないような外国人の長期滞在が年々増えているのかどうかということであろう。この点については、もうすこし後でみることにしよう。

表ａ－４　昭和56年　正規出国外国人の滞在期間

５日まで	15日まで	１カ月まで	３カ月まで	６カ月まで	１年まで	１年をこえるもの
515,794 (39.3)	562,024 (82.0)	108,601 (90.3)	75,969 (96.1)	31,380 (98.5)	9,331 (99.2)	10,540
142,532 (48.2)	93,408 (79.9)	31,529 (90.5)	18,054 (96.6)	4,022 (98.0)	2,588 (98.9)	3,315
71,823 (25.5)	162,429 (83.2)	21,265 (90.8)	19,860 (97.8)	4,676 (99.5)	520 (99.7)	879
46,238 (40.2)	58,348 (91.0)	5,056 (95.4)	3,283 (98.3)	974 (99.1)	383 (99.5)	601
34,971 (35.6)	40,603 (77.0)	12,001 (89.2)	5,592 (94.9)	3,240 (98.2)	628 (98.9)	1,095
16,504 (36.8)	25,805 (94.4)	1,162 (97.0)	955 (99.1)	209 (99.6)	52 (99.7)	120
29,081 (66.8)	9,409 (88.4)	2,641 (94.4)	1,652 (98.2)	267 (98.8)	177 (99.3)	326
16,091 (43.4)	14,469 (82.4)	3,931 (93.0)	1,665 (97.5)	422 (98.6)	211 (99.2)	295
7,788 (23.8)	9,171 (51.8)	1,641 (56.8)	3,463 (67.3)	10,209 (98.5)	364 (99.6)	130
10,813 (38.4)	12,505 (82.9)	2,687 (92.5)	1,224 (96.8)	404 (98.2)	332 (99.4)	162
8,784 (34.4)	11,953 (81.3)	2,650 (91.6)	1,320 (96.8)	363 (98.2)	194 (99.0)	258

含まない。

さて、我が国に入国した外国人の九九パーセント強は一年以内に出国してしまうが、この点は国別にみた場合でもあまり差はない。滞在期間にみられる国別の相違点は、したがって、一年以内のところで見つけることになるが、主なちがいは次のようなところにみられる。まず、アメリカ人やカナダ人は、極めて短期間で出国するものが多い。全体の平均では滞在期間が五日以内で出国するものは三九パーセント強であるが、カナダ人の場合はこれが約六七パーセント、アメリカ人は四八パーセントになっている。これと反対なのが、台湾、韓国、フィリピンなどからの入国者で、これらの場合には五日以内に出国するものが比較的少ない。しかし、台湾人や韓国人も、一カ月以内には平均

	総　数
総　数	1,313,639 (100.0)
アメリカ	295,448 (100.0)
台　湾	281,452 (100.0)
イギリス	114,883 (100.0)
韓　国	98,130 (100.0)
香　港	44,807 (100.0)
カナダ	43,553 (100.0)
西ドイツ	37,084 (100.0)
フィリピン	32,766 (100.0)
オーストラリア	28,127 (100.0)
フランス	25,522 (100.0)

(注)　1．再入国許可による出国者は
　　　2．(　)は累積構成比。

並みに出国するので、それほど実質的に異なった滞在傾向を示しているものとはいえないかもしれない。

フィリピン人は、入国目的別の入国者数でも若干特異な傾向をみせているが、滞在期間の点でもやはりかなり目立ったちがいを示している。全体の平均では一カ月以内に出国するものが約九〇パーセント、三カ月以内には九六パーセントが出国するところを、フィリピン人の場合は、一カ月以内で五七パーセント、三カ月でも六七パーセントしか出国しない。しかし、このようなフィリピン人でも、六カ月以内には九八・五パーセントが出国しており、全体平均のラインに並んでくる。

また、香港やイギリスの場合(両方を合わせて香港人と考えたほうがよいような意味合いがあることについては、さきに述べたとおりである)には、五日以内といった極端に短い滞在での出国者は全体の平均とかわらないが、一五日又は一カ月までの出国者になると全体平均を大幅に上回っており、三カ月以内にはほとんどが出国してしまうことになる。

最後に、滞在期間が一年を超える外国人入国者は、すでにみたとおり極めて少ないのであるが、そのなかでは、アメリカ人と韓国人が数及び比率で長期滞在者がやや多くなっている。我が国とアメリカあるいは我が国と韓国の政治的・経済的・社会的な関係を考えれば、長期滞在者がアメリカと韓国に比較的多いという事実は、しごく当然のことなのかもしれないが、我が国と外国人という問題を研究する場合に忘れてはならないポイントのひとつである。

ところで、フィリピン人は、我が国に入国・滞在する外国人のなかで幾分個性的な存在になっている。すなわち、これまでにみたとおり、我が国に入国するフィリピン人は、他の国からの入国者と比べると観光旅行者が非常に少ないかわりに、歌手やダンサーなどの興業活動者

表ｂ－１　昭和56年　日本人出国者

観光等	業務・海外支店勤務	外交・公用	留学・技術習得	学術研究・調査	役務提供	永住	家族同居	不詳
3,339,924 (83.4)	536,053 (13.4)	23,183 (0.5)	14,547 (0.4)	9,143 (0.2)	6,572 (0.2)	25,486 (0.6)	44,146 (1.1)	7,334 (0.2)
1,158,617	154,931	4,926	9,400	3,467	973	15,967	14,191	
510,930	53,274	172	303	298	787	109	2,417	
368,982	51,099	751	110	317	285	74	884	
310,936	26,502	250	47	63	768	120	3,392	
144,715	18,890	343	24	76	217	45	2,518	
146,383	12,138	1,225	84	187	269	227	895	
129,869	10,597	838	1,171	457	313	103	865	
36,493	21,598	921	127	449	49	112	228	
69,856	15,807	541	977	523	264	178	2,450	
77,817	8,634	1,650	20	134	160	120	1,224	

が圧倒的に多い。また、フィリピン入国者の半分位は一五日以内に出国するが、残りの大部分は六カ月間滞在する。要するに、フィリピン人には歌手やダンサーとして我が国に出稼ぎにくるものが多く、こうした目的で入国した場合には一応六カ月程度までの滞在が認められることがあるため、六カ月位滞在するフィリピン人が多くなっているものと考えてよいわけである。広く知られていることだが、フィリピンからは当時一〇〇万人をこえる労働者や技術者が海外に出て働いており、こうした人達からの本国送金が貴重な外貨収入源になっている。ところが、我が国では従来から外国人労働者の受入れを非常に厳しく制限してきたため、フィリピンが看護婦や土木建設労務者など他の国へ出稼ぎするようなかたちで我が国に来ることはできなかった。しかし、そうしたなかで、

	総　数
総　数	4,006,388 (100.0)
アメリカ	1,362,469 (34.0)
台湾	568,290 (14.2)
韓国	422,502 (10.5)
香港	342,078 (8.5)
シンガポール	166,828 (4.2)
フィリピン	161,453 (4.0)
フランス	144,213 (3.6)
中国	109,977 (2.7)
イギリス	90,596 (2.3)
タイ	89,759 (2.2)

歌手やダンサーなど各種のショーに出演する者やいわゆる熟練労働者など一部の外国人に限っては入管法上我が国で働くための入国が認められる仕組みになっていた。これが、たまたま、強い海外出稼志向をもち、歌やおどりの上手な国民として国際社会でも定評のあるフィリピン人に対して、我が国でもある程度まで働くみちを開くことになり、最近では、日本国内の需要のたかまりもあって、フィリピンから年間一万人を超える芸能人が入国するようになっているのである。

b　昭和五六年の日本人出国者数

外国人の入国状況を点検する場合に目を向ける必要があるもうひとつのポイントは、外国から我が国に来る人間と日本から外国に出かける人間のバランスである。日本に入国・滞在する外国人を考える場合に、われわれは、ともすれば外国人だけを見つめていろいろ考えがちであるが、人的交流というのは文字どおり「交流」なのであって、日本に来る外国人がある反対側には外国に行く日本人があるのだという現実も忘れてはなるまい。つまり、我が国に外国人が入国することによって我が国が受ける利益又は不利益ということを考えるとき、諸外国においても日本人が入国することによって何らかの利益又は不利益が生じているのであり、日本における外国人の問題は諸外国における日本人問題とのかねあいを抜きにしては議論すべきではないと思うからである。さらに言えば、我が国においては、国内における外国人という存在はそのメリットでよりもデメリットの面でとらえられる傾向が強いのではないかと思われるが、若しそうであればあるほど、日本人が外国にもたらすデメリットも軽視することはできないのである。

さて、同じ昭和五六年における日本人出国者は、表b－1にみられるとおり、総数は四〇〇万人を超え、日本に入国する外国人の約三倍であった。まず、外国人入国者よりも日本人出国者の方がはるかに多いという事実を、われわれは忘れないようにしよう。外国人がもしその受入国にとって何らかの負担を意味するものであれば、我々はより多くの負担を諸外国にかけているのかもしれず、逆に外国人がメリットを運び込むのであれば、我が国は受取分の何倍かに相当するメリットを外国に提供していることにもなるのである。

日本人出国者の渡航先では、アメリカが抜きんでて多い(三四パーセント、一三六万人)。アメリカからの入国者が約三〇万人だったから、日本人のほうが一〇〇万人以上も多くアメリカに行っている。アメリカに次いでは、台湾に約五七万人、韓国に四二万人、香港に三四万人といった順に多い。我が国に入国する外国人の場合は、アメリカ、イギリス、カナダ、西ドイツ、フランスといった欧米の先進国がベストテンに入っていたが、日本人の渡航先になると、カナダと西ドイツは姿を見せていない。日本人の外国観の一面をあらわしているのだろうか。アメリカを除けば、日本人の出国者はほとんどがアジアの諸国に流れているのである。

次に、日本人出国者の渡航目的であるが、八割以上が観光である。観光以外では、海外支店勤務を含めた業務渡航者が一三パーセントあって、これと観光をあわせると日本人出国者全体の九七パーセントを占めてしまう。ただ、外国人入国者の場合でも観光と商用とで約九四パーセントに上っており、また、旅行者の数が多くなればなるほど観光旅行者の割合が大きくなるものと思われるから、この九七パーセントという数字はとくに深い意味をもつものではなかろう。

日本人出国者と外国人入国者の渡航目的別の内訳を比較して気がつくのは、次のようなことである。第一に、いわゆる商用で海外に行く日本人は約五四万人、同様の目的で日本に来る外国人は二九万人であるが、この数字のちがいをどう読んだらよいのだろうか。比率で考えると、日本人出国者は外国人入国者の三倍なのだから、日本人の商用渡航者はあまり多くないようにも見える。しかし、観光以外の渡航目的（又は入国目的）についてはやはり絶対数を問題にすべきではなかろうか。そう考えてみれば、世界各国から我が国への商用入国者が日本人の業務渡航者よりもはるかに少ないというのは、日本人が非常に積極的に海外へ進出しているということであり、他面、相当自由に諸外国から受け入れられているということではなかろうか。

第二には、留学あるいは技術習得のために外国へ行く日本人が意外に少ないことが目につく。すなわち、日本に入国した外国人の場合は留学・研修目的のものが二万人以上いたが、日本人出国者のなかにはこうした目的をもつものが一万五〇〇〇人たらずである。このかぎりでは、外国を学ぼうとする日本人よりも日本を知ろうとする外国人のほうが多いような印象もある。しかし、この辺りのことは性急な解釈を加えることは避けなければなるまい。少なくとも、いわゆる技術研修のような場合には、日本から外国にでかけて学ぶ必要性はそもそも乏しいのかもしれないし、逆に東南アジア諸国などでは我が国で研修を受けるニーズが大きいことはたしかなようであり、そうした条件のところで無理に比較して多い少ないと言ってみてもほとんど意味のないことかもしれない。ただ、留学や研修といった面では、我が国は外国へ行く日本人よりも多くの外国人を受け入れているのだということを記憶することにしよう。

第三には、外国に永住するため出国していく日本人が二万五〇〇〇人いるということである。インドシナ難民の受入れなどに関連してもしばしば言われたことだが、我が国では、移民の受入れはしない、というのが戦後一貫してとられてきた固い原則である。したがって、実質的に移民のような性格を帯びる外国人の入国をまったく認めなかったというのではないが、我が国に根をおろして住みつく外国人の受入れについては、インドシナ難民に対する初期の対応なども含めて、つねに極めて消極的な態度がとられてきた。こうした経緯を念頭において右の二万五〇〇〇人という数字をみるとき、若干考えるべきことが残っているような気がするのは私だけであろうか。

c　平成七年の外国人入国者数

右でわれわれが見たのは、昭和五六年の外国人入国者状況であった。本書は、その「はしがき」にもあるとおりかつて雑誌『みんけん（民事研修）』に連載したものをまとめたものであるため、基本的には現在もそのまま通用する部分が多いとしても、出入国や在留の状況等にはこれまでに少なからぬ変化が生じており、相応の補足が必要と思われる。こうした意味から、多少の読み難さは避けられないが、以下いくつかの箇所では、若干の追加を行い、主に平成七年の統計数字を点検し、この間の変化と最近の概況を把握しておくこととしたい。

外国人入国者数の総数　昭和五六（一九八一）年に一五

五万人であった正規入国外国人の総数は、同五九（一九八四）年にはじめて二〇〇万人を超え、平成二（一九九〇）年には一挙に三五五万人まで増加した。そして、平成四年の三九三万人という数字は四〇〇万人台も間近かと思わせたが、正規入国外国人の増加傾向はこの年をピークにブレーキがかかって、その後は三七〇〜三八〇万人の水準で推移しており、平成七年の正規入国外国人は、総数約三七三万人であった。

このように、正規入国外国人は、昭和五六（一九八一）年の一五五万人から平成七（一九九五）年の三七三万人へと、一四年間に二倍半の規模に増加した。一九九〇年前後の我が国は、経済面では、いわゆるバブル景気の最盛期にあって、国内では労働力不足が云々されるといった状況さえ見られ、文化面では、留学生一〇万人受入れ構想が実行に移されるなど、外国からの入国者が増える条件が数多く存在していたのであった。

さて、平成七年の正規入国外国人の国別内訳を昭和五六年と比較してみると、最初に気付くのは、韓国人の比

表Ｃ－１　平成７年　正規入国外国人

国　　籍	人　数	構成比
総　　数	3,732,450	100.0
ア　ジ　ア	2,344,748	62.8
（うち）韓　国	1,103,566	29.6
中　国	229,965	6.2
（台　湾）	614,931	16.5
フィリピン	105,838	2.8
タ　イ	57,767	1.5
マレーシア	48,864	1.3
シンガポール	41,513	1.1
ヨーロッパ	513,915	13.8
（うち）英　国	131,105	3.5
英国（香港）	72,811	2.0
ド イ ツ	69,939	1.9
フランス	55,689	1.5
アフリカ	14,332	0.4
北　米	648,800	17.4
（うち）米　国	558,474	15.0
カ ナ ダ	77,125	2.1
南　米	117,419	3.1
（うち）ブラジル	90,322	2.4
オセアニア	91,723	2.5
（うち）オーストラリア	61,373	1.6
無 国 籍	1,513	0.0

㈲　国籍は構成比1.0以上のもの。

率が大幅に増加したことである。すなわち、韓国人入国者は、昭和五六年には米国人、中国（台湾）人に次いで三番目（比率は一六パーセント）であったのが、平成七年になると、米国や中国（台湾）よりもはるかに多くなって、全体の三割近くを占めるようになっている。正規入国者の数字には、先に述べたとおり、再入国許可で入国する日本居住の韓国人が含まれるので、日本居住の韓国人の海外渡航が増えれば、韓国人正規入国者の数字が大きくなるのは当然であるが、再入国者を除いた新規入国者の数字でも、韓国人が群を抜いて多くなっているのは、後に見るとおりである。

韓国人の増加振りと対照的に、米国人の比率低下が著しい。米国人正規入国者は、戦後長らく我が国に入国する外国人のなかで最も大きな比率を占めており、昭和五六年には全体の二割が米国人であったが、平成七年には一五パーセントになって、韓国と中国（台湾）よりも少なくなっている。

次に、平成七年の正規入国外国人の二パーセント以上をブラジル人が占めているのも、昭和五六年には見られなかったことである。これは、平成三年の入管法改正により、いわゆる日系人の日本入国が非常に容易になったため、ブラジルほか南米の日系人が多数我が国の労働市場に入ってきたことによるものである。ブラジル人の入国は、数年前に一旦は減少するような気配を見せたが、平成七年には再び前年比で二五パーセント増加した。

最後に、正規入国者の半ば以上をアジア各国の人達が占めるのは、従来からの傾向であって、昭和五六年は五一パーセントがアジアからの入国者だったが、平成七年には、この傾向が一段と強まって、約六三パーセントまで比率が上がっている。アジア人と南アメリカ人の入国者が比率を増している反面で、北アメリカとヨーロッパからの入国者が次第に比率を下げているのが、最近の傾向である。

新規入国者の国別内訳　正規入国者の場合と同様に、韓国人の増加が目覚ましい。韓国は、昭和五六年には、米国、中国（台湾）、英国に次いで四番目に多かった——約一〇万人で全体の八パーセント——が、平成七年になると、七八万人（約二七パーセント）と圧倒的に多くなり、次いで、中国（台湾）が五五万人（一九パーセント）、米国四八万人（一六パーセント）と続き、この後はかなり間が開いて、中国一二万人（四パーセント）、英国一一万人（四パーセント弱）、さらに一桁下がり、英国（香港）、カナダ、フィリピン、ドイツ、ブラジル、オーストラリアの順になっている。

表ｃ－２　平成７年　新規入国外国人

興行	留学・就労研修	外交公用	家族滞在、日本人・永住者の配偶者等	教授教育	宗教	技術、人文知識・国際業務	報道	短期滞在(文化・学術)文化活動、芸術、研究	技能	定住者	その他
59,833	60,674	20,083	34,195	4,259	1,219	8,699	212	79,756	1,663	6,581	3,715
2,185	8,609	2,149	3,932	83	93	244	34	21,018	247	110	11
1,279	2,309	4	555	10	7	90	—	1,283	68	65	121
7,431	1,531	4,459	3,172	2,069	886	4,730	113	13,625	238	62	35
1,383	21,100	753	8,173	182	2	665	1	9,429	777	4,160	35
3,217	382	369	493	598	19	807	19	2,626	25	1	3
104	291	125	66	4	—	30	—	379	38	—	—
801	261	318	297	472	42	761	7	2,305	63	9	854
24,022	3,534	500	1,488	9	25	141	—	983	19	341	123
1,595	358	896	255	62	15	105	6	2,679	10	1	2
1,049	747	241	9,195	8	5	11	—	621	28	605	11
861	704	897	325	257	16	297	6	3,411	10	—	1,287
15,906	20,848	9,372	6,244	505	109	818	26	21,397	140	1,227	1,233

　昭和五六年から平成七年までの間に生じた主な変化は、まず第一に、新規入国者の総数が二・二倍に増加するなかで、日本への入国者が多い国と少ない国の差が、ますます大きくなったことが上げられる。すなわち、昭和五六年、米国、台湾、英国、韓国の四カ国を合わせると全体の六〇パーセント、さらに香港、カナダ、西ドイツ（当時。以下、昭和五六年度頃の数字をみる場合には東・西を区別して記述している）、フィリピン、オーストラリア、フランスを加えた一〇カ国が七五パーセントを占めていたが、平成七年には、韓国、台湾、米国の三カ国だけで全体の六二パーセント、中国と英国を加えた五カ国だと七〇パーセント、香港からオーストラリアまでの六か国を足した一一カ国の合計だと八二パーセントを超えている。

　国別に見て、日本への新規入国者

	総　数	短期滞在（観光・親族訪問・その他）	短期滞在（商用）投資経営・企業内転勤
総　数	2,934,428	1,654,794	998,745
韓　国	784,016	438,428	306,873
中国（台湾）	551,479	488,715	56,973
米　国	482,890	241,491	203,048
中　国	120,612	17,179	56,773
英　国	110,873	46,802	55,512
英国（香港）	69,523	50,891	17,595
カナダ	65,943	42,404	17,349
フィリピン	64,144	21,273	11,686
ドイツ	61,662	23,651	32,027
ブラジル	57,020	41,601	2,898
オーストラリア	52,071	25,524	18,476
その他	514,195	216,835	219,535

留資格の区分が変わったため、表a－2と同じ数字を並べて比較することはできないが、一応の比較が可能なように現在の在留資格をグループ分けして、表c－2にまとめてみた。

さて、表a－2と表c－2で昭和五六年と平成七年の数字を対比してみると、第一に、観光や通過の短期滞在者が相当比率を下げているように見える。すなわち、昭和五六年に新規入国者の七一パーセントを占めていた観光・通過入国者は、平成七年には五六パーセントまで比率を減少している。入国目的の区分が厳密には同一でないので、正確な比較はできないとしても、約一三ポイントの低下というのは、やはり外国人観光客が全体の伸び率ほどには増加していない、と見てよいだろう。日本の円高や物価高その他の事情による外国人観光客の減少は、すでに数年前から言われてきたことだが、平成七年の統計はこれを明確に裏付けているようである。

第二に、商用・事業関係の入国者は、大幅に増加して、入国者全体の三分の一を占めているが、長期滞在者が増えたところは、先にみた韓国、ブラジルのほか、中国の増加が目立つ。絶対数では、中国のほうがブラジルの二倍の数字になっており、一九九〇年を境に、日本に入国する中国人の数は飛躍的に増え、昭和五六年と平成七年の間に丁度一〇倍ほどになっている。

ほかでは、フィリピンが、従来同様に興行関係や日本人の配偶者等としての入国が多くて、昭和五六年当時と変わらずに上位一〇カ国のなかに入っており、また、香港からの入国者は、英国籍の比率が大きくなって、英国籍のない香港人が著しく少なくなっている。

新規入国者の目的別内訳　平成三年の入管法改正で在

えたというよりは、短期の商用入国者が多くなっていることによるものである。

第三に、このように、観光客が減って商用者が増えた結果、観光入国者と商用入国者を合わせた数字は、昭和五六年が九三パーセントだったのに対し、平成七年は九〇パーセントと若干ポイントを下げた。それでも、入国者の大半は観光と商用が占める傾向には大きな変化はなく、したがって、観光・商用以外の入国目的による入国者についても、とくに目立った状況は生じていない。強いて上げるならば、留学・就学・研修といった目的の入国者と文化活動関連の入国者が幾分比率を増しているが、大きな変化といえるほどのものではない。

次に、平成三年の法律改正によって、新しい在留資格がいくつかできたが、いわゆる就職関係の入国者が目立って増えたわけでもなく、新しい在留資格が活発に使われるようになるのは、これからのことのようである。商用入国者に関連する各種の在留資格のなかには、経済交流の促進につながる新しい考えに基づくものも含まれているので、商用関係の入国者はこれからも次第に増えていく可能性があるように思われる。

最後に、国籍別に入国目的の内訳を見た場合に特別気を引かれるようなことは、ほとんどない。観光の短期滞在者が韓国、台湾、米国に多いのは、それぞれの国の経済事情等を考えれば当然のことであろうし、商用入国者が韓国と米国の二カ国で半数を占めているのも、それほど奇異ではない。興行入国者の半ばをフィリピン人が占めるのは、古くからの傾向で珍しくはないし、定住者に中国人が多いのも不思議ではない。

若干新たな変化と思われるのは、ブラジル人の大半が観光や親族訪問の短期滞在で入国していることであろうか。わが国における外国人労働者の代表のように見られているブラジル人が、就労のための在留資格ではなく、就労できない短期滞在という在留資格で来日しているのは、少々イメージに合わないかもしれない。しかし、現実には、在留資格というのは、日本に来てから変更することができる場合もあり、そのための手続きも設けられている。就労目的だからといって、必ず就労できる在留資格で最初から入国しなければならないわけではなく、とりあえずは短期滞在で入国した後に在留資格の変更を考えるみちもある。こうしてみれば、ブラジル人の大半が短期滞在入国者だという現実は、とりたてて不自然ということでもなくなる。

もう一つ目につくのは、留学・就学・研修での入国者の三分の一が中国人で占められていることであろう。数年前には、あまり真面目に勉強しない中国人留学生のことが、いろいろと問題視されたりしたことがあったが、最近ではそのような状況も大分整理されてきており、中国人留学生の多いことに注目するよりは、ほかの国からの留学生等が少ないことのほうを考えてみたほうがよいような傾向になってきている。

d　平成七年の日本人出国者数

日本人出国者の総数　平成七年の日本人出国者数は、表d－1のとおり、総数一五三〇万人であった。昭和五六年が四〇〇万人であったから、平成七年までの一四年間に四倍近くも増えたことになる。

出国者数は、平成二年に一〇〇〇万人を超えた後、平成三年に僅かながら一旦減少し、海外旅行ブームもピークかと思われたが、翌平成四年からは、再び増加傾向に転じ、平成六、七年は、それぞれ、一〇パーセント以上の率で増加している。

日本人出国者の渡航先　日本人出国者の渡航先は、依然としてアメリカが最も多い。昭和五六年には、日本に入国した米国人が三〇万人だったのに対して、日本人は一三六万人（出国者の三四パーセント）がアメリカに渡航した。これが、平成七年になると、米国人の日本入国者四八万人に対して、日本人は四七五万人（全体の三一パーセント）がアメリカへ向け出国しており、米国人の日本入国が増えない反面で日本人のアメリカ入国はますますドライブがかかって、出入りの差は約一〇倍にも拡がった。

アメリカに次いでは、韓国、香港、中国、台湾の順でアジアの各国への渡航者が多く、さらにオーストラリア、シンガポール、タイそして英国、イタリア等と続いている。昭和五六年の統計では、フランスやフィリピン向けの出国者上位一〇位以内に入っていたが、最近は、フランスやフィリピンへの渡航者が比率を下げているようである。総じて、ヨーロッパへの旅行者は少なく――とは言っても、絶対数が減少しているわけではないが――なっているような印象がある。

日本人出国者の渡航目的　最も多いのは、当然、観光である。平成七年の出国者の八割以上が観光目的であり、この点は、三三四万人が一二六九万人へと数が四倍になったという違いはあるが、比率は昭和五六年とほとんど変わっていない。

平成七年の出国者統計で目につくのは、短期商用業務渡航者が二〇六万人と相変わらず多いことと、留学や技術習得の目的で外国へ行く日本人が、比率的には昭和五六年頃と大差ないものの、実数が一六万人――学術調

表ｄ－１　平成７年　日本人出国者

観光等	短期商用業務・海外支店等赴任	外交・公用	留学・研修技術取得	学術研究・調査	役務提供	永住	家族同居
12,685,155 (82.9)	2,112,229 (13.8)	51,602 (0.3)	165,257 (1.1)	104,430 (0.7)	8,334 (0.1)	89,699 (0.6)	81,419 (0.5)
4,142,632	408,807	11,351	82,008	34,806	1,319	44,093	27,754
1,341,478	209,277	1,849	3,823	4,366	668	1,204	3,282
978,495	164,967	1,488	2,121	1,010	685	4,990	5,833
507,988	322,804	3,504	12,947	12,216	1,090	810	3,818
622,864	192,298	291	1,507	2,676	466	771	2,562
693,738	29,526	1,404	8,704	5,212	367	3,551	1,874
625,530	91,992	1,564	1,710	1,576	169	4,575	4,563
480,082	111,454	3,713	526	1,025	336	1,622	4,533
291,663	57,857	2,408	19,494	10,576	344	5,563	5,053
325,652	33,318	1,984	1,991	2,208	237	591	664
272,443	42,379	3,206	5,450	3,436	369	2,446	1,401
279,207	18,298	850	8,938	5,592	93	2,564	936
235,833	58,338	2,280	340	1,057	259	855	2,413

ろ。

査を含めると二七万人――に上っていることであろうか。昭和五六年の時点では、日本人の海外留学生よりも日本への外国人留学生のほうが多かったのだから、相当の変化というべきかもしれない。そして、この一六万又は二七万という数を見ると、留学生「一〇万人」受入れがスムーズに実行できない我が国の現実が、非常に残念に思われてくるのである。

最後に、昭和五六年の数字を見た時に、永住目的で出国する日本人が一定数あることについて、若干言葉が足りなかったような面があるので、ここで補っておきたい。それは、永住目的で出国する日本人が、すべて、新たに外国での永住を認められて日本を出ていくひとばかりなわけではない、ということである。すなわち、この数字――昭和五六年は二万五〇〇〇

	総　数
総　数	15,298,125 (100.0)
米　国	4,752,770 (31.1)
韓　国	1,565,947 (10.2)
香　港	1,159,589 (7.6)
中　国	865,177 (5.7)
台　湾	823,435 (5.4)
オーストラリア	774,376 (5.1)
シンガポール	731,679 (4.8)
タ　イ	603,291 (3.9)
英　国	392,958 (2.6)
イタリア	366,645 (2.4)
フランス	331,130 (2.2)
カナダ	316,478 (2.1)
インドネシア	301,375 (2.0)

(注)　出国者数30万人以上のとこ

人、平成七年は九万人――は、既に外国で永住生活をしているひとが、親族訪問その他で一時帰国し、予定を終えて居住地に戻っていく場合も含んでいることに留意する必要がある。

e　我が国への外国人入国者のサイズ

以上、われわれは、昭和五六年の外国人入国者と日本人出国者についてみてきた。ところが、昭和五六年以外の数字はまったく確かめることをしなかった。新聞の報道等により、外国人入国者も日本人出国者も年々著しい比率で増加していることを、既に御承知のことと思ったからである。我が国に入国する外国人の数はたしかに増加している。このため、最近では、外国人入国者が多くなった、という言い方がされることも多い。しかし、こうした表現はあまり無神経に使うものではないと思う。なぜなら、我が国においては、外国人という存在は多くなるにつれてかなり警戒的な目で見られることになりがちであり、そうしたことは、見られる外国人にとっても、見る側の日本人にとっても、決して幸せなことではないからである。ところで、本当に外国人入国者が多くなったとみるべきなのだろうか。この点について考えてみたい。

まず第一に、日本の国内だけを見ている限りでは、絶対数が年々増えているのであるから、たしかに外国人入国者が多くなったということができよう。しかし、外国人の入国という国際的な事柄について、単に国内的な尺度だけで多いとか少ないとか評価を下すのはどうであろうか。さきにもみたとおり、人の流れは交流である。我が国に入ってくる外国人がいる一方で、我が国から出ていく日本人も多勢いる。どこの国でも入国者があれば出国者もあるという事情に変わりはない。外国人が入国するのは、なにも我が国に限ったことではなく、世界中の人間が世界中の国々に交り合って入国しているのである。

こうしてみると、我が国に入国する外国人が多いか少ないかという問題は、国際社会の客観情勢をベースにして考えられるべきであり、そうしてはじめて実質的な意味をもつことになるのではなかろうか。対外比較を抜きにして、国内事情だけを前提に外国人入国者が多いという認識をもつと、多いという認識は容易に多すぎるという問題意識につながるものである。政府又は国民がそうした問題意識にたって国内の外国人に接するとき、我が国は外国人にとって非常に居心地の悪い訪問先となってしまい、相互理解あるいは国際交流の増進といったようなことは期待できなくなるにちがいない。こうした意味において、外国人入国者が多いか少ないかの判定は、国内的な一面だけを見て安易に行ってはならないのである。

表ｅ－１　主要国の受入れ旅行者数（1980年）

○　欧米諸国		○　アジア・オセアニア諸国	
イタリア	4,874万人	シンガポール	256万人
スペイン	3,803	香　港	230
フランス	3,010	タ　イ	186
アメリカ	2,250	マレイシア	153
オーストリア	1,388	台　湾	139
カナダ	1,243	日　本	132
イギリス	1,239	フィリピン	101
西ドイツ	971	韓　国	98
スイス	887	オーストラリア	91
ギリシャ	480	インド	80

(注)　観光白書（昭和57年版）による。

それでは、諸外国ではどれくらいの数の外国人を受け入れているのだろうか。この場合には総理府の観光白書(昭和五七年版)が参考になる。表ｅ－１は同白書から抜き書きしたものであるが、これを見れば、まず、我が国への外国人入国者の数が、とくに欧米諸国のそれと比較した場合、いかに少ないものであるかということに気付かされるであろう。我が国において、外国人入国者が一〇〇万人を超え、一三〇万人にも上がった、という一部の認識があるときに、欧米諸国では、イタリアの四八七四万人、スペインの三八〇三万人をはじめとして、フランスが、三〇一〇万人、アメリカが二二五〇万人などと、我が国とはケタ違いに多数の外国人旅行客を受け入れているのである。さらに、カナダが一二四三万人、我が国と同様の島国であるイギリスでは一二三九万人、西ドイツでも九七一万人といった工合に、欧米諸国の外国人入国者数は我が国の比ではない。アジア・オセアニアになると、事情はかなり変わって、どこの国でも外国人入国者数は欧米の場合よりも格段に少なくなってくる。しかし、それでも、シンガポールは二五六万人と我が国のほぼ二倍、香港が二三〇万人、タイとマレイシアはそれぞれ一六八万人及び一五三万人といったように、日本よりは多くの外国人入国者がある。［補注］

［補注］　一九九三年の外国人入国者数　一九八〇年の主要国における外国人入国者数は表e－1のとおりであったが、これを一九九三年についてみると、下表のようになっており、日本の受入れ外国人数が格段に少ないという基調には、大きな変化は見られない。

すなわち、欧米諸国の多いところでは、年間二〇〇〇万人から六〇〇〇万人の外国人を受け入れているのに対し、日本は三四〇万人の受入れで、依然としてヒト桁違った水準の数字になっている。また、アジアにおいても、シンガポール、香港、タイ等は、従来どおり日本より多くの外国人を迎えており、中国の受入れも日本より多い。

このように、日本の国内だけをみれば、年々外国人の入国が増えてきて、在留外国人も多くなったように思われるのだが、外国旅行者の増加は世界的な傾向なのであって、なにも日本に特有の現象ではない。日本の外国人受入れ数は、相変わらずアジアで五、六番目のところにあり、現実は、国内の旅行関連業者が嘆きたくなるほど少ないレベルに止まっている。

ただし、アジア諸国の外国人受入れは、以前と比べると大幅にシェアを上昇させていることは明らかで、香港やシンガポールの受入れ数は相当の規模になっており、日本の受

1993年における主要国の受入れ旅行者数

○　欧米諸国		○　アジア・オセアニア諸国	
ポーランド	6,089万人	香　港	894万人
フランス	5,598	シンガポール	643
スペイン	5,385	タ　イ	576
イタリア	4,925	中　国	495
アメリカ	4,579	日　本	341
ハンガリー	2,280	インドネシア	340
イギリス	1,842	韓　国	333
オーストリア	1,785	オーストラリア	300
メキシコ	1,644	マレイシア	250
カナダ	1,504	台　湾	185
ドイツ	1,400	マカオ	165

(注)　観光白書（平成8年版）による。

入れ数も、一九八〇年にはフランスやスペインの二〇分の一以下だったのが、一九九三年には一五分の一位のところまで比率を上げている。

このように、最近の国際社会では、国境をこえての人の動きというものが、極めて一般的にみられることであり、とくにめずらしくなくなってしまっているのである。とくに欧米諸国の場合には、これだけ多数の外国人が入国してくるのであるから、外国人というものの見方が我が国のそれとは違ったものになっている面があり、外国人の入国手続といったようなことも、我が国などの目で見れば、外国人の管理を放棄してしまったのではないかと思われるようなかたちがとられていることもある。とにかく、欧米では、外国人はめずらしい存在でも何でもなく、よほど特別な事情でもない限り、外国人であるが故に内国人の注目をひくということはなくなりつつあるものと思われる。しかし、そうならざるを得ないのが欧米の実情なのであり、経済先進国のなかでは、我が国だけがまだそうした現実に迫られていない（これからも結局はそうした経験をする機会はないのかもしれないが……）のである。

日本に入国する外国人がこれほど少ない（多いのではない）のは、我が国が極東の島国であるという地理的な環境や周辺諸国の経済的な能力が欧米諸国の場合とかなり異なっているといったようなことなどによるものであろう。しかし、理由はともあれ、現実には我が国への外国人入国者が欧米からみれば少なすぎるのである。外国人入国者が少ないからこそ、我が国では、まだ、いろいろな面で日本人と外国人を区分けする考え方が一般的であり、入国手続なども伝統的な方法を維持することができているのである。外国人に対する見方とそれにもとづく外国人の出入国に関する取扱いなどについては、欧米と我が国の間にかなりのへだたりがある。しかし、欧米と日本のいずれの姿勢が正しいか正しくないか、などといった議論に入ることは、ここでは避けておこう。ただ、われわれがここで留意すべきことは、西側先進国のなかでは、日本だけが外国人入国者の極めて少ない国であり、その結果として我が国における外国人観や外国人に対する取扱いなどがやや特殊なものとなる（あるいは、そうみられる）可能性がある、という点であろう。

右にみてきたのは、単に外国人入国者についてのみである。内国人と外国人という区別の基本にかかわるものの考え方に更に実質的な関係があるのは、単なる入国者よりは在留者のほうであろう。ある国に一定期間住みつき、そこで生活しながらその国の社会や国民といろいろなかたちで接触する機会を多くもつ外国人――すなわち在留者――のほうが、その国の国民の外国人観の形成により大きな影響を与えるであろうことは明らかである。こうした意味から、我が国に入国する外国人は国際社会の大勢からみればまだまだ少ないかもしれないが、それでは我が国に在留する外国人はどうなのだろうか、という点にわれわれの関心は移っていくわけである。以下では我が国の在留外国人について考えてみることにしよう。ただ、右のような欧米の事情をみてみると、我が国における外国人の存在というものが極めて小さく映ることになり、今回行った入国者の内訳の検分などといった作業もひどく矮小なものに思えてくるから不思議である。

なお、観光白書にいう受入れ旅行者とは、さきに見た正規入国外国人又は新規入国外国人といった用語のいずれとも異なるものである。しかし、受入れ旅行者一三二万人（一九八〇年）というのと昭和五五年の正規入国外国人一三〇万人との間に大差はないので、受入れ旅行者を外国人入国者と簡単に読み替えてもとくに支障はない。

ロ　在留者数

我が国に入国する外国人について、いくつかの統計数字をたしかめ、我が国に年々入国する外国人の数は、最近次第に増加する傾向にあるとはいえ、欧米諸国などの外国人入国者数と比較した場合、ケタ違いに少ないのだということがわかる。次に、外国人在留者について、さきと同様の状況分析を試みることとしよう。

ｆ　外国人登録からみた在留者数

外国人登録制度　我が国にどれくらいの数の外国人が在留しているのかということは、外国人の入国者数をみても分からない。毎日、入国する外国人がある一方で、我が国から出ていく外国人もあり、国内に留まっている外国人の数は常に動いている。また、我が国に在留する外国人がかならず入国によって在留を開始するとはかぎらず、日本の国内で出生する外国人もあれば、もともと日本人として我が国に住んでいた者が日本国籍を失うことによって外国人になる場合もある。このような外国人も含めて、我が国に在留する外国人がどれほどいるかを知るための最も基本的な仕組みは、いわゆる外国人登録の制度である。

外国人登録という制度は、日本人の場合の戸籍又は住民登録のようなもので、我が国に在留する外国人の居住関係及び身分関係を明確に把握するため、外国人登録法

（昭和二七年法律第一二五号、以下「外登法」と略称）にもとづいて、氏名、生年月日、性別、国籍、職業、旅券番号、在留資格、在留期間、居住地などを市区町村の事務所で登録することを在留外国人に義務づけているものである。ただし、日本の国内にいる外国人のすべてが例外なしに外国人登録をしなければならないわけではない。すなわち、外登法では、外国人（日本の国籍を有しない者）は、日本に入国した場合は上陸の日から九〇日以内に、また、日本において出生した場合や日本国籍を離脱（喪失）した場合などはその事由が生じた日から六〇日以内に、居住地の市区町村の事務所で外国人登録の申請を行わなければならない（同法第三条第一項）が、入国してから九〇日以内に出国する者または出生した外国人や日本国籍を離脱した者などで出生や国籍離脱の日から六〇日以内に出国するものは登録の必要がないことになっている（同法第一八条一号参照）。また、入管法第一三条の仮上陸許可を受けている者及び入管法第一四条の寄港地上陸許可などいわゆる特例上陸許可を受けて上陸中の者（ただし、入管法第一八条の二に定める一時庇護のための上陸の許可を受けている者を除く）も、外登法（第二条）によって登録の対象から除外されている。これらの者は、もともと本邦在留を目的としておらず、上陸期間も短いので、あえてその居住関係及び身分関係を把握する行政上の必要性が乏しいものと考えられるからである。さきに述べたように、入国後九〇日以内に出国する者及び本邦出生後六〇日以内に出国する者などが登録の必要なしとされるのも、右と同様の理由によるものと考えてよい。以上は外登法登録の申請が不必要とされる場合であるが、このほかにも、条約や国際儀礼上、外国人登録が免除される場合がある。例えば、外交官もしくは領事官又はこれらの者の随員で入管法第四条第一項第一号の在留資格に該当する者、日本国の承認した外国政府又は国際機関の公務を帯びている者（入管法第四条第一項第二号該当者）及び在日の米軍又は国連軍の軍人・軍属とそれらの家族は、外国人登録をしなくともよいことになっている。

外国人登録という制度は、このように、我が国に在留する外国人のすべてを完全に網羅するものではない。しかし、外国人登録から外れているのは、我が国での在留者と呼ぶには実体の乏しい短期の観光旅行者などのほか、外交官又は軍人といった一部のきわめて特殊なカテゴリーの外国人ばかりであり、我が国における在留外国人の概況を把握する上でとくに支障があるというほどのものでもない。したがって、外国人登録の数字は、一般在留外国人の全体像をつかむうえで、やはり最も頼りにすべきものである。

外国人登録の国籍別内訳　さて、外国人登録という制度についての説明でかなり手間取ってしまったが、昭和五七年六月末現在の外国人登録国籍別人員数は表f－1のとおりである(外国人登録事務協議会全国連合会編「外人登録」昭和五七年一二月による)。

これによれば、昭和五七年の外国人登録の総数は約七九万五〇〇〇人で、その八四パーセントにあたる約六七万人が韓国・朝鮮人で占められている。韓国・朝鮮人に次いでは、台湾人なども含めた中国人が五万八〇〇〇人弱(七・二パーセント)、そして、米国人が約二万四〇〇〇人(三パーセント)となっており、この三者で全体のほぼ九五パーセントに上る。以下、フィリピン、英国、西ドイツなどの順で続くが、数は極端に少なくなっている。

この表をみて我々があらためて認識させられるのは、我が国の在留外国人を国籍別にみた場合の韓国・朝鮮人

表f－1　外国人登録国籍別人員数

(昭57・6・30現在)

国籍	人数	構成比
総数	794,535	100.0
アジア州	743,861	93.6
(うち) 韓国・朝鮮	667,348	84.0
中国	57,580	7.2
フィリピン	6,033	0.8
ヴェトナム	2,835	0.4
インド	2,149	0.3
タイ	1,808	0.2
インドネシア	1,453	0.2
ヨーロッパ州	16,750	2.1
(うち) イギリス	5,345	0.7
西ドイツ	2,889	0.4
フランス	1,924	0.2
アフリカ州	860	0.1
北アメリカ州	26,001	3.3
(うち) アメリカ	23,565	3.0
カナダ	1,749	0.2
南アメリカ州	2,999	0.4
(うち) ブラジル	1,682	0.2
オセアニア州	1,861	0.2
(うち) オーストラリア	1,354	0.2
無国籍	2,203	0.3

(注)　国籍は登録人員1,000人以上のものをとった。

の存在の際立った大きさであろう。前述した外国人入国者の国籍別内訳とは著しく異なって、外国人在留者というのはほとんどイコール韓国・朝鮮人なのである。在留外国人といったレベルで考えるかぎり、我が国にとっての外国人というのは韓国・朝鮮人につきるといわざるをえないような現実にあり、しいてあげればさらに中国人が韓国・朝鮮人から遠く下ったところで幾分かの存在感を与えているにすぎない。このことは、我が国の歴史的・地理的な条件を考えれば、極めて当然のことで、いまさら驚くべきものではないかも知れない。しかし、本当にそうだろうか。我々が在留外国人という言葉を自分の頭のなかに浮かべるとき、ここでみた数字のかたよりに比例的に対応したかたちで、まず韓国・朝鮮人を思い、そして中国人（台湾人を含む）を考えるだろうか。外国人との交流・相互理解といったことを口にする場合に、まず韓国・朝鮮人そして中国人を念頭に置くだろうか。歴史的・地理的に特別の関係があるために、逆に、我々は韓国人や中国人を、とくにその人達が長く日本に住み、日本語を話すような場合には、とりあえず「外国人」のなかまから除外しておくようなことを、意識的に又は無意識に、繰り返してはいないだろうか。誤解のないように言っておくが、いまここで述べたのは、我々日本人ひとりひとりの意識を一般的に問題にしているのであって、我が国の法律上の制度などで韓国・朝鮮人などが外国人として扱われていないなどと言っているわけではないし、また、外国人といったときにまず韓国・朝鮮人を考える日本人がまったくいないと言っているのでもない。ただ、最近の新聞やテレビなどにみられる日本人の在留外国人に対する関心が、米国人についてはともかく、極めて数の少ないフィリピン人、ヴェトナム人、タイ人などにも向けられている反面、韓国・朝鮮人については比較的無関心にすぎるのではないかと思われるので、この点について考えてみる必要はないかと言いたいわけである。さらに言えば、友好親善とか相互理解といったプラスの面で外国人を考える場合には韓国・朝鮮人を除外しておきながら、我が国にとって負担又は障害になる外国人というマイナスの面ではつねに韓国人や台湾人を最初に思い浮べるというのが、日本の社会で一般的に見られる傾向ではないかと考えられ、この辺りを我々は十分に反省してみる必要があるように思うのである。

いずれにせよ、外国人登録による外国人在留者数は、韓国・朝鮮及び中国を除くと、一挙にわずか約七万人になってしまうのである。このうち米国人が二万四〇〇〇人であるから、残りの四万六〇〇〇人のところへ約一三

○カ国の人達がわずかずつ集まっていることになる。こうした状況であるから、我が国の在留外国人は地域別にみた場合にも著しくアジアに偏っており、アジア以外の外国人はアメリカ人も含めて全体の六パーセントにすぎない。

ところで、外国人登録の数字ではたしかに韓国・朝鮮と中国だけで在留外国人の大半を占めてしまうかも知れないが、東京などでの実感としては、韓国人や中国人は外見上とくに外国人といった印象を与えることが少ない点を考慮しても、欧米人や東南アジア諸国人がもうすこし実質的な比重を占めるのではないかと思われることもあろう。そうした実感は当たっていることが多いはずである。理由は一応ふたつ考えられる。ひとつは、在留外国人の居住地域の分布にやはり偏りがあり、東京、横浜、神戸などはほかの所より米国人や英国人その他の西欧人が多く居住しているからである。もうひとつの理由は、これがより実質的なものだが、我々が街頭でよく見かける外国人は、ほとんどが外国人登録をしない短期滞在者(観光客など)であり、いわゆる在留外国人として把握すべき対象になっていない。外国人登録をする外国人――すなわち在留者――は、それぞれ特定の用務・目的があって我が国に居住しているから、あまり街頭に姿を見せないことが多いのは、我々日本人とたいして変わらない。ところが、観光旅行者は当然のことにあちこち回って歩くので、我々の目につきやすい。こうした外国観光客が、あとでもみるように、毎日五万人前後は我が国に滞在しており、その半ば以上が韓国人や台湾人以外の外国人である(表a－3参照)。このため、我々の実感としては、韓国人や中国人以外の在留外国人が外国人登録の数字よりもずっと多いように思われるのであろう。とにかく、外国人登録でみると、我が国の在留外国人は韓国・朝鮮人がほとんどであり、これに中国人を合わせて全体の九割を超える。したがって、国籍別内訳についてさらに数字を点検してみても、小さな数字をつつきまわすだけで大した意味はないであろう。ただ、韓国・朝鮮及び中国を除いた残りの七万人は、米国二万三五六五人、英国五三四五人、西ドイツ二八八九人、フランス一九二四人、カナダ一七四九人、オーストラリア一三五四人など、先進国の六カ国だけでその半ばを占めている。

外国人登録の都道府県別内訳　つぎに、在留外国人の居住地分布をみておこう。表f－2およびf－3は、外国人登録の都道府県別人員数である。まず、登録人員の最も多いのは大阪で、以下、東京、兵庫、愛知、京都、神奈川といった順になっており、外国人は大都市に集中

表ｆ－２　都道府県別　外国人登録人員数（昭57・６・30現在）

フィリピン	イギリス	西ドイツ	ヴェトナム	インド	無国籍	フランス	タイ	カナダ	ブラジル	インドネシア	オーストラリア
6,033	5,345	2,889	2,835	2,149	2,203	1,924	1,808	1,749	1,682	1,453	1,354
105	83	64	1	8	25	33	8	48	30	24	25
241	54	22	43	12	56	22	18	98	52	20	28
2,709	3,591	2,025	751	722	1,139	1,311	987	1,010	718	932	826
1,446	2,769	1,621	312	534	611	1,119	632	733	424	694	643
480	522	275	177	134	363	102	143	141	111	88	85
254	137	38	80	26	70	37	94	47	101	60	30
190	74	38	106	7	55	31	41	51	43	33	27
814	247	190	255	63	132	105	320	141	131	192	119
299	107	91	75	30	61	36	62	46	38	37	33
38	7	30	12		10	4	5	4	8	9	24
817	959	489	646	1,094	519	327	358	322	261	200	215
413	230	69	78	151	229	63	166	63	102	56	46
193	550	350	360	896	225	166	121	126	58	71	81
89	117	52	10	22	44	89	36	79	27	39	44
197	142	30	256	49	69	29	38	43	164	89	42
96	65	15	240	9	45	13	14	22	41	54	29
33	26	7	5	37	6	7	17	10	28	6	2
56	33	10	29	4	20	15	16	6	37	9	14
1,094	236	59	854	197	243	82	63	81	289	50	85
126	59	15	98	11	54	39	31	30	40	20	23

国籍は登録人員1,000人以上をとった。

して居住していることが分かる。

大阪は総数一九万六、四二五人と我が国全体の約四分の一を占め、東京の約一二万人（全体の一五パーセント）よりもかなり多い。そして、大阪の約九五パーセントは韓国・朝鮮人で、全国の韓国・朝鮮人の約二八パーセントが大阪に居住している。反面、米国人や英国人などは大阪にはあまり多くない。

東京は、大阪とは逆に、韓国・朝鮮人が約七万五〇〇〇人と比較的少なく（とはいえ、東京の在留外国人の六三パーセント）、中国人一万六、八四〇人（全国の二九パーセント）、米国人約一万人（全国の四三パーセント）、英国人約二、八〇〇人（同五二パーセント）、フィリピン人約一、四五〇人（同二四パーセント）などがかなり多く居住している。

こうした状況にあるところへ、東京には外国人観光客も多いので、在留外国人の八割以上は韓国・朝鮮人だということが実感としてはなかなかつかみにくい面がある。

兵庫には、日本全体の約一一パーセントの在留外国人（約八万六〇〇〇人）が居住しているが、中国人の多い（約九〇〇〇人、全国の一六パーセント）のが特徴である。愛知は、ほぼ大阪型で、六万人の居住外国人のうち約九四パーセントが韓国・朝鮮人である。京都（約五万人）も愛知と同様であるが、神奈川は東京型で、韓国・朝鮮人は約七〇パーセント（約三万人）と大阪や愛知などに比べればやや比率が低いが、中国人（約六〇〇〇人）及び米国人（二五〇〇人）が全国平均よりも若干多目になっている。

都道府県	総　数	韓国・朝鮮	中　国	アメリカ
（総数）	794,535	667,348	57,580	23,565
北海道	8,938	6,965	826	480
東北地方	13,928	11,034	1,437	561
関東地方	203,439	136,942	27,048	14,005
（うち）東京	119,338	74,902	16,840	10,186
神奈川	42,666	29,931	6,079	2,457
千葉	15,028	11,473	1,636	441
埼玉	14,157	11,274	1,320	492
中部地方	103,342	94,918	3,191	1,494
（うち）愛知	60,066	56,710	1,223	733
岐阜	11,305	10,792	248	73
近畿地方	362,638	331,853	18,373	3,354
（うち）大阪	196,425	186,225	6,813	895
兵庫	85,688	70,743	9,126	1,233
京都	50,083	47,136	1,227	728
中国地方	47,653	43,879	1,355	817
（うち）広島	18,841	17,018	549	406
山口	15,635	14,904	196	271
四国地方	5,811	4,621	527	207
九州地方	48,786	37,136	4,823	2,647
（うち）福岡	29,932	27,331	1,309	528

（注）　都道府県は登録人員10,000人以上，

なお、在留外国人の居住地分布は、さきにも述べたとおり、いわば大都市集中型になっているが、地域別にみると、東京・横浜から名古屋を経て大阪・神戸にいたる関東地方、中部地方及び近畿地方に在留外国人の大多数が居住している。すなわち、近畿地方には全国の半数に近い約三六万人（四五・六パーセント）の外国人が住み、関東地方には約二〇万人（二五・六パーセント）、中部地方には約一〇万人（一三・〇パーセント）が在留するので、関東・中部・近畿の三地方を合わせると全国の八四パーセントを占めることになる。これに対して、四国、北海道及び東北の各地方は、在留外国人の数が非常に少なく、四国地方などは四つの県を合計しても六〇〇〇人にみたない在留者数となっており、また、北海道・東北もそれぞれ一万人内外の外国人が在留しているにすぎない。

以上、外国人登録の国籍別内訳や居住地方分布をみてきたが、いまいちど国籍別の傾向などを整理しなおしてみると、次のようになる。まず、韓国・朝鮮人は、我が

表 f － 3　主要都道府県外国人登録人員構成比（昭57・6・30現在）

韓国・朝鮮		中　国		アメリカ		フィリピン		イギリス	
667,348		57,580		23,565		6,033		5,345	
100.0	84.0	100.0	7.2	100.0	3.0	100.0	0.8	100.0	0.7
186,225		6,813		895		413		230	
27.9	94.8	11.8	3.5	3.8	0.5	6.8	0.2	4.3	0.1
74,902		16,840		10,186		1,446		2,769	
11.2	62.8	29.2	14.1	43.2	8.5	24.0	1.2	51.8	2.3
70,743		9,126		1,233		193		550	
10.6	82.6	15.8	10.7	5.2	1.4	3.2	0.2	10.3	0.6
56,710		1,223		733		299		107	
8.5	94.4	2.1	2.0	3.1	1.2	5.0	0.5	2.0	0.2
47,136		1,227		728		89		117	
7.1	94.1	2.1	2.4	3.1	1.5	1.5	0.2	2.2	0.2
29,931		6,079		2,457		480		522	
4.5	70.2	10.6	14.2	10.4	5.8	8.0	1.1	9.8	1.2
27,331		1,309		528		126		59	
4.1	91.3	2.3	4.4	2.2	1.8	2.1	0.4	1.1	0.2
17,018		549		406		96		65	
2.6	90.3	1.0	2.9	1.7	2.2	1.6	0.5	1.2	0.3
14,904		196		271		33		26	
2.2	95.3	0.3	1.3	1.2	1.7	0.5	0.2	0.5	0.2
11,473		1,636		441		254		137	
1.7	76.3	2.8	10.9	1.9	2.9	4.2	1.7	2.6	0.9
11,274		1,320		492		190		74	
1.7	79.9	2.3	9.4	2.1	3.5	3.1	1.3	1.4	0.5
10,792		248		73		38		7	
1.6	95.5	0.4	2.2	0.3	0.6	0.6	0.3	0.1	0.1

の都道府県と登録人員5,000人以上の国籍をとった。
の構成比，右側が横欄の構成比である。

国に在留する外国人の八割以上を占めるので、沖縄（五パーセント）、鹿児島（三三パーセント）などの例外はあるが、ほとんどの都道府県では在留外国人の七〇パーセント以上を占めている。そして、大阪、愛知、京都、福岡、広島、山口、岐阜、福井、三重、滋賀などの府県では在留外国人の九割以上が韓国・朝鮮人となっている。また、東京、神奈川、千葉、埼玉あるいは兵庫などの場合は、実数としては多数の韓国・朝鮮人が居住しているが、比率的には全国平均を下回る傾向がみられる。

第二に、中国人は、東京（二九パーセント）、兵庫（一六パーセント）、大阪（一二パーセント）および神奈川（一一パーセント）に多く居住している。中国人の場合は、全体でも六万人にみたないので、

都道府県	総　　数	
総　数	794,535	
	100.0	100.0
1　大　阪	196,425	
	24.7	100.0
2　東　京	119,338	
	15.0	100.0
3　兵　庫	85,688	
	10.8	100.0
4　愛　知	60,066	
	7.6	100.0
5　京　都	50,083	
	6.3	100.0
6　神奈川	42,666	
	5.4	100.0
7　福　岡	29,932	
	3.8	100.0
8　広　島	18,841	
	2.4	100.0
9　山　口	15,635	
	2.0	100.0
10　千　葉	15,028	
	1.9	100.0
11　埼　玉	14,107	
	1.8	100.0
12　岐　阜	11,305	
	1.4	100.0

（注）　1．登録人員10,000人以上
　　　　2．構成比は，左側が縦欄

右の四都府県だけでおよそ七割に近い数字になり、これ以外のところは多い県でも一、〇〇〇人台に止まっている。

第三に、米国人（二万三五六五人）は、東京（四三パーセント）と神奈川（二〇パーセント）に集中して居住しており、関西地方には比較的少なくなっている。関西では兵庫に最も多く米国人が在留しており（約五パーセント）、大阪（四パーセント）がこれに次いでいる。

第四に、フィリピン人の場合は、順位こそ米国人に次いで四番目であるが総数六〇三三人といった僅かな在留者数である。フィリピン人在留者は、前回も述べたとおり、歌手やダンサーなどの芸能活動者が中心になっているが、東京と沖縄（七二〇人）にいくらか集まっているほかは、かなり平均的に全国に散在しているようである。

以上、外国人登録の統計を材料にして、外国在留者の国籍別内訳と地域的な分布を簡単に確認してみた。その結果、昭和五七年六月現在で、外国人登録をしている外国人在留者は全体で約八〇万人であること、このうち約六七万人は韓国・朝鮮人であり、これに続くのは中国人及び米国人であるが、それぞれ約五万八〇〇〇人及び約二万四〇〇〇人とかなり少数であること、韓国・朝鮮人の三割近くは大阪に居住していること、中国人・米国人などは東京に居住する者が多いこと、などを知った。ところで、在留外国人が約八〇万人とか在日韓国・朝鮮人が六七万人と言うと、この八〇万とか六七万とかという数字の滞在目的別又は在留資格別の内訳が当然に知りたくなるであろう。しかし、残念なことに、こうした疑問に直接答えてくれるような最新の資料は発表されていない。ただ、非常に大づかみの推計として、右にみた外国人登録の総数約八〇万人のうち、法一二六―二―六該当者(1)が七万七〇〇〇人、在留資格四―一―一六―二該当者[2]が七万六〇〇〇人、いわゆる協定永住許可[3]を受けた者が三六万人、さらに、いわゆる特例永住の許可[4]を受けた者が一三万人それぞれ含まれているものと考えられる。そして、この四者を合計した六四万三〇〇〇人は、ほとんどが韓国・朝鮮人であると思ってよい（台湾人なども含まれるが、その数は一万人にみたない）。したがって、八〇万人からこの六四万三〇〇〇人を差し引いた残りの約一六万人が、入管法第四条第一項に定める在留資格（ただし、四—一—一六—二の在留資格を除く）をもって在留している外国人であることになる。外国人登録の数字からは、一応、このように推定されるわけであるが、それでは、この一六万人の外国人在留者の在留資格別内訳はどうなっているであろうか。

（1）　法一二六—二—六該当者というのは、「ポツダム宣言の受諾に伴い発する命令に関する件に基く外務省関係諸命令の諸命令の措置に関する法律」（昭和二七年法律第一二六号）の第二条六項の規定により、入管法に定める在留資格を有することなく在留できることとされた昭和二〇年九月二日（我が国が降伏文書に調印した日）以前から引き続いて我が国に在留してきた朝鮮人・台湾人（平和条約発効の日までに本邦で出生したその子を含む）のことである。

（2）　在留資格四—一—一六—二該当者というのは、入管法第四条一項一六号の在留資格に関する法務省令（入管法の施行規則）第二条の第二号に該当する者のことで、注（1）にみた法一二六—二—六該当者の子で昭和二七年四月二八日（入管法施行の日）以後に本邦で出生したものを意味する。

（3）　協定永住許可とは、「日本国に居住する大韓民国国民の法的地位及び待遇に関する日本国と大韓民国との間の協定」（昭和四〇年一二月一八日条約第二八号）第一条に基づく永住許可のことで、戦前から引き続いて日本に居住している韓国人とその子（韓国籍を有するもの）がこの許可を受けることができる。

（4）　特例永住の許可とは、入管法の附則第七項から第一〇項まで（昭和五六年法律第八五号による改正で新たに規定されたもの）により、終戦前から我が国に在留している朝鮮半島・台湾出身者及びその子孫で在留上の法的地位が未確定なままとなっているもの（主として、いわゆる協定永住の許可を受けることのできない法一二六—二—六該当者及び在留資格四—一—一六—二該当者）に対し、入管法四条一項一四号に定める永住を許可するものである。

g　出入国記録からみた在留者数

在留外国人の在留資格別内訳は、外国人登録の数字の内訳として把握されておれば最も好都合なのであるが、外国人登録をベースにした「在留外国人統計」は昭和四九年のものを最後に法務省からは発表されていない。そこで、外国人が我が国に入出国する際に提出する出入国記録をベースに集(推)計された数字を参考にして、右にみた外国人登録約八〇万のなかの一六万人につき、その内訳を推測してみることにしよう。

在留資格別・外国人滞在者数　出入国記録のデータは、新規入国外国人をベースに収集・管理されているので、法一二六―二―六該当者、在留資格四―一―一六―二該当者、協定永住許可取得者及び特例永住許可取得者のように、もともと我が国に居住していた外国人やその子孫のデータは含んでいない。したがって、出入国記録による外国人滞在者数は、外国人登録による外国人在留者数を大幅に下回ったものとなる。ただし、単純に外国人登録の在留者数から法一二六―二―六該当者や協定永住許可取得者などの数(すでに述べたとおり、昭和五七年六月末現在では約六四万人と推定される)をマイナスすれば出入国記録による滞在数になる、というわけではない。出入国記録から把握される滞在者数は、在留資格をもって滞在または在留する外国人のうち新規に入国した者(すなわち、特例永住許可による在留資格四―一―一四該当者及び在留資格四―一―一六―二該当者といったいわば本来的外国人居住者を除外した外国人)のすべてであるので、外国人登録にあらわれてこない在留資格四―一―一該当者(外交官)、四―一―二該当者(公用者)、在留資格の如何を問わず、入国後九〇日以内に出国しようとしている者または九〇日を超える在留を予定していてもまだ外国人登録をしていない者などを含むからである。こうしてみると、出入国記録による外国人滞在者数というのは、我が国にある時点で現に存在する外国人全体の実数からは相当はなれた数字であるが、外国人登録からは分からない外交・公用者や短期滞在者、あるいは長期滞在者ではあっても実質的にみて永住者と呼ぶのは適当でない外国人について、その概況を知るうえで有効資料だということになる。

さて、表g－1は、出入国記録をベースにした外国人滞在者の在留資格別内訳である。外国人登録をベースにした「在留外国人統計」が最近は発表されていないのと同様に、出入国記録をもとにした表g－1のような数字も法務省から定期的に公表されることにはなっていない。さきにみた「出入国統計」は、毎年、かなり詳しいものが発表されているのと比較すると、在留・滞在関係の統計は若干軽視されている傾向があり、外国人に対する関心が一般市民も行政サイドもまだ表面的なレベルに止まっていることを示すものとも言えよう。しかし、滞在関係の統計が概数にしても作成されることは、我が国と外国人のかかわり具合をより具体的に考えていこうとす

表g－1 在留資格別外国人滞在者数

在留資格	昭 55・6・30		昭 57・9・30	
4－1－1（外交）		4,130		4,500
2（公用）		4,584		5,000
3	（通過）	1,343		
4	（観光）	23,575	（短期滞在）	48,400
5（商用）		3,183		5,100
6（留学）		6,499		8,300
6の2			（研修）	4,800
7（教授）		764		900
8（文化）		647		1,100
9（興行）		4,440		6,300
10（宗教）		5,248		5,400
11（報道）		156		250
12（技術提供）		25		50
13（熟練労働）		956		1,200
14（永住）		17,409		26,200
15（被扶養家族）		9,200		13,200
16－1	（短期商用等）	5,846	（日本人の配偶者・子）	11,600
3（その他）		94,963		84,200
合計		182,968		226,500

（注） 1 入管法及び同法施工規則の改正により，在留資格4－1－3は廃止，4－1－4は「観光」から「短期滞在」に変更，4－1－6の2「研修」が新設，4－1－16－1が「短期商用等」から「日本人の配偶者・子」に変更された（昭和57・1・1から施行）。

2 昭和55・6・30の数字は「出入国管理の解雇と展望」（法務省入管局）による。

3 昭和57・9・30の数字は入管局の推計による概数である。

る場合には、単なる出入国の統計よりもさらに必要性が高いものと思われる。

表g－1によれば、昭和五七年九月末日現在で在留資格をもって滞在中の外国人は約二三万人であった。外国人登録では、総数八〇万人を単純に区分けして、韓国・朝鮮人などの本来的永住者が六四万人、その他の在留資格による在留者が一六万人であったから、二三万と一六万の差が短期滞在者など外国人登録をしないで滞在している外国人だということになる。表g－1でこの点を確かめてみると、外国人登録をしないのは、外交・公用者が合わせて約一万人、短期滞在者（四―一―四）約五万人のうちの四万～四万五〇〇〇人、興行活動者（四―一―九）のなかの二〇〇〇～三〇〇〇人、在留資格四―一―一六―三のうち短期者約一〇〇〇人、それに長期滞在予定者のなかの未登録者を五〇〇〇人前後見込めば、合計だいたい六万人から七万人と推定され、外国人登録と出入国記録の数字は大きな相違なしに連係しているものと考えられる。

それでは、外国人滞在者の在留資格別内訳で主なポイントを拾ってみよう。まず第一に、観光客・通過者・短期商用者などのいわゆる短期滞在者は、毎日、約五万人が我が国に滞在している。このカテゴリーの外国人は、我が国でわずかな期間しか滞在しないが、数は年々増加しており、表g－1でみると二年間に約二倍になっている。しかし、それでも、欧米諸国などにおける短期滞在者数と比べれば、まだまだケタはずれに少ない状況にあることは、すでにみたとおりである。

第二に在留資格四―一―五の商用というのは、我が国に支店や事務所を有する諸外国の企業等から派遣された駐在員や我が国で事業を経営する外国人など（通常、長期商用者と呼ばれることが多い）であるが、その数は約五〇〇〇人と意外に少ない。もっとも、この種の外国人であっても、在留資格を四―一―五ではなく四―一―一六―三として、入国・滞在を認められている例も少なくないようなので、長期商用者の滞在数は実際にはもう少し多くなっている。しかし、あとでみる海外在留日本人の企業関係者の数と比較して、外国企業の在日駐在員は非常に少数である。諸外国がそもそも駐在員を派遣してこようとしないのならば、それはそれで仕方のないことであるが、外国側ではもっと多数の駐在員を日本に送りたいと思っても、我が国の入国・滞在の手続き又は社会事情などのなかにそれを困難にする理由があるのであれば、真剣に反省してみる必要のある問題であろうと思われる。

第三に、主に大学レベルの留学生（四―一―六）は約八〇〇〇人、大学教授（四―一―七）は約一〇〇〇人が、それぞれ滞在している。この点は、しばしば、新聞等で我が国社会の国際化のおくれた一面として取り上げられ、外国人留学生や教授をもっと積極的に受け入れる必要性が指摘されているところである。ただ、国際交流や相互理解の促進というと、まず、留学生の受入れや美術・芸術の文化交流などを考えるアプローチがどれほど実質的な効果を期待できるものであるかは、それ自体十分に研究されるべき問題点ではないかと思われる。このあたりは、後日、別の機会に考えてみることとしたい。なお、留学生八〇〇〇人、教授一〇〇〇人というのは主に大学レベルのことであって、これ以外にも、いわゆる各種学校で日本語、生花・茶道、和洋裁、美容・理容、電子技術工学、デザインなどを勉強する外国人（とくに我が国に近いアジアの諸国人）は五〇〇〇人から一万人、我が国の企業や学校に雇用されて外国語を教える外国人は一、〇〇〇人前後、いずれも在留資格四―一―一六―三で滞在しているものと推定される。

第四に、公開興行活動者は六、〇〇〇人以上が常時我が国で稼働している。このカテゴリーの外国人がいわゆる海外出稼ぎといった性格を帯びていることについては、既に簡単に説明した。新聞等ではこの種の外国人の入国数が増えることそれ自体を問題視しているような傾向がみられることもあるが、滞在者数からみるかぎり、昭和五六年に四、五〇〇人だったのが二年間で二〇〇〇人位増えた程度であり、我が国社会の規模・実情からして六〇〇〇とか七〇〇〇という数字のもつ意味をそれほど深刻に考える必要があるのかどうか、若干問題なしとしない。また、この種の外国人については、外国人労働者の受入れといったより広いフレームワークのなかで考えてみる必要もあるので、後日あらためて議論することとしたい。

第五に、永住（四―一―一四）者は、次第に増えている。出入国記録のうえでの永住者は約二万六〇〇〇人であるが、このほかにいわゆる特例永住許可を受けた者（在留資格はやはり四―一―一四）が昭和五七年六月末日現在で一三万人いる。また、同じ時点で協定永住許可を受けた者が三六万人、法一二六―二―六該当者が八万人弱、在留資格四―一―一六―二該当者がやはり八万人たらず在留するので、これらの全部を合わせると、我が国での外国人永住者は約六七万人位になる。さらに、在留資格四―一―一六―一該当者一万人以上と在留資格四―一―一六―三該当者約八万五〇〇〇人のうち一万人以上は右の永住者の配偶者や子として実質的な永住者とみることができるから、我が国に在留する外国人のうち永住者は約七〇万人であると考えればよい。したがって、我が国には七〇万人の永住者と短期滞在者なども含めて一五〜一六万人の非永住者が居住・滞在しているのである。

主要国籍別・外国人滞在者数　つぎに、出入国記録による外国人滞在者の主な国籍別の内訳をみておこう。表g－2は、表g－1でみた昭和五七年九月末日現在の外国人滞在者について、主な在留資格ごとにある程度滞在者の多い国を選んで国及び地域別の内訳をまとめてみたものである。

最初に地域別にみてみると、総数二二万六五〇〇人のうち、アジアが一四万七八〇〇人(六五パーセント)、北アメリカが四万二〇〇人(一八パーセント)、ヨーロッパ二万七〇〇〇人(一二パーセント)の順になっており、南アメリカ、オセアニア、アフリカは非常に少ない。正規入国外国人の場合(表a－1)には、アジア五二パーセント、北アメリカ二四パーセント、ヨーロッパ一九パーセントとなっていたが、滞在者数になると、アジアの比率がさらに高くなり、北アメリカとヨーロッパの比率はかなり低下している。これは、欧米からの入国者よりもアジアからの入国者のほうが我が国で滞在する期間が若干長くなっている(とくに、五日以内で出国するものの比率においては欧米人とアジア人ではかなり差がある)こと、永住者(四－一－一四)及び永住者予備軍とでもいうべき在留資格四－一－一六－一と四－一－一六－三による滞在者が圧倒的にアジア人で占められていること、などによるものであろう。地域別にみた場合の右以外の特徴としては、留学、研修、興行などはアジア人の比率が非常に高く、反面、いわゆる長期商用(四－一－五)、教授、宗教、被扶養家族などは欧米人の比重が大きくなっている。このことから、アジア人は我が国で学ぶために、あるいは働くために滞在し、欧米人は我が国との経済交流のため、あるいは教育・布教のために家族と一緒に滞在生活をしているということが、一般的な傾向として指摘できるように思われる。

つぎに国別の様子をみると、まず総数では、韓国人と台湾人がほぼ同数で最も多く(それぞれ五万二〇〇〇人、全体の二三パーセント)、ついでアメリカ人の三万六二〇〇人(一六パーセント)、中国人の約一万三〇〇〇人(六パーセント)、イギリス人約九〇〇〇人(四パーセント)、フィリピン人八四〇〇人(四パーセント)といった順になっている。

韓国人滞在者の特徴としては、短期滞在者の比率が低く、永住的滞在者が非常に多い。また、興行活動者、留学生、長期商用者も比較的多い。

表g－2　主要国籍別　外国人滞在者数（概数）（昭57・9・30現在）

4-1-6 （留　学）	4-1-6の2 （研　修）	4-1-7 （教　授）	4-1-8 （文　化）	4-1-9 （興　行）	4-1-10 （宗　教）	4-1-14 （永　住）	4-1-15 （被扶養家族）	4-1-16-1 （日本人の配偶者・子）	4-1-16-3 （その他）
8,300	4,800	900	1,100	6,300	5,400	26,200	13,200	11,600	84,200
6,600	3,500	120	470	5,000	200	25,000	5,300	7,700	63,000
1,000	400		160	1,000		10,000	2,000	2,200	29,000
3,200	150			500		13,600	2,000	2,700	16,500
1,100	900		170			200		1,000	8,000
100	300			3,500				900	1,500
300	350							300	700
400	200	300	160	460	1,500	750	3,300	1,200	5,800
150		120		170	120	170	850	400	2,400
					210	230	820	150	750
					130		320	200	700
120	280						140		300
800	200	460	400	670	3,500	360	3,900	2,000	12,200
700		440	340	590	3,100	320	3,700	1,800	11,300
300	570						200	500	1,500
					140		300	110	1,000
							230		800
									400

をとった。

び13については省略。

台湾人の場合は、永住的滞在者も多いが、短期滞在者と留学生がとくに目立って多い。反面、我が国との経済関係に比較して長期商用者が少ないのは意外な感じがする。駐在員が派遣されてこなくとも、永住者がこの面を十分にカバーしているということであろうか。

アメリカ人で目立つのは、長期商用者と宗教関係者が多く滞在していることである。また、外国人教授の約半数もアメリカ人である。短期滞在者ももちろん多く、台湾人についで第二位を占めている。

以上の三カ国以外は、滞在者数がはるかに少なくなり、滞在者の傾向も特に目立ったものはなくなるが、イギリス人は長期商用者と教授で高い比率を占め、西ドイツ人は長期商用でイギリ

	総　　数	4-1-4 (短期滞在)	4-1-5 (商　用)
総　　数	226,500	48,400	5,100
ア　ジ　ア	147,800	25,200	1,200
うち韓　国	52,000	4,900	500
台　湾	51,800	12,300	100
中　国	12,800	800	
フィリピン	8,400	1,500	
タ　イ	3,000	1,100	
ヨーロッパ	27,000	8,500	1,900
うちイギリス	8,700	3,300	600
西ドイツ	4,500	1,400	500
フランス	3,000	900	200
ア フ リ カ	2,300	530	
北アメリカ	40,200	11,200	1,800
うちアメリカ	36,200	9,900	1,700
南アメリカ	4,500	1,000	
オセアニア	4,200	1,900	130
うちオーストラリア	3,100	1,400	120
無　国　籍	500		

(注)　1．国籍は総数 3,000 以上のところ
2．概数は 100 以上のみ記入した。
3．在留資格 4-1-1，2，11，12 及

ス人にほぼ並んでいる。また、フィリピン人は、すでに度々述べたことであるが、興行活動者の比重がきわだって大きく、フィリピン人滞在者の四二パーセント、興行活動のため滞在している外国人の五六パーセントを占めている。

h　一九九六年の外国人登録者数

右に我々は昭和五七（一九八二）年頃の外国人の在留状況をみてきたが、最近までにこれがどのように変化したか。平成八（一九九六）年末の数字でこの点を簡単に点検しておくことにしよう。

表h－1のとおり、外国人登録の総数は一四〇万人を

超えて、我が国総人口の一・一二パーセントを占めている。昭和五七年にはこれが約七九万人であったから、その後の一四－一五年の間に約六〇万人、八割近く増えたことになる。

なお、外国人登録数は平成四年にはじめて総人口の一パーセントに達し、その後も年々数ポイントずつ増えているが、要は「外国人がまだ一パーセントしかいない」ことを十分に認識するのが大切であろう。

国籍別内訳　表h－2に明らかなとおり、在留外国人の国籍別内訳には、この一五年間に大きな変化が生じた。すなわち、韓国・朝鮮の人たちの比率が、実数はそれほど減っていないのに、八四パーセントから四六パーセントへと大幅に低下し、代わって中国（一七パーセント）とブラジル（一四パーセント）が大きく比率を上げ、フィリピン（六パーセント）、ペルー（三パーセント）等も比重を増した。なお、米国は、実数では四割ほど増えたが、構成比は一五年前と変わらない三パーセントとなっている。

このように、最近では、我が国に在留する外国人は「ほ

表ｈ－１　平成８（1996）年／都道府県別・国籍別（構成比）外国人登録者数

（年末現在）

	総　数（%）	中国・朝鮮	中　国	ブラジル	フィリピン	米　国	ペルー	その他
東京都	251,196（17.8）	37.2	28.7	2.2	6.7	6.4	0.8	18.0
大阪府	209,962（14.8）	81.2	10.1	2.8	1.2	0.9	0.5	3.3
愛知県	116,094（8.2）	44.2	9.6	31.3	4.8	1.5	3.1	5.5
神奈川県	103,787（7.3）	31.3	19.5	13.3	7.3	4.4	5.8	17.8
兵庫県	97,443（6.9）	70.2	13.3	4.1	1.6	2.2	0.8	7.9
埼玉県	63,879（4.5）	25.2	23.8	18.0	10.0	2.4	4.0	16.6
千葉県	56,296（4.0）	28.1	21.1	11.4	12.9	3.0	4.6	18.9
京都府	55,763（3.9）	79.7	9.4	1.5	1.5	2.0	0.6	5.3
静岡県	20,506（3.6）	14.8	6.7	56.0	7.1	1.3	6.5	7.6
福岡県	35,216（2.5）	67.9	16.9	0.8	4.5	2.9	0.9	6.1
その他	374,994（26.5）	38.8	14.2	21.7	7.5	3.3	4.1	10.4
総数	1,415,136（100.0）	46.4	16.6	14.2	6.0	3.1	2.6	11.1

（注）入管協会「在留外国人統計」（平成９年版）による。

表h－2　国籍（出身地）別外国人登録者数

（各年末現在）

年 国籍（出身地）	昭和62年 (1987)	平成2年 (1990)	平成8年 (1996)
総数	884,025	1,075,317	1,415,136
韓国・朝鮮	673,787	687,940	657,159
構成比（%）	76.2	64.0	46.4
中国	95,477	150,339	234,264
構成比（%）	10.8	14.0	16.6
ブラジル	2,250	56,429	201,795
構成比（%）	0.3	5.2	14.3
フィリピン	25,017	49,092	84,509
構成比（%）	2.8	4.6	6.0
米国	30,836	38,364	44,168
構成比（%）	3.5	3.6	3.1
ペルー	615	10,279	37,099
構成比（%）	0.1	0.9	2.6
その他	56,043	82,874	156,142
構成比（%）	6.3	7.7	11.0

（注）入管協会「在留外国人統計」による。

とんどが韓国・朝鮮のひと」とは言えなくなった。このような状況から、最近日本に住むようになった外国人が、古くから日本にいる韓国・朝鮮のひとたちと区別して、「新来の在日外国人」と呼ばれるようなことも出てきている。

一五年前には、朝鮮・韓国、台湾を含む中国、米国の三者で全体の九五パーセントを占めていたが、現在は、これにブラジル、フィリピン、ペルーを加えて、全体の約九割に当たる状況になっており、在留外国人の国籍分布は以前とはすっかり様変わりしている。こうした変化を生み出した最も大きな原因は、一九九〇年前後の日本国内における人手不足問題とほぼ同じ時期に行われた入管法改正によっていわゆる日系人の入国・就労が容易になったことである、と考えられる。

都道府県別内訳　昔は外国人登録数が一番多いのは大阪で、東京は二番目になっていたが、韓国・朝鮮の比重の低下に伴って、現在は東京のほうが大阪よりも在留外国人が多くなっている。

目立った傾向を若干拾ってみると、①大阪と兵庫、京都そして福岡は、在留外国人の大半が、従来と同様に、韓国・朝鮮のひとで占められている。②静岡と愛知では、ブラジル人が際立って多く、埼玉や神奈川にも多い。③中国人は、東京、埼玉、神奈川等に多く在住している。

表h－1からは、在留外国人の大都市集中がまだまだ顕著であるが、昭和五七年当時と比べると、それでも、徐々にではあるが集中度が低下していく傾向が窺われるようだ。

在留資格別内訳　在留外国人の在留資格別の内訳は、表h－3のとおりである。

最も特徴的なのは、現在では、永住者よりも非永住者のほうが多くなっていることであろう。昭和五七年当時は、既に見たとおり、非永住者は外国人登録者数の約二割を占めるに過ぎなかった。このように、いわゆる新来の在日外国人が過半数を占めるようになってきたことは、我が国の社会において、韓国人・朝鮮人問題以外にも、いわゆる「外国人問題」が種々存在することを多くのひとに認識させることとなり、外国人問題が法律や行政の独占状態から離れ、ひろく一般市民をも巻き込んだ議論や研究のテーマとして育ち始めたきっかけになっているようである。

次に気付くのは、新来の在留外国人が増えてきたとはいえ、実数をみると、一〇万台に届いているのは「日本人の配偶者等」と「定住者」の二つだけであり、これに続いているのは、「家族滞在」と「留学」、「就学」であっ

表h－3　在留資格別地域別外国人登録者数

（平成8年末現在）

在留資格別＼地域別		総　数	アジア	ヨーロッパ	アフリカ	北　米	南　米	オセアニア	無国籍
総　数		1,415,136	1,060,081	35,136	5,609	54,668	248,780	8,753	2,109
	構成比(%)	100.0	74.9	2.5	0.4	3.9	17.6	0.6	0.1
永住者		626,040	614,724	3,486	149	4,640	2,134	279	628
	構成比(%)	100.0	98.2	0.6	0.0	0.7	0.3	0.0	0.1
非永住者		789,096	445,357	31,650	5,460	50,028	246,646	8,474	1,481
	構成比(%)	100.0	56.4	4.0	0.7	6.3	31.3	1.1	0.2
うち日本人の配偶者等		258,847	117,143	5,330	924	11,871	122,068	1,364	147
	構成比(%)	100.0	45.3	2.1	0.4	4.6	47.2	0.5	0.1
定住者		172,882	60,949	1,236	89	2,964	107,047	125	472
	構成比(%)	100.0	35.3	0.7	0.1	1.7	61.9	0.1	0.3
家族滞在		60,783	44,499	6,107	669	7,862	591	1,002	53
	構成比(%)	100.0	73.2	10.0	1.1	12.9	1.0	1.7	0.1
留学		59,228	54,078	1,960	577	1,444	688	457	24
	構成比(%)	100.0	91.3	3.3	1.0	2.4	1.2	0.8	0.0
就学		30,079	28,501	609	73	386	82	408	20
	構成比(%)	100.0	94.8	2.0	0.2	1.3	0.2	1.4	0.0
人文知識・国際業務		27,377	12,674	4,027	87	8,702	87	1,795	5
	構成比(%)	100.0	46.3	14.7	0.3	31.8	0.3	6.6	0.0
研修		20,883	19,975	153	176	122	400	54	3
	構成比(%)	100.0	94.9	0.7	0.8	0.7	2.5	0.4	0.0
興行		20,103	18,383	929	12	364	325	90	
	構成比(%)	100.0	91.4	4.6	0.1	1.8	1.6	0.4	
技術		11,052	9,253	892	58	700	35	112	2
	構成比(%)	100.0	83.7	8.1	0.5	6.3	0.3	1.0	0.0
技能		8,767	7,673	653	9	231	83	111	7
	構成比(%)	100.0	87.5	7.4	0.1	2.6	0.9	1.3	0.1
教育		7,514	180	1,426	6	5,071	3	828	
	構成比(%)	100.0	2.4	19.0	0.1	67.5	0.0	11.0	
永住者の配偶者等		6,460	6,183	66	6	125	56	18	6
	構成比(%)	100.0	96.2	0.9	0.1	1.9	0.6	0.2	0.1
企業内転勤		5,941	3,234	1,396	10	1,131	38	130	2
	構成比(%)	100.0	54.4	23.5	0.2	19.0	0.6	2.2	0.0
投資・経営		5,014	1,727	1,498	17	1,585	34	150	3
	構成比(%)	100.0	34.4	29.9	0.3	31.6	0.7	3.0	0.1
その他		94,166	60,905	5,368	2,745	7,472	15,109	1,830	737
	構成比(%)	100.0	64.7	5.7	2.9	7.9	16.1	1.9	0.8

（注）　入管協会「在留外国人統計」。

て、いわゆる就労の在留資格により日本での生活をしている外国人がそれほど多くはない、ということである。「定住者」の多くがブラジル人等いわゆる日系人の就労者によって占められていることや「家族滞在」の相当部分は就労資格の外国人の家族であることを念頭に置いても、「人文知識・国際業務」、「技術」あるいは「技能」その他の在留資格による在留者がそれぞれ、三万、二万あるいは、一万に届いていないという状況は、我が国の人的交流がそれほど成熟していないことの証明であると考えてもよいだろう。

常識的に考えて、外国人がある程度長期にわたって日本に滞在し、日本の社会とのかかわりを深め、経済や政治あるいは文化の面で国境をこえた理解や信頼を育てていくためには、やはり仕事に就いて生活をしながら日本にすむひとたちが在日外国人の中心を占めていなければ、そうしたことの実現は無理のように思われるからである。

こうした在留外国人が、実数でも比率においても、非常に少ないという現実は、日本はドアを開いているにもかかわらず、外国から来てくれるひとが少ないことに原因があるのか、それとも、日本で働いて暮らす気持ちのある外国人は少なからず存在するのだが、日本の社会や制度等にこれを妨げるものがあるためなのか、我々はこれをよく考えてみる必要がある。

いずれにせよ、日本における外国人の在留状況は、古来の在日外国人が大半を占める段階から抜け出て、ようやく新しいステージに入りかかったところであると言えよう。

i　日本人の海外在留者数

我が国に在留する外国人は、前述したとおり、昭和五七年の半ば頃の時点で、総数が八六〜八七万人であること、このうち約七〇万人が我が国で永住する外国人であること、したがって、非永住的な在留外国人は、観光客や一時的商用者などの短期滞在者を含めても、一六〜一七万人であること、短期滞在者は毎日少なくとも五万人が我が国が訪れていること、国籍別には韓国・朝鮮人が圧倒的多数を占め、欧米人は非常に少ないこと、などが当時の主な傾向であった。こうした我が国での外国人の在留状況に対して、日本人の海外での滞在はどのような状況にあるのだろうか。外務省から発表されている「海外在留邦人数調査統計」(昭和五七年)によって、この点を確かめてみることにしよう。ちなみに、この統計は、海外に滞在する日本人が各地の日本大使館・総領事館等に提出する在留届を基本資料として、三カ月以上外国に滞在する日本人（外国での永住者を含む）の数を集計したもので、観光旅行者や短期の商用渡航者の数は含まれていないから、我が国における外国人登録の数字にほぼ対応するものとみることができる。

海外在留日本人の総数　海外に在留する日本人は、昭和五六年一〇月現在で、表ｉ－１のとおり、総数四五万八七三人となっている。我が国に在留する外国人の総数は、前回みたとおり、短期滞在者を除くと約八〇万人であるから、三カ月以上の滞在者ということで比較すると、我が国に在留する外国人のほうが海外に在留する日本人よりもかなり多くなっている。日本人の出国者が外国人の入国者の約三倍に上っているのが最近の傾向であるから、日本人の海外在留者がもう少し多くてもよさそうに思えるのであるが、三カ月を超える滞在者というのは意外に少ないもののようである。

さて、表ｉ－１をみると、日本人の海外在留状況は、国・地域別に相当分散していることに気がつく。すなわち、日本人が二〇〇〇人在留している国は二八カ国（アジア州一一カ国（地域）、ヨーロッパ州八カ国、北アメリカ州三カ国、南アメリカ州五カ国、オセアニア州一カ国）となっている。これに比べて、我が国に在留する外国人の場合（表ｆ－１参照）は、外国人登録数一〇〇〇人以上のところでも一四カ国にすぎず、二〇〇〇人以上となると僅か八カ国になってしまう。もっとも、外国人登録の場合は、韓国・朝鮮は合わせてひとつになっているし、中国の中に台湾人も香港人も含まれているので、正確に比較しようと思えば若干の修正が必要になる。しかし、何れにせよ、我が国に在留する外国人は特定の数か国に偏重しているのに対し、海外に在留する日本人の場合はかなり多くの国に分散しているということができる。

地域的に日本人が最も多く在留しているのは南アメリカ州で、全体の三七パーセント、約一七万人である。これに次いで、北アメリカ州が三三パーセント、約一五万人を占め、さらに、アジア州が一五パーセント、約七万人、ヨーロッパ州が一二パーセント、五万人強となっている。このように、我が国に在留する外国人の場合にはアジア州が全体の九四パーセント、なかでも韓国・朝鮮だけでも八四パーセントに上っているのと比較すると、日本人の海外在留分布は非常に異なった傾向を示している。とくに南・北アメリカについては、我が国に在留する者はそれほど多くないのに、日本人海外在留者の約七〇パーセントが集中しており、きわだった相違をみせている。

つぎに、日本人海外在留者の国別分布をみると、ブラジルとアメリカが抜き出て多く、それぞれ一三万人内外（二八〜二九パーセント）となっており、これに続いて、アルゼンティン一万六〇〇〇人、西ドイツとカナダが約一万四〇〇〇人、イギリス一万二〇〇〇人、シンガポール九〇〇〇人、ペルー、香港とフランスが約八〇〇〇人内外などとなっている。ブラジル、アメリカ、アルゼンティン、カナダといった移民受入国に日本人在留者が多いのは容易に理解できることであるが、我が国に在留する外国人との比較でみた場合、韓国・朝鮮や台湾のように極端な例（これらの地域がむかし我が国の植民地であったことを考えれば、韓国人や台湾人が他の国の人よりもはるかに多く我が国に在留しているのは極めて自然なことなのである。）を除けば、かなり多くの国について、それらの国から我が国に来て在留する人よりも我が国から出て行って在留する日本人のほうが多いという事実であり、われわれがよく考えてみなければならないポイントではないかと思われる。

表ｉ－１　海外在留日本人

（昭56・10・１現在）

国籍		人数	構成比
総数		450,873	100.0
アジア州		68,488	15.2
（うち）	シンガポール	9,078	2.0
	香港	7,904	1.8
	インドネシア	6,792	1.5
	タイ	6,768	1.5
	中国	6,601	1.5
	台湾	5,359	1.2
	イラク	4,425	1.0
	フィリピン	4,365	1.0
	マレイシア	3,539	0.8
	サウジアラビア	3,172	0.7
	韓国	2,836	0.6
ヨーロッパ州		53,274	11.8
（うち）	西ドイツ	13,942	3.1
	イギリス	11,724	2.6
	フランス	7,591	1.7
	イタリア	3,161	0.7
	ベルギー	2,829	0.6
	スペイン	2,767	0.6
	スイス	2,132	0.5
	オランダ	2,127	0.5
北アメリカ州		146,476	32.5
（うち）	アメリカ	126,704	28.1
	カナダ	13,508	3.0
	メキシコ	3,570	0.8
南アメリカ州		168,016	37.2
（うち）	ブラジル	131,363	29.1
	アルゼンティン	15,984	3.5
	ペルー	8,408	1.9
	パラグァイ	4,925	1.1
	ボリビア	3,798	0.8
アフリカ州		7,457	1.7
オセアニア州		7,162	1.6
（うち）	オーストラリア	5,703	1.3

㊟　国（地域）は2,000人以上のところをとった。

この点は、海外在留日本人を永住者と長期滞在者に分けてみると、さらに明確なイメージをもってくるので、さきに永住者と長期滞在者の内訳をみておくことにしよう。

日本人海外永住者数　表i－2は、右にみた海外在留日本人の内訳として、昭和五六年における永住者数の多い国を拾ってみたものである。まず、永住者の総数は、約二五万人で、海外在留者の約五五パーセントである。

つぎに、永住者の地域別分布をみると、南アメリカ州が六四パーセント(約一六万人)、北アメリカ州が三二パーセント（八万人弱）となっており、南・北アメリカに日本人海外永住者の九五パーセントが集中している。そして、特徴的なのは、海外在留日本人の総数では南・北アメリカ間にそれほど大きな差はなかったのに、永住者の数になると、南アメリカが北アメリカの二倍になっていることとである。このことから、南アメリカ在留の日本人はほとんどが永住者であること、北アメリカ在留の日本人は、

表i－2　主要国別　日本人海外永住者数

（昭56・10・1現在）

国籍	人数	構成比
総数	246,142	100.0
アジア州	7,173	2.9
（うち）中国	4,813	2.0
タイ	761	0.3
韓国	527	0.2
ヨーロッパ州	3,749	1.5
（うち）英国	857	0.3
スイス	575	0.2
西独	502	0.2
北アメリカ州	77,710	31.6
（うち）アメリカ	66,360	27.0
カナダ	9,388	3.8
メキシコ	1,175	0.5
ドミニカ	528	0.2
南アメリカ州	156,494	63.6
（うち）ブラジル	124,240	50.5
アルゼンティン	15,115	6.1
ペルー	7,530	3.1
パラグァイ	4,690	1.9
ボリビア	3,489	1.4
アフリカ州	27	0.0
オセアニア州	989	0.4
（うち）オーストラリア	751	0.3

(注)　国は500人以上のところをとった。

意外に永住者が少なく、約半数が永住者であることなどが分かる。南・北アメリカは何れも移民受入地域ではあるが、日本人に関する限り、北アメリカは南アメリカの半分の比重を占めるにとどまっている。

日本人永住者の国別内訳では、ブラジルが一二万人強（五〇・五パーセント）で第一位、アメリカが七万人弱（二七パーセント）でこれにつぎ、さらに、アルゼンティンが一万五〇〇〇人、カナダ九〇〇〇人、ペルー七五〇〇人、中国とパラグァイが五〇〇〇人弱となっている。さきにも述べたが、南アメリカの各国で日本人在留者の九割以上が永住者であり、ブラジルやアルゼンティンでは永住者が九五パーセントを占めている。北アメリカでは、アメリカで永住者の比率が五二パーセントに下がるが、カナダでは日本人在留者の七割が永住者となっている。アジアとヨーロッパでは、永住者の数も比率も低くなっているが、中国では永住者が日本人在留者全体の七三パーセントを占め、また、スイスの日本人在留者の三割弱が永住者であることが若干目立っている。我が国に在留する外国人約八〇万人のうち、永住者は約七〇万人であること、その大半は韓国・朝鮮人と中国・台湾人で占められること、したがって、欧米諸国人の我が国での永住者はごく僅かであること、などは既にみたとおりであるが（表g－2など参照）、これと比較すると、日本人の永住者は、海外在留者の約半数であり、南アメリカ及び北アメリカに大半が集中しているとはいえ、ヨーロッパにも三七〇〇人が在留するなど、いくぶん広く散っているようである。

日本人長期海外滞在者数　さて、日本人の海外永住者の状況は右にみたようなものであったが、海外在留日本人の総数四五万人から永住者二五万人を引いた残りの二〇万人が昭和五六年当時における長期海外滞在者である。長期滞在者のなかには永住者に転化する人も相当数含まれるものと思われるが、大多数は早かれ遅かれ日本に戻ってくる人達である。このような日本人が約二〇万人世界の各地に在留しているわけであるが、こうした人達の在留地別・職業別の内訳をみたのが表i－3である。

まず、地域別の分布をみてみると、最も多いのは北アメリカ州で約七万人（三四パーセント）、次いでアジア州が約六万人（三〇パーセント）、ヨーロッパ州が約五万人（二四パーセント）となっており、南アメリカ、アフリカ及びオセアニアの各州には日本人長期在留者数がかなり少なくなっている。とくに、日本人永住者の六四パーセント（約一六万人）が在留している南アフリカ州には、長期滞在者は一万二〇〇〇人しか居住しておらず、この地域が

表ⅰ－3　主要国別・職業別　日本人長期海外滞在者数

（昭56・10・1現在）

国（地　域）名	総　数	民間企業	報　道	自由業	留学生等	政府職員	その他
総　数	204,731	139,368	1,505	3,930	34,731	15,364	9,833
アジア州	61,315	52,004	344	385	1,331	5,296	1,955
うち							
シンガポール	8,995	8,148	26	7	38	266	510
香港	7,802	6,900	38	51	43	247	523
インドネシア	6,786	5,962	21	47	22	687	47
タイ	6,007	4,590	70	68	63	957	259
台湾	5,100	4,677	1	58	162	191	11
フィリピン	3,952	3,023	14	46	83	615	171
マレーシア	3,464	3,009	4	8	17	403	23
イラク	4,425	4,368	0	0	9	48	0
サウジ・アラビア	3,170	3,028	0	5	3	113	21
ヨーロッパ州	49,525	26,115	476	2,642	12,192	3,539	4,561
うち							
西ドイツ	13,440	7,134	73	647	3,745	483	1,358
英国	10,867	7,990	106	178	1,788	458	347
フランス	7,325	1,952	120	696	3,185	667	705
北アメリカ州	68,766	41,940	524	758	20,211	2,850	2,483
うち							
アメリカ	60,344	35,810	481	527	18,633	2,042	1,868
カナダ	4,120	2,352	6	81	1,308	198	175
南アメリカ州	11,522	9,276	40	35	122	1,648	401
うち							
ブラジル	7,123	6,287	27	4	70	732	3
アフリカ州	7,430	5,579	79	46	99	1,531	96
オセアニア州	6,173	4,454	42	64	776	500	337
うち							
オーストラリア	5,042	3,740	41	34	684	305	238

(注)　国（地域）は3,000人以上のところをとった。家族の数を含む。

日本人にとってはほとんど完全な移住地域となっている（日本人在留者の九三パーセントが永住者）ことが分かる。

つぎに国別の在留状況をみると、日本人長期海外滞在者が最も多いのは、きわめて容易に推測されるとおりアメリカであって、アジア州全体の日本人長期滞在者数にほぼ相当する約六万人がここに居住しており、これは日本人長期海外滞在者の約三割にあたる。日本人長期滞在者が二番目に多いのは西ドイツであるが、数は一万三〇〇〇人程度であり、アメリカよりは大幅に少なくなっている。西ドイツに次いで日本人長期滞在者が多いのはイギリスで、ここに約一万一〇〇〇人が在留しており、また、フランスにも七〇〇〇人以上の日本人が長期滞在している。

アジアの各国については、シンガポール（約九〇〇〇人）、香港（約八〇〇〇人）、インドネシア（約七〇〇〇人）、タイ（六〇〇〇人）、台湾（約五〇〇〇人）の順で日本人が多く長期滞在しているが、特定の国に集中して多数の日本人長期滞在者がいるという傾向はない。こうした状況のなかで若干目立つのは、韓国での日本人長期滞在者数が三〇〇〇人にみたない（二三〇〇人）という事実であろう。地理的に日本から最も近く、日本の貿易の相手国として非常に大きな比重を占める韓国には、少なくとも台湾なみの日本人が長期滞在していてもおかしくはないのではないかと思われるが、どうしてこのように少ないのであろうか。

第三に、日本人長期海外滞在者の地域別・国別分布は、おおむね右にみたような状況にあるが、その在留目的別の内訳がどうなっているか、表ｉ－３の職業別分類の数字でみてみよう。

ところで、ここで我々がみている長期海外滞在者数というのは、さきに点検した我が国に在留する外国人についての数字のうち、表ｇ－１に示される在留資格によるいわば外国人滞在者のなかの一二—三万人にほぼ対応するものである。すなわち、外国人登録数八〇万人のうちの六四—五万人は韓国・朝鮮人など本来的な永住者であり、また、在留資格四—一—一四による在留者が三万人足らずであるので、この両者を合わせて六七—八万人が正式に日本での永住を認められた外国人であるということになり、その結果、非永住者としての外国人長期在留者は一二〜一三万人だと考えてよいことになるわけである。なお、このうちさらに二〜三万人が、まだ正式に永住を許可されたわけではないものの、実質的には永住者的な存在であると推定できることについては既に述べたとおりである。

さて、我々がここでみている日本人長期海外滞在者数というのが表g－1から在留資格四―一―四の大部分、四―一―九の約半数、四―一―一四の約三万人など合計約一〇万人を差し引いた数字にほぼ対応するということを念頭において、表i－3の職業別内訳をみると、まず、民間企業関係者の比重の大きさに驚かされる。日本人長期海外滞在者の総数二〇万人のうち約一四万人は民間企業関係者なのである。民間企業関係者というのは、海外に比較的長期の出張または駐在というかたちで滞在している民間企業の経営者または社員、あるいは海外で事業を経営している日本人、これらの人達の家族などすべてを含むものではある。しかし、いずれにせよ、日本から出て行って海外に長期滞在する人達の約七割が民間企業の関係者であるという事実は、日本人の海外における経済活動の活発さ(言いかえれば、エコノミック・アニマル的な物凄さ)を物語るものであろう。日本に在留する非永住外国人一二〜一三万人のなかに外国の民間企業関係者がどれほどいるか、在留資格四―一―五該当者は僅かに五〇〇〇人にすぎず、在留資格四―一―一五及び四―一―一六―三該当者のなかの相当部分がいわゆる商用または事業活動者とその家族だと仮定してみても、これらを合わせて外国企業関係者が八万人も九万人もいるとは考えられず、多く見積ってもせいぜい四万人というところではないかと思われる。

このように日本人長期海外滞在者の七割を占める民間企業関係者の地域別・国別分布はどうかというと、地域別では、長期海外滞在者の総数では北アメリカが最も多かったのであるが、民間企業関係者の場合はアジアに最も多く滞在しており(五万二〇〇〇人、三七パーセント)、次いで北アメリカ(四万二〇〇〇人、三〇パーセント)、ヨーロッパ(二万六〇〇〇人、一九パーセント)となっている。ところが、国別にみた場合は、やはりアメリカが最も多くて三万六〇〇〇人(二六パーセント)に上り、以下は数が相当少なくなって、八〇〇〇人前後がシンガポールとイギリス、七〇〇〇人前後が西ドイツと香港、六〇〇〇人前後がブラジルとインドネシアに滞在している。我が国と諸外国との経済交流の様子がこうした数字からもうかがわれるのであるが、そうした意味において、フランスでの民間企業関係者の滞在が二〇〇〇人というやや低いレベルにあることが目につく。

職業別にみた場合に気が付く第二の点は、留学生や研究・調査のために海外に長期滞在する日本人の状況である。こうした人達は、総数で約三万五〇〇〇人が海外にいるが、地域別にみると非常にかたよった傾向を示しており、北アメリカに二万人（五八パーセント）およびヨーロッパに一万二〇〇〇人（三五パーセント）と、この両地域だけで九三パーセントを占めてしまい、アジアなどには非常に少ない。日本人の外国文化受入れの基本姿勢がいまでも「脱亜入欧」的であるのは反省されるべきだなどと最近しばしば指摘されているが、日本人留学生などの数字にもこの傾向がはっきり現われているのである。

日本人留学生などは、このように欧米諸国にのみ偏在しているが、これを国別にみると、半数以上はアメリカに滞在している（二万九〇〇〇人、五五パーセント）。アメリカに次ぐのは西ドイツであるが、数は四、〇〇〇人足らず（一一パーセント）と大分少なくなり、フランスにも三〇〇〇人以上（九パーセント）の日本人留学生が滞在している。イギリスとカナダはさらに少なく、それぞれ一八〇〇人および一三〇〇人となっているが、それでもアジアへの日本人留学生よりは少なくはない。さきにフランスには日本の企業関係者の滞在が少ないことをみたが、日本人のフランス滞在者の場合は、企業関係者よりも留学生など学術関係者のほうが多くなっている（フランス滞在者の四三パーセント）のが特徴である。

j　我が国での外国人在留者のサイズ

我が国に在留する外国人の状況をつかむために、ここまでと今回の二度にわたって、かなり細かく外国人の日本在留状況と日本人の海外在留状況をみてきた。前にも述べたことだが、我が国と外国人のかかわり合いをできるだけ実質的にとらえるためには、入国よりも在留のほうが重要な意味をもつものと思われるからである。それでは、こうした意味からいくつかの数字を確かめた結果、どのようなことが分かっただろうか。以下に主要な点をまとめてみることにしよう。

第一に、我が国に在留する外国人の総数は、観光客や短期商用者のようないわゆる短期滞在者などを除くと、だいたい八〇万人である。この八〇万人という数字を多いとみるか、少ないとみるか、これがひとつの問題である。

日本人の海外在留者は四五万人であるから、これと比較すれば、我が国は出て行く日本人よりも入ってくる外国人のほうが多いということになるかもしれない。そして、我が国は国土が狭く、人口が過多で、資源も乏しいのだから、移民の受入れを厳しく制限するのはもちろんのこと、我が国に長期在留する外国人はできるだけ増えないようにしなければならないところを、海外に在留する日本人よりも多くの外国人が我が国に在留しているのだと考えれば、外国人の受入れはリベラルに行われており、在留外国人の数もそれなりに多いのだということになろう。

しかし、こうした見方にはいくつかの弱点がある。ひとつは、国土狭小・人口過多・資源欠乏を理由として外国人とくに移民の受入れを制限的に考えなければならないとする尺度そのものが、現在においても有効な(または正当な）考え方といえるのかどうか、という問題である。この点は、非常に大きな問題であり、よく考えてみなければならない。

つぎは、諸外国とくに欧米先進国における在留外国人数と比較してみた場合にどうだろうか、という問題である。アメリカやカナダのようないわゆる移民受入国として我が国で有名な国と我が国を比べれば、大きな違いがあるのは当然だということになろう。それでは、西欧の先進諸国はどうか。たとえばフランスはどうであろうか。フランスの場合も、基本的には移民受入国である。第一次大戦後にはイタリア、ベルギー、スペインなどの周辺国から多くの外国人労働者を受入れ、第二次大戦後はアルジェリア、モロッコ、チュニジアなどアフリカの旧植民地から多数の移民労働者が入った。そして、ＯＥＣＤの調査報告によれば、一九八〇年のフランスにおける移民労働者などは約四一五万人に上っている。ちなみに、フランスの総人口は五四〇〇万人であるから、国内に在留する外国人の比重がどれほど大きいかが分かろうというものである。また、西ドイツにも、在留外国人は多く、トルコ人、ユーゴスラヴィア人、イタリア人、ギリシャ人など四四五万人（一九八〇年）が在留している。また、スイスの場合でも九〇万人の外国人が居住している。このようにみてみると、ヨーロッパの先進諸国においても、程度の差はあれ、アメリカやカナダと同様に、外国人労働者を含む長期在留者を非常に多く受け入れているのである。したがって欧米先進国との並びで比較すると、我が国の在留外国人数はやはり非常に少ないのだと考えなければならないことになろう。

第二に、国籍別には、我が国に在留する外国人の八四パーセントは韓国・朝鮮人であり、中国人と合わせると九〇パーセントを超えており、アメリカ人は三パーセントにすぎず、イギリス人、西ドイツ人なども一パーセントにみたない。このことから、我が国の在留外国人とは韓国・朝鮮人を意味するものであり、これを正しく認識することから我が国の外国人問題の議論がスタートすべきであるということがいえる。韓国・朝鮮人あるいは中国・台湾人を抜きにして外国人とのかかわりを問題にしてみても、アメリカ人の場合は若干一般的な意味がないとはいえないが、その他の国の人達については、非常に特殊・個別的な意味合いしか認められない議論になってしまうであろう。

年春、中曽根首相がアセアン五カ国を歴訪して提案した「二一世紀への友情計画」なる人的交流プログラムは、各国から毎年一五〇〇人の青少年を我が国に短期留学させるといっただけの、見方によってはそれほどドラマチックな内容のものではないのに、我が国の新聞等でかなり派手に取り上げられ、また、各国首脳もその提案を相当高く評価している旨伝えられた。これなども、その背景にこれまでのところアセアン各国から我が国への留学生が非常に少ないという現実をおいてみると、一カ国について僅か一五〇人の招待計画でもかなり大きな意義を与えられるものになってくるのだということが分かる。こうした例でも示されるように、我が国の外国人在留者とひと口にいっても、国籍別では韓国・朝鮮人及び中国・台湾人がほとんどを占めてしまい、しいてあげればさらにアメリカ人を追加できるかといったくらいのところで、これ以外の国から我が国に来て在留している外国人というのは全部合わせてもたったの五万人程度にすぎないのだという事実は、我々が十分に認識しておく必要のあるポイントなのである。

第三番目のポイントは、我が国の在留外国人約八〇万人のうち、六七〜六八万人は永住者なのだということである。そして、この永住者の大多数は、国籍では韓国・朝鮮及び中国・台湾であり、また、我が国の旧植民地人として戦前から日本に住みついていた人達とその子孫なのである。したがって、形式的にはともかく実質的には、これらの永住者を我々が意識的に日本の国に受け入れてきたかのようにカウントするのはかならずしも適当でないような面がある。つまり、在留外国人が多いか少ないかという問題意識は、意識的に多く外国人を受け入れているかどうかという国の開放度をはかる視点が前提となっているわけであり、このような意味においては、永住者のほとんどが我が国が意識的にその入国・在留を認めたものとは言い難いように思われるからである。こうしてみると、我が国が正式に入国・在留を認めた外国人といえるのは、在留資格四―一―一四（永住）の一部を含めて考えてみても、せいぜい一三〜一四万人にとどまるものと言わなければならないのかも知れない。我が国の外国人永住者が六七万人、我が国から外国に永住している日本人が二五万人という二つの数字を比較する場合にも、単純に引き算をして永住者の受入れに関する限り我が国は入超だと思ってはならず、我が国は戦後一貫して永住者の入国を制限してきており、一定期間の滞在後に正式に永住許可を与えられた外国人在留者というのは極めて少数にとどまっていることを認識しておく必要がある。要するに、六七万人という外国人永住者の存在は、我が国の人的交流における開放度をはかるうえでそれほど積極的な意味をもつものと考えることはできない、ということである。

第四には、第三のポイントとうらはらの関係にあることであるが、我が国に在留する非永住的外国人は一二〜一三万人すぎない。この数字にほぼ対応するものと考えることのできる日本人長期海外滞在者数は、すでにみたとおり、約二〇万人であるから、この点では我が国はやはり出超になっている。

この非永住外国人在留者の国籍別内訳をみると、韓国・朝鮮人（もっとも朝鮮籍の人で非永住在留者というのはほとんどゼロと考えてよいから韓国人だけだということになる）が約三万人、台湾人が約一万五〇〇〇人、中国人が六〇〇〇人前後、アメリカ人が二万四〇〇〇人程度となっており、残りの五万人前後がその他の国籍の外国人の合計である。これらの数字とそれぞれの国における日本人長期滞在者数を比べてみると、我が国に受け入れている外国人のほうが多いところは、まず韓国、そして台湾、中国、さらにフィリピンがぎりぎりでこのなかに入ってくるか、といった状況で、他のほとんどの国は我が国からの長期滞在者のほうがかなり多くなっている。我が国からの人的出超ぶりをいくつかひろってみると、アメリカに約三万五〇〇〇人、西ドイツに約一万人、イギリスに約五〇〇〇人、フランスやブラジルでも約五〇〇〇人、シンガポールでは約八〇〇〇人、インドネシアで五〇〇〇人などとなっている。このように、我が国は、韓国、台湾及びフィリピン以外の国との関係では、我が国に受け入れる長期在留者よりも相手国に受け入れてもらう日本人長期在留者のほうが常に相当上回っていることになる。こうした事実をまえにして我々が考えなければならないことは、我が国の物価水準の高さや地理的条件などからいって、そもそも我が国は外国人が喜んでやって来て住んでみるところではなくなっていることもあるが、それにもかかわらず我が国に入国して一定期間滞在することを希望する外国人に対してまで、政府及び民間の両レベルにおいて、あまりに警戒的な姿勢がとられている面がないかどうか、ということである。このことは、前にも我が国への入国者が少ない点に関連して述べたことであるが、在留者についても当然ながら同様の反省が要求され、とくに東南アジアの発展途上国からの入国・在留希望者についてはこうした注意がことさら必要とされているものと思われる。不必要に厳しい、国際社会の常識からみて並外れて制限的な外国人の受け入れ方は、我が国の閉鎖性、独善性を非常に強く印象付けることになり、諸外国との相互理解を大きく阻害するおそれがあるからである。

つぎに、非永住的外国人在留者の滞在目的別の内訳でいくつか特徴的なポイントをみて、この項をしめくくることにしよう。

最初は、商用目的の在留者数が、日本人の海外長期滞在者の民間企業関係者の数と比較して、格段に少ないことである。日本人長期海外滞在者の約七〇パーセント(アジアの場合には八五パーセント)がいわゆる商用目的の滞在者であることを考えれば、外国から我が国への商用目的による入国・滞在の認め方が若干制限的にすぎるのではないかとの心配がある。とくに、周辺諸国の場合には経済発展のレベルで我が国との間に相当のへだたりがあるわけだから、入国・在留の判断基準として我が国では一般的に理解される尺度が用意されていたとしても、周辺諸国の物差しではそれが相当厳しい内容のものになっているおそれはある。先進国はともかくとして、我が国周辺の発展途上国からの商用入国希望者が、相当程度まで内容や規模の充実した企業の経営者や社員でなければ、容易に入国が認められず、また、希望どおりの期間在留できないようなことがあれば、我が国としてはよく考え直してみなければならない問題であろう。

さらに、我が国に在留する外国人留学生などいわゆる学術関係者は、新聞や雑誌で多くの人が指摘しているとおり、たしかにかなり少ない。日本人の外国滞在中の留学生などが約三万五〇〇〇人であるから、我が国に在留中の外国人留学生は大体その四分の一である。もっとも、いわゆる各種学校や専修学校などに学ぶために在留中の外国人も相当数いるので、広い意味での留学生は日本人の外国留学生の約半分位にはなるであろう。いずれにせよ、商用目的の在留者数ほどギャップは大きくないものと思われる。ところで、我が国の国際化をすすめるために留学生をもっと多く受け入れようとの意見がしばしば見られる。日本に留学を希望する外国人がたくさんいるのに、大学の入学の認め方または政府の入国の認め方が難しいために、かなりの外国人が我が国への留学を断念しているような現実があれば大変であるが、そうした事実が生じないよう十分に配慮することも大切である。表

e―2から明らかなとおり、日本への留学生というのは、ほとんどがアジアの諸国からであり、アメリカやヨーロッパからはほとんど来ていない。経済摩擦のなかから欧米先進国民の日本に対する認識に変化が生じれば、それらの国から我が国への留学生が増える可能性もあるが、当分の間はやはり我が国への外国人留学生はもっぱらアジアから来るものと考えておいてよかろう。アジアの諸国から我が国への留学は、それらの国と我が国の経済格差が大きいために、それらの国の人達にとって非常に経済的な負担が大きなものとなる。したがって大学その他の学校への入学基準を緩和することも必要であろうが、アジア諸国人が我が国へ留学しやすくするためには、我が国で働きながら学問することができるみちを開くことが最も肝心なポイントになるであろう。我が国の場合も、ひと昔まえには、多勢の人達が欧米先進国へ出かけて、皿洗いその他の単純労働などで学費を稼ぎながら相当長期間の勉強を重ね、それが我が国の近代化と発展に相当寄与したことがあり、これからは我が国がそのおかえしをしなければならない時代に入りつつあるようである。国費留学生のわくを大幅に拡大すべしとの意見も強い。しかし、そうしたアプローチは、その重要性を軽視するものではないが、おのずと種々の限界が大きくなり、留学生受け入れの中心的方法として採用すべきものではなかろう。基本は、やはり、外国人留学生などが我が国社会のなかで苦労しながらも自分の力で勉強できる環境を整えることであり、それができるようになってはじめて、外国人留学生の我が国に対する愛情や理解が育ち、日本社会も外国人に対して開かれたものとなるのであろう。

最後に、外国人労働者の問題である。これは移民又は永住者の受け入れとほぼ同じ性質の問題であるが、我々がこれまでみてきた統計数字のなかには我が国での外国人労働者の在留状況を説明するものは何も出てこなかった。移民を受け入れず、外国人労働者の入国は原則として認めないという我が国入国管理行政の基本方針にかんがみて、このことは至極当然な面もある。しかし、例外的に入国・在留を認められた外国人労働者が一定数存在することも事実であり、また、なによりもこの問題が商用入国者や留学生あるいはいわゆる短期滞在者の取扱いにもかかわる基本的な性格のものであることを考えれば、我々はより具体的に我が国における外国人労働者の問題を研究する必要があるように思われる。

2　我が国における外国人問題の諸様相

これまで、我々は、我が国に入国又は在留する外国人がどれ位いるのか、それは他の先進諸国の場合に比較して多いのか少ないのか、海外に旅行又は在留する日本人はどうなのか、といったようなことについて、やや詳しく点検してみた。その結果、日本国内における外国人という存在についての基礎的なデータとしては、おおよそ、次のようなことが主要なポイントであることを知った。すなわち、

(1)　我が国における外国人は、入国者にしても在留者にしても、絶対数あるいは人口比など種々の尺度でみた場合、欧米先進諸国などと比較して、まだまだ非常に低いレベルにある。

(2)　我が国の外国人というのは、数的にみれば、もっぱら韓国・朝鮮人及び中国・台湾人を意味するものと考えなければならない。

(3)　我が国に在留する外国人は、ほとんどが終戦前からの在留者又はその子孫であり、我が国が意識的に受け入れた外国人とは言い難い存在である。

(4)　我が国が意識的に入国を認めたことにより現在在留している外国人は、多く見積もっても一五万人を超えることはなく、このうちの約半数はやはり韓国人や中国・台湾人で占められるので、その他の在留外国人はさらに少ない数にとどまっている。

(5)　我が国に入国又は在留する外国人と海外に旅行・滞在する日本人を比較すると、やはり我が国の出超ぶりが目立ち、このことは、一面において、我が国よりも諸外国のほうが外国人の受入れにより柔軟な対応をとっていることを物語るものと考えられる。

おおよそ以上のようなことが、我々が我が国における外国人の法的地位をあれこれ考えてみる場合にまず知っておかなければならない「我が国における外国人」の実体であった。このように、現在の我が国における外国人という存在は、我が国での法的地位を考える場合の主たる対象である在留外国人の数が約八〇万人、我が国の人口に占める比重が一パーセントに満たない、規模としては非常に小さなものである。もっとも、我が国における在留外国人の数が少ないこと、特に戦後我が国に入国して住みついている外国人が極めて少数にとどまることは、そういう状態を実現・維持することがこれまで我が国入国管理行政の主たる目標の一つだったのであるから、

言ってみればしごく当然の結果なのである。ところが、在留外国人が先進諸外国に比較して非常に少ない現状にあるにもかかわらず、我が国では、かなり以前から、在留外国人に対する処遇の問題、国内における外国人と日本人とのかかわり合いの問題、いわゆる「好ましからざる外国人」の問題などが、政府レベルあるいは報道機関などによってしばしば採り上げられてきたし、在日外国人から日本の政府や社会に対する不信や不満がいろいろなかたちで表明されたりしてきた。他方、難民問題や貿易摩擦などを契機として、最近では、国際摩擦の解消又は我が国と諸外国との間の相互理解を増進するという見地から我が国への外国人の受入れという問題を見直す動きも出はじめ、国内に外国人が少ないという事実をかならずしも我が国にとってのメリットとは考えないで、外国人受入れの拡大を具体的に探究するような議論も見られるようになった。

本節では、こうした我が国における外国人問題について、いくつかの主要なポイントを概観し、法的地位問題研究の基礎固めをすることとしたい。我が国の外国人問題というのは、右で簡単に述べたように、在留外国人の規模とは無関係に問題としてのひろがりがいろいろ多岐にわたっており、どのような角度から考えるべきポイントを拾い上げるかがなかなかむずかしい。

そこで、以下では、これからの議論のベースをみつける意味で、かつての国会での論議を紹介しておこう（一九八三年三月五日の衆議院予算委員会において民社党の中野寛成議員と秦野法務大臣（及び田中入国管理局長）間で行われた質疑応答（「第九八回国会衆議院予算委員会第二分科会議録第二号」（昭五八・三・五付け））による）。ここに紹介する国会での論議は、我が国の外国人問題に関する数多くの基本的なポイントを網羅した、非常に興味深い内容のものであるよう思われる。かなり長い引用になるが、是非ともよく読んで頂きたい。なお、議論はもっぱら在日韓国人について展開されているが、我々はすでに在日韓国人こそが在日外国人の中心的存在であることを知っており、在日韓国人を考えることは在日外国人を考えることとほぼイコールだと考えてよいはずである。また、議論のなかで「日韓法的地位協定」とか「協定永住権者」などの言葉が出てくるが、これらについてはすでに触れてあるので、あらためての説明は省略する。

○中野議員　私は、在日韓国人の権益擁護の問題、また法的地位向上の問題についてお伺いをしたいと思います。

……

特に在日韓国人、その中でも協定永住権者と言えば、これは歴史的に見て、いったん日本の国策にのっとって強制的に日本人とされ、そして戦争が終わって、あなた方は韓国人ですよとまたもとに戻されてしまったというふうないきさつもあるわけですね。そういう歴史的な経過の中で日本に住み、そしてその国籍は政府の政策によって動かされはしたけれども、ロイアルティーは韓国にあっても、その国民意識といいますか、住民意識は日本人と何ら変わらない意識をもった中で生活をしてこられた、そういう経緯があるわけであります。そしてその後、日本において、永住権者と言うくらいですから、一生生活をしようという意識があるわけです。……

現実に在日韓国人約七〇万人の方々が日本に住んでいる。そして、自分たちの、または自分の子孫たちの将来はどうなるのであろうか、韓国に住んでいる韓国人ということでもない、そしてまた日本人としてでもない、宙ぶらりんな状態の中で結局不安定感を持って生活している。このことは、とりわけ在日韓国人の中の青少年に与える精神的影響というものはきわめて大きいと思うのです。ですから、そろそろこういう状態を何らかの形でけじめをつけなければならない。いつまでも協定永住権者という何か中間的な存在のまま置いていくのかどうか。むしろ日本政府として、この多くの在日韓国人の存在を直視して、そして在日韓国人ということではなしに、むしろ韓国系日本人というふうな認識であらゆる権益を日本人と同じように、むしろ日本人として保障していく、そのような考え方が最後にはなければならないのではないだろうか。……在日韓国人は永遠のエトランゼでなければならないのか。この問題について大臣として基本的な認識をどうお持ちになっておられるか、まずお聞きをしたいと思います。

○秦野法務大臣　戦後三七年たちまして、生活環境も年齢も高まり、子供もできるというような状況になってきて、言うならば国籍は日本ではない、韓国の国籍だ、ただ永住しているだけだという状況ですね。これに対して、このままの状況が延々と続いていくということで一体いいのかどうだろうか。もちろんその間にいろいろこの処遇の面なんかについてある程度の努力をしてきたということも私はあると思うのです。ただ、やはり国籍の帰属というのは本人の意思というものが非常に大きな要素でございますから、国籍が韓国である、あるいは日本であるというように、人はいずれかの国に所属しなければ生きていけないという現実の人間の宿命みたいなものがありますね。どこかの国に属さなければならぬ、しかし、それはあくまでも韓国なんだ、こうおっしゃる方はたとえ日本に永住しても、韓国系日本人というようなニュアンスはわかるのですけれども、そこの壁にぶち当たるのですよ。極端なナショナリズムというものは人類にとって大変不幸でございますけれども、しかし国というものは消えないのですから、友好、友好と言うけれども、しかし何かのときに友好でなくなることもあるのですから、国家に対するロイアルティーを考えましても、そこのところの壁というものはついに破れ得ないであろう。しかし、それにもかかわらず、日韓の関係というものは御案内のとおり、いまお説のとおり大変長い歴史的な過程の中で、日本もまた非常に反省もし、また負うべき責任もあるような感じもするわけです。そして民族的にも、古代を見れば、われわれの先進文化として日本に入ってきた。朝鮮半島の人がいっぱい日本に入ってきて、その血がわれわれに続いているという現実もある。

しかし、いまなお人類の世界が国家単位につくられて、国連に入るとか入らないとかいう問題にまでなっているという、そういった基本的な原則みたいなものが存在する限りにおいては、韓国系日本人というようなニュアンスもわかるし、私も全くお気持はよくわかるんだけれども、これを法的に整備することはなかなかむずかしいのだと思うのです。

……

余り歯切れはよくありませんけれども、韓国系日本人、実態はまさにそうだが、しかし断固として韓国なんだ、私は日本人にならぬのだ、こうおっしゃっている限りにおいては、その境界というものはまた延々と続かなければならぬ境界だろう、こんな感じを持っておるわけでございます。しかし、それにもかかわらず文化とか人の交流とかということは大事ですから、……、今度は次元のところをちょっと変えて深めていくというような努力をするのが当面日本の国の立場では大事ではなかろうか、こんなふうに私は考えて今日まで来ておるわけでございます。

○中野議員　大臣がおっしゃる実態論、私も実感としてよくわかるわけです。一世の方と二世、三世の方ではこれまた大分認識も違います。そういう意味では、時が解決する部分もかなりあるのではないだろうか、こう思います。しかし、一面では法務省としてというか日本政府として、またある意味では国民みんなの意識として、将来どうするのかということの研究はやはり継続的になされておく必要があるのではないだろうか、このように思うわけです。

……

と同時に、一方で、そういう政府サイドの努力と相まって国民意識、いわゆる本当の両国の友好関係というものは国民の意識の中で生まれなければならぬわけですね。そのかけ橋となるものが在日韓国人の皆さんではないだろうか、こうも思うのです。いわゆる韓国へ里帰りをされた在日韓国人の方々が、日本でこんな差別を受けているんだ、日本というのはこういうことで暮らしにくい、青少年にも夢をもたせることがむずかしい、そういう愚痴をこぼしてばかりおられたら、日韓両国の友好ということは国民の意識の中ではなかなか進みません。ですから私は、里帰りをされたときに、日本という国はいい国だ、韓国のことも、また韓国民のことも大変真剣に、そして親しみを持って感じてくれているということが彼らの口から率直に出るようにするということが大変大切なんではないだろうか、このようにも思うわけです。

……

大臣、そろそろ三世まででではなくて、四世が生まれつつあるのですね。教育の問題等々含めまして就職のことなど、本当にやはり彼らは被差別意識というのが大変強い。現実に就職をするにも、その門戸はやはり現実には狭いのです。そしてその結果、ユダヤ人にたとえると、これはまたユダヤ人に対しても韓国の方に対しても失礼かもしれませんけれども、流浪の民的な感覚というものがやはり何となく出てくる。その中で、結局金銭その他、物にしがみつくというのでしょうか、物を大事にする、物を優先的に考える、そういうことが徐々に子供たちの心の中に植えつけられてしまう。その結果、豊かな心というものが育ちにくくなったとして、結局は犯罪の発生率の高さにつながっていったりする。……、基本的にはやはり将来、先ほど大臣も十分御認識をしていただいておりますけれども、韓国系日本人となるのはどうか。たとえば一人一人の帰化ということになると、これは大変なんです。まして人数も多いことです。そして混乱も生じるでしょう。やはり十分在日韓国人の皆さんの認識、意識も聞きながら、むしろ積極的に、その精神的な支柱としては、おれは韓国の血が流れているのだ、おれは韓国人なんだという意識はあっても、国籍はむしろ日本人と同じ。アメリカのように、国籍とは別に市民権などという制度が日本にあると大変便利だと思うのですけれども、そういうことも含めまして検討が進められていかなければならないのではないかな、こう思います。そのことがやはり日本の国際化にもつながっていくのだと思うのです。日本人の若い人たちも、言うならば先ほど大臣のおっしゃったお言葉を借りるならば、過度のナショナリズムなどというものはほとんどないわけですから、こういうことについての理解というのは十分日本人サイドもできる時代を迎えてきつつある、時代は変わりつつある、こう思うわけです。そういうことで、もう一度ひとつ大臣、積極的に今後の御研究、御検討がなされますかどうか、お聞きしたいと思います。

○秦野法務大臣　御趣旨のところは私もよくわかります。ただ、制度の問題になって、どこまで具体的な法律化ができますか、さっきおっしゃったように、ある程度時が解決するというような、歴史をもって見なければならぬというような問題が、この日韓関係にはあると思います。そういうことで、御説のところは、十分研究さしていただきたいと思います。

○田中入国管理局長　在日韓国人でございますけれども、これは日本社会に非常に定着した人たちでございますし、それと同時に、本国政府から外交的及び領事的保護を受けていることも事実でございます。したがいまして、その他の外国人と外国人性においては全く同一であると考えています。

○中野議員　そこで、もう一度大臣にお聞きしたいと思いますが、現在、たとえば他の外国人旅行者またはそこからスタートした一般の永住者等々と同じ登録法で在日韓国人の場合にも規定されているわけですね。先ほど来認識を深めてまいりましたけれども、在日韓国人についてはそういう方々と同じ扱いというわけにはいかない、ここには当然特別の配慮が必要であろう、このように思うわけです。そういう意味で、たとえば法的地位協定の発効に伴って、当時、出入国管理特別法というのが制定されたのですね。これは出入国管理令とはまた別のものとして特別法が制定されたわけですね。これと同じ認識で、外国人登録特別法というふうなものが考えられるべきじゃないか。……

それともう一つあわせて、各論的なことで申し上げたいと思いますが、実際に日本の地域において住民として定着しておりますので、たとえば大阪の事例では、住民の選挙で選ばれる都市計画委員のようなポストに在日韓国人の方が当選された経緯があるのですよ。民生委員とか児童委員、人権擁護委員、こういうふうな幾つかの役職がありますね。在日韓国人の皆さんの場合は、社会的に大変苦労されている方々も多い。だから、こういうところへ相談をしたいという方々もいらっしゃる。そうすると、同じ仲間の中でこういうポストの方がいらっしゃると大変気軽に相談ができるのです。こういうところへの登用が考えられてしかるべきではないか、私はこのよう思うのです。

それからもう一つ、指紋押捺の義務の件……最初に指紋を取られるときのショックは大きいと思いますね。日本人と思って育ってきた。ところが、一六歳になった。外国人登録をやらなければならない。指紋を取られる。区役所や市役所の窓口では他の住民に見られないようなところでそれをするような配慮をしたりしておりますけれども、そういうことでこの精神的ショックをやわらげることにはならないと思うのです。これらのことについては、基本的に考え直していただいてもいいのではないかと思うのですよ。……こういう一つ一つのことが解決されなければ基本的な問題に進むことはできない。抜本的な解決にもならない。せっかく今日まで金融、住宅、公務員への登用等々、ずいぶん行政的な面での配慮が進んできました。しかし、こういう肝心のその人の心に一番衝撃を与えるようなことについて問題が残っているのですね。このことについて、まず基本認識を大臣から、そして各論については御担当からでも結構ですから、お聞かせいただければと思います。

○田中入国管理局長　御質問の第一点でございます特別法を設けたらいかんということでございますけれども、確かに、先ほど申し上げましたように在日韓国人というのは日本国において住民でございます。日本国の社会に非常に深く定着しております。しかし、それと同時に、本国政府から外交的、領事的保護を受けている外国人であることも事実でございます。したがいまして、在日韓国人が外国人である、外国人性においては他の外国人と何ら変わるところがないわけであります。外国人登録法は、要するに在留外国人の身分及び居住関係を明確にし、適当な管理を行うことを目的としておりますが、日本人の場合においては申すまでもなく適当な管理をする必要がないわけでございます。したがいまして、その対応においておのずから差が出てくるのもやむを得ないことと考えております。

それから、先ほど地方における公務員の職の問題について御指摘がございましたけれども、私が理解している限り、公権力の行使に携わるとか公の意思の形成に携わるものについては日本国民でなければならないということになっております。したがいまして、その他の地方公務員の問題につきましては、地方自治体が独自の立場から御判断されるべき点ではないかと考えております。

第三の質問は、外国人の指紋押捺義務は廃止する考え方はないか、特に韓国人について指紋押捺義務を廃止する考え方はなきやということだと思いますが、……

申すまでもなく、指紋というのは申請人の同一人性を確認する上において絶対的に必要な資料でございます。このことにかんがみまして、外国人登録法は指紋制度を採用することによって登録の正確性を維持する、また登録証明書の不正発給や偽造、変造等を防止するように努力しております。……

○中野議員　時間が来ましたからあれですが、こういう形式論では物事を基本的に解決することに全くつながっていかないと思うのです。大臣、どうですか。一言だけ。

○秦野法務大臣　国籍のあかしの指紋の問題、これは何で証明するかというと土壇場の問題のときに、やはり証明はしなければいけませんから、そのときに、国によってサインなんかでやるところもあるようですけれども、現在、やはり指紋でやっているところが各国の例でも多いんじゃないですか。

そういうことで、ほかにいい例があればですけれども、これを立証する手段が何かほかにないかと私も思うのですけれども、そんなものは要らないんだと言ってしまえば、……これまた別の面で困ったことがいろいろできると思うんですよ。これはなお研究する余地はあろうかと思いますけれども、目下のところではほかに余りいい方法がないというのが現状なんですね。

それから、これはさっきの御質問と関連しますから、例の職業選択の問題なんかでも、いろいろ聞いてみると司法保護司なんかには結構なっていただいている人もあるようでございます。公権力の行使という概念のなかに、一般論としてはそういうことが言えますけれども、外国人を教授に採用するという立法が実現した時期でございますから、解釈でも完全なる公権力の行使でなければある程度行けるという部分があろうかと思いますし、官というか民というか、どっちともつかずのような司法保護司ではすでにそういう例があるわけですから、そのほかの領域にも拡大していくという可能性はある。私は、そういう点については今後なお努力をする必要があろうかと思います。

ただ、いま先生のお話の中で私がちょっと感じましたのは、孫子の代まで、孫子どころか、ひこだ、ずっと先になってもやはり生まれて届けたときには韓国だということでショックだというお話がありましたね。しかし、どういう意味でショックなのか、やはり外国人だ、韓国人だというところにまた誇りを持つ人もいるんじゃないでしょうかね。……そんなに日本に嫌なことばかりなら、くにの方がいいわけですから、自分の本国がいいだろうということもあるわけですから。しかし生活を長年築いてきて、日本のいいところもちゃんと見てこっちにいらっしゃるのだから、そして外国人として日本に住んでいる。おっしゃるようにできるだけ障害を取り除く。言うならば、言葉は悪いけれども、差別的なことはなるべく払っていこう、こういう努力だと思うのです。御趣旨のところはよくわかりますが、なかなか現実問題としてむずかしいところもいろいろあるということは御理解いただきたいと思います。

読み終わって、皆さんはどんな感想をもたれたであろうか。中野議員の考え方と法務大臣の考え方は、一見したところ全く対立しているようにみえる。しかし、もう一度読み直してみると、根本においてはそれほど違いはないのかもしれない、といった気持にもなる。そのあたりが我が国における外国人問題のむずかしさであり、また面白さなのかもしれない。

私にはこの国会論議が我が国における外国人問題の最も基本的なところをいろいろと考えさせてくれるもののように思われるが、皆さんはどうだろうか。私が我が国における外国人問題の最も基本的なところというのは、おおよそ次のようなことである。

まず第一には、我々日本人にとって外国人問題はどのような意味をもつのだろうか、ということである。中野議員と法務大臣の間の議論をみると、中野議員は在日韓国人が我が国である程度安定した、将来に対して不安のない生活を送れるようにするには、こういう人達を外国人としてではなく日本人と認識して、あらゆる権益を日本人として保障していくことが必要だといい、法務大臣はこれに対して、在日韓国人といえども外国人は外国人なのだから、日本人と全く同じに考えることは難しいと答え、この限りでは両者の間に相当大きな距離があるようにみえる。しかし、両者とも、日本という国あるいは日本人としては、在日韓国人に対して何かしていかなければならない、こういう人達のためにできるだけ好意的な配慮をしていかなければならない、という気持から問題を考えている点では共通しているように思われる。そして、日本人が外国人に対して何かの親切を示すことが、日本人自身にとってどのような必然性があり、具体的にはどのような意味をもつものであるかということについては、あまり目が向けられていない。しかし、我が国における外国人問題というものを、このように、国内に居住する言ってみれば恵まれない外国人に対する日本人のやさしい心づかいという面からばかり考えるのは、本当に正しいアプローチなのだろうか。我々の頭のなかにはこうした疑問が自然に湧いてくるように思われる。

我が国に永年居住する外国人の多くが現状に満足できず、将来にも大きな不安を抱いているという現実があれば、それ自体非常に深刻な問題であり、こうした現実を改善するための具体的な方策を国の立法や取扱いのレベルで考えていくことが重要な意味をもつものであることは言うまでもない。しかし、これだけでは外国人問題の片面しか見ていないことになるのではないだろうか。つまり、こうした考え方だけしていると、外国人問題というのは、あくまでも外国人の問題なのであって、日本人の問題ではないことになってしまうように思われるからである。外国人問題は、外国人の不安や不満を具体的に数え上げ、個々の問題をどのように解決して外国人の安心と満足を実現するかということばかりでなく、そもそも、日本人や日本の社会に外国人の不安や不満を生みだす基盤がないのかどうか、もしあるとすれば、それは法律や規則といった制度的なものなのか、それとも日本人ひとりひとりのより精神的・意識的な性格のものなのか、あるいは、外国人の安心と満足を図ることが日本人の安心・満足にどう結び付くのか、などといった、もっぱら日本人サイドの問題も同時によく考えてみなければ、この問題の全体をカバーした実質的な意味のある議論ができないことになってしまうのではないだろうか。こうしたことが、我々の頭に浮かぶ最初の問題点であろう。

第二の問題として考えてみたいのは、中野議員の考え方に関連することだが、我が国に永住しようとする外国人は日本人とほとんど同様な待遇又は取扱いを受けなければ安心・満足できないのだろうか。また、日本人は、我が国のなかで外国人とうまく調和していくことができず、結局のところは、日本人同士の間柄にならなければたがいに満足できるような折り合いをつけることができないのだろうか、ということである。法務大臣は、外国人を外国人のままで我が国にうまく受け入れていくのがあるべき姿だという趣旨のことを言っているが、中野議員の考えと並べてみて、何れの考え方が我が国の社会や国民の実情にマッチしているのだろうか。また、我が国の実情はさておき、世界の主な国々においては、この点についてどのような考え方が主流になっているものと見たらよいのだろうか。国内だけのレベルで考えていると、日本人は決して外国人になることはないが、一歩でも国外に出れば、ただちに日本人も外国人になってしまう。外国人としての日本人は、日本以外の国で永住しようとすれば、どのような考え方をわきまえておかなければならないのか、また、永住先の国においてその政府や国民からどのような扱いを受けるのが通常なのか、このようなことも考えてみなければならないように思われる。

第三には、在日外国人の意識の問題があげられる。例えば、中野議員は、在日韓国人のロイアルティーは韓国にあっても、その国民意識又は住民意識は日本人と何ら変わらない、というふうに見ている。しかし、本当にそう言えるのだろうか。そもそも国民意識又は住民意識という言葉それ自体の定義がかならずしも明確ではないが、それにしても、いくら永く日本に住んできたからといって、外国人が日本人と同じ意識をもって我が国に住んでいるということが、そんなに明白なのだろうか。このことは、また、世間でよく言われる「同化」の問題と密接にからんでいるように思われる。ある国に住みついた外国人はできるだけその国に同化すべきだという考え方にたてば、同化が進めば外国人も日本人とあまり変わらない存在になるはずだ、との見方に落ちつきやすいであろう。しかし、そもそも、この「同化」セオリーとでも呼ぶべき考え方は、どの程度の現実的有効性を保証されたものなのだろうか。我が国においては、この「同化」理論がかなりひろく支持されているのではないかと思われるが、外国人問題を考える場合に、これを前提にするのとしないのとでは、評価又は結論において非常に大きな違いを生ずるのではないだろうか。

第四番目には、いわゆる「差別」の問題がとりあげられなければならないだろう。いわゆる「差別」とか「偏見」とかは、外国人問題とくに在日韓国人問題の議論のなかで、かなり頻繁に出会う言葉である。それは、在日外国人の被差別意識ということで問題とされることが多いように見受けられるが、日本人の側にそもそもどのような偏見があり、そうした偏見がどのような差別になって現われているのか、この点がかならずしも自明のものだとは言えないように思われるが、どうだろうか。日本人と外国人それぞれの意識調査がどれほどの事実にもとづいて行われた結果、こうした問題の所在が一般的に認識されるようになったのだろうか、このあたりもできれば具体的に確かめてみたいものである。そして、日本人のサイドに外国人に対する偏見なり差別のあることが明らかになれば、そうした偏見なり差別の生じた原因・理由は何なのか、偏見や差別を解消する適当な方法はあるのか、といったようなことが、我々の真剣に考えてみなければならない問題となってくるであろう。

第五番目の問題は、右にみた四番目の問題と密接に関連するが、また、すでに第一の問題点のところでも述べたことだが、在日外国人が差別されているとの意識を最も強くもつのは、我が国の法制度又は行政レベルのことなのか、それとも法律や行政には直接かかわりのない日常の社会生活レベルでのことなのか、この何れだろうかということである。中野議員と法務大臣の議論は、国会での質疑応答ということの当然の結果かもしれないが、もっぱら法制度や行政レベルでの対応を問題としている。そして、中野議員はさかんに法律又は行政レベルの対応いかんで、我が国の外国人問題は根本的な解決を図ることができると強調しているが、問題の本質は本当にそのようなものと考えることができるのだろうか。また、法務大臣は、中野議員とは違って、外国人問題は時間が解決してくれるような性格のものだと述べているが、法律とか行政のレベルで対応できる問題ではないということになると、あとはもっぱら時間の経過をまつという非常に消極的な方法に頼るしか途はないのであろうか。

最後は、我々が読んだ国会論議では、日本人と外国人の区別がもっぱら国籍によって行われているが、外国人問題を考える場合に国籍にこれほどの重みを与えることは、現実社会の実情に合っているのだろうか、という問題点である。というのは、偏見とか差別というものは、国籍にもとづくことも少なくはないかもしれないが、決してそれに限られるわけではなく、言葉、目や髪の色、血統などによっても日本人と外国人の区別がなされることが多いのではないかと思われるからである。行政レベルで外国人問題を考える場合には、国籍というものの意味合いがかなり大きくなる傾向は否定できないが、法律や行政以外の場面では、外国人・日本人の区別に国籍以外の要素がかなり実質的な意味をもってくることがある、という点にも注意を払う必要があるように思われる。その意味では、日本人と外国人との区別も、それほど単純なことではないように見えてくる。ということで、我々は、国籍というものの意味についても、いろいろ考え直してみることが必要なのかもしれない。

以上、法務大臣と中野議員の国会論議を題材にして、我々が外国人問題を勉強する場合の最も基本的なポイントだと思われるものを書きだしてみた。整理が不十分なために、若干重複したり、混乱したりしているところがあるかもしれないが、何れにせよ、外国人問題を考える上でのいわば総論的な部分については、右にみたところで主要なポイントはほぼ網羅したことになるのではなかろうか。それでは、これから我々は、右に拾い上げた問題点を順に整理していくことになるが、一応、日本人と外国人の区別ということと日本人と外国人の関係ということの二本の柱に分けて、六つのポイントをカバーしてみることにしよう。なお、私が右に総論的と言ったのは、これらの問題点は主としてものの考え方にかかわる内容のものだと思われるからであり、我が国の外国人問題をていねいに点検しようとすれば、こうした考え方のみを整理するだけでは十分でなく、各論的に外国人問題にかかわるいろいろな事実を確認することも当然に必要になるものと思われる。こうした意味での各論的な問題点については、右ではとくに具体的に拾い上げることをしなかったが、総論的な議論のあとで、これについてもみてみることにしたいと思う。

イ　日本人と外国人との区別

a　区別の必要性

日本人と外国人はなぜ区別されなければならないのだろうか。まずこの問題から始めることにしよう。本章の最初からこれまでのところ、我々は特別の疑問も抱かずに外国人という言葉を用い、至極当然のこととして、日本国籍を有しない者を外国人と考えることにしてきた。外国人の法的地位とか外国人入国者、外国人在留者などという場合の外国人は、すべて、日本の国籍を有しない者という意味なのだということで、何の疑いもなしに、日本人と外国人を区別してきた。それにもかかわらず、なぜ、いまさら、日本人と外国人を区別しなければならない理由は何だろうか、などと考えるようなことになったのだろうか。大した理由があるわけではない。ただ、ひとつは、すぐあとに続く外国人と日本人を区別する基準が国籍だけではないというところへ導くための形式的なステップをふむ必要があるということである。なぜ区別する必要があるのかも確かめずに、区別の基準を考えるのは若干雑ではないかと思えるからなのである。もうひとつは、さきに読んだ国会論議のなかで、中野議員が在日韓国人を韓国系日本人にしてしまったらどうかと提案したり、法務大臣が在日韓国人がそんなに日本が嫌いなら本国に帰ったらどうかという意味にとれるような発言をするほど、外国人問題が実に難しい問題なのだと分ってくると、それはひとえに日本人と外国人が区別されるからであって、日本人とか外国人といった区別がなければ、こうした難問は消えてなくなるではないか、といった空想的な気分になることもあろうかと思うからである。

しかし、この点については、法務大臣が述べているように、人類の世界が国家単位に作られていて、人は何れかの国に所属しなければ生きていけないというのが、現実の人間の宿命みたいなものである。したがって、将来地球国家のようなものが実現して人類すべて地球人と認識されるような日が来ればともかく、現在の民族国家を主体にでき上っている国際社会においては、人はかならずどこかの国に所属しなければならないというのが、尊重されなければならない大原則になっているわけである。それでも、また、なぜ人は何れかの国に所属しなければならないのかと問えば、再び法務大臣の述べるように、国と国との関係は場合によっては友好にヒビが入り、戦争というようなかたちで相争うようなことになる可能性も完全には否定できないのであり、そのような場合に、人は紛争当事国の双方のために武器をとって戦うといったことが物理的に不可能なばかりでなく、何れかの国への所属を確かなものにして、いわゆる忠誠関係を明らかにすることが、結局は、その人の存在を安定させるのだ、というのが通常の考え方になっているようである。ただ、こうは言ってみても、戦争というのは人間社会における異例な出来事であり、こうした極めて例外的な場合を前提にして人を国家に結び付ける考え方というのは、そのままでは受け容れがたい面もあるように思われる。また、地球上には重国籍や無国籍の者も相当数存在しており、この人達がかならずしも不幸な生活を送っているとは限らないので、人はどこかの国に所属しなければならないとの大原則もその意味では若干迫力を失うようなところもある。ただ、何れにせよ、一定数の人がいなければそもそも現代的な意味での国家もありえないことになってしまう。このように、人がいずれかの国に所属しなければならないという大原則は、ものの考え方というよりも、現代の人間社会における定まりごとなのだと理解すべきものであろうか。この結果、我が国においても、日本人と外国人という区別あるいは対比が必要になり、また、意味のあるものとなる。

右にみたような区別の必要性というのは、要するに、国家行政レベルでの考え方であって、一般市民レベルの考え方はこれとかならずしも一致しない面がある。例えば、いわゆる忠誠の問題なども、行政レベルではこれに相当の意味を認めることになるだろうが、市民レベルではどうだろうか。市民一般のレベルでは、国家に対するロイアルティといった見地から自国民と外国人を区別する必要というのはそれほど大きくはなくて、同じ言葉を話し、似たような外見・体格をしていて、同じような考え方やマナー・習慣を身につけておれば、日常の社会生活上とくに相手を異質な人間だと思う必要はなく、隣人あるいは職場の同僚などとして同じ集団への帰属意識を共有し合うことができるであろう。このような条件をみたす人間であれば、たといその人が日本国籍をもたなくとも、とくにこれを外国人として日本人から区別しなければならない必要は、一般市民レベルでは当然には認められないことになろう。逆に、日本国籍をもっている人であっても、日本語がおかしかったり、目が青くて金髪だったりすれば、当然にあたりまえの日本人として受けいれられるということは期待できないであろう。このように、一般市民レベルでの日本人・外国人の区別は、国籍による区別というものがあまり大きな意味を認められなくて、何かの点で異質な人間は外国人であるという線の引き方がされるのが普通だと考えられる。なお、このように、自国人・外国人の区別の必要性が行政レベルと市民レベルとでは異なった視点から考えられることや、一般市民レベルで国籍以外の何かの要素において異質な人間を外国人とみる傾向があることなどは、なにも我が国だけのことではなくて、他の国においても同様に言えることと考えてよい。

b　区別の基準

さて、こんどは、日本人と外国人を区別する基準は何か、ということを考えてみよう。最も代表的な基準は、言うまでもなく、国籍である。法律や行政レベルでの外国人は、すでに述べたように、国籍を基準にして定義されるのが極めて一般的である。さきにみた国会論議でも、国籍をめぐっての議論が中心になっている。ところで、我々は、国籍に関して、自分が慣れ親しんでいる自国の法律又は慣習が最も自然で、合理的なものだと考えがちである。しかし、我々にとってはすでに常識であろうが、国籍の問題というのは、国際法上、それぞれの国の国内事項だとされており、各国は常に自国の利益を守ることを第一目標にそれぞれの法律を定めている。その結果、各国の国籍立法は、その国の外国人に対する考え方を反映して、内容的にいろいろと異なっている。したがって、国籍によって外国人を区別しようとすることは、一見分かりやすそうにみえて、意外にそう容易ではないところがある。このせいかどうか、我々の周囲では、よく、国籍にはあまり関係なしに外国人であるかどうかをきめていることがある。例えば、アメリカ人と結婚した日本人女性が、結婚してのち米国籍を取得した場合でも、一般の日本人からは依然として日本人とみなされるであろうし、逆に、アメリカ人女性が日本人と結婚して日本に帰化した場合でも、一般の日本人はなかなかこれを日本人とはみないのではないかと思われる。

このように、我々の社会の一般的なレベルでは、日本人と外国人を区別する場合に、行政レベルほど国籍に重きを置いて考えることはしない。正確な意味でその人の国籍がどの国にあるかということよりも、もっと実際的な区別の基準として用いられているのは、体格や髪・目・皮膚の色あるいは言語や風俗習慣などといった人種的・民族的要素がまず重要な意味をもっているものと考えられ、さらに行動のマナー、人生観・価値観などものの考え方といったことも区別の基準になっているのではないだろうか。何れにせよ、国籍以外のこうした要素に着目して、それらのなかのどこかで日本人と異質な点が認められれば、そうした人は外国人として日本人から区別されることが多くなるわけである。行政レベルにおける外国人が国籍という比較的客観的な要件で区別されるのに対し、一般市民レベルにおいては、要するに、国籍以外の何かの点で異質か異質でないかというやや主観的な見地から外国人性が定められるものとみてよいだろう。

c　区別のあいまいさ

以上、我々は、日本人と外国人を区別しなければならないのはなぜか、そして、区別する場合にはどのよう基準が用いられるのか、という二点を簡単におさらいしてみた。そして、何れのポイントについても、法律や行政のレベルでの割り切り方と一般市民レベルでの考え方の間には、かなり大きな差異があることに気付かされた。その結果、我々がえた最も大きな印象は、一見明白なように思われる日本人と外国人との区別が意外にあいまいなのだ、ということではないだろうか。このあいまいさが、外国人問題を非常に難しいものにしているそもそもの原因なのではないか、と思われるのである。外国人問題と言ってみても、外国人とは何かということそれ自体がかならずしも明確には説明できないような条件のもとでは、なかなか意味のある議論は期待できないものと思わざるをえないからである。それはともかく、外国人問題の根底には日本人・外国人の区別があいまいだという現実があることを正しく認識しておくことは非常に大切なことだと思われるので、ここでもう一度、このあいまいさを再確認しておこう。

まず、法律や行政のレベルでは、日本人と外国人の区別は、国籍という概念を基準にしているので、一応は明確になされうるものと言えよう。この限りでは、区別のあいまいさというようなことも、それほど心配する必要はないような印象もある。しかし、さきにも述べたように、国籍というものの考え方や仕組みは、国によってかなり異なっている。このため、我が国における国籍というものの考え方は、我が国の国内においてすら、他の国の国籍についての考えに影響されて、若干分かりにくくなっている部分もあるので、あいまいさと全く縁がないとは言えないだろう。ただ、こうした面はあるにせよ、国籍というものを基準にした区別は、次にみる一般市民レベルのいわば主観的な区別よりは、かなり明確なものであることは間違いない。

次に、一般市民レベルにおける日本人・外国人の区別はどうかというと、すでに何度もみたとおり、基準が不明確・不特定であるばかりでなく、認識もきわめて主観的な面があり、要するに、著しくあいまいである。したがって、本書において我々が考えようとしている「外国人の法的地位」も、ことは要するに法律・行政レベルのことなのだから、一般市民レベルにおいて外国人のとらえ方がいかにあいまいだとしても、それに影響される必要はないのだという割り切りもあるかもしれないが、問題をできるだけ実質的に考えてみたいと思えば、一般市民レベルにおける外国人のとらえ方にも注意を払わなければならず、そうすると結局は区別のあいまいさにからみつかれてしまう。

外国人の法的地位という問題を研究する場合の最も基

本的な分岐点は、実はこのあたりにあるのではないだろうか。法的地位というのは要するに法律の問題であって、法律の上での外国人は日本国籍があるかないかで区別されるのだから、そういうラインで物事を整理すればよいのだと考えれば、ことは簡単であろう。しかし、それでは外国人問題の最も肝心なところから目を外らした結果になってしまう恐れが強い。外国人問題の最も肝心なところというのは、法律・行政レベルにおける外国人の定義が一般市民レベルのそれとうまく一致していないという現実にあるものと考えられるからである。市民感覚では日本人として考えられる人が行政上外国人として扱われ、行政上・法律上は日本人なのに市民レベルでは外国人としてしか受け容れられないような現実があるから、外国人問題は難しいのである。そして、現実にこうしたギャップのあることを知りながら、それとは無関係に、法律に定められている外国人の地位を形式的にチェックするだけでは、法的地位に主眼があるのだとはいえ、外国人問題を正しく勉強することにはならないものと言えよう。さきにみた国会論議でも、外国人というもののとらえ方に関する行政レベルと市民レベルの間の大きなギャップが非常に明白にあらわれている。すなわち、中野議員の考え方は、受けとり方によっては、日本人と外国人を区別する場合に、国籍というものを決して軽視するわけではないが、かならずしもそれだけですべてを解決できるわけではないだろうという市民感覚を代表する立場にたっているものと受けとめることができ、これに対して、法務大臣など行政当局は、一貫して、日本国籍のない者は外国人、外国人であるかぎりは皆同じという立場を徹底している。だから議論がなかなかかみ合わない。そして、かみ合わないままに同様の議論が以前から繰り返され、将来いつになったらかみ合うのか見通しもない。我が国における外国人問題の大前提として、こういう現実があるということは、我々が十分に心得ておかなければならないポイントだというべきであろう。

こういう状況が解きほぐされて外国人問題が考えやすくなる条件としては、当然のことだが、行政レベルの考え方と一般市民の感覚とが一致すること、すなわち、最も極端な場合は、行政レベルが市民感覚に合わせるか、行政レベルの考えがまるまる市民に受け容れられるか、のいずれかである。しかし、こうしたことは現実問題としてはほとんど期待できない。では、どうするか。行政レベルの考え方と市民感覚のいずれが正しいかなどと議論してみても、結論の出る問題ではないわけであるから、極めて常識的だが、要は、中間をとる考え方がどこまでできるかということであろう。これを我々の法的地位の勉強について言えば、外国人の権利であれ義務であれ、やみくもに国籍だけで単純に割り切るのではなくて、市民感覚とのズレを少しでも埋めていくために、立法論においても解釈・運用の面でも、個々の問題ごとにできるだけ柔軟に考える姿勢がどの程度認められるか、ということを注意深く具体的に確かめるよう努めなければならない、ということが最も大切なポイントになるのではないかと思われる。国会論議での法務大臣の答弁のなかにも、こういう趣旨のことが述べられているようである。

ロ　日本人と外国人の関係

ここまで、我々は、我が国における外国人問題というものを考える場合の総論的なポイントのひとつとして、まず日本人と外国人の区別について若干の整理を試みてきた。その結果、法律・行政レベルで外国人問題を考える場合には、国籍という概念をキーにして日本人と外国人の区別がかなり容易に、かつ明確になされることが多いが、一般市民の日常生活レベルまで場面を拡げてみると、日本人と外国人の区別という問題はそれほど簡単なものではないのではないかということに気付かされた。このため、我々が外国人の法的地位という問題を研究する場合にも、個々の法令によって外国人が日本人とどのように区別されることになっているか、そうした区別は具体的にどのような法的地位の違いとなってあらわれるか、などといったようなことを点検するばかりではなくて、そもそも法令でそうした区別をすることそれ自体が十分に合理的・現実的な根拠のあるものなのかどうか、あるいは、法令によって外国人と日本人が区別されることに相当の理由があると考えられるときでも、そうした法令の適用面において日本人・外国人の区別に関する法律・行政レベルと市民レベルのギャップができるだけ埋められるような配慮が払われているかどうか、などといったことにも常に注意を向けることが必要ではないだろうかと思われたのであった。

さて、外国人と日本人の区別ということは、いろいろ考えてみると、それ自体あまり明確なものではなく、したがって、我々が外国人の法的地位とか外国人の入国・在留などと言うときに、ごく当然のように日本国籍をもたない者を外国人と呼ぶものと決めてかかっていることについても、問題がまったくないというわけではないのだということになるが、区別それ自体についてはこの程度の議論に止め、つぎには、我が国における日本人と外国人の関係という局面に目を移して、いくつかのポイントをおさらいしてみることにしよう。ただし、日本人と外国人の関係又はかかわりあいということの前提には、これまでみてきたような日本人と外国人の区別の問題、つまり区別のあいまいさというものが常に潜んでいるのだということを、我々はいつも忘れないように気を付けなければならない。例えば、あとでみるような外国人に関する世論調査などで「外国人と交際しているか」といった設問があり、これに対してある人が「交際している」と答えたような場合に、回答者のつきあっている人が日本国籍をもたない人という意味での外国人であると思ってよいかというと、かならずしもそうは言えない面がある。日本に帰化した欧米人などは外形が変わらないかぎりなかなか日本人としてみてもらえないことが多いものと思われるので、回答者が外国人だと思っている人も国籍の点では案外日本人なのかもしれないからである。このように、日本人と外国人の区別というのはそう単純にはいかないので、日本人と外国人のかかわりあいといった問題を考える場合にも、日本国籍のない者が外国人だという理解で誰もが日本人と外国人を区分けしているものと思いこんでしまうことのないよう十分に留意する必要があることになる。このようなことを常に念頭に置きながら、それでは、我が国における日本人と外国人の関係について考えてみることにしよう。

a　直接のかかわりあい

さて、我が国における日本人と外国人の関係ということであるが、まず第一に、そもそも日本人は外国人との間に直接の交際やかかわりあいがどれほどあるのだろうか、この点を考えてみることにしたい。

すでにみたことだが、最近の我が国では、毎年、およそ四百万人の日本人が海外に旅行し、二百万人弱の外国人を国内に迎え、約八〇万の外国人が在留している。こうした状況の下における日本人と外国人のかかわりあいは、まず、日本の国内における交流と海外でのそれとの二通りがある。そして、海外におけるかかわりあいは、外国人のなかに日本人が入っていく場合であって、外国人とのかかわりあいなしには考えられず、また、日本人海外旅行者の数が毎年四百万人によること（海外在留邦人はまえにみたとおり約四五万人）を思えば、日本人と外国人の直接的なかかわりあいのなかで相当大きな意味をもつものと言わなければならないだろう。しかし、ここでは、我々の主たる関心事が我が国における外国人問題にあることとの関連で、もっぱら国内における日本人と外国人のかかわりあいという面に焦点をしぼることにしよう

　ところで、我が国の国内における日本人と外国人のかかわりあいはどのような状況にあるのだろうか。最近のテレビや新聞をみていると、とにかく外国人が我が国社会のすみずみまで混じりこんでいて、日本人と外国人のつきあいがきわめて一般化しているような印象を受けるのがふつうではなかろうか。外国人が新聞やテレビにとり上げられることは、我々が思っている以上に頻繁なようである。思いつくままにリスト・アップしてみると、単なるお客さん的な外国人を除いても、まずプロ・スポーツの世界で活躍する野球やゴルフあるいは相撲の外国人選手、アマ・スポーツでもホッケーやバスケットボール、サッカーなどの外国人選手、芸能関係やファッション業界での活躍が目立つ外国人歌手やファッションモデルなど、大学や語学学校などの外国人教師や外国人留学生、経済関係では外国企業駐在員や外国人投資家あるいは事業経営者、外国人社員あるいは外国人労働者それに外国人技術研修生、日本人と国際結婚した外国人配偶者、教育問題でしばしばとり上げられる外国人子女、日本での事務所開設が問題となっている外国人弁護士や公認会計士など、地域社会での活動が目立つ外国人宗教家や外国人医師、日本の固有文化を勉強する外国人、芸術活動で業績を上げている外国人音楽家や作家、外国人報道関係者、夜の街の外国人ホステスや売春婦など、麻薬や密輸などの外国人犯罪者等々、実にバラエティに富んでいる。さらに、外国の外交官たちの動きやインドシナ難民の様子、亡命者や外国人スパイ、あるいは、在日外国人の主役である在日朝鮮・韓国人にかかわるいろいろな出来事や動きなど、我が国のマスコミが外国人をとり上げて報道する例は非常に多い。こうした事情をみると、我が国における外国人の活動は、いかにも社会の末端にまで浸透しており、また、我が国社会にかなり実質的なインパクトを及ぼすほどのサイズをそなえてきているように思えてくる。したがって、当然に、国内における日本人と外国人の直接的なつながりとか交際といったものも、相当程度まで一般化し、かつ、深まりをみせているのではないかとの印象も浮かんでくる。

　しかし、マスコミから受ける印象と社会の実情との間には、かなり大きなギャップがあるようである。総理府の世論調査（総理府広報室編「月刊世論調査」昭和五五年一〇月号――外国人の入国と在留）によれば、外国人と「つき合っている」人は回答者の四パーセントにすぎず、また、「つき合ってみたい」人が二一パーセント、「そんな気持はない」人は六四パーセントとなっている。このように、日本人と外国人との直接的なかかわりあいはまだ非常に低いレベルにある、というのが我が国の実情であり、したがって、日本人にとっての外国人問題というものは、全般的にみると、個々の日本人に直接関係のあるものとして意識されることはほとんどなく、たいていの場合は、自分には直接関係のない抽象的な性格のものとしてしか受けとめられない、というふうに考えてよいであろう。いわゆる国際化といったムードのなかで、マスコミなどは国内の外国人について非常に細かい注意を払っているのであろうが、さきにみたような報道ぶりは、一般市民レベルの問題意識や我が国における外国人問題の規模や深みを正確に反映したものとはかならずしもいえないようである。

それでは、日本人と外国人のかかわりあいがなぜこのように少なく、また、なぜ日本人の過半数が外国人との交際を望まないような現状にあるのだろうか。我々は、すでにみてきたところから、その原因の一つを比較的容易に推測できるように思われる。すなわち、我が国には外国人がきわめて少ない（約一〇〇万人としても、人口の一パーセントに満たない）のであるから、外国人とかかわりあいのある人がほとんどいなくても当然のことであり、また、外国人と交際がなかったり、交際が上手でなかったとしても、たいていの日本人は日常生活上なんの支障があるわけでもないので、外国人と交際したいと思わない人が多いのも不思議ではないわけである。さらにまた、そもそもがきわめて少数の在日外国人は大部分が朝鮮・韓国人で占められているのに、新聞等がとりあげる外国人は大半が朝鮮・韓国人以外の外国人なので、結局のところ、マスコミはほんのひとにぎりの外国人についてあれこれ報道していることになり、報道の表面的なにぎやかさほど実質的に意味のあることは何も伝えていない結果になっているようである。

このように、我が国に生活する外国人が少ないこと、したがって、日本人と外国人のかかわりあいも非常に乏しいことが、我が国における外国人問題の基本的性格の一つとして認識されなければならない。先に、我々は、外国人問題というのは日本人にとってどんな意味をもつものなのか、という疑問をある国会論議を読んで抱いたのであったが、右のような事情を前提にして考えてみると、我が国における外国人問題というのは、少なくとも現在のところは、なかなか日本人にとって直接具体的な意味のあるものとして認識されるのは難しいものと言わなければならないのであろう。となると、我が国の外国人問題は、日本人からみれば、直接に具体的な利害関係などのからまない、極めて抽象的・観念的な性格のものにならざるをえない。その結果は、非常にかけ離れた見方・考え方が成立しうることになり、それぞれ自由に主張されることとなるので、なかなか統一的な足並みのそろったラインが得られないことになる。前に引用した国会論議にもこうした傾向がはっきりとあらわれているように思われる。

我が国における外国人問題が、基本的に日本人には直接関係のないものとして受け止められやすい要素を帯びたものであって、そのため、日本人のなかに具体的な問題意識が生まれにくく、なかなかこの問題に関する国民的な考え方などがまとまらないということになると、ごく少数だとはいえ我が国に在住する外国人の生活が不安定なものとなってしまうおそれがある。そこで、在日外国人の権利や地位が不当に制限されたり、侵されたりすることのないように、日本人又は日本の政府がなにか救いの手をさしのべることが議論されることになる。さきの国会論議はまさにこのラインでの議論だと言ってよいであろう。在日外国人が日本人との間に実質的な利害関係をもち、相互に具体的な調整が必要となるほどの実体をそなえた存在であればともかく、日本人サイドからみてとてもそれほどの存在であるとは考えられない現状においては、我が国における外国人問題の主要なアプローチが救いの手をいかにさしのべるかという角度にかたむくのは、現実問題としてはやはりやむをえないものと言わなければならないのであろうか。

b　好きと嫌い又は受容と拒絶

我が国における日本人と外国人の関係の第一のポイントとして、右で日本人と外国人の直接のかかわりあいがどれほどあるかということについて考えてみた。そして、現在は若干変わっている可能性もあるが、少くとも三年前のある調査では、外国人と直接の交際をしている日本人は四パーセントにすぎず、六四パーセントの人は交際をしたいとは思っていないという結果が出ていることを知った。ところで、過半数の人が外国人と交際したいとは思わないと答えている事実は、日本人の大半が外国人を嫌っている、あるいは、外国人を日本人の社会に受け入れることを拒んでいるものと考えるべきなのだろうか。日本人と外国人の関係についての第二のポイントとして、この好き・嫌い又は受容・拒絶ということを考えてみることにしよう。

日本人が外国人を好いているか、それとも嫌っているかということを、正面から調査した資料というものを知らないので、関係のありそうな資料から類推してみるしかないが、まずは、さきにみた総理府の調査で、六四パーセントの人が外国人と交際したくないといっていることは、好きだけれどもつきあいたくはないという意味にとるよりは、やはりどちらかといえば嫌いだというふうに解釈するのが、常識的なうけとり方だということになろうか。ところで、同じ世論調査のなかでは、「日本にくる外国人はみないい人か」という質問があり、これに対しては、「みないい人」と答えたのが八パーセント、「好ましくないものもいる」が六七パーセント、「わからない」が二五パーセントとなっており、「好ましくないものもいる」と答えた六七パーセントの人の六割は「好ましくないのは少数」だと考えているようである。「みないい人」と答えた八パーセントの人は外国人を好きな人達だと考えてもよいだろう（いい人だけれども嫌いだといった考え方をする人がいないわけではないかもしれないが、ふつうはいい人だと思えば嫌いではないというふうにとってもよかろう）が、「好ましくないものもいる」とした六七パーセントの人はどうだろうか。好ましくないものが少しでも入っていればみな嫌いだという考え方があるかもしれないが、「好ましくないものは少数」と考えている人たちは、外国人の大半はいい人だと考えており、したがって外国人を全体として嫌っているわけではないというふうに解することもできるだろうから、この人達も外国人を好いているものとして数えてみると、約半数の人は外国人を好いている、少なくとも嫌ってはいない、というふうに考えてよいかもしれない。ところで、日本人の約半数が外国人を少なくとも嫌っていないとして、この数字はどのような意味にとったらよいのだろうか。国民の何パーセントが外国人を好きならば（嫌いでなければ）、国際社会で普通の状態だ、といえるような尺度はあるのだろうか。残念ながら、こうした国際比較を可能にするような基準はまだ見つかっていないようである。ただ、好きと嫌いが半々だというのは、嫌いが圧倒的に多い場合よりは、外国人に対して友好的たりうるものと思ってもよいだろう。ちなみに、J・V・ネウストプニー著『外国人とのコミュニケーション』（岩波新書、一九八二年）には、次のような記述がある（同書二三〜二五頁）。

——それでは、日本人が特に外国人嫌いな民族であろうか。

国際的な規模で比較を行うような資料はない。しかし、そのような比較の可能性があれば、おそらく、どの国でもおどろくほど「嫌いだ」、あるいは「警戒すべきだ」という態度が明らかになるのではないだろうか。まず日本に滞在している外国人を調査の対象にしたら、彼らにとって「外国人」である日本人の評判は、必ずしも、先にあげた総理府の調査（日本人の多数が外国人と交際することを好まないという結果の出た世論調査のこと。田中注）と変わるものではないであろう。……

つまり、国際社会全体の視点をとると、外国人を嫌うのは、日本人の特色であるとか、日本人が他の民族よりもはるかに嫌われるということは言えないようである。外国人は、外国人でありつづける限り、好まれないものである。……この態度は外国人の努力によって変えることのできない場合もあるし、明らかに外国人の罪悪の結果だという場合もある。時代、そして具体的な事情によって、多少の違いがあるかもしれないが、基本的には、外国人への態度は、すくなくとも最近までは、どの社会をみても、否定的なものである。

このような、外国人への否定的な態度は、基本的には、外国人に会う場合での経験の上で育つ。「我々」は、外国人の具体的なルール違反に着目し、それを評価し、一般化する。

しかし、実際に外国人との交渉がそれほど頻繁でなくても、人間は外国人嫌いになる。それには教育の役割が大きい。また、外国人と会わなくても、私たちは、似ている経験から類推して態度をきめる。たとえば、どの社会にもさまざまな社会層、特殊な宗教団体など、「我々」のルールに違反行動をとる異質集団が存在する。外国人も彼らと同じだろう。彼らが嫌いだから、外国人もとにかく嫌いだ、という思考である。

いずれにしろ、外国人は嫌われるという結果にしかならない。――

この本に述べられているような考え方をすれば、日本人が外国人を好いているか、嫌っているかということそれ自体はあまり大した問題にならない。問題は、日本人が外国人を自分たちのルールにどの程度違反する異質集団として認識し、その認識にもとづいてどの程度嫌っているか、ということになるのであろう。要は、嫌いすぎていないかどうかという程度の問題にあるわけである。

日本人が外国人をどれほど嫌っているか、嫌いすぎていないかどうか、という程度を測定しようと思えば、そのための客観的なメジャーがあるわけではないから、一方では、外国人その他いくつかの異質集団が普通の日本人一般のルール（言語や行動様式など）にそれぞれどれほど違反しているかということを点検し、他方では、日本人の意識や行動のなかで外国人その他の異質集団がそれぞれどんなふうに嫌われているかを測定したうえで、この二つのデータを個々の異質集団ごとに結びあわせ、それぞれの異質集団の嫌われぐあいを比較対照してみれば、どの集団がルール違反の程度よりも嫌われる程度が強い（または弱い）ということが、理屈のうえでは、判断できるものと考えられよう。しかし、こうした測定作業を実地に行おうとすると、まずノーマルな日本人のルールとは具体的にどのようなものをいうかということとそれ自体が大変難しい問題であるし、また、もしそういったルールが一応設定できたとしても、ルール違反の程度をどんなメジャーで測るかということが次の困難な問題として控えており、さらに、好き・嫌いの程度の測定についても同様に難しい問題が重なってくるので、この方法はまだ我々があまり頼りにできそうもないように思われる。

ということで、日本人が全体として外国人を嫌いだとしても、そのこと自体はあまり不自然なことではないが、はなはだしく嫌いすぎておれば問題なしとしないというふうに考えるとしても、嫌いすぎているかどうかの判断は大変難しいので、こうした考え方とは別の、もうすこし簡単に使えそうな判断基準がほしくなる。こうした意味で参考になりそうな考え方として、ボガーダスの「社会的距離尺度」というのがある。これは、新保満という人の『人種的差別と偏見』（岩波新書、一九七二年）という本に紹介されているものだが、おおよそ次のような内容の考え方である（同書四七頁）。

――「私たち」と「あの人たち」との間には心理的距離がある。ただし相手が変わるにつれて心理的距離も変わってくる……はずである。この距離を数量化したいというのがボガーダスの願いだった。彼は七つの排斥の段階をつくり、各段階に異なった点を与え、綜合点で社会的距離を示そうとした。排斥の七段階を度合の弱い方から並べると次のようになる。

1　結婚してもよい。
2　日常つき合う友人に加えてもよい。
3　一緒の仕事場で同僚として働いてもよい。
4　五、六家族なら家の近所にすんでもかまわない。
5　せいぜい挨拶を交す程度の付合いならしてもよい。
6　近所には住んでもらいたくない。ほかの町に住むのなら差し支えない。
7　我々の国に入ってきてもらっては困る。――

ボガーダスの社会的距離尺度は、このように、「私たち」（権力集団）と「あの人たち」（被抑圧集団または異質集団）との間の心理的距離を数量化しようとしたものであった。そして、「排斥的傾向の強さはこの尺度では測定できない。社会的距離が大なものは排斥的傾向も強いのだろうと漫然と想像できるが、果してそうかどうかは証明されていない」（同書五五～五六頁）との学問的批判はあるが、我々にとっては、漫然とした想像ではあっても排斥的傾向の強さが見当付けられるのであれば、この尺度はそれなりに相当の意味があるものと考えてよいのではないだろうか。

ところで、これまでのところ我々の関心は、日本人が外国人を嫌いすぎていないだろうかという、いわば好き・嫌いの問題にあったのだが、ボガーダスの尺度では、日本人の外国人に対する排斥的傾向の強さを推測することに注意の目が移ることになる。そこで、好き・嫌いの問題と排斥的傾向（すなわち受容と拒絶の問題）との関係をどう考えたらよいのかということになるが、学問的に厳密な証明が可能かどうかはともかくとして、排斥的傾向が強ければ外国人を好いてはいない（弱ければ嫌ってはいない）というふうに漫然と想像することは一応許されるのではないかと思われるので、我々の議論に関するかぎりはその程度の理解で足りるものとしよう。また、好き・嫌いという評価も、それ自体が我々の議論にとって意味があるというわけではなくて、日本人が外国人を好いていれば、嫌っている場合よりも、日本人と外国人の関係は基調において友好的・開放的であろうと思われ、また、外国人の我が国への受入れについても日本人のなかに心理的な障壁はないものと考えてよいのではないかという、きわめてラフな推論をするための前提となる点で意味が認められるのである。

さて、それでは、ボガーダスの尺度によって日本人の外国人に対する排斥的傾向がどのような段階にあるのかを見てみることにしよう。まず、排斥度の最も強い、「我が国に入ってきてもらっては困る」という第七段階についてはどうだろうか。先の総理府の世論調査のなかに「外国人の入国資格や手続きは今後どうあるべきか」という質問があり、これに対する回答は、「入国許可の基準を緩くしたり、手続きを簡単にしたほうがよい」とするものが一〇パーセント、「今のままでよい」が四三パーセントであるのに対して、「基準や手続きを厳重にしたほうがよい」と答えた者は二六パーセントであった。「今のままでよい」と答えた人達が、今のままであれば外国人があまり入ってこないからよいと思っていたのか、それとも、今のままでも相当自由に外国人が入国できるからそのままでもよいと考えたのか、このあたりはかならずしも明らかではない。また、我が国の「今のまま」が国際社会の平均的なところからみて外国人の入国に制限的なのかどうかという点について、回答者がそもそもどれほど現実に即した認識をもっていたかということも確かではない。しかし、とにかく、今よりも「厳重にしたほうがよい」とする者が少数派であることは、日本人の過半数が外国人に「入ってきてもらっては困る」とは考えていないことを意味するものと受けとってよいであろう。このように、日本人は外国人に対してボガーダスの尺度の第七段階にあたるような強い排斥的傾向はもっていないものと認められる。

次に「近所には住んでもらいたくない。ほかの町に住むのなら差支えない」という第六段階であるが、これに正面から答えてくれるような外国人一般についての資料は見当たらない。しかし、外国人のなかの特殊なカテゴリーである難民については、やはり総理府の世論調査（「月刊世論調査」昭和五七年一二月号――インドシナ難民問題）で、「自分の住んでいる近所にインドシナ難民のための施設が建設されるとしたら、どういう態度をとるか」との問いに対して、七七パーセントの者がこれに協力的であり、反対するのは四パーセントにすぎなかった。この調査では、難民の受入れを拡大すべきだとの意見が五〇パーセントを占めており、難民に対する日本人の気持ちは一般の外国人に対する場合よりも好意的であるように見受けられるので、協力的なのが七七パーセントという右の数字をそのまま外国人一般のレベルにあてはめて考えるのは適当でないかもしれない。しかし、新聞などがたまに特殊なケースとしてアパート住民による外国人（難民を含む）の入居反対事件などを報道することがあるのは、逆からみれば、普通一般のケースでは地域社会への外国人の受入れがそれほど強い抵抗感なしに行われていることを意味するものとも考えられよう。このような意味において、日本人の大半はボガーダスの尺度の第六段階ほどの排斥度は示していないものと思ってよいのではなかろうか。

第五段階の「せいぜい挨拶を交す程度の付合いならしてもよい」又は第四段階の「五・六家族なら家の近所に住んでもかまわない」という点については、それぞれの確認にうまく役立つ資料がないので、具体的な点検は省略せざるを得ない。しかし、外国人との接触がそれほど個人的・直接的な色彩を帯びないこの程度のレベルにおいては、日本人の排斥的傾向もあまり強くはないものと推測してよいのではないだろうか。ところが、「一緒の仕事場で同僚として働いてもよい」という第三段階になると、様子は若干変わってくるように思われる。というのは、これについても外国人一般を前提にした日本人の心理状態を調査した資料がないので正確なことは分からないが、難民の就職がなかなかうまく進まない状況などをみただけでも、一般的に言って、日本人は外国人が職場の同僚になることを好まない傾向があると考えたほうがよいのではないだろうか。少なくとも、企業の経営者のなかには、外国人を採用しないほうが従業員の和が保たれ、勤労の能率も高いレベルが維持できるとの認識が一般的になっているものとみてよいだろう。そうでなければ、政府が戦後一貫して外国人労働者の受入れを制限していることに対して、企業側からもう少し具体的・積極的な批判が生まれているはずだと思われるからである。こうしてみると、ボガーダスの尺度の第三段階あたりになると、日本人の排斥度はかなり強くなっているものと見たほうがよさそうである。

さらに、「日常つき合う友人に加えてもよい」という第二段階になると、日本人の排斥度はどの程度であろうか。この点については、さきにみた「外国人とつき合ってみたいか」との調査結果が参考になる。そして、この問いに対して「そんな気持はない」と答えた者が六四パーセントに上っているのであるから、このレベルになると日本人の外国人に対する排斥度は明らかに非常に強いものとなっていることが分かる。

最後に、「結婚してもよい」という第一段階については、入国・在留についての世論調査にみられる「兄弟姉妹や子供が外国人と結婚するとしたら」との質問に対して、「反対する」が三八パーセント、「賛成する」が二三パーセントという数字が参考になろう。賛成と反対だけをみるとあまり差はないような印象もあるが、賛成しない者が七七パーセントに上るとみれば、その差は圧倒的である。自分が外国人と結婚することについて質問すれば、若干異なった結果が出るのかもしれないが、子供などの国際結婚に反対が多いということは、自分の場合はさらにそうしたことに消極的になるものとも推定できる。こう考えるとすれば、ボガーダスの尺度の第一段階について、日本人は極めて強い排斥的傾向をもっているものということができる。

以上のようにみてくると、日本人の外国人に対する排斥度は、ボガーダスの尺度の第三段階または第四段階のあたりに強弱の境界線があるようである。そして、こうした排斥度の傾向について正確な国際比較のできる資料はまだないようであるが、欧米諸国に比較して外国人入国者又は在留者の数が著しく少ない我が国の客観的条件を考えれば、日本人の排斥度が欧米諸国人の場合とかなり違った(すなわち、排斥的傾向がかなり強い)状況にあるだろうということは極めて容易に推測されるものと言わなければならないであろう。

以上、我々は、ボガーダスの「社会的距離尺度」を主に総理府の世論調査の結果にあてはめて、日本人の「外国人」一般に対する排斥度（逆からいえば受容れ度）を考えてみた。ボガーダスの尺度は、人種関係や人種態度の研究によく使われているようであるが、我妻洋・米山俊直両氏共著の『偏見の構造―日本人の人種観』（NHKブックス、一九八一年）には、ボガーダスの尺度の日本版ともいうべきものが紹介されている（同書一二三〜一二九頁）。それは、「あなたは、……人が……ことに、賛成ですか、反対ですか、どちらでもないですか」という質問のかたちで、右の……の部分に次のような事項が並べられている。すなわち、

1　あなたと親友になること
2　あなただけでなくあなたの家族とも親友になること
3　あなたと一緒に旅行すること
4　日本に住むこと
5　あなたやあなたのお子さんと一緒に通学すること
6　あなたの家の隣りに住むこと
7　日本に帰化して日本国民になること
8　あなたと銭湯や温泉プールで入浴を共にすること
9　旅館であなたと同じ部屋に寝ること
10　あなたの兄弟姉妹や子供と結婚すること

という一〇項目である。そして、著者の調査結果によると、「大体右に並べた順序で賛成の数が減り、反対の数がふえてゆくことがわかった」そうである。この日本版ボガーダスの尺度は、さきにみたオリジナルのボガーダスの尺度と比較すると、かなり違っている。まず第一に、外国人が日本人と一緒に働くということがほとんどない我が国の現実を反映してか、「一緒の仕事場で同僚として働いてもよいかどうか」といった質問は含まれてない。第二に、オリジナルでは、「結婚」、「友人」などでは最も排斥度が強く、「入国」についてはそれが弱いものと想定されていたのであるが、日本版では、「親友」と「結婚」が受容と拒絶という両方の端に位置し、「入国」などはその間にはさまれている。第三には、日本版では、「旅行」とか「入浴」といった、いわば交際の具体的な場面についての質問が多く含まれている、といったようなことである。

このように、右の著書に見られる「受容れ度」の尺度は、ボガーダスの尺度とはかなり異なった点もある。しかし、こうした質問によって日本人の人種関係や人種態度を測定しようとする点では、まったく同じ考え方にたつものといえる。また、同書に紹介されている調査の場

合は、外国人一般を前提にしたわけではなく、アメリカ人か朝鮮人といった人種別にこうした質問を行ったようであるが、そうした調査の結果として、一般的に次のようなことが言えるのではないかとしている。すなわち、第一には、特定の国民や民族の人間と親友になることに賛成するのは、その国民に対する「受容れ度」が進んでいるものと考えるべきではなく、実際には、親友になる位の相手であれば、その人の国とか民族は問題ではなくなるから、どこの国の人とも親友になることに賛成する意見が多くなるのだと考えるべきである。だから、外国人と親友になることには何ら異存のない人でも、その親友以外の外国人が日本に帰化することや、彼らと一緒に温泉に入ることには、たといそれが親友と同じ国の人であっても、かならずしも賛成しないことになる、というのである。これまで我々は、外国人を日本人と対比させ、場合によっては外国人をさらにアメリカ人とかイギリス人といった国籍別に分けて考えることはあったが、さらに進んで外国人を人種や国籍といった衣装をとり去った裸の個人としてみることはほとんどしなかった。しかし、右のような指摘をみると、我々が「外国人」を考える場合には、つねにそれを日本人と外国人あるいはアメリカ人や中国人などといった一般的・包括的なラベルの貼られた存在としてとらえるばかりでなく、そうした抽象的なラベルとは関係のない個々の生きた人間として考えることも、忘れてはならない非常に大切なことのように思われるのである。言葉をかえれば、我々が外国人の法的地位を考える場合には、どうしても抽象的な外国人ばかりを念頭におきがちであるが、それだけでは十分でなく、場合によっては個々の生身の人間を正面にすえて問題を考えるべきときもあろうし、また、外国人とかアメリカ人とは言っても、それは結局のところ自分と同じ個々の人間なのだということが基本において常に認識されていなければならないのであろう。同書の調査結果で興味をひかれる第二の点は、朝鮮民族に対する日本人の偏見の強さである。すなわち、「親友になること」や「日本に住むこと」について賛成が最も少ないのは、朝鮮民族に対してなのである。ここで、我々は、我が国における外国人問題について、特定の民族や人種に対する偏見ということが、やはり主要な問題の一つとしてとり上げられなければならないことを知らされるわけである。ところで、この問題については、同書でもう一つ興味深い指摘がなされている。それは、「親友になること」や「日本に住むこと」で最も拒絶されている朝鮮民族が、「日本に帰化すること」では比較的多く受け容れられているという事実があり、この事実は、日本人が自分たちの社会内部に、異質のグループの存在することを好まぬ、いわば「等質性への要求」なり、「身内でかたまろうとする傾向」を持つと同時に、こうした要求なり傾向の裏に、「自分たちに同化する者なら受け容れよう」という態度がわずかながらもひそんでいることを物語るものかもしれない、と説明されている点である。このあたりから、我々は偏見や差別ということと「同化」ということとの関連についても考えてみなければならないことになったようである。

c　偏見・差別と同化・順化

さて、ボガーダスの社会的距離尺度を考えているうちに、我々の関心は偏見と差別あるいは同化と順化といったポイントに移ってきた。日本人の外国人に対する人種的偏見といった問題は、系統だてて考えてみようとすれば、それだけでもゆうに一冊の書物になってしまうものであるが、ここでは、外国人の法的地位という我々の研究課題への導入部分として最小限度必要なことにかぎって、箇条書き的にもっぱら概念的な整理をしておくことにしよう。

まず第一に、「偏見」と「差別」ということばの定義あるいは両者の関係についてであるが、さきにも引用した新保満著『人種差別と偏見』では、これが次のように説明されている。

――ギリシア人やローマ人は「以前の経験や決定の上に立つ判断」を「偏見」と呼んだ。この言葉が英語に入ってからは「急いで下した判断」といった意味に使われた。現在では「以前からあるあまり根拠のない好意的あるいは非好意的な判断」を「偏見」といってい る。ただし、人種的・民族的な差についての「偏見」は非好意的な場合が多いから、「人種偏見」という場合には非好意的な面のみを考えるように約束しておいたほうが便利だろう……。一般に「誤解」は事実をつきつければなくなる。だが「偏見」はそうではない。……一部白人のいだいている黒人のイメージが、どんなに誤っているかを事実で証明してみせても、「偏見」は「誤解」と違ってもとのイージに修正を加えはしない。……とにかく、「偏見」は「誤解」と異なって、事実をつきつけられてもなくならないし、偏見をもつ者は彼のイメージに合致しない事実をつきつけられると感情的になる傾向のあることは銘記しておかねばならない。

以上のべた所から、「偏見」の基本的な性質を整理しておこう。第一に、「偏見」は、誤った、そしてあまり弾力性のない一般化に根ざしている(例えば「黒人は知能が低い」等)。第二に、人々はそうした一般化を心の中で感じたり実際に口に出していったりする。つまり、「偏見」は個人の態度にかかわっている。第三に、この一般化はグループ全体にあてはめられる(例えば、「ユダヤ系は金に汚い」等。そうでないユダヤ系がいてもこの一般化に変更は加えられないし、一方、ユダヤ系をみると「金に汚いだろう」と人々は心の中で身構える)。要するに、ある人が「黒人」あるいは「ユダヤ系」であるというだけの手がかりで、その個人について一つの判断を下すのが「偏見」なのである。ところで、「黒人」とか「ユダヤ系」というのは一つのカテゴリーである。そして「偏見」はそのカテゴリーに関する、誤りを含みかつ弾力性の乏しい一般化である。つまり個々の人間についてはあまり注意を払わない。結論として、「偏見」というのはカテゴリカルな一つの思考様式なのである。――(同書二一―四頁)

――「偏見」はすでに述べたように人間の「態度」にかかわるが、必ずしも「行動」を伴わない。しかし、「差別」は「特定の社会集団に属する個人を違ったように扱う行動」を意味する。ただし、「偏見」をもっていても「差別」しない場合もあるし、「偏見」をもたなくても「差別」する場合もある。……大切なのは、「差別」は行動であり、「偏見」と区別しうる点である。――(同書一一〜一二頁)

――人種的民族的差別は二つの条件の組合せによって決る。個人の態度と社会の仕組みである。……資本主義社会の仕組みは、たとえば南阿のように人種主義を維持するように作り上げることもできる。それほど精巧にはできていないが、米国社会にも人種主義は濃厚に保存されている。そして両者ともそれぞれ南半球および北半球における資本主義のチャンピオンである。……あとにのこるのは個人の態度である。個人的に偏見をもつ人々は資本主義社会にも社会主義社会にもいる。偏見は社会の仕組みとある程度独立にでてくるからである。それなら、「偏見をもった人々」が「人種主義を許容する社会」に住むのと、「偏見をもった人々」が「人種主義にある程度ブレーキをかけようとしている社会」に住むのとでは、どちらが差別を行いやすいか。答は前者であろう。……もう一つ、資本主義社会で個人の態度だけ改めても人種的民族的差別はなくなりにくいのである。――(同書九〇〜九一頁)

「偏見」なり「差別」が一応右のように考えられるとして、それでは、我が国社会における人種的偏見あるいは差別の現実はどうだろうか。すでに述べたとおり、前掲書「偏見の構造」では、日本人の朝鮮民族に対する偏見について若干触れているが、同書では、さらに、日本人の他国民に対する拒否度をみると、「朝鮮民族に対する拒否が、すべての質問に関して、他のどの国民に対するより多い」ことが明らかにされている（同書一三〇頁）。これなどは、やはり、日本人の朝鮮民族に対する偏見がたしかに存在していることを証明するものにほかならないであろうし、これをやや希薄化した内容の外国人一般に対する偏見が存在することも否定できないのではなかろうか。また、差別についても、右のような偏見が実在するところでは、一定範囲の現実的な差別がありうることを否定することは非常に難しいものと思われる。そして、まえに紹介した国会論議などにも具体例がいくつかあげられていたが、在日韓国人の就職や日本人との婚姻などといった面での問題状況を考えれば、我が国社会における人種的差別も相当根強いものと認識しなければならないのであろう。ここで我々は、右に引用したところに述べられていた「資本主義社会で個人の態度だけ改めても人種的民族的差別はなくなりにくい」との見方について、よく考えてみる必要がありそうである。本講座における我々の主たる関心事は外国人の法的地位であるから、偏見や差別の問題それ自体に深く入っていくことはしない。しかし、人種的差別が個人の態度よりは社会の仕組みにより大きな影響を受ける問題であるならば、法制度は社会の仕組みの代表的な存在のひとつであり、そうした意味で、我々は、偏見と差別といった視点から我が国における外国人の法的地位を考える必要性を軽視することができないように思われる。

外国人に対する偏見や差別といった問題は、なにも我が国の場合だけにみられるわけではない。世界のいくつもの国において、今日、民族あるいは人種を基準とした偏見や差別が存在し、程度の差はあれ、それぞれ相当深刻な問題になっていることは、新聞などで我々が知らされているとおりである。こうした人種的・民族的偏見や差別の問題は、それぞれ異なった背景や原因をもち、また社会現象としてそれぞれが異なったあらわれ方を見せている。そこで、我が国における外国人に対する偏見や差別がどのような原因にもとづいて発生しているものと考えられるのかという問題が、偏見・差別について我々の知っておきたい第三のポイントになる。

この点については、多くの人がいろいろな見方や考え方をしていて、これが定説だといえるようなものはかならずしも明白ではない。しかし、我が国が単一民族の同質社会であるということに、外国人に対する差別や偏見が根ざしているという見方をする傾向が、かなり一般的に認められるように思われる。この単一民族性あるいは同質社会性に外国人への偏見又は差別の原因をみる考え方は、はたしてどれほどの現実的妥当性をもっているのだろうか。この点について、東京大学の大沼保昭教授が東京大学公開講座『世界と日本』（東京大学出版会、一九八三年）のなかの論文「日本社会と国際意識」で述べている考え方は、我々にとって非常に参考になり、説得力をもっているように思われる。一般的に言って、外国人に対する偏見や差別の原因として我が国が単一民族国家であること又は同質的社会であることをあげる説は、単一民族性又は同質社会性を事実として認識し、こうした現実のなかでは、偏見や差別という問題は、かならずしも理由のないものとは言えず、やむを得ないことと考えざるをえない、との結論に結びつくことが多いようである。そして、こうした見方にたつと、人種的な偏見や差別は、我が国の場合、単一民族の国であるとか同質的な社会であるといった社会的基盤に変化が生じないかぎりは、なかなか解決できない問題である、ということになってしまう。単一民族性が解消されるためには、いろいろな民族や人種が我が国のなかで混り合わなければならない。異民族が混住するためには、現在我が国には外国人が非常に少数しかいないのであるから、来そうな外国人はできるだけ多く受け入れなければならない。ところが、外国人にとって我が国には、人種的偏見や差別に基因する非常に住みにくい社会環境があるから、外国人はなかなか日本に来たがらないし、たまに来ようとする外国人があっても日本の社会のほうがこれをうまく迎え入れることができない。ということで、我が国での異民族との混住には一向に変化が生じないし、したがって、また、外国人に対する偏見や差別についても、純粋に観念的なレベルではともかく、日常生活上のきわめて素朴なフィーリングとしては、目立った変化は何も生まれてこない、という結果になる。このようにして、単一民族又は同質社会を事実だと認識する立場からは、我が国における人種的偏見や差別の問題をいくらかでも解決していくための手掛りを見出すことがきわめて困難になってしまう。

ところが、大沼教授によれば、単一民族・同質社会という前提は、「事実」ではなくて「神話」だという。「事実ではないこと」を「事実」だと思いこんでいるだけのことであれば、そうした思いこみを捨てれば、我が国の人種的偏見・差別は、通常言われている最も主要な原因を失ってしまうことになる。外国人一般又は特定の外国人に対する偏見・差別というものは、客観的な理由があってのことではなくて、要するに、日本人の意識のなかにのみ原因が存在することになる。それでは、なぜ日本人は意識のなかに人種的偏見や差別を根づかせてしまったのだろうか。このあたりを、大沼教授は、次のように説明している。

「国際意識、あるいは外国・外国人・外国文化をどのように認識するかという問題は、自己と異なる集団、社会をどうとらえるかということであり、自己がいかなるものかという自己認識と対《つい》をなす。その場合自己と他者を区別する基準が問題となる。「国際」が問題となる場合には、国境あるいは国籍により、つまり領域的あるいは人的基準により同一国家に属しているか否かが、自己と他者を区別する基本的基準であろう。……

このように、国境は自―他を分かつ重要な基準になっている。しかしながら、それでは国境の中にいる者はすべて自分と同じかといえば、必ずしもそうではない。この点で興味深いのが「外人」という言葉である。外人とは、必ずしも外国人と同じではない。たとえば、後述する在日韓国・朝鮮人は国籍上は外国人とされているが、「外人」ではない。外人とは、基本的に白人であって、日本文化の外にある者である。……右の場合、日本人＝われわれと、外人＝他人とを分かつ基準は、一見身体的特徴のように見える。……しかしながら、それではわれわれは、身体的特徴が同じであれば自分と同じ仲間、身内と考えるだろうか。答えは否である。このことは、現に日本に住んでいる韓国・朝鮮人、台湾人の例を考えれば一目瞭然である。

日本には現在、韓国・朝鮮籍の朝鮮出身者およびその子孫が、六五万人以上住んでいる。彼らは外見的には血統的な日本人とまったく同じであり、生活様式の上でも日本式の生活をしている者が圧倒的多数を占める。このように、外見上も生活様式の上でも血統的日本人と変わらないにもかかわらず、たとえば日立の社員の金さんがいる。あるいは私の家の隣りに朴さんという人がいるといった場合、金さんや朴さんは、日本社会のごくあたりまえの構成員＝われわれとは異なる人として語られ、受けとられることが少なくない。それは決して国籍が異なるためではない。たとえ日本国籍の金田さん――朝鮮式の名前は、日本国籍をとる際、日本式の名前に変えるよう行政指導される――であっても、血統上朝鮮人であれば、日本社会の完全な構成員として扱われない場合が多い。

これは結局のところ、朝鮮人の子どもして生まれたのはあくまで朝鮮人、日本人の子どもとして生まれたのは日本人という「血統」が最も根本的な基準になっているからにほかならない。……われわれが自—他を分かつ根本的な基準は、実は血統なのである。従って、たとえば在日韓国・朝鮮人や在日台湾人が日本社会で近所づきあいできるお隣りさんとして、あるいは会社の同僚として、つまりごくあたりまえの仲間として受け入れられるには、朝鮮人や台湾人であってはならない。……韓国・朝鮮人や台湾人は、日本社会の多数派たる大和民族に同化しなければ、日本社会では生きて行くことが困難となっている。

このことは、社会の側からみれば、そこに、絶えず民族的少数者を多数者へ同質化しようとする圧力が働いていることを意味する。一般に、日本は同質社会あるいは単一民族社会といわれるが、これは正確ではない。諸外国に比べて相対的に同質性が高いのは事実だが、日本には、アイヌ民族も朝鮮民族もおり、その文化も存在する。ただ、日本にはそれらの少数民族の文化の存在を認めず、それを同化してしまおうという社会的圧力が絶えず働いているのである。その意味で、日本は同質社会というよりは、同質化社会というべきである。

このような同質化の圧力は、島国という地理的条件、諸外国（民）との接触の少なさ、江戸時代の鎖国政策と三世紀近い国内平和、万世一系の神話に基く天皇の存在、明治以来の政府の血統主義的政策などにより、血統を中心として高度に凝縮された家族国家的社会が成立したという事情に由来すると考えられるが、それが他者に対して閉鎖的に働くことは否定できない。外人の場合は、後述する脱亜入欧信仰からして、一面ではハイカラ、モダン、カッコイイなどのプラスのイメージが働くものの、日本社会の一員に属さないお客さま、ヨソモノであることに変わりはない。在日韓国・朝鮮人などの場合は、「外人」のプラス・イメージすらもたないヨソモノであり、社会の一員たるためには、往々にして血統的・文化的な自分自身を抹殺しなければならない。

この、脱亜入欧信仰と結び付いた同質社会神話（＝同質化社会）は、アジアの人々や黒人に対する。ある場合には露骨な、ある場合には無意識の差別意識、排外意識として現われ、さまざまな問題を生み出している。」

（前掲書五六〜五九頁）

このように、大沼教授の説によれば、我が国における排外意識あるいは外国人に対する差別意識は、脱亜入欧信仰と結び付いた同質社会神話にその原因があるということになる。ところで、上に見た記述のなかに「同化」という言葉が出てきたが、我が国における外国人問題を考えるときには、この言葉にも相当の注意を払う必要があるようである。というのは、外国人問題の議論のなかには、かなり頻繁に「我が国に同化しようとしない外国人は好ましくない」とか「日本社会に同化しようという気持のある外国人ならば日本人の仲間として受け入れてもよい」といった意見が目につくからである。

「同化」という言葉は、一般に用いられる場合でも大沼教授のいう「同質化」という意味に理解して差し支えないものと思われるが、もし同化するためには「血統的・文化的な自分自身を抹殺しなければならない」のだとすると、それは外国人にまるで別の人間に生まれかわることを要求するものだと言わなければならない。しかし、同化ということばが通常用いられる場合は、かならずしも大沼教授のいうほど徹底した意味を帯びていることは多くないのではなかろうか。現実問題としては、ある国に住みつこうとする外国人は、そこで快適に生活しようと思えば、言葉や風俗習慣などはできるだけその国のものを身につけようと努力するはずであり、その反面で、自国の言葉や文化などは特別の支障がないかぎりできるだけ失わないようにしようとするであろう。また、このような外国人を受け入れる側でも、自分たちの社会にできるだけ適応しようとする外国人であれば、血統的・文化的な自分自身を抹殺することまでも要求することはしないかもしれない。こうしたかたちでの適応は、同化assimilationとは別にsocializationという言葉で表現されることがあり、これには社会化または順化というような日本語をあてることができるが、日本の社会は外国人を受け容れる前提として「同化」と「順化」のいずれをとっているのだろうか。さきにみたとおり、大沼教授は、我が国は「同化」を条件に外国人との関係を維持する社会になっており、それが外国人に対する差別意識・排外意識となって表われている、というふうに考えるのであるが、この点についてさらに次のようなことも述べている。

「血統的・文化的は完全に自己に同化された者以外は受け入れないという「同化かさもなくば排除」の論理で自己の所属する集団の原理とされ、国際問題はもっぱら外のこと、という意識がわれわれの自―他意識として潜在的に保持される限り、日本は、主観的にはどうであれ、客観的には身内のみを大事にする、強度に利己的な集団であり続けるだろう。それを克服するには、日本に住む者一人一人が、日々の生活において同質社会の神話から自己解放をはかるほかない。それは、われわれの生活の場に存在する国際を発見する努力であり、社会が異なる血統的、民族的出自をもつ、異質の存在からなる統合体であることの承認である。……「国際」問題はけっして国境の外のみにあるのではない。……

同質社会の神話が支配する日本社会では、白人であれ有色人であれ、それが血統的・文化的日本人でない限り、仲間＝身内から排除されることに変わりはないが、後者は単に排除されるのみならず、しばしば蔑視・差別の対象とされる。それは、日本社会の国際観ないし世界像が、強度の脱亜入欧信仰によってきわめて一面的に歪んでいるという事実に基づく。」

（前掲書六一・六二頁）

大沼教授は以上のように説く。我々はこれを丸ごと鵜のみにするわけにはいかないが、これを読んでいろいろ考えてみなければならないことが出てきたのは確かである。

まず第一は、我が国が同質社会であるというのは「神話」にすぎなくて、「同質化」社会なのだと考えるべきである、という点である。なぜそうした神話が生まれて、いつの間にか事実だと誤認されたかというと、明治以来の「血統」主義が原因なのだ、という見方である。こういうふうに考えることができれば、要は日本人の意識だけの問題になり、差別や偏見の問題は、現実の状況の変化などとは無関係に、意識を切りかえるだけで解決可能なことになる。とくに具体的、現実的な理由がなくて「同質社会」や「血統」のイメージを強くもったものだから、そうしたイメージを捨てるのも心のなかだけで出来るはずのことになろう。

第二には、同質社会神話と密接にからんだ「同化」の思想である。もし、「同化」が大沼教授のいうような極端な内容を意味するのであれば、そして、日本の社会が外国人に対して本当にこうした意味での同化を求めているのであれば、国際社会から異端視されても仕方がない面が否定できないであろう。しかし、現実には、法の規定や運用のなかに、または日常生活レベルの日本人と外国人のかかわり合いのなかに、こうした徹底した「同化」が前提になっているようなことは本当にあるのだろうか。ことばとしては「同化」という表現が用いられたとしても、それはさきにみた「順化」という意味で用いられているにすぎないことがほとんどではないだろうか。ただし、「順化」ということばを用いたとしても、ぎりぎり最小限度の順化と同化にかなり近い意味での順化の間で、内容的にはかなり大きなへだたりがある。ということで、日本の社会が外国人に対して要求している順化というのは、具体的にはどの程度のものか、という問題は残る、そして、もし同化にかなり似かよった順化が期待されているとすれば、それは外国人に対する偏見や差別を生みやすく、日本の閉鎖性を強める働きをすることになるだろう。したがって、我々は、我々の社会が外国人に対して期待する順化の内容が具体的にどの程度のものであり、それが国際社会における平均的なところと比べてノーマルなのかアブノーマルなのか、ということをよく点検してみる必要があることになる。

第三には、脱亜入欧という信仰が、同質社会の神話と合体して、外国人に対する差別意識または排外意識を生みだしている、という点についてである。とくに在日韓国・朝鮮人に対する偏見や差別の原因として、脱亜入欧信仰が大きな意味をもっているとの指摘は、かなり説得力をもっているように思われる。しかし、もしそのとおりだということであれば、こうした偏見や差別については、解消のきざしが若干見えはじめたのではないかという希望のもてるような事情もある。というのは、脱亜入欧信仰というのは、我が国が明治以来一貫して持ち続けてきたものであり、我が国の発展を促進する相当強い刺激になっていたように言われているが、最近では、「追い着き時代の終焉」（香西泰・諸井虔編著『経済文化の時代』日本経済新聞社、一九八三年）ということが言われているように、脱亜入欧信仰は次第に力を失っているように思われるからである。日本人が脱亜入欧の信仰から無縁になるまでにあと何年を要するものか、予想はかならずしも容易ではないが、何れにしても、脱亜入欧信仰が弱まれば、韓国・朝鮮人などに対する差別意識にも、徐々に解消へ向けての変化が生まれてくるであろうと考えることはできるように思われる。

偏見・差別あるいは同化・順化について、いろいろとみてきたが、最後に、日本人の外国人に対する差別意識はどのようにして解決できるか、という点を考えておこう。これが速効薬というような名案があるわけではない。もしあれば、外国人の差別問題などとうの昔に解決されているはずである。とにかく、偏見・差別の解決は「教育を通じて、人々の心を変えていく以外ない」（今野敏彦『差別への視座』八一頁、未来社、一九八四年）ようである。教育が最も頼りにすべき差別解消の方法だというのは、いかにもいらだたしい気持にさせられるが、きわめて当然のことでもある。というのは、すでにみたとおり、単一民族社会、同質社会あるいは同質化社会、脱亜入欧信仰、血統など、我が国における外国人への差別意識の原因とされるものはいろいろと考えられているが、何れが原因にせよ、こうしたことが日本人の心のなかに深くしみこんで、外国人に対する偏見や差別を形づくるまでになったのは、明治以来の長い歴史のなかで繰り返し単一民族社会、同質社会、脱亜入欧などということが日本人に教えこまれてきた結果にほかならない。教育の成果が「神話」や「信仰」にまで高まったのである。教育によって生まれた差別意識は、やはり教育によって解決するのが最も自然なことのように思われる。教育によって日本人の心が変えられるまでには、まだまだ長い年数を要するであろうが、その間に、我が国の経済発展の結果として脱亜入欧というスローガンの意味がうすれ、これが教育の効果促進に相当影響を及ぼすことになるであろう。

こうしてみると、我が国における外国人に対する偏見や差別は、当分の間、これに明白な変化の生ずることは期待できない。したがって、我が国における外国人の法的地位を考える場合にも、こうした現実をつねに念頭に置きながら、法の規定を読み、適用の実際を観察していくことが大切であろうと思われる。

まとめ

これまで我々が見てきたのは、我が国における外国人入国者・在留者の概説と外国人問題に関するいくつかの着眼点のようなものであったが、念のために、もう一度ここで要点を拾い上げておくことにしよう。

まず第一に、我が国に入国する外国人は、年々増加してきてはいるが、欧米先進国などに比較すると非常に少ない。また、在留外国人も、人口の一パーセントに満たない、きわめて少数に止まっている。したがって、現在のところ、我が国における外国人の存在は、それほど注目すべき実体をそなえているものとは言い難い面がある。

第二に、我が国にとって外国人とは、基本的にアジア人、とくに韓国・朝鮮人および中国・台湾人であり、欧米諸国人はそれほど多くない。とくに在留レベルでみると、欧米人は非常に僅かである。

第三に、日本人と外国人の区別はそう簡単ではない。行政レベルでは、この区別が国籍を基準にして行われるのがふつうになっているが、われわれの日常生活レベルでは、血統や身体的特徴など国籍以外の基準によって日本人と外国人が区別されることも多い。このあたりが、外国人に対する行政上の取扱いがかならずしも市民感情にそぐわないことの生ずる原因になっているように思われる。

第四には、日本人の外国人に対する受容度は、それほど高いものとは認められない。したがって、日本人と外国人の関係は、しばしば必要以上に強く区別されることになり、外国人があまりに日本人とちがった存在として考えられるおそれがある。

第五に、外国人に対する偏見・差別は我が国にも相当明らかに認められる。この偏見・差別は、きわめて心理的な面に原因があるものと考えられ、見方によっては実質的な根拠に乏しいとはいえ、ながい年月のあいだにかなり根強く日本人の心のなかに根付いてしまっているものと見なければならない。しかし、外国人に対する偏見・差別は、それが客観的な条件の下で生じたものか、それとも〝信仰〟や〝神話〟のようなものを単に〝思いこむ〟ことによって生まれたものであるかはともかくとして、何れにしても、我が国がこれからの国際社会において不必要な摩擦を回避しながら存立していくためには、なんとしても解消していかなければならない性格の問題である。

我々がここまで検討を試みてきたことは、主として以上のようなポイントに絞られるのではなかろうか。そして、我が国における外国人の法的地位を考える場合には、これらの点をつねに思い浮かべながら、ある法律がとくに外国人を日本人と区別して取り扱うこととしている理由は何なのか、その理由はどこまでが合理的な範囲内にあると認められるのか、その法律の運用は法律の趣旨から外れているようなことがないか、その法律の規定や適用面に市民感覚とのズレは生じていないか、あるいは、また、国民の差別意識を助長するような面はないか、などといった問題を注意深く点検していくことが、非常に重要な意味をもつものと思われるのである。

III　国内法上の外国人の法的地位の現状

1　日本国憲法上の外国人の法的地位

一　外国人の法的地位に関する憲法上の規定

諸外国の憲法の中には、外国人の法律的地位ないしは外国人の権利・義務の範囲について明文の規定を設けている例もあるが、(1)日本国憲法はこの種の規定を置いていない。そのため、外国人は我が国の憲法上どのような法的地位に立つのか、すなわち外国人の我が国における基本的な権利及び義務の範囲如何の問題は、専ら憲法の解釈に委ねられることになるわけであるが、この問題については、外国人の法的地位に関連があると考えられる憲法上のいくつかの規定を足掛かりにして、次のような二つの視点から考察を進めることができる。

①　憲法第九八条第二項は、「日本国が締結した条約及び確立された国際法規は、これを誠実に遵守することを必要とする。」と規定しているが、(2)この規定は一般に国際法（条約及び国際慣習法）がそのまま日本国内において効力を有することを認めたものと解されている。(3)したがって、我が国が締結し若しくは加入した条約又は国際慣習法で外国人について何らかの法的地位（権利・義務）が定められているときは、その限りにおいて外国人の法的地位は憲法上保障されているということができる。

そこで、第一に、外国人は国際慣習法上一般的にどのような法的地位にあるのか、そして我が国が締結又は加入した条約では外国人の法的地位に関してどのような特別の規定があるのかを知ることが必要となってくる。

②　憲法第三章（第一〇条〜第三九条）は、「国民の権利及び義務」と題して、主として基本的人権の保障を規定しているが、前記のとおり日本国憲法は外国人の法的地位（権利・義務）に関する規定を置いていない。そのため、憲法第三章に規定する基本的人権が日本国民に保障されることは疑問の余地はないものの、この憲法第三章が規定する基本的人権の保障が我が国に在住する外国人に対しても適用されるか否か、適用されるとすればどの程度において適用されるのかなどについて見解が分かれている。また、憲法第二六条第二項に規定する子女に普通教育を受けさせる義務（教育の義務）、第二七条第一項に規定する勤労の義務及び第三〇条に規定する納税の義務のいわゆる国民の基本的義務と言われるものを外国人も

負うかについても検討の余地があるところである。
そこで、第二に、憲法第三章に定める「国民の権利及び義務」に関する規定は、我が国に在住する外国人にも適用されるか否かなどについて検討することが必要となってくる。

（1）外国人の法的地位ないし外国人の権利・義務の範囲について明文の規定を置いている外国の憲法の例としては、次のようなものがある。

〔イタリア共和国憲法（一九四七年）〕

第一〇条　① イタリアの法秩序は、一般に承認された国際法の諸原則に従う。
② 外国人の法律的地位は、国際法規及び条約に従い、法律により規律される。
③ イタリア憲法によって保障される民主的な諸自由を自国で有効に享受することのできない外国人は、法律の定める条件に従って、共和国の領土内で庇護を受ける権利を有する。
④ 政治犯罪に基づく外国人の引渡しは、認めない。

〔大韓民国憲法（一九八七年）〕

第六条　① この憲法に基づいて締結し、公布された条約及び一般に承認された国際法規は、国内法と同等の効力を有する。
② 外国人は、国際法及び条約の定めるところにより、その地位が保障される。

〔ブラジル憲法（一九六七年）〕

第一五〇条　本憲法は、ブラジル人及び国内に居住する外国人に対し、次のとおり、生命、自由、安全及び財産に関する権利の不可侵性を、ここに保障する。
（附第一項～附第三三項　略）

〔メキシコ合衆国憲法（一九一七年）〕

第三二条　① メキシコ国民は、あらゆる種類の特権付与及び公民たる地位を必要としない政府のすべての職、地位又は業務において、同一条件の下では、外国人に対し、優先権を有する。外国人は、平時に、軍隊、警察又は公安部隊に服務することはできない。
② 海軍もしくは空軍に所属し、その任務を遂行するためには、出生によるメキシコ国民であることを必要とする。同一の資格が、船長、操縦士、主任、機関士、技師及び一般的にメキシコ商船旗又は記章を掲げて航行する船舶又は航空機のすべての乗務員に対して必要とされる。同様に、港湾の長の職務、入港許可証及び飛行場指揮官に関する業務並びに共和国におけるすべての税関の職務を遂行するためには、出生によるメキシコ国民の資格を必要とする。

第三三条　① 第三〇条に定める資格〔メキシコ国籍〕をもたない者は、外国人とする。外国人は、この憲法の第一編第一章〔個人の保障〕の与える保障を享ける権利を有する。ただし、連邦政府は、国内在住が好ましくない外国人を、直ちに、かつ、事前の法律的処理を要せずに、国外に追放する専属的権限を有する。
② 外国人は、いかなる方法においても、国の政治的事項に

関与することはできない。

第七三条　議会は、次に掲げる権限を有する。……

(16) 国籍、外国人の法的地位、公民権、帰化、拓殖、移住、来住及び共和国の公衆衛生に関する法律を制定すること。

第一一九条　①　州は、他の州又は外国の犯罪人を、その引渡しを要求する当局に対して、遅滞なく引き渡す義務を負う。

②　これらの場合に、犯罪人引渡しを命ずる裁判官の令状をもって、州際間の犯罪人引渡しについては一ヶ月間、国際間の犯罪人引渡しについては二ヶ月間、犯罪人を勾留することができる。

〔スイス連邦憲法（一八七四年）〕

第五九条　①　スイスに定まった住所を有する能力ある債務者に対してなす人的請求の訴訟は、住所地の裁判所で行われ、その結果、請求により、債務者が住む以外の州において、このような者の財産は、差押えられることはない。

②　外国人に関しては、関係ある国際条約の規定が、留保される。

第六九条の三　①　連邦は、外国人の入出国、滞在及び定住について法律を制定する権利を有する。

②　各州は、連邦法に従い、滞在及び定住について決定をする。ただし、次の事項に関する最終決定権は、連邦に属する。

a、寛容許可のほか、長期間の継続的滞在及び定住に関する州の許可

b、定住協約に対する違反

c、州による連邦領域からの追放

d、庇護の拒否

第七〇条　連邦は、スイスの国内及び国外の安全を害する外国人を、スイスの領域から追放する権利を有する。

〔ベルギー国憲法（一八三一年）〕

第五条　①　帰化は、立法権によって、これを許可する。

②　外国人は、大帰化（市町村における参政権のみ認められる「普通帰化」に対し、州及び国における参政権も認められる、完全な帰化）によらなければ、政治上の権利の行使について、ベルギー国民と同等に扱われない。

第六条　①　国内にいかなる身分の区別も存してはならない。

②　ベルギー国民は、法律の前に平等である。ベルギー国民でなければ、文武の官職に就くことができない。ただし、特別の場合に、法律によって例外を設けることを妨げない。

第八六条　何人も、生来のベルギー国民であるか、または大帰化を認められた者でなければ、大臣となることができない。

第一二八条　ベルギー国の領土内にあるすべての外国人は、法律で定めた例外の場合を除き、その身体及び財産を保護される。

(2)　「条約」とは、文書による国家間の合意（取決め）である。条約のほか、協定、協約、規約、憲章、議定書などその呼称の如何を問わず、国家間の文書による合意である限り、ここにいう条約である。

また、「確立された国際法規」とは、現に国際社会において一般に承認され、実行されている国際慣習法をいう。これ

は、全世界の大多数の国家により、かつ支配的諸国家により、拘束力のあるものとして承認されている国際法規である。

（3）　国際法が国内において適用されるためには、まず国際法規が国内において効力を有することが認められなければならない。つまり、国際法が国内において妥当するためには、国家による国内法秩序への受入れが必要である。

国際法の受入れの形態には、個別的に新たな国内法の定立・制定を必要とする変型方式と国際法の効力をそのまま認めて国内的に適用する一般的受容方式とがあるが、いずれの方式をとるかは各国家の意思つまり各国の憲法体制（憲法の規定又は憲法慣行）に委ねられているのが実情である。例えば、英国では、条約について、国民の権利・義務に関係する条約又は国家の財政的負担を伴う条約については議会による立法措置を必要とする（国際慣習法については別である）。しかし、最近は、憲法の規定又は憲法慣行によって一般的に条約又は（及び）国際慣習法を変型せずにそのままの形で国内的に受容する国が多くなっている（例えば、アルゼンティン、イタリア、フランス、ベルギー、ドイツ、スペイン、オランダ、米国など）。我が国については、憲法第九八条第二項の規定は、我が国が国際法の一般的受容方式をとり、一般に国際法の国内的効力を認めたものと解されている。

なお、各国の憲法の定める受入れ手続に従って国内的に適用されるに至った国際法が国内法と矛盾・抵触した場合、いずれが優先して適用されるか、つまりどちらが形式的効力において優位するかが問題となるが、この問題も結局は各国の憲法体制に委ねられている。この問題についての各国の憲法の態様は様々である。我が国については、憲法にはこれについて明文の規定はないが、国際法の誠実な遵守を規定した第九八条第二項の規定の趣旨からして、国際法は一般に法律に優位するものと解されている。国際法と憲法との関係については、諸説があり見解は一定していないが、条約と憲法の効力関係について「憲法優位説」をとる立場が、一般的に有力であるようである。

以上の詳細については、山本草二・国際法（新版）（平六・有斐閣）八一頁以下、波多野里望・小川芳彦編・国際法講義（新版）（平五・有斐閣）六六頁以下、高野雄一・憲法と条約（昭三五・東京大学出版会）一五六頁以下、宮沢俊義＝芦部信喜（補訂）全訂日本国憲法（昭五四・日本評論社）八〇八頁以下、山本草二「条約と法律の関係」ジュリスト八〇五号一八二～一八七頁、芦部信喜「憲法の構造㈠」法学教室四二号一九～二五頁を参照。

二　「条約及び国際法規の遵守」と外国人の法的地位

一で述べたとおり、国際法（条約及び国際慣習法）の誠実な遵守を定めた憲法第九八条第二項の規定からすると、我が国を拘束する国際法において外国人について何らかの法的地位が定められているときは、その限りにおいてその法的地位は憲法上保障されているということができるので、ここでは国際法の上では外国人の法的地位はどのようになっているのか、そして、それに対する我が国の取組み・実情はどうなっているのか、その主なものについて説明することとしたい。

(1)　出入国・滞在に関する外国人の法的地位

ア　外国人の入国及び滞在

①　国際慣習法上、国家は外国人の入国・滞在を許可すべき義務を負わない。外国人の入国・滞在を許可するか否かはその国の自由裁量に属する事柄であり、各国は自由に外国人の入国・滞在を許したり又は禁止し若しくは制限することができるというのが国際法上一般に認められた原則である。(1)

したがって、各国は外国政府に対し自国民の入国ないし滞在を許可するよう主張することはできず、また、その国の国民でない者（外国人）はその国に自己を入国・滞在させることを要求することはできない。外国人は、いったんある国への入国・滞在が認められても、その国に居住する権利ないし引き続きその国に滞在することを要求し得る権利を取得するわけではない。

また、各国家は、外国人の入国・滞在を許可する場合でも、一定の条件を設け、その条件の下にのみその入国・滞在を認めることができる。現に、多くの国では、旅券及び査証（ビザ）の所持を入国の要件とし、伝染病患者、犯罪者等の入国・滞在は禁止されているし、また、就労を目的とする者や永住を希望する移民については、一時的入国・滞在者とは異なって、特別の要件・許可を必要としている国が多い。(2)

②　以上は、外国人の入国・滞在に関する国際法上の一般原則であるが、実際には各国とも二国間の通商航海条約などによって、相互に相手国の国民の入国・滞在を一定の場合に許すことにしていることが多い。このような場合には、国家は条約上の義務として外国人の入国・滞在を許可しなければならず、外国人はその限りにおいて入国・滞在の自由をもつことになる。我国も多くの国との間で通商航海条約、友好通商条約等を締結して相互に一定の場合に相手国の国民の入国・滞在を許可すべきことを約定している。(3)また、我が国と韓国との間で締結された「日本国に居住する大韓民国国民の法的地位及び待遇に関する日本国と大韓民国国民との間の協定」では、我が国は、終戦前から我が国に居住する韓国国民及び日本で出生した一定範囲のその子孫については、日本での永住を許可することが定められている。

更に、最近では、多数国間条約を締結して、条約に定める一定の目的（例えば、貿易・投資の自由化、金融の自由化等）を達するために、出入国に関する各国の裁量権を規制し、当該条約加盟（締約）国の国民の入国・滞在を保障し合う場合も多くなってきている。例えば、平成六年に我が国が加盟した「世界貿易機関を設立するマラケシュ協定」の附属書一B「サービスの貿易に関する一般協定」第一六条第一項は、「加盟国は、第一条に規定するサービスの提供の態様による市場アクセスに関し、他の加盟国のサービス及びサービス提供者に対し、自国の約束表において合意し、特定した制限及び条約に基づく待遇よりも不利でない待遇を与える」と規定しているところ、我が国は、その約束表（「日本国の特定の約束に係る表」）により、他の加盟国に対し、同協定に規定されている一定のサービスの提供に関する業務連絡その他これに類似する活動に参加するために九〇日を超えない期間我が国に滞在する者や当該サービスを提供するために五年を超えない期間我が国にある支店・支社等に転任する者等について、原則としてその入国及び一時的な滞在を認めることを約束している（他の加盟国も、多くの場合、その約束表により、同条約加盟国の一定範囲のサービス提供者等について、その入国・滞在を認めることを約束している）。

我が国と外国との間にこの種の条約が締結されている場合は、その条約に定められた一定の要件を満たす条約相手国又は加盟国（締約国）の国民は、我が国への入国・滞在が憲法上も保障されるということができる。

③　なお、実際には、このような条約上の規定がない場合でも、一般に各国は事実上の慣行として外国人の入国・滞在を許可しており、我が国も出入国管理及び難民認定法でもって、我が国とそのような条約を締結していない国の国民であっても、同法に定める一定の条件に適合する者であれば我が国への入国・滞在を認めることとしている（同法は、我が国が入国・在留を認める外国人として、同法別表において、「外交」「公用」「教授」「芸術」「宗教」「報道」「投資・経営」「法律会計業務」「医療」「研究」「教育」「技術」「興行」「技能」「文化活動」「短期滞在」「留学」「研修」などの活動を目的とする者を列挙しているが、これらはいずれも我が国との間で前記のような条約を締結した国の国民であることが入国・滞在を許可する場合の必要条件とはされてはいない）。

④　ところで、外国人の入国・滞在に関して述べるべき問題の一つに庇護権（領土的庇護権）の問題がある。[4] 各国は、自国民であると外国人であるとにかかわりなく、

その領土内にあるすべての人に対して領土主権を行使する。その結果、各国は、自国民に対して有する権限(属人主権)を外国において実際上行使することはできない。したがって、本国において犯罪のために訴追された者や政治的な理由により迫害されている者などが外国に逃亡した場合には、当該外国はその者にとっては本国からの追及が及ばない避難の場所となる。

国家は、外国人の入国・滞在を許可すべき義務を負わないと同時に、特定の外国人の入国・滞在を拒否すべき義務も負っていない。また、既にそのような外国人の入国・滞在を許可している場合に、その者を自国外に追放すべき義務はない。更に、各国は、その者の本国から引渡しの要求を受けても、犯罪人引渡条約による特別の定めがない限り、その者を引き渡す義務はない。むしろ各国は、自由に庇護を与えることができる権利を有するとされている。庇護(領土的庇護)とは、本国における訴追や迫害から逃れようとする外国人に対し自国領土内への入国・滞在を許容してこれを保護し、その者の避難を認めることであり、庇護権(領土的庇護権)とは、そのような国家の権利であるということができる。

この権利は、国家がもつものであって、個人がもつものではない。ある国からの訴追又は迫害を免れるために逃亡してきた個人が、外国に対して入国・滞在を許可し保護を与えるよう要求することができるわけではない。要求を受けた国家はこれに応じなければならないということはない。入国・滞在を許可し保護を与えるかどうかは、その国家の自由である。個人は、この国家の権利の行使の反映として庇護を受けることがあるにすぎないのである。なお、憲法において、政治的な理由により迫害されている者に対して庇護を与えることを国家の義務として規定している、つまりそのような個人に対して避難する権利を認めている国もある[5]が、これは国内法上の規定であって、当該権利は国際法上個人に認められたものではない。

ところで、昭和五七年に我が国が加入した「難民の地位に関する条約」及び「難民の地位に関する議定書」(この二つの条約を総称して普通に「難民条約」という)は、締約国に対してその領域内に滞在する難民に公の教育、公的扶助、社会保障、旅行証明書の発給その他の各種の保護措置を与えることを義務づけているが、国外にある難民をその領域内に受け入れるべきことを締約国に義務づけてはいない[6]。したがって、たとえ難民条約にいう難民に該当する者が迫害から逃れるために同条約の締約国への入国・滞在を希望したとしても、前に述べたとおり一般に国家は外国人の入国・滞在を許すべき義務を負っていないので、当該締約国は、国際慣習法上の原則のとおり、当該難民の入国・滞在を許可することも、また、これを拒否することもできる(国によっては、憲法(国内法)上、政治的な理由によりその本国において迫害される者ないしは難民の受入れあるいは庇護を規定している例もあることは前記のとおりであるが、我が国の憲法（国内法）にはそのような規定はない）。

（1）　最高裁判所の判例は、外国人は憲法上、日本入国あるいは在留の自由を保障されていないとしたあと、「このことは、国際慣習法上、外国人の入国の許否は当該国家の自由裁量により決定し得るものであって、特別の条約が存しない限り、国家は外国人の入国を許可する義務を負わないものであることと、その考えを同じくするものと解し得られる」と述べている(昭和三二年六月一九日最高裁大法廷判決・最高裁刑事判例集一一巻六号一六六三頁)。

最高裁判所の判例はまた次のように述べている。「国際慣習法上、外国人の入国の許否は当該国家の自由裁量によって決定しうるものとされており、このことは憲法の理念に反するものでないことすでに当裁判所大法廷の判例の趣旨に徴して明らかである。」(昭和三八年三月二二日最高裁第二小法廷判決・最高裁裁判集・刑事一四六号八四五頁)。

（2）　外国人の入国・滞在の許否は各国家の自由裁量に属する事柄であると言っても、決して行政当局、担当者等が恣意的に決定し得るということではない。各国の自由裁量とは、どの種の外国人について、どのような条件の下に入国・滞在を認めるのかなどを各国家が他国の干渉なしに自由に決定し得るということであって、その国家意思の決定は、出入国管理法、移民法というような法律の制定というかたちで行われるのが一般的であり、その中で入国・滞在が許される外国人のカテゴリー、入国・滞在の許可の基準、入国・滞在を拒否すべき外国人などが定められるのが通例である。

我が国も、「出入国管理及び難民認定法」(いわゆる「入管法」)、「日本国との平和条約に基づき日本国籍を離脱した者等の出入国管理に関する特例法」(いわゆる「入管特例法」)等の法律を制定し、これらの法律に基づいて外国人の入国・滞在の許否等を決することとしている。

（3）　我が国が入国・滞在条項を含んだ通商航海条約等を締結している国としては、アルゼンティン、オーストラリア、ブルガリア、キューバ、デンマーク、フィンランド、フランス、ドイツ、ギリシャ、ハンガリー、インド、インドネシア、マレーシア、オランダ、ノールウェー、パキスタン、ペルー、フィリピン、ポーランド、ルーマニア、スペイン、スウェーデン、スイス、トルコ、英国、米国、ウルグァイなどがある。

例えば、「日本国とアメリカ合衆国との間の友好通商航海条約」第一条第一項は、貿易若しくはこれに関連する商業活動を行うため、投資企業の発展・運営指揮のため又は外国人の入国・在留に関する相手国の法令の認めるその他の目的のために、相互に相手国の国民が入国し在留することを認めるべきことを規定している。また、「日本国とアルゼンティン共和国との間の友好通商航海条約」第二条第一項は、「いずれの一方の締約国の国民も、他方の締約国の領域に当該他方の締約国の法令の規定に従って入ることを許され、かつ、その入国に関するすべての事項について最恵国待遇を与えられる」と規定している。

(4)　庇護とは、一般に自国の管轄圏内において、訴追や迫害から逃れようとする外国人に対して保護を与え、避難を認めることであるが、これには二つの場合がある。一つは、国家が自国の領土内でそのような外国人に対して庇護を与える場合であり、これを領土的庇護という。他の一つは、外国にある大公使館、領事館又は外国の領海内にある軍艦や外国の領域内にある軍隊が、当該外国官憲の追及から逃れようとする者に対して庇護を与える場合であり、これを外交的庇護という。領土的庇護の権利は国際法上一般に認められているが、外交的庇護の権利は国際法上一般的には認められない。単に庇護又は庇護権という場合には、領土的庇護ないし領土的庇護権を指すのが普通である。

(5)　政治的な理由によりその本国において迫害される者ないし難民の入国を認め庇護を与えることを国家の義務とする憲法規定としては、例えばイタリア共和国憲法(一九四七年)は、「イタリア憲法によって保障される民主的な諸自由を自国で有効に享受することのできない外国人は、法律の定める条件に従って、共和国の領土内で庇護を受ける権利を有する」(第一〇条第三項)とし、ドイツ連邦共和国基本法(一九四九年)は、安全な第三国から入国する者等は除かれるなどの制限を付しているものの、「政治的被迫害者は、庇護権を享受する」(第一六a条第一項)と規定している。

(6)　難民条約の成立の経緯、その概要、同条約における難民の定義などについては、本書一三七頁以下を参照。

イ　外国人の出国

国際慣習法上、外国人の出国は原則として自由である。しかし、外国人が税金・罰金・私的債務の支払いなどその国における各種の義務を履行していないとき、犯罪の容疑で取調べの必要があるとき又は現に刑の執行中であるときなど、合理的理由がある場合には、国家は外国人の出国を禁止し又は制限することができる。[1] ただし、戦時にあっては、国家は、このような理由がない場合であっても、戦争遂行の必要上一定期間外国人の出国を禁止し又は制限することができる。

なお、外国人は、出国は原則として自由であるが、出国しようとする場合には、出国に関する当該国の法規・手続(例えば、旅券の提示や出国の確認を受けることなど)に従わなければならないとされる。

我が国が昭和五四年に加入した「市民的及び政治的権利に関する国際規約」(いわゆる「国際人権規約B規約」)第一二条は「すべての者は、いずれかの国(自国を含む)からも自由に離れることができる」（第二項）、「第一項（国内での移動の自由及び居住の自由）及び第二項（出国の自由）の権利は、いかなる制限も受けない。ただし、その制限が、法律で定められ、国の安全、公の秩序、公衆の健康若しくは道徳又は他の者の権利及び自由を保護するために必要であり、かつ、この規約において認められる他の権利と両立するものである場合は、この限りでない」（第三項）と、国民であると外国人であるとを問わず出国は原則として自由であるが、一定の場合には出国が制限されることがある旨を規定している。これは前記の国際法の一般原則と一致している。

（1）　我が国の「出入国管理及び難民認定法」（いわゆる「入管法」）第二五条の二は「出国確認の留保」の制度について規定しており、この制度は、重要な犯罪につき訴追され又は逮捕状等が発せられている外国人、未だ刑の執行が終了していない外国人、逃亡犯罪人引渡法による犯罪人引渡の対象となる外国人などが自由に国外に逃亡することを防止するため、これらの者の出国確認の手続を一定時間留保し、その間に関係機関が所要の手続をとることにより我が国の刑事司法の機能等が有効に働くことを保障しようとするもので、外国人の出国の制限の一例である。

ウ　外国人の退去強制

①　前記**イ**で見たとおり、国際慣習法上、外国人の出国は原則として自由であり、国家は外国人に対して自国領域内での滞在を強制することはできないが、他方、国家は外国人の出国を強制することができる。すなわち、国家は外国人をその意思に反して強制的に出国せしめることができる。この外国人の強制的出国には「退去強制」と、後述する「犯罪人引渡」がある。

退去強制は、国家が好ましくないと認める外国人をその領域から強制的に退去せしめる行政措置であり、外国人の追放（国外追放）とも言われる。既述のとおり、国際慣習法上国家は外国人の入国・滞在に関しこれを許すか否かについて自由な裁量を有しているが、国家は外国人の入国・滞在を認めた後に、その滞在が自国にとって好ましくないと判断するときは、その者を自国から退去強制（追放）する権限を有することもまた国際法上一般に認められている原則である。それは、当該外国人が単なる一時的滞在者であると、当該国に通常居住している者であるとを問わない。

②　どのような場合に好ましくないとして外国人を退去強制し得るか、すなわち退去強制の事由については、戦時における交戦相手国の国民（敵国人）の追放を除いては、国際慣習法上、具体的に定まったものはない。退去強制の事由は、国際慣習法の上では限定されてい

ない。当該国家が退去強制する正当な事由があると判断する限り、外国人を退去強制することができる。それでは、どういう場合であれば、国家は正当な事由があるとして外国人を退去強制し得るかというと、一般的に言えば、その外国人の存在がその国の公の秩序と公共の安全に対して脅威を与え、その者の滞在がその国にとって有害であると認められる場合である。

③　もっとも、具体的にどのようなケースが自国の公の秩序と公共の安全に脅威を与え、自国にとって有害であるかは、国情により国ごとに異なるが、外国人の追放が国家の全く恣意的な判断によって行われるときは、円滑な国際間の交流を阻害し、外国人の人権を侵害することになる。現在の国際社会においては、外国人が何の理由もなく滞在国から追放されるようなことはあってはならない。そこで、最近では、各国とも自国の公の秩序と公共の安全に脅威を与え、自国にとって有害であると認められる場合を法律であらかじめ一定の退去強制事由（外国人を追放すべき理由）として定めておき、それに該当した外国人を一定の手続により退去強制するのが通常である。

④　我が国も、出入国管理及び難民認定法（以下「入管法」という。）第二四条において我が国の社会にとって有害であるので退去強制すべき者として、不法入国者、不法在留者、一定の犯罪者、売春関係の業務に従事する者などを限定的に列挙するとともに、同法第五章に退去強制の手続について詳細な規定を置いている。退去強制事由を法定することは、その事由に該当する者以外の者を理由なく退去強制しない方針を明らかにするものであり、また、同法所定の退去強制手続は、当該外国人及び関係人を手続に参加させ、これに主張や証拠提出の機会を与えて、当該外国人が退去強制事由に該当するか否かを慎重に確認するための行政手続である。したがって、我が国では、外国人は理由なく、また理由を知らされることなく我が国から退去強制されることはない。

なお、「日本国との平和条約に基づき日本の国籍を離脱した者等の出入国管理に関する特例法」（以下「入管特例法」という。）第九条（退去強制の特例）は、いわゆる特別永住者については、内乱罪・外患罪により禁錮以上の刑に処せられた者、国交に関する罪により禁錮以上の刑に処せられた者、無期又は七年を超える懲役・禁錮に処せられた者で法務大臣においてその犯罪行為により日本国の重大な利益が害されたと認定したものなど、我が国の重大な国家的利益が侵害されたような場合に限って退去強制の対象となる旨定めており、その他の一般外国人の場合は、例えば入管法第二四条で覚せい剤取締法違反等のいわゆる薬物事犯により有罪の判決を受けた者やその他犯罪一般により無期又は一年を超える懲役・禁錮に処せられた者（ただし、執行猶予の言渡しを受けた者を除く。）などは退去強制の対象となると規定されているのに比べて、退去強制の事由を極めて限定しているが、これは、特別永住者である、いわゆる在日韓国・朝鮮人及び在日台湾人並びにその子孫については、これらの人々が終戦前から我が国に引き続き在留し、日本国との平和条約（いわゆる「サンフランシスコ平和条約」）の発効に伴い日本国籍を離脱した者及びその子孫であるという歴史的経緯及びこれらの人々の我が国における定住性を考慮して、これらの人々の法的地位のより一層の安定化を図るための一環として、退去強制の事由につき一般外国人とは異なった特例を設けたものである。

ところで、我が国を含む世界の多数の国が加入している、「市民的及び政治的権利に関する国際規約」（いわゆる「国際人権規約B規約」）第一三条は、「合法的にこの規約の締約国の領域内にいる外国人は、法律に基づいて行われた決定によってのみ当該領域から追放することができる。国の安全のためのやむを得ない理由がある場合を除くほか、当該外国人は、自己の追放に反対する理由を提示すること及び権限のある機関又はその機関が特に指名する者によって自己の事案が審査されることが認められるものとし、このためにその機関又はその者に対する代理人の出頭が認められる。」と規定しているが、我が国における外国人の追放すなわち退去強制は、前記のとおり、すべて入管法（又は入管特例法）所定の事由及び手続に従って行われているのみならず、これらの規定は合法的に我が国の領土内に滞在している者に限られず、不法入国者・不法滞在者等を含むすべての外国人に適用されることとなっており、同規約第一三条に定める要件を満たして十分であると理解されている。

⑤　以上のとおり、外国人の退去強制は各国家の自由裁量によることが国際法上の原則であるが、国家がその意思により締結しあるいは加入した条約中に退去強制に関する特別の取決めが含まれているときは、その条約によって国家の退去強制の権限が制約を受けることになり、一定の外国人については当該条約締約国から退去強制される事由が限定される場合がある。

例えば、昭和四〇年に我が国が韓国と締結した「日本国に居住する大韓民国国民の法的地位及び待遇に関する日本国と大韓民国との間の協定」（いわゆる「日韓法的地位協定」）では、いわゆる在日韓国人で同協定に基づく永住許可（いわゆる「協定永住許可」）を受けているものは、一般外国人に適用される入管法第二四条所定の退去強制事由に該当するだけでは退去強制されず、内乱、外患、国交に関する罪により禁錮以上の刑に処せられた場合、無期又は七年を超える懲役・禁錮に処せられた場合など、同協定第三条に規定する事由に該当する場合に限り我が国から退去強制することができるとされ、我が国の退去強制の権限には著しい制約が課され、これらの人々については退去強制を受ける事由が極めて限定された（ちなみに、同協定は現在も依然法的に有効ではあるものの、平成三年に制定された前出の入管特例法により、同法施行の際に協定永住許可を受けている者は同法上の「特別永住者」（法定特別永住者）とされた（第三条）ため、同協定に基づく協定永住許可制度は事実上入管特例法に基づく特別永住許可制度に吸収されるに至ったものであるが、前記④のように、特別永住者に係る退去強制事由は協定永住許可制度当時の協定永住許可者に係るそれよりも一層限定されたものとなっている）。

また、前出の「難民の地位に関する条約」第三二条第一項は、難民の追放について「締約国は、国の安全又は公の秩序を理由とする場合を除くほか、合法的にその領域内にいる難民を追放してはならない。」と規定し、退去強制事由の決定に関する国家の裁量権を制限している。この規定によって、我が国も我が国に合法的に滞在している難民については、我が国の安全又は公の秩序を理由としてのみ我が国から追放することが許容されるところ、難民についても入管法第二四条に定める退去強制事由が適用され、難民がそれに該当すれば当該難民を退去強制することは可能である。入管法第二四条各号に定める退去強制事由はいずれも我が国の利益又は公安を害するものを列挙したものであるが、この「国の利益又は公安」という概念と条約上の「国の安全又は公の秩序」という概念は基本的に一致しており、我が国について言えば、入管法第二四条各号に規定する退去強制事由が同条約にいう国の安全又は公の秩序という理由に当たるものと考えられるからである[1]。

⑥　外国人を退去強制（追放）する方法として特に定まったものはないが、各国でとられているものとしては、狭義の追放（expulsion）と送還（deportation）がある。前者は一定の期日までに出国（退去）すべきことを命令

するものであるのに対して、後者は外国人の身柄を拘束し国外へ輸送するものである。

ヨーロッパ諸国では原則として一定の期日までに出国（退去）すべきことを命じる追放の処分がなされ、その期日までに出国（退去）しない場合あるいは緊急性のある場合に当該外国人の身柄を拘束し国外に退去させる送還の手続がとられる。フィリピン、日本などでは、速やかに送還のための手続が開始される（入管法第五二条参照）。

⑦　どの国へ退去させるか、すなわち追放先（送還先）については、国際慣習法上定まったものはない。多くの国では、当該外国人の本国へ退去させる。我が国の入管法第五三条は、退去強制を受ける者を送還する場合の送還先について、原則としてその者の本国に送還する（第一項）が、本国に送還することができないときは本人の意見を聞いてその他の国へ送還する（第二項）旨定めている。

退去させられる外国人の本国以外の国は、その者の入国を拒絶することができるが、当該外国人の本国は、国際慣習法上自国民を最終的に引き取る義務があるので、その者の入国（帰国）を拒絶することはできない。

なお、「難民の地位に関する条約」第三三条は、難民を迫害のおそれがある国へは原則として追放し又は送還してはならないという、いわゆる「ノン・ルフールマンの原則」を定めているが、我が国の入管法第五三条第三項の規定は、このノン・ルフールマンの原則を国内法化し、迫害国向けの送還は難民に限らずすべての外国人について原則としてこれを行わないことを明文化したものである。

⑧　ところで、退去強制（外国人の追放）は、その国に滞在する外国人を対象とするが、在留外国人のすべてがその対象となるわけではない。その対象となるのは一般私人として滞在する外国人に限られる。外国又は国際組織の公の機関の地位にある者として滞在している外国人、例えば外交官、領事官、国際連合の職員、外国軍隊の構成員等は、一般私人たる外国人を強制的に出国せしめる退去強制の対象とはならない。

しかし、国家がこれらの者を自国にとって好ましくない存在であると認めるときは、退去強制とは別の手段方法でもって出国させることができる。例えば、外交官については「外交関係に関するウィーン条約」第九条の規定、また、領事官については「領事関係に関するウィーン条約」第二三条の規定による派遣国に対する「ペルソナ・ノン・グラータ（好ましくない人物）」

であるとの通知、国連の専門機関の職員については「専門機関の特権及び免除に関する条約」第七条第二五項の規定による退去の要求、アメリカ合衆国軍隊の構成員については「日本国とアメリカ合衆国との間の相互協力及び安全保障条約第六条に基づく施設及び区域並びに日本国における合衆国軍隊の地位に関する協定」（いわゆる「日米地位協定」）第九条第六項の規定による送出の要請などの方法によりそれぞれ出国せしめることができる（これらの者の法的地位については後ほどまとめて触れることとしたい）。

なお、一般私人として滞在する者のうち、いずれの国の国籍をも有しない、いわゆる無国籍者については、最終的にその引取り・受入れの義務を負うべき国はないが、追放された無国籍者を現実に受け入れる国もないわけではなく、また、そのような国への入国許可を得ることによって退去を強制することも可能であって、無国籍者であることを理由にその者が退去強制の対象から除外されるということはない。

（1）　山神進・難民問題の現状と課題（平二・日本加除出版）一〇五頁参照。

エ　犯罪人引渡

①　犯罪人引渡は、外国で犯罪を犯し外国の裁判権又は刑罰権から逃れて国内に逃亡してきた者（逃亡犯罪人）を外国からの請求に応じて、訴追又は処罰のために、外交上の手続によってその外国に引き渡すことである。逃亡犯罪人引渡ともいう。引き渡される犯罪人は、後で述べるとおり、普通引渡国にとって外国人であるので、犯罪人引渡は外国人の強制的出国の一形態である。

犯罪人引渡は、犯罪の抑圧・鎮圧の分野における国際協力という観点から行われるものであって、近年における犯罪の国際化に伴ってますますその重要性が増大している。

②　国際法の上では、一般に国家は逃亡犯罪人を外国に引き渡すべき義務を負っていない。犯罪人を引き渡すかどうかは国家の自由である。引渡請求を受けた国の好意によって引渡を請求した国に引き渡してもよいだけのことである。引渡請求を受けても、犯罪人を請求国に引き渡さず自国での滞在を認めることもできる。

③　以上が犯罪人引渡に関する国際法上の一般原則であるが、現実には、多くの国は二国間又は多数国間で犯罪人の引渡に関する条約（「犯罪人引渡条約」）を結び相互に一定の犯罪人を引き渡すことを約定している。

例えば、我が国は米国との間で「日本国とアメリカ合衆国との間の犯罪人引渡しに関する条約」（いわゆる

「日米犯罪人引渡条約」を締結し、同条約に規定する一定の犯罪について訴追し、審判し、又は刑罰を執行するために相手国からその引渡を求められた者であってその領域内において発見されたものを、当該相手国に引き渡すことを相互に約束している（第一条）。

現在のところ、我が国が締結している犯罪人引渡条約はこの日米犯罪人引渡条約が唯一のものであるが、米国は約一〇〇カ国と犯罪人引渡条約を締結しており、フランス、英国は五〇カ国以上の国とそれぞれ犯罪人引渡条約を締結している（英国の場合、これらの国の中にはイギリス連邦に属する国々は含まれていない。同連邦に属する諸国間では、特別の手続によって犯罪人引渡が行われるからである）(1)。また、西ヨーロッパ諸国間では、一九五七年に「犯罪人の引渡に関するヨーロッパ条約」が結ばれ、同条約は一九六〇年に発効している。

④　このような犯罪人引渡条約がある場合、国家は条約上の義務として犯罪人を引き渡すが、犯罪人引渡条約がない場合でも、犯罪人引渡に関する国内法により、又は国際礼譲として、犯罪人引渡が実際に行われている。犯罪人を相互に引き渡して処罰することは、犯罪の抑圧・鎮圧の点からの国際協力として一般に望ましいことであって、各国共通の利益となると考えられるからである。

ちなみに、我が国では、「逃亡犯罪人引渡法」が外国から逃亡犯罪人の引渡の請求があった場合の国内手続について規定しているが、同法は、外国からの引渡請求が犯罪人引渡条約に基づかないで行われたものである場合でも、請求国が我が国の行う同種の請求に応ずるという、いわゆる相互主義の保証があるときは、これに応ずることとしている（同法第三条第二号参照）。

⑤　ところで、犯罪人引渡により引き渡される犯罪人は、原則として引渡国（被請求国）からみて外国人に限られ、犯罪人が自国民である場合には引渡は行わないのが普通である。これを「自国民不引渡の原則」という。

しかし、この原則は国際法上一般に確立しているわけではない。ドイツ、フランス等の大陸諸国をはじめとする多くの国はこの原則をとっているが、英国や米国では自国民でも引渡を行う（多くの国では相当広い範囲にわたって国外犯を処罰する法制をとっており、自国民が外国で犯罪を犯した場合にも、帰国したときに国内法により処罰することが可能であるのに対して、英米諸国では犯罪の管轄権について原則として属地主義をとり犯罪の管轄権は犯罪地にあるとしているため、自国民が外国で犯罪を犯して自国に逃げ帰った場合、原則として自国でこれを処罰することができないので、処罰が可能な外国に引き渡すこととしているのである)。

自国民不引渡の原則は、主として外国の裁判制度を信用せず、自国民をかばうことから生じたものであるが、我が国の学説は、犯罪によって侵害された法秩序を回復するためにも、犯罪に関する証拠を集めるためにも、犯罪地で裁判し処罰するのが最も適当であるとして、刑事裁判の適正な執行を確保するという観点から、多くはこの原則に反対であって[2]、立法論としては、自国民についても引渡を行うのが適当であるとしている。

我が国の逃亡犯罪人引渡法は、逃亡犯罪人が日本国民であるときは原則として引渡は行わないが、犯罪人引渡条約に別段の定めがあるときはこの限りではない旨規定している(第二条第九号)ところ、日米犯罪人引渡条約は、被請求国は自国民を請求国に引き渡す義務を負わないが、その裁量により自国民を引き渡すことができる旨規定している(第五条)ので、我が国としては、そのような内容の犯罪人引渡条約を締結している米国から日本国民の引渡請求があったときは、これに応じて当該日本国民を引き渡すことも可能であるが、もともと犯罪人引渡条約を締結していない米国以外の国に対しては、日本国民の引渡請求があっても、これに応じることはできないということになる。

⑥　次に、国際法上一般に犯罪人引渡が各国家の自由である以上、国家はいかなる種類・範囲の犯罪人をも引き渡すことができるわけであるが、普通は各国とも犯罪人引渡条約あるいは犯罪人の引渡に関する国内法の中で引渡の対象となる犯罪を列挙又は限定して、一定の重大な犯罪を犯した者に限って引渡を行い、軽微な犯罪については引渡は行わないこととしている。また、引渡は、請求国及び被請求国の双方の国内法において犯罪として処罰される行為についてのみ行われるのが通例であり、一方の国では犯罪として処罰されるが他方の国では犯罪として処罰されない行為については行われないのが普通である。これを「双罰性(双方可罰)の原則」という。

このように、犯罪人引渡は、一定の重大性及び双罰性を有する犯罪について行われるのが一般的であって、日米犯罪人引渡条約及び逃亡犯罪人引渡法も、犯罪の重大性及び双罰性を考慮して、引渡を行うことができる犯罪の種類・範囲を画定している[3]。

⑦　また、諸国家の慣行、各犯罪人引渡条約及び犯罪人の引渡に関する各国の国内法を通じて、引渡は、殺人・

傷害・強盗・窃盗・放火・詐欺・横領等のいわゆる普通犯罪についてのみ行い、引渡の請求を受けた犯罪人がいわゆる政治犯罪人であるときは、引渡は行わないとするのが普通である。[(4)] これを「政治犯罪人不引渡の原則」という。

政治犯罪人とは、一般に特定の国家の政治的秩序を侵害する行為(例えば、反逆の企図、革命やクーデターの陰謀、禁止された政治結社の結成等)を行い政治的な意味で犯罪人とされた者をいう。かつては、普通犯罪人についてよりもむしろ政治犯罪人について引渡が行われていたが、フランス革命を契機として政治犯罪人は引き渡さないようになってきた。[(5)] 政治犯罪人不引渡の原則が唱えられる理由は、第一に、政治犯罪が、通常、当該犯罪人が逃亡先として選択した国すなわち引渡を請求される国と同じ政治体制の実現を目的とするためであり、第二に、政治犯罪が、通常、引渡を請求する国では犯罪とされても引渡を請求される国では犯罪を構成しない、すなわち双罰性(双方可罰性)を有しないためである。

政治犯罪人については、右のとおり、普通には引渡は行われず、また、我が国の逃亡犯罪人引渡法及び日米犯罪人引渡条約も政治犯罪人不引渡の原則をとっているが、この政治犯罪人不引渡の原則が確立した国際法上の一般原則となっているかはしばしば論争の種となっている。政治犯罪人不引渡の原則が国際法上の一般原則であるとすれば、つまりこの原則が国際慣習法として確立しているとすれば、国際法規の誠実な遵守を定めた憲法第九八条第二項の規定により、この原則は国内法的効力をもつことになる。そして、もしそうであるならば、政治犯罪人を引き渡すことは国際慣習法に違反し、ひいては憲法第九八条第二項に違反することになるわけである。

これに関する学説としては、(1)多数の条約あるいは国内法に共通して政治犯罪人の引渡は行わない旨が規定されてはいるが、それはあくまで個別の条約あるいは国内法を根拠として認められるものにすぎず、一般国際法上の原則として確立しているとは言えないとする説、(2)クーデターや内乱の絶え間がなく、政治犯罪人(政治亡命者)をお互いにかばい合う外交慣例があるラテン・アメリカ及び西ヨーロッパの諸国を除けば、この原則が国際的に確立しているとは言えないとする説、(3)政治犯罪人不引渡の原則は一般国際法上の原則として確立しているが、それは引き渡してはならないという義務的なものとしてではなく、引き渡さなくてもよいあるいは引き渡さないことができる（被請求国は政治犯罪人の引渡を拒む権能を許容される）という許容的意味合いにおいて確立しているとする説、(4)政治犯罪人不引渡の原則は国際慣習法上の原則であって、政治犯罪人を引き渡してはならないという国家の国際法上の義務が一般に確立しているとする説などがあり、見解が対立しているが、(6)これに関する我が国の裁判所の判断について見ると、いわゆる尹秀吉事件(7)において、第一審たる東京地方裁判所は、「政治犯罪人不引渡の原則は、純粋の政治犯罪につき、しかも手続的要件として本国から政治犯罪処罰のための引渡請求があるか、あるいは政治犯罪につき有罪判決を受けるか、起訴されるか、逮捕状が出ているか、少くとも客観的にこれらと同視すべき程度に処罰の確実性があると認められる事情がある等本国における処罰が確実である場合に限り、確立した国際慣習法である。そして、政治犯罪人不引渡の原則は、政治犯罪人を引き渡してはならない義務を国際法上国に課するものである。」(8)としたのに対し、控訴審である東京高等裁判所の判決(9)及び上告審である最高裁判所の判決(10)は、「政治犯罪人不引渡の原則は未だ確立された一般的な国際慣習法であるとは認められない。」とした。

右の東京高裁判決は判決理由の中で、「相当多数の国が憲法その他の国内法において政治犯罪人不引渡の原則を規定しており、その限りでは政治犯罪人は引き渡してはならないことが、その国の国内法としては確立している。しかし、政治犯罪人を引き渡してはならないという国家の国際法上の義務が一般に確立しているのではない。国家は原則としてその領域内にある他国の犯罪人を引き渡す義務がなく、犯罪人引渡条約を締結している場合にその条約当事国間で相互に引渡義務が生じるが、その場合でも、その除外例として政治犯罪人の引渡を拒む権能があるにすぎない。政治犯罪人が他国に亡命した場合、その政治犯罪人を本国に引き渡さないのが、文明国の一般的な慣行であるけれども、厳密に言えば亡命国は政治犯罪人を庇護する国際法上の義務があるわけではない。政治犯罪人不引渡の原則は人道上の要請にとどまっており、未だ法的な義務の要請にまで高まっていない。また、政治犯罪人不引渡の原則が適用されるのには、逃亡者が政治犯罪を犯した者として相手国で有罪判決を受けあるいは起訴されている事実、あるいは引渡が政治犯罪の裁判又は処罰のため請求されあるいは事実上そのために行われるということの証明（例えばそのような犯罪について逮捕状が出ている事実の証明)が必要である。すなわち、政治犯罪人不引渡の原則を適用すべき政治犯罪人というためには叙上の条件が必要であり、そのような条件が備わらないにかかわらず客観的にせよ、単に将来本国で処罰を受けるおそれがあるとか犯罪人として、引渡請求を受けたり、逮捕状が発付されたりするおそれがあるというだけでは、また主観的に本人がこれらの容疑を受けることの恐怖や嫌悪をもっているというだけでは、この引き渡してはならないという原則には入らない。」と述べた。この意味では、政治犯罪人不引渡の原則が国際慣習法であるか否かは、結局のところ、継続的統一的な国際慣行の存否と国際法規範としての法的確信の存否についての認識にかかっているといえよう[11]。

しかし、具体的な各国家の実行においては、過去一世紀間に、逃亡犯罪人を政治犯罪人と認めて引渡を拒む事例あるいは強引な連行に抗議する事件は数多くあったが、逃亡犯罪人を政治犯罪人と認めた上であえてこれを引き渡した事例はまずなかったといってよい。

ところで、純粋な政治犯罪すなわち専ら特定の国の政治的秩序を侵害する行為、例えば反逆の企図、革命やクーデターの陰謀、禁止された政治結社の結成等、政治的な意味で犯罪とされ処罰の対象となるものについては、各国家の慣行、条約及び国内法を通じて引渡は行わないとするのが普通であるが、国家の政治的秩序の侵害を目的としながら同時にこれに関連して殺人、傷害、放火などの普通犯罪を犯すいわゆる相対的政治犯罪については、これを不引渡の対象となる政治犯罪の中に入れるか否かについて諸国家の実行も立法例もそして学説も必ずしも一致していない（実例としては、相対的政治犯罪についても引渡を行わないことが多いようである）。

なお、すべての国の政治的秩序を否定し、破壊しようとする無政府主義者などの反社会的犯罪は、一般に不引渡の対象となる政治犯罪の中には入らないとされている[12]。

また、我が国が昭和四六年に加入した「航空機の不法な奪取の防止に関する条約」（いわゆる「ハーグ条約」）は、航空機の不法な奪取（ハイジャック）を犯罪と規定し、訴追又は犯罪人引渡によって犯人が必ず処罰されることとしており、ハイジャックはそれが政治的目的で行われた場合でも、政治犯罪とは認められず、犯人を自国で処罰しない場合、犯人の不引渡は許されない。

(1)　森下忠「犯罪の国際化と法律上の今後の課題」法律のひろば三七巻七号四二頁参照。

(2)　波多野里望・小川芳彦編・国際法講義〔新版〕(平五・有斐閣)二三六頁、横田喜三郎・国際法II(新版)〔法律学全集〕(昭四七・有斐閣)二二九頁、小田滋・石本泰雄・寺沢一編・現代国際法(昭四六・有斐閣)一六五頁、田畑茂二郎・石本泰雄偏・ニューハンドブックス国際法〔第二版〕(昭五三・有信堂高文社)一八四頁等参照。

(3)　日米犯罪人引渡条約第二条第一項は、両国間の犯罪人引渡は、同条約の付表に掲げる殺人その他の犯罪であって日本国の法令及び米国の法令(連邦法令及び州法令)により死刑又は無期若しくは長期一年を超える拘禁刑に処することとされているもの並びに同条約の付表に掲げる犯罪以外の犯罪であって日本国の法令及び米国の連邦法令により死刑又は無期若しくは長期一年を超える拘禁刑に処することとされているものについて行う旨規定しているほか、同条約第四条は、被請求国の法令によるならば時効の完成等によって処罰できない行為については引渡は行わないなどの旨を規定している。

　また、逃亡犯罪人引渡法第二条は、請求国からの犯罪人の引渡の請求において当該犯罪人が犯したとする犯罪に係る行為が請求国及び我が国の法令により死刑又は無期若しくは長期三年以上の拘禁刑に処せられるべきものでなければ引渡は行わない(第三号、第四号)、また、当該犯罪に係る行為が日本国内で行われ又は当該犯罪に係る裁判が我が国の裁判所において行われたと仮定した場合において我が国の法令により当該犯罪人に刑罰を科し又は刑罰を執行することができないと認められるときは引渡は行わない(第五号)などの引渡に関する制限を規定している。

(4)　日米犯罪人引渡条約は、引渡の請求に係る犯罪が政治犯罪である場合又は引渡の請求が引渡を求められている者を政治犯罪について訴追し、審判し、若しくはその者に対し刑罰を執行する目的で行われたものと認められる場合には、引渡は行わない旨規定している(第四条第一項第一号)。

　逃亡犯罪人引渡法は、請求国からの犯罪人の引渡の請求において当該犯罪人が犯したとする犯罪(「引渡犯罪」)が政治犯罪であるとき、引渡の請求が逃亡犯罪人の犯した政治犯罪について審判し、又は刑罰を執行する目的でなされたものと認められるときは、逃亡犯罪人を引き渡してはならない旨規定している(第二条第一号・第二号)。

　また、イタリア共和国憲法は、政治犯罪に基づく外国人の引渡は認めない旨規定している(第一〇条第四項)。その他、ベルギー、フランス、ドイツ、オランダ、スイス、スウェーデン、英国、米国等々の諸国においても、犯罪人引渡法、刑法等の国内法で政治犯罪人の引渡は行わない、ないしは許されない旨を規定している。さらに、犯罪人の引渡に関するヨーロッパ条約も「追求されている犯罪が被請求国により政治的もしくはそれと関連した犯罪とみられる場合には引渡は許されない。」と規定している(第三条)。その他の犯罪人引渡条約もほとんど例外なく政治犯罪人は引渡から除くこととしている。

(5)　横田・前掲書二二二・二二三頁、小田・石本・寺沢編・前掲書一六三・一六四頁、香西茂・太寿堂鼎・高林秀雄・山手治之・国際法概説(昭四二年・有斐閣)一五四・一五五頁参照。

(6)　波多野・小川・前掲書二三八頁、山本草二・国際法(新版)(平六・有斐閣)二三〇頁、横田・前掲書二二二～二二六頁、小田・石本・寺沢編・前掲書一六五・一六六頁、田畑・石本編・前掲書一八三・一八四頁参照。

(7)　韓国人尹秀吉は昭和二六年四月ごろ不法入国し、昭和三七年六月二九日に退去強制令書が発付されたが、「民族統一新聞編集長としての反朴運動を理由に政治犯として保護されるべきである」旨を主張して、昭和三七年一二月一〇日退去強制令書発付処分取消請求訴訟を提起、同時に退去強制令書執行停止申立を行った。

第一審(東京地裁・昭和四四年一月二五日判決)は、政治犯罪人不引渡の原則は確立した国際慣習法であり尹秀吉は純粋な政治犯罪人であるとして原告の請求を容認したが、第二審(東京高裁・昭和四七年四月一九日判決)は、右第一審判決を取り消して原告(被控訴人)の請求をしりぞけ、最高裁(昭和五一年一月二六日判決)は、右第二審判決を支持し、(1)政治犯罪人不引渡の原則は確立した国際慣習法ではない、(2)退去強制令書発付処分の適法性を処分時の逃亡犯罪人引渡法に基づき判断した控訴審判決は正当である、(3)尹秀吉が韓国で処罰されることは客観的に確実とは言えない旨判示し、国側勝訴とした。

訴訟終結後、尹秀吉は再審査の願出を法務大臣に提出し、昭和五二年一二月一四日特別在留が許可された(法務省入国管理局「出入国管理の回顧と展望(昭和五五年度版)」二八五・二八六頁より)。

(8)　昭和四四年一月二五日東京地裁判決・行裁例集二〇巻一号二八頁、訟務月報一五巻三号三〇〇頁、判例時報五四三号一八頁、判例タイムズ二三〇号八九頁。

(9)　昭和四七年四月一九日東京高裁判決・訟務月報一八巻六号七二頁。

(10)　昭和五一年一月二六日最高裁第二小法廷判決・訟務月報二二巻二号五七八頁、法律のひろば二九巻四号五三頁、ジュリスト六〇九号一〇六頁、法学セミナー一九七六年四月号四頁。

(11)　国際慣習法(慣習国際法ともいう)は、国際慣習を基礎にして成立し、成文化されていない国際法規である。国際慣習法が成立するためには、まず特定の事項について一定の国際慣行が成立すること、つまり諸国家が一定の事態が発生するごとに必ず一定の行動(作為又は不作為)をとるという事実が存在することが必要である。しかし、国際慣習法が成立するためには、一定の慣行が存在するという事実だけでは不十分であって、そのような慣行が国際社会の構成員である諸国家の大多数によって法的に義務的なものと考えられるに至ってはじめて国際慣習法が成立する。すなわち、国際慣習法が成立するには、一定の行為が繰り返し、繰り返しある期間行われるという一定の慣行の存在(客観的・事実的要素)と、それが大多数の国家によって、国際社会の秩序を維持するためには一般にそれに従うことが是非とも必要であるとつまり義務的であると認められる法的信念の一致(主観的・心理的要素)が必要であるというのが一般的な見解である。

(12) 横田・前掲書二二六・二二七頁、小田・石本・寺沢編・前掲書一六六頁参照。

(2) 領域内における外国人の法的地位

国家は、自国民、外国人を問わず、その領域内にあるすべての人について自由に統治（支配）する排他的権利をもっている。したがって、国際慣習法の上では、その領域内における外国人の法的地位ないしは待遇をどのように定めるかは各国家の自由である。すなわち、国家は、原則としてその領域内に滞在する外国人にどのような権利を認め、どのような義務を課するかを自由に決定することができるのであって、憲法以下の国内法令で自由にそれらを定め得る。

ア 領域内における外国人の権利

① 外国人にどのような権利を認めるべきかについては、国際法上の一般的規則はない。各国は、条約による特段の制約がない限り、憲法以下の国内法令で自由に外国人の権利について定めることができる。

しかし、自由に定め得るとは言っても、外国人にも通常の私的生活に必要な程度の権利及び行為能力は認められなければならない。したがって、外国人についても、生命・身体・名誉をみだりに侵害されない権利、これらについて保護を受ける権利は当然認められるべきであるし、そのほか、日常生活に必要な物資を取得し所有する権利や日常生活に必要な契約をする能力なども当然に認めなければならないであろう。最近は、各国とも多くの分野において国内法令で外国人にもできるだけ自国民と平等の権利を認めるようになってきている（「内外人平等の原則」という）。

一方、外国人は、一般に、政治上の権利（例えば、参政権や公務に就く権利等）や、私法上の権利であっても国家の安全や国家・国民の重要な利益に係わる権利（例えば、土地の所有権・相続権、船舶・航空機の所有権、国内航空運送権、沿岸貿易権、鉱業権、沿岸漁業権、無線通信事業（テレビ局、ラジオ局等）を営む権利等）は認められないか又は制限されることが多い。

② 以上は、国際法上の一般原則であるが、実際には各国とも二国間の通商航海条約等で、通商・航海・居住・産業・課税・私法上の権利など、一定の事項に関して相互に「内国民待遇」（自国の領域内で一定の事項に関して相手国の国民に自国民と同様の待遇を与えること）又は「最恵国待遇」（自国の領域内で一定の事項に関して相手国の国民に第三国の国民に与えられる待遇よりも不利でない待遇を与えること）を与えることを約束することが多い。[1]

我が国も多数の国との間で相互に内国民待遇又は最恵国待遇を与えることを約定する条約を締結している。例えば、我が国と米国との間で締結されたいわゆる「日米通商航海条約」は、身体の保護、労働災害及び社会保障、財産の保護、企業の支配・経営、不動産の賃借・占有・使用及び動産の取得・所有・占有、工業所有権、開港への船舶の入港、裁判所への出訴権及び行政機関への申立権などに関して相互に内国民待遇を与えることを規定しており、また、輸出入に対する関税・課徴金などに関して相互に最恵国待遇を与えることを規定している。

③　また、多数国間条約で一定の事項に関して外国人に内国民待遇あるいは最恵国待遇を与えることを約定しているものもある。

例えば、いわゆる「国際人権規約」(「経済的、社会的及び文化的権利に関する国際規約」及び「市民的及び政治的権利に関する国際規約」を総称したもの)は、内外人の原則的平等を基本理念としており、締約国に対して多くの分野において外国人にも自国民と同様の待遇を与えることを義務付けている。

前出の「難民の地位に関する条約」は、難民については、裁判を受ける権利、初等教育、公的扶助及び公的援助、労働法制及び社会保障、公租公課、配給制度の適用、著作権及び工業所有権などに関しては自国民と同一の待遇すなわち内国民待遇を、結社の権利、賃金が支払われる職業に従事する権利などに関しては最恵国待遇を、動産・不動産の所有権、動産・不動産についてのその他の権利の取得及びそれらに関する賃貸借その他の契約、自営業・自由業に従事する権利、会社を設立する権利、住居に関する事項、初等教育以外の教育、国内での移動の自由などに関しては他の一般外国人並みの待遇を、それぞれ与えることを締約国に義務付けている。

平成六年に我が国が加盟した「世界貿易機関を設立するマラケシュ協定」の附属書一B「サービスの貿易に関する一般協定」は、通信、建築、流通、運輸、金融等の分野において、これまで各国が国内問題(国内管轄事項)として自由に決定してきた事項についても、国内規制を緩和・合理化し、自由化を進めるため、第二条第一項で、「加盟国は、この協定の対象となる措置に関し、他の加盟国のサービス及びサービス提供者に対し、他の国の同種のサービス及びサービス提供者に与える待遇よりも不利でない待遇を即時かつ無条件に与える」と規定して、自由職業サービス、電気通信サービス、建築サービス、流通サービス、航空運送サービス、金融サービス等々の幅広いサービス貿易の分野において、他のすべての加盟国のサービス及びサービス提供者に対して最恵国待遇を与えることを加盟国に義務付けるとともに、第一七条第一項では、「加盟国は、その約束表に記載した分野において、かつ、当該約束表に定める条件及び制限に従い、サービスの提供に影響を及ぼすすべての措置に関し、他の加盟国のサービス及びサービス提供者に対し、自国の同種のサービス及びサービス提供者に与える待遇よりも不利でない待遇を与える」と、加盟国が約束するサービス貿易の分野において、他のすべての加盟国のサービス及びサービス提供者に対して内国民待遇を与えることを加盟国に義務付けている。我が国は、各国に提示した約束表で、サービス貿易の分野のうち、弁護士が提供する法律サービス、公認会計士が提供する会計・監査・簿記のサービス、税理士が提供する税務サービス、電子計算機サービス、不動産に係るサービス、広告サービス、経営相談サービス、翻訳・通訳のサービス、電気通信サービス、流通サービス、保険及び保険関連のサービス、旅行業サービス等の分野において、他の加盟国のサービス及びサービス提供者に対し、内国民待遇を与えることを約束している。

④　我が国が締結し又は加入した以上のような条約があるときは、我が国は条約上の義務として条約の規定するところに従った待遇（権利）を外国人に与えなければならず、したがって、外国人はそのような待遇（権利）を国際的に、また憲法上も保障されることになる。

イ　領域内における外国人の義務

①　国際法上、人は、本国以外の国に在っては、在留する国の統治権（「領土主権」又は「領域主権」という）に服し、原則としてその国の国民と同じ義務を負う。

したがって、外国人も在留国の法令を遵守する義務を負う。外国人も在留国の警察権・裁判権に服し、当該国の法令に違反すれば、その国の裁判所において処罰されることになる。また、外国人もその国の国民と同様に納税の義務を負う。単なる旅行者、一時的居住者は税を課せられないのが通常であるが、これは外国人であるが故に税を課せられないのではなく、その者が旅行者ないしは一時的居住者であるがためであり、自国民であっても通常国外に居住し一時的に帰国したような者は、課税を免除されるのと同様の取扱いである。

②　しかし、外国人は在留国の属人主権（ある特定の人に

ついて排他的に支配し得る国家の権利）には服しないので、国家とその国の国民という特別なつながりを前提とした上で認められている義務は課せられない。

そのような義務の典型は兵役の義務であるが、外国人は兵役に服する義務はない。したがって、外国人は、例えば滞在している国が戦争をしていて兵力がどんなに不足していたとしても、その意思に反して兵隊として戦線に駆り出されることはない。また、外国人は、国家・社会の形成者として国民を育成するために課せられる教育の義務（教育を受ける義務あるいは子弟に教育を受けさせる義務）を負わない。

ウ　在留国の外国人保護の義務と本国の外交的保護権

(ア)　在留国の外国人保護の義務

①　国家は、国際慣習法又は条約の上で外国人に認められた権利（特に生命・身体・名誉に関する人格的権利や財産）については、「相当な注意」（後述のとおり、注意の程度については諸説はあるが、少なくとも自国民に通常与えているのと同じ程度）をもってそれらを保護する義務がある。外国人はそれらの権利について在留国の保護を受けることができるわけである。(2)

②　その保護の方法には、行政的な措置（行政上の保護）と司法的な措置（司法上の保護）の二つがある。行政上の保護は、警察等の行政機関を通じて外国人の生命・身体・財産などに対する侵害を事前に防止することである。そして、司法上の保護は、もし侵害が行われた場合に、司法機関によって被害者に適正な救済を与えることであり、例えば、外国人の生命や身体、財産等を侵害した者に刑罰を加えるとか、損害を賠償させるとかである。

国家がそのような侵害防止のための措置をとらなかったために外国人の権利が侵害された場合や、侵害が行われた場合に適正な救済を与えなかったときは、当該国家は国際法上の義務を履行しなかったとして、国家責任を問われることになる。

③　ところで、国家は外国人の権利を相当な注意をもって保護しなければならないという場合の「相当な注意」とはどの程度の注意か、つまり国家としては外国人にどの程度の保護を与えなければならないのかという保護の程度については、(1)国家は外国人に対して、当該国がその国内において自国民に通常与えているのと同じ程度の保護を与えれば足りるとする「国内標準主義」と、(2)国家は外国人に対して、文明国がその国内において自国民に通常与えているのと同じ程度の保護を与えなければならないとする「国際標準主義」（「文明国標

準主義」ともいう）の二説があり、各国の主張は必ずしも一致してはいない。

外国人の十分な保護という観点からすれば、国際標準主義をとることが望ましいであろうが、治安体制や警察制度・司法制度が未だ十分に整備されていない開発途上国にとっては、そのような体制・制度の面からしても国際標準主義は受け入れ難く、また、外国人を自国民よりも厚く保護することになって公平を欠くとして、これに反対する国も多いのが実情である。したがって、国際標準主義が国際法の一般的規則として確立しているとは言えない。現時点においては、国家は少なくとも外国人に対して、自国民に与えるのと同じ程度の保護を与えなければならないと言うことはできよう。[3]

(イ)　本国の外交的保護権

①　前記(ア)のとおり、国家は、国際法上外国人に認められた権利については、侵害を防止するための行政的な措置をとり、それが侵害された場合には適正な救済を与える義務を負っているが、外国人が在留する国においてその権利を侵害された場合において、当該在留国によって被害について適正な救済が与えられないとき、つまり保護が与えられないとき又は保護が不十分なときは、その外国人の本国は在留国に対して、その者に対して適正な保護・救済を与えるよう、外交手続を通じて要求することができる。このことは、外国人の本国から見ると、国外にある自国民に対して外交上の保護を与えることになる。これが、在外国民に対する国家の「外交的保護」（「外交保護」ともいう）であり、在留国に対して自国民に保護・救済を与えるよう要求することができる国家の権利が「外交的保護権」（「外交保護権」ともいう）である。

②　国家が外交的保護を与えることができるのは、その国の国民だけである。無国籍者は、いずれの国の外交的保護をも受けることができない。複数の国の国籍を有する重国籍者は、それぞれの国籍国がそれぞれ自国の国民として取り扱うので、その者がいずれかの国籍国に在るときは、その他の国籍国はその者に外交的保護を与えることはできない。[4] また、重国籍者が国籍国以外の第三国に在るときは、当該第三国は、その者を住所その他の関係で最も密接な関係を有すると認められる国の国籍だけをもつものとして取り扱い、[5] その国だけが外交的保護権を行使することができるものとされている。

③　在留国において外国人の権利が侵害された場合、そ

の外国人の本国は直ちに外交的保護権を行使できるというわけではない。国家が外交的保護権を行使するためには、(1)「国籍継続の原則」と、(2)「国内的救済完了の原則」(「国内的救済の原則」ともいう)という二つの条件を満たしていることが必要である。

「国籍継続の原則」とは、権利を侵害された個人が、権利を侵害されたときから外交的保護がなされるまでの間、継続してその国の国籍をもっていなければならないという原則である。

「国内的救済完了の原則」(国内的救済の原則)とは、権利を侵害された個人が、その在留国において利用し得るすべての行政的及び司法的な国内的救済の手続・手段を尽くしていなければならないという原則である。すなわち、権利を侵害された個人が在留国の利用可能なすべての国内的手続・手段に訴えても、なお権利侵害に対する適正な救済が与えられない場合、例えば救済を求めて裁判所に訴えたにもかかわらず外国人であるが故に裁判を拒絶されたとか、裁判はなされたものの外国人なるが故に不当な判決を受けたというような場合に、はじめてその者の本国は外交的保護権を行使することができるという原則である。裁判に対する上訴の認められている国においては、権利を侵害された者が単に第一審(例えば地方裁判所)の裁判手続に訴えただけでは不十分であって、第二審(例えば高等裁判所)、第三審(例えば最高裁判所)……と、許される限りの審級を尽くす必要がある。しかし、在留国に国内的救済の手段が存在しないとか、存在していても名目的なものに過ぎず、その手段を尽くしても無駄であることがあらかじめ明白な場合は、これを尽くす必要はない。つまり、尽くすべき救済手段は、実効的なものに限られるのであって、実効的でない無駄な手段しか存在しない場合には、これを尽くす必要はないのである[6]。

④　このような条件が満たされてはじめて、国家は外交的保護権の行使が可能となるわけであるが、外交的保護権行使の具体的方法としては、外交ルートを通じての侵害行為を行った者(加害者)の処罰や損害賠償の要求のほか、国際裁判所への出訴等が考えられる。

⑤　ところで、外交的保護権は、これまでに述べてきたところから分るように、国家の権利であって、国民個人の権利ではない。国家は、国民からの保護の要請の有無にかかわらず、任意にこの権利を行使することができる。したがって、外交的保護権行使のための前記③の条件が満たされており、権利を侵害された在外自国民からの保護の要請があっても、国家はそれに応じ

て当然に外交的保護を与えなければならない義務はない。当該国家は、国家的利害を考慮して保護を与えることもできるし、与えないこともできる。一方、国家は、在外自国民からの保護の要請がなくても、在外自国民の保護を名目に、外交的保護権を行使して適正な保護・救済を与えるよう、在留国に対し要求をすることもあり得る。

また、国家が、外交的保護権を行使した結果、権利を侵害された自国民の在留国から損害賠償を受けたような場合、取得した賠償金はその国家に属するのであって、権利を侵害された国民個人に属するわけではないし、また、その個人が当然に権利としてその賠償金の支払いを請求できるものでもないとされている。

以上のようなことから、最近では、在外国民ないしはその権利・利益の保護のためには、外交的保護は十分なあるいは合理的な制度とは言えないという批判がなされている(7)。

(1)　例えば、日米通商航海条約第二二条第一項は、「内国民待遇とは、一締約国の領域内で与えられる待遇で、当該締結国のそれぞれ国民、会社、産品、船舶又はその他の対象が同様の場合にその領域内で与えられる待遇よりも不利でないものをいう」と定義している。内国民待遇は、一定の事項について内外人の平等待遇を保障するものである。また、同条約第二二条第二項は、「最恵国待遇とは、一締約国の領域内で与えられる待遇で、第三国のそれぞれ国民、会社、産品、船舶又はその他の対象が同様の場合にその領域内で与えられる待遇よりも不利でないものをいう」と定義している。最恵国待遇は、外国人相互間の差別を排除することを目的とするものである。

内国民待遇及び最恵国待遇の両者によって、個人の地位の標準化が図られることになる。

(2)　ちなみに、日米通商航海条約第二条第一項は、「いずれの一方の締約国の国民も、他方の締約国の領域内において、いかなる種類の不法な迫害も受けることなく、かつ、いかなる場合にも国際法の要求する保護及び保障よりも少くない不断の保護及び保障を受けるものとする」と規定しており、また、同条約第六条第一項は、「いずれの一方の締約国の国民及び会社の財産も、他方の締約国の領域内において、不断の保護及び保障を受けるものとする」と規定している（傍点は筆者）。

(3)　波多野・小川・前掲書二四三頁、山本・前掲書二〇九頁、小田滋・石本泰雄・寺沢一編・現代国際法（昭四六・有斐閣）一六九頁、香西茂・太寿堂鼎・高林秀雄・山手治之・国際法概説（昭四二年・有斐閣）一三七頁、田畑茂二郎・石本泰雄編・ニューハンドブックス国際法〔第二版〕（昭五八・有信堂高文社）一六六頁参照。

(4)　一九三〇年に作成され、一九三七年に発効した「国籍法の抵触についてのある種の問題に関する条約」第四条は、重国籍と外交的保護との関係について、「ある国は、自国民がひとしく国民として所属している他の国に対抗して、その自国民のために外交的保護を加えることができない」と規定している。同条約のこの規定は、本文で述べた国際慣習法上の規則を法典化（条約化）したものである。

なお、我が国は、一九三〇年（昭和五年）に同条約に署名したものの、未だ同条約を批准していない。

(5)　前出の「国籍法の抵触についてのある種の問題に関する条約」第五条は、重国籍者に対する第三国の取扱いについて、「第三国では、二個以上の国籍を有する個人は、一個の国籍のみを有するものとして待遇される。第三国は、身分に関して自国で適用する規則を害することなくかつ実施中の条約を留保して、その領域内では、右の個人が有する国籍のうち右の個人が常住的で主要な居所を有する国の国籍、又は、事情に照らし、右の個人に事実上最も関係が深いと認められる国籍のみを認めることができる」と規定している。

(6)　田畑・石本編・前掲書二三八頁では、実効的でない無駄な救済手段の例として、次のようなものを挙げている。

ⓘ外国人に対する権利侵害が行政機関又は立法機関の行為に基づく場合において、司法機関がこれらの機関の統制下にあるとき（ただし、このことは国家の最高権力機関の行為であれば当然に国内的救済手段を尽くす必要はないということではない。その国の憲法が国際法を受容しており、かつ、司法機関（裁判所）に法令審査権が認められているような場合には、司法機関（裁判所）の裁判、判決を求めなければならない）。

ⓘⓘその他、裁判所が専ら国内法を適用する権限しかもたず国際法を適用し得ないとき、同種の事件に判例が確立していてその変更の見込みがないとき、上訴裁判所の管轄が制限されているので上訴審で争っても勝訴の可能性がないときなど。

(7)　波多野・小川・前掲書二四八・二四九頁、小田・石本・寺沢編・前掲書一五四頁、香西・太寿堂・高林・山手・前掲書一三九頁、経塚作太郎・杉山茂雄・宮崎繁樹編・新版国際法講義（昭五六・青林書院新社）一三六頁参照。

(3)　外交官等の法的地位

(1)及び(2)では、国際法上の出入国・滞在に関する外国人の法的地位及び領域内における外国人の法的地位について説明したが、それらはいずれも一般私人たる外国人に関するものであった。しかし、外国人であっても、外交官、領事官、軍隊の構成員（軍人等）などのような国家の機関として活動する者については一般の外国人の地位とは異なった特別の地位を国際法上認められている。

一般の外国人の法的地位を主たる考察の対象とする本書の内容からすると、外交官等に係る特別の法的地位について詳細に述べることまでは必要のないことと思われるが、そのような者の地位を一般外国人のそれとの対比において見ておくことも、それなりに意義のあることと思われるので、ここでは、そのような特別の地位を認められている外交官等の国際法上の地位について簡単に説明しておきたい。

ア　外交使節団の構成員の法的地位

(ア)　外交使節団及びその構成員の地位

①　常駐的に外国に派遣され本国を代表してその外国との外交関係の処理に当たる一群の人々を「外交使節団」（常駐外交使節団）という[1]。

外交使節団に関する国際的規則は、古くから発達し、ほとんど国際慣習法として成立していたが、一九六一年にその大部分が「外交関係に関するウィーン条約」（いわゆる「ウィーン外交関係条約」）として成文化（条約化）された。この条約は国際慣習法を広い範囲にわたって包括的に法典化（条約化）し、時代に即した規則をつくったものであり、同条約は、一九六四年四月に発効し、現在、日本を含む世界の大多数の国が加入している一般条約である。なお、この条約の規定により明示的に規制されていない問題については、引き続き国際慣習法の諸規則によるべきこととされている（同条約前文）。

同条約によれば、外交使節団は、「使節団の長」（大使・公使など）と「使節団の職員」とから構成される。使節団の職員には、参事官、書記官等の外交官の身分を有し外交事務を処理する「外交職員」、電信・タイプなどの使節団の事務的・技術的業務に従事する「事務及び技術職員」、受付係・運転手・料理人などとして使節団の役務に従事する「役務職員」の別があるが、いずれも派遣国により任用・雇用されたものである。そして、使節団の長に外交職員を加えて、これを「外交官」と呼ぶ（第一条）。

②　領域内における外国人の法的地位については、前記(2)において見たところであるが、外交使節団及びその構成員（特に外交官）は、派遣先の外国（接受国）において、一般外国人とは異なった一定の特別の保護・待遇を受ける。これらはふつうには「外交特権」などと称される。特権の内容は、(1)使節団の公館・文書、構成員の身体・名誉・住居などに関して接受国から特別の保護を受ける権利（「不可侵権」という）と、(2)接受国の主権の行使から免除される権利（「治外法権」という）とに分類することができるが、最近ではこれらのものを一括して「特権及び免除」、あるいは単に「特権」ということばで表現されることが多い。

ところで、外交使節団及びその構成員（特に外交官）は、国際法上、接受国において幅広い特権及び免除を享有するが、かつては、外交使節団及びその構成員は派遣国の代表としてその威厳を代表するために、幅広い特権及び免除が認められるものと考えられていた。しかし、現在では、外交使節団及びその構成員は重要な職務に従事するもので、その職務を能率的に遂行することができるようにするために、特別の保護・待遇が与えられるものとされている。ウィーン外交関係条約は、「このような特権及び免除の目的が、個人に利益を与えることにあるのではなく、国を代表する外交使節団の任務の能率的な遂行を確保することにあることを認め」とうたっている（前文）。

(イ)　外交使節団の特権及び免除

外交使節団は、接受国において次のような特権及び免除を享有する。

ⓘ公館の不可侵　使節団の公館（大使館・公使館等）は不可侵であり、接受国の官吏は、使節団の長が同意した場合は除くほか公館に立ち入ることはできない（ウィーン外交関係条約第二二条第一項）。また、接受国は、公館を保護するために適当なすべての措置をとる義務をもつ（同条第二項）。

一方、使節団の公館は、使節団の任務と両立しない方法で使用してはならない（同条約第四一条第三項）。したがって、犯罪人が公館内に逃亡してきた場合は、一般的にはこれを庇護することは認められていないので、接受国の要求があれば引き渡さなくてはならない。

ⓘⓘ公文書及び公用通信の不可侵　使節団の公文書及び書類は、いずれの時及びいずれの場所においても不可侵である（同条約第二四条）。また、接受国は、すべての公の目的のためにする使節団の自由な通信を許し、これを保護しなければならない。ただし、無線通信機の設置及び使用については、接受国の同意が必要である（同条約第二七条第一項）。また、使節団の公用通信は不可侵であり（同条第二項）、外交封印袋は開封又は領置することはできない（同条第三項）。

ⓘⓘⓘ公館に対する課税の免除　使節団の公館については、国又は地方公共団体のすべての賦課金及び租税を免除される（同条約第二三条）。

ⓘⓥ手数料に対する課税の免除　使節団がその公の任務の遂行に当たって課する手数料及び料金は、すべての賦課金及び租税を免除される（同条約第二八条）。

ⓥ便宜の供与　接受国は、使節団に対し、その任務の遂行のため十分な便宜を与えなければならない（同条約第二五条）。

(ウ)　外交使節団の構成員の特権及び免除

① 外交使節団の構成員については、職種・身分の相違等によっては範囲の広狭はあるが、身体・住居・財産の不可侵、裁判権・課税権からの免除などの特権及び免除が認められる。この特権及び免除は、外交官（使節団の長及び外交職員）について最も広く、事務及び技術職員、役務職員の順で狭くなる。また、外交官、事務及び技術職員のそれぞれの家族（配偶者及び未成年・未婚の子）にもこの特権及び免除が認められる。ここでは、まず、最も典型的な外交官の特権及び免除について述べることとし、その後でその他の者の特権及び免除の範囲について若干触れることとしたい。

外交官は、接受国において次のような特権及び免除を享有する。

ⓘ身体の不可侵　外交官の身体は、不可侵であり、特別の保護を受ける。一般外国人は在留国の警察権・裁判権に服し、当該在留国の法令に違反すれば、身体を拘束され、処罰されることもあり得る（前記(2)イ参照）が、外交官は、接受国の警察権等に服さず、いかなる方法によっても抑留・拘禁することはできない。また、接受国は、「相応な敬意」をもって外交官を待遇し、その身体、自由又は尊厳に対するいかなる侵害をも防止するためすべての適当な措置をとらなければならない（ウィーン外交関係条約第二九条）。一般外国人については、国家は「相当な注意」をもってこれを保護すれば足りるとされている（前記(2)ウ(ア)参照）ので、この点において外交官は一般の外国人とは法的地位が異なる。

ⓘⓘ住居、書類、通信及び財産の不可侵　外交官の個人的住居は、使節団の公館（大使館など）と同様の不可侵と保護を享有する。外交官の個人的な書類、通信及び財産も、同様に不可侵である（同条約第三〇条）。

外交官は、一般外国人とは異なって接受国の警察権等には服さず、いわゆる家宅捜査や押収等を受けることもない。

ⓘⓘⓘ裁判権からの免除　一般外国人は当然に在留国の裁判権に服するものとされる（前記(2)イ①参照）が、外交官は接受国の法令を尊重する義務及び接受国の国内問題に介入しない義務はある（同条約第四一条）ものの、接受国の裁判権に服することは一般に免除される。

まず、外交官は、接受国の刑事裁判権から免除される（同条約第三一条第一項）。一般外国人の場合は、在留国の警察権・刑事裁判権に服し、当該在留国の法令に違反すれば、その国の裁判所において処罰されることになるが、外交官については、接受国において違法行為（犯罪）があっても、これを訴追し処罰することはできないわけである。

また、外交官は、一定の例外を除き、接受国の民事裁判権及び行政裁判権にも原則として服さない（同条同項）。

さらに、外交官は、証人として証言する義務を負わない（同条第二項）。

なお、外交官は、以上のように接受国の裁判権から免除されるが、派遣国はこの裁判権からの免除を放棄することができる。この免除が放棄されると、当該外交官は接受国の裁判権に服することになり（同条約第三二条）、この点については一般外国人と同じ立場に立つことになる。

ⅳ課税の免除　外交官は、原則として、接受国の国又は地方公共団体のすべての賦課金及び租税を免除される（同条約第三四条）。外交官は、一般外国人とは異なって、原則として納税の義務を負わない。

ⅴ関税と税関検査の免除　使節団の公の使用のための物品のほか、外交官又はその家族の個人的な使用のための物品も、関税を免除される（同条約第三六条第一項）。また、外交官の個人的手荷物は、原則として税関検査を免除される（同条第二項）。

ⅵ役務及び軍事上の義務の免除　外交官は、接受国のすべての人的役務・公的役務及び徴発・軍事上の金銭的負担・宿舎割当てに関する業務のような軍事上の義務を免除される（同条約第三五条）。

ⅶ社会保障規程の免除　外交官は、接受国において施行されている社会保障に関する規程（例えば、国民年金、国民健康保険、失業保険、労働災害保険等に関する法令）の適用を原則として免除される（同条約第三三条）。つまり、外交官は、各種社会保障制度への強制的加入、保険料等の支払い等の義務を免除される（ただし、各種社会保障制度への自発的加入を妨げるものではない）。

ⅷ在留許可及び外国人登録に係る免除　既に見たとおり、国際慣習法の上では、外国人の入国・滞在を許可するか否かは各国家の自由であり、また、各国は外国人の入国・滞在を許す場合でも、一定の条件の下にのみその入国・滞在を認めることができる（前記(1)ア参照）。さらに、各国家はその領域内に在留する外国人にどのような権利を認め、どのような義務を課するかを原則として自由に決定することができ（前記(2)ア及びイ参照）、外国人管理のため、その氏名、居住地、職業等を登録させている国も多い。そして、国家は外国人の入国・滞在を認めた後に、その滞在が自国にとって好ましくないと判断するときは、その者を自国から退去強制（追放）することができる（前記(1)ウ参照）が、これらは、いずれも一般の外国人に関する国際法上の規則であって、外交官については、以下のとおり、これとは異なった取扱いがなされている。

ウィーン外交関係条約には、外交官の出入国・滞在及び外国人登録に関する特権及び免除に関する明文の規定はないが、外交官については、従来から国際慣習法によって、一定の者の入国を拒否する規定（入国拒否事由に関する規定）の適用を免除するなど、できる限り簡単な手続で入国・滞在を認め、また、滞在期間の制限、外国人登録の義務など一般外国人に課せられる在留上の義務又は制限を免除している。また、外交官は、国際慣習法上、外国人を強制的に出国せしめる退去強制の対象とはならない。

外交官に対する事実上の入国拒否又は退去強制は、次のとおり、外交使節団の長（大使・公使など）に対して「アグレマン」を拒否する、又は外交使節団の長若しくは外交職員が「ペルソナ・ノン・グラータ」（好ましくない人）であることを通告する、という方法により行われる。

外交使節団の長の任命は派遣国が行うが、これを外国へ派遣するには、あらかじめその外国（接受国）の同意を得なければならない。この同意のことを「アグレマン」という。特定の人を外交使節団の長として任命し派遣するに当たって接受国に異議があるかないかを照会することを「アグレマンを求める」といい、これに対して接受国が派遣国に対して異議のない旨を回答することを「アグレマンを与える」という。ウィーン外交関係条約は、これについて、「派遣国は、自国が使節団の長として接受国に派遣しようとする者について接受国のアグレマンが与えられていることを確認しなければならない」と規定している（第四条第一項）。接受国は、アグレマンを求められた人物を「ペルソナ・ノン・グラータ」（好ましくない人）と考えるときは、アグレマンを拒否することができる。接受国は、アグレマンを拒否するについては、派遣国に対しその理由を示す義務を負わない（同条約第四条第二項）。派遣国は、もし接受国のアグレマンが得られなければ、その任命を取り消すことになる。そして、接受国は、アグレマンの付与後あるいは赴任後であろうとも、いつでもその者を「ペルソナ・ノン・グラータ」と認めるときは、理由を示さないでその旨を通告して、その接受を拒むことができる。「ペルソナ・ノン・グラータ」であるとの通告を受けた場合は、派遣国は、その者を召還し、又は使節団におけるその者の任務を終了させなければならない（同条約第九条第一項）。このような方法によって、接受国にとって好ましくないと認められる外国の外交使節団の長を事実上出国せしめることになるわけであるが、派遣国がその者を召還し若しくはその者の任務を終了させる義務を拒否した場合又は相当の期間内にその義務を履行しなかった場合は、接受国は、その者を使節団の構成員（長）として認めることを拒否することができる（同条約第九条第二項）。接受国は、使節団の構成員（長）として認めることを拒否したときは、その者を一般の外国人として取り扱い、国際法の一般原則に従って退去強制（追放）することができるようになる。

派遣国は、使節団の職員（外交職員、事務及び技術職員、役務職員）を自由に任命することができる（同条約第七条）。使節団の長については、派遣前に接受国のアグレマンを得ることが必要であるが、使節団の職員については、外交官の身分を有する外交職員を含めて、接受国のアグレマンは不要とされている。しかし、接受国は、いつでも、外交職員については「ペルソナ・ノン・グラータ」であること、その他の職員については「受け入れ難い者」であることを派遣国に対して通告することができる。これによって、接受国は、当該職員の派遣・接受を拒むことができる。また、当該職員が既に接受国の国内にある場合は、その旨の通告を受けたときは、派遣国は、使節団の長について述べたのと同様に、当該職員を召還し、又はその者の任務を終了させなければならない（同条約第九条第一項）。そして、もし派遣国が当該職員を召還し若しくはその任務を終了させる義務を拒否した場合又は相当の期間内にその義務を履行しなかった場合は、接受国は、その者を使節団の構成員と認めることを拒否することができ（同条約第九条第二項）、拒否したときは、その者を一般の外国人として処遇し、国際法の一般原則に従って退去強制の対象とすることができるようになる。

ⅸ移動及び旅行の自由　外交官を含む外交使節団のすべての構成員は、国の安全上の理由により立入りが禁止され又は規制されている地域を除いて、接受国の領域内における移動と旅行の自由を認められる（同条約第二六条）。

② 以上は、外交官の享有する特権及び免除の概略であるが、外交官以外の事務及び技術職員、役務職員並びに使節団の構成員の家族についても、次のとおり、外交官と同じか、あるいはそれよりも制限された特権及び免除が認められる。

a 外交官（使節団の長及び外交職員）の家族は、外交官と同じ特権及び免除を享有する（ウィーン外交関係条約第三七条第一項）。

b 事務及び技術職員とその家族は、外交官と大体同じ特権及び免除を享有する。ただし、接受国の民事裁判権及び行政裁判権からの免除は、公務の範囲外で行った行為には及ばない。また、関税の免除は、最初の到着（赴任）に当たって輸入する物品についてのみ認められる（同条約第三七条第二項）。

c　役務職員は、公務の遂行に当たって行った行為についての接受国の裁判権からの免除、給与に対する課税の免除及び接受国の社会保障規程からの免除が認められるのみである（同条約第三七条第三項）。

イ　国際機関の職員等の特権及び免除

我が国は、国連等の国際機関がその任務を円滑に遂行し、その目的を達成することを可能ならしめるために、「国際連合の特権及び免除に関する条約」、「専門機関の特権及び免除に関する条約」、「国際連合大学本部に関する国際連合と日本国との間の協定」、「国際原子力機関の特権及び免除に関する協定」等の各種の条約を締結し、又はこれに加入しているが、これらの条約の中で、これらの国際機関の職員や専門家等は一定の特権及び免除が保障されている。

例えば、我が国が昭和三八年に加入した「国際連合の特権及び免除に関する条約」では、国連の利益のために、国連の職員は、公的資格で行ったすべての行為に関する訴訟手続の免除（しかし、逮捕・拘留を免れる身体の不可侵は与えられない）、国連が支払った給料及び手当に対する課税の免除、出入国制限及び外国人登録の免除等の特権及び免除を与えられており（第五条第一八項）、国連事務総長及び事務次長（その配偶者及び未成年の子を含む。）は、一般の職員に与えられる右記の特権及び免除のほか、国際法に従って外交使節（大使・公使など）に与えられる特権及び免除が与えられる（同条第一九項）。

また、国連のための任務を遂行する専門家は、任務の期間中、その任務を独立して遂行するための必要な特権及び免除を与えられることとされ、特に、身柄の逮捕又は抑留及び手荷物の押収の免除、任務の遂行中に行った行為に関するあらゆる種類の訴訟手続の免除、書類及び文書の不可侵、国連との通信のための暗号の使用・書類又は信書の接受の権利等の特権及び免除を与えられることとされている（第六条第二二項）。

ウ　日米地位協定該当者の法的地位

在日アメリカ合衆国軍隊の軍人及び軍属並びにそれらの者の家族（いわゆる「日米地位協定該当者」）については、「日本国とアメリカ合衆国との間の相互協力及び安全保障条約第六条に基づく施設及び区域並びに日本国における合衆国軍隊の地位に関する協定」（いわゆる「日米地位協定」）によって、日本の出入国管理及び外国人登録に関する法令の適用からの除外、関税・課税の免除、日本の裁判権からの原則的免除等の特別の法的地位が認められている。

（1）　外交使節団は、広い意味では、外国に派遣されその外国との外交関係の処理に当たる人々の一団をいう。そのうちで、常駐的に外国に派遣され一般的にその外国との外交関係の処理に当たるものを常駐外交使節団という。これに対して、特定の外交上の用務を処理するために臨時に外国に派遣されるものを臨時外交使節団という。単に外交使節団というときは、普通には常駐外交使節団のことをいう。本書でも外交使節団をこの意味で用いることとする。

外交使節団の任務は、自国と派遣先の外国（接受国）との外交関係の処理であるが、本文掲記のウィーン外交関係条約第三条第一項は、外交使節団の主要な任務として次のものを挙げている。

a　接受国において派遣国を代表すること。

b　接受国において派遣国及びその国民の利益を保護すること。

c　接受国の政府と交渉すること。

d　接受国における諸事情をすべての適法な手段によって確認し、これらについて派遣国の政府に報告すること。

e　派遣国と接受国との間の友好関係を促進し、経済上・文化上・科学上の関係を発展させること。

そのほか、外交使節団は、自国民のために、普通、領事の任務とされている行政上・司法上の手続的事務（領事任務）を行うことができる（同条第二項）。

（4）　まとめ

これまでに、憲法の「条約及び国際法規の遵守」の規定との関連で、国際法上の外国人の法的地位について説明してきたが、外交官等の一定の特権及び免除を享有する者の地位は別として、国際法、特に国際慣習法の上における一般外国人の法的地位は、国民には認められる権利、利益が外国人には認められなかったり、又は制限されるなど、考えていたよりも低く、物足りなさあるいは割切れなさがあるように感じられるかもしれない。ただ現実の問題として、元来、国際法というものが国際社会における国家の権利・義務を規律するものであって、国際法の妥当する基盤である国際社会というものが、現在においてもなお基本的には多元的な権力主体（主権国家）の並存という構造となっており、そして国際慣習法が成立するためには、一定の国際慣行が国際社会の大多数の国家によって法的に義務的なものと認められることが必要であって、民族・地理的・歴史的条件、文化、文化水準、政治・経済体制などがそれぞれ異なり、そして、国家的利害も相異なる諸国家の大多数によって法的なものとして受け入れられる規則（国際慣習法）が成立することは仲々容易ではないし、また、それが成立する場合にも、前記のような国際社会の現状を反映して、それらはいきおい最大公約数的なところに落ち着かざるを得ないことになってしまうであろう。これが、我々に前述のような感想を抱かせる一因となっているのかも知れない。

しかしながら、外国人の法的地位に関する国際慣習法上の諸規則は、他の国との関係における国家の権利・義務のミニマム・スタンダード（最低限の基準）を示すものであって、国家は、外国人について、この基準を下廻る処遇をすることは勿論許されないが、国内立法や条約の締結等を通してこの基準を上廻る内容の法的地位を外国人に与えることを何ら妨げるものではない。我々が我国における外国人の法的地位を考える場合には、国際法にかくあるからそれで足りるとするのではなく、国際法の諸規則を最低限の基準として、我が国内外の事情からすると、外国人の地位向上のために国内的にこれにどの程度の上積みをしてゆくことが適当なのかを検証することが必要と思われる。

また、現在の国際慣習法の上では、国籍を基準として個人を「国民」と「外国人」とに二元的に分類した上で、外国人の法的地位が定められているように思われるが、外国人と言ってもその実態は千差万別であって、例えば我が国社会とのかかわり具合においても、観光客等の一時的訪問者から永住者まで、その親疎は様々である。このような様々なカテゴリー（類型）の外国人を「外国人」という一語でひとまとめにして、その地位を一律に論ずるばかりでは、問題の本質を見失うことになってしまうであろう。勿論、それぞれに事情の異なる多数の国家に妥当する規範である国際慣習法の上で、無数にある外国人の類型ごとにその地位をあらかじめ定めておくことは不可能であるので、現行国際法の諸規則の内容はそれはそれとして認めなければならないが、外国人であるからという理由で、外国人の地位に関する国際法の規則を直截に引用して、それに基づいて国内的に一律に外国人を処遇することは好ましいこととは思われない。

我が国には、年間五〇〇万人に近い数の外国人が訪れ、約一五五万人以上の外国人が在留している（平成一一年）が、等しく外国人とは言ってもそれぞれの実態や我が国とのかかわり具合には大いなる差異があることを認識し、そして、それぞれの実態を十分に把握した上で、既にいくつかの分野で実行されているように、それぞれの実態に応じた地位はいかにあるべきかを考えて、それを実現すべく努めることが、我々にとっては肝要なことなのではないだろうか。

三「国民の権利及び義務」と外国人の法的地位

(1) 外国人と憲法が規定する基本的人権の保障

ア 外国人に対する基本的人権の保障の有無

① 憲法第三章の章名が「国民の権利及び義務」となっていること、また、憲法の各規定中において「国民は、すべての基本的人権の享有を妨げられない。この憲法が国民に保障する基本的人権は、……現在及び将来の国民に与えられる」(第一一条)、「この憲法が国民に保障する自由及び権利は、……」(第一二条)、「この憲法が日本国民に保障する基本的人権は、……」(第九七条)というように述べられていることなどから、日本国憲法が日本国民の基本的人権(単に「人権」ということもある)を保障するものであることは明らかであるが、既に述べたとおり、[1]日本国憲法は外国人の法的地位(権利・義務)に関しては何ら規定していない。そのため、外国人には日本国憲法に規定されている基本的人権は一切保障されないのか、あるいはそうではなく、外国人にもそれは保障されるかについて、いろいろな考え方がある。

② まず、日本国憲法による基本的人権の保障が外国人にも及ぶか否かについては、大別すると、(1)否定説(消極説又は不適用説)と(2)肯定説(積極説又は適用説)とがある。

(1)否定説は、憲法第三章は日本国民の基本的人権を保障したものであって、外国人の権利まで保障するものではないとする考え方である。この説を採れば、外国人に憲法に規定する基本的人権を保障するかどうかは、すべて立法政策ないしは政治道徳の問題となり、たとえ外国人にこれを認めなかったとしても憲法違反(違憲)の問題は生じないことになる。

これに対して、(2)肯定説は、基本的人権の普遍的性格(基本的人権は、本来、人種・性別・身分などの区別・差異にかかわらず、すべての者が享有できるという性格)、そして固有的性格、前国家的・前憲法的性格ないしは自然権的性格(基本的人権は、国家又は憲法によって創設された権利ではなく、人間として生まれながらにして有する固有の権利であって、国及び憲法に先立って存在していたものを憲法が改めて確認し保障したにすぎないという性格)を考えると、個人としての外国人にも原則として憲法に規定する人権は保障されると解すべきであるし、また、憲法の国際協調主義、平和主義及び基本的人権の尊重の精神からしても、基本的人権を第一義的に尊重する取扱いは好ましいことであり、憲法の精神にもかなっており、外国人にもそれが保障されるとする考え方である。この説を採れば、外国人に憲法に規定する基本的人権を保障するかどうかは、ただ単なる立法政策ないしは政治道徳の問題ではなく、憲法問題となり、正当な理由なく外国人にこれを認めないこと、あるいはこれを制限することは、違憲の問題を生じることになる。

③　以上の両説のうち、基本的人権の特性（普遍的性格、固有的性格、前国家的・前憲法的性格、自然権的性格など）及び憲法の国際平和主義・基本的人権の尊重の精神からすると、憲法に規定する基本的人権は、個人としての外国人にも原則として保障されるとする肯定説が正当と言えよう。今日では肯定説が通説[2]であって、判例も早くから「いやしくも人たることにより当然享有する人権は不法入国者といえどもこれを有する」（昭和二五年一二月二八日最高裁第二小法廷判決・民集四巻一二号六八三頁）と肯定説の立場を採っている。

イ　外国人にも保障される人権と保障されない人権

(ア)　外国人にも保障される人権と保障されない人権の区別の基準

①　前記**ア**のとおり、憲法による基本的人権の保障は、原則として外国人にも及ぶと考えられるわけであるが、それでは、外国人にも憲法に規定する基本的人権のすべてが国民と全く同様に保障されるのか、すなわちすべての基本的人権が国民にも外国人にも等しく保障されるのかと言えば、そうとは言い切れない。例えば、国会議員の選挙権・被選挙権のような参政権のごとく、基本的人権の種類によっては、国民には勿論保障されるが、外国人には保障され得ないか若しくは保障されるべきではないと考えられるものもあるからである。それでは、どの基本的人権が外国人にも保障され、どの基本的人権が外国人には保障されないのか。外国人にも保障される基本的人権とそうでない基本的人権を区別する基準については、(1)文言説と(2)性質説（又は「権利性質説」）の二つの考え方がある。

②　文言説は、憲法の規定の文言により区別すべきであるとする考え方である。すなわち、憲法の規定中「何人も」という文言が用いられている場合（例えば、第一六条、第一七条、第一八条、第二〇条、第二二条、第三一条乃至第三五条）には、外国人にも国民と同様にそこに規定された基本的人権が保障されるが、「国民は」という文言が用いられている場合（例えば、第一四条、第一五条、第二五条乃至第二七条）には、外国人にはそこに規定され

た基本的人権は保障されないとするものである。

しかし、憲法の各条項を検討してみると、必ずしも厳密には右のような趣旨で「何人も」と「国民は」とが使い分けられているとは言えない（例えば、憲法第二二条第二項は、何人も「国籍離脱の自由」をもつ旨を規定しているが、この規定は日本国籍を離脱する自由を保障したものであって、保障の対象は当然日本国民に限られる。外国人にも日本国籍離脱の自由の保障が及ぶとは到底解することはできない）。そのほか、「何人も」とも「国民は」とも、何ら主体が示されていない規定（例えば、第一九条、第二一条、第二三条、第二四条、第二八条、第二九条など）もある。最近では、この説を支持する者は多くはない。

③　性質説（権利性質説）は、憲法が保障する基本的人権の性質（内容・性格）によって、外国人にも保障されるものとそうでないものとを区別すべきであるとする考え方である。ここで「基本的人権の性質によって」とは、その基本的人権が政治共同体としての国家とその構成員である国民という特別のつながりを前提とした上で認められる性質（内容・性格）の権利であるかどうかを基準としてという意味である。

この基準に従えば、国家とその国民という関係において認められる性質の権利は日本国民だけに保障されるが、然らざる権利は外国人にも保障されるということになる。この説は、権利の性質が許す限り外国人にもそれを保障しようとするものであって、憲法の国際平和主義及び基本的人権の尊重の精神に適うものと考えられる。今日では、この性質説（権利性質説）が通説となっている[(3)]。

判例も、最近では、「憲法第三章の諸規定による基本的人権の保障は、権利の性質上日本国民のみをその対象としていると解されるものを除き、わが国に在留する外国人に対しても等しく及ぶものと解すべきである」（いわゆるマクリーン事件における昭和五三年一〇月四日最高裁大法廷判決・民集三二巻七号一二二三頁、判例時報九〇三号六頁）として、性質説（権利性質説）の立場を採っている。

(イ)　外国人にも保障される人権と保障されない人権の種類

①　前記(ア)のとおり、今日では、外国人にも権利の性質に従ってできる限り憲法に規定する基本的人権を保障しようとする考え方が一般的であり、外国人と基本的人権の保障の問題の最も重要な論点は、もはや外国人にも日本国憲法に規定されている基本的人権が保障されるか否かといった単純な問題ではなく、いかなる種

類の基本的人権がどの程度において保障されるのかという具体的な問題である。[4]

② それでは、「国家とその構成員である国民という関係において認められる性質（性格・内容）の権利であるかどうか」ということを基準にして考えると、一般的には、権利の性質上国民のみに認められ外国人には保障されないと考えられる基本的人権の典型的なものとしては、参政権と社会権（社会基本権又は生存権的基本権ともいう）が挙げられる。このほか、国民には帰国の自由（帰国の権利）が保障されるが、外国人には入国・滞在の自由は保障されないと考えられる。

③ それ以外の基本的人権、例えば憲法第一三条の幸福追求権、第一四条の法の下の平等（平等権）、各種の自由権（精神的自由、人身の自由及び経済的自由）、第一六条の請願権や第三二条の裁判を受ける権利等の受益権（国務請求権ともいう）などは、国家とその国民という関係において認められる性質の権利ではないので、これらは原則として外国人にも保障されるものと考えられる。

ウ　外国人には一般に保障されないと考えられる人権とその理由

(ア)　参政権（第一五条、第四四条、第七九条、第九三条、第九五条、第九六条等）

① 参政権は、国民主権の原理に基づいて、国民がその国の政治に直接又は間接に参加・参与する権利（具体的には、選挙権、被選挙権、国民投票権、公務員になる権利、公務員を罷免する権利など）であって、本来、政治共同体としての国家の構成員である国民固有の権利であるので、一般に外国人には参政権は保障されないものと考えられている。外国人に国会議員等の選挙権・被選挙権、最高裁判所の裁判官の国民審査の投票権、憲法改正の国民投票権などが認められないのは、その権利の性質に由来するがためである。

② いわゆる国政参政権に関しては、平成元年七月二三日に実施された参議院議員選挙において投票を行うことができなかったため、国会議員の選挙権を有する者を日本国民に限っている公職選挙法第九条第一項が国民の参政権（公務員の選定・罷免権）を保障した憲法第一五条第一項の規定及び法の下の平等を保障した憲法第一四条の規定に反するとして、我が国での永住を許可されているイギリス人が国に対して、国家賠償として慰謝料の支払いを求めた事件について、最高裁判所は、「国会議員の選挙権を有する者を日本国民に限っている公職選挙法九条一項の規定が憲法一五条、一四条の規定に違反するものでないことは、昭和五三年一〇月四日最高裁大法廷判決の趣旨に徴して明らか」である

と判示し（平成五年二月二六日第二小法廷判決・判例タイムズ八二二号一六六頁）、「性質説（権利性質説）」の立場を明らかにした前掲のいわゆるマクリーン事件における昭和五三年一〇月四日の同裁判所大法廷判決を踏襲して、「公務員の選定罷免権は、国民主権原理に照し、その権利の性質上、日本国民のみをその対象としていることは明らかであるから、右の権利の保障は外国人には及ばないものと解する。……とくに、控訴人の主張する参政権は、国の政治に参加し、国家意思の形成に参画する国民固有の権利であるから、その性質上、日本国民のみに与えられるものといわざるをえず、日本国内に生活の本拠を有する定住外国人であるからといって参政権を付与すべきことが憲法上の要請であると解する余地はない」とした原判決（平成四年七月三一日大阪高裁判決）を支持している。

③　最近における、外国人の地方選挙での選挙権（いわゆる地方参政権）を求める動きを巡っては、いわゆる定住外国人に地方参政権を認めないのは住民の選挙権を認めた憲法第九三条第二項や法の下の平等を定めた同第一四条第一項などに違反するとの主張がある一方、公務員を選ぶ権利は、本来国民固有の権利であって、憲法で主権者である日本国民に限定されているとする考え方や、憲法上、一定の外国人に対し選挙権を認めることも可能であり、認めるかどうかは立法政策上の問題であるとの意見などがあるが、いわゆる在日韓国人が、地方公共団体の長、その議会の議員の選挙権に関し、選挙人名簿に登録されていないのは不服であるとして、選挙管理委員会に対して、選挙人名簿に登録することを求める異議の申出をしたところ、その申出が却下されたので、右却下決定の取消しを求めて提訴した事件に関する最高裁判所の判決（平成七年二月二八日第三小法廷判決・民集四九巻二号六三九頁、判例時報一五二三号四九頁）は、「憲法第三章の諸規定による基本的人権の保障は、権利の性質上日本国民のみをその対象としていると解されるものを除き、我が国に在留する外国人に対しても等しく及ぶものである。そこで、憲法一五条一項にいう公務員を選定罷免する権利の保障が我が国に在留する外国人に対しても及ぶものと解すべきか否かについて考えると、憲法の右規定は、国民主権の原理に基づき、公務員の終局的任免権が国民に存することを表明したものにほかならないところ、主権が『日本国民』に存するものとする憲法前文及び一条の規定に照らせば、憲法の国民主権の原理における国民とは、日本国民すなわち我が国の国籍を有する者を意味する

ことは明らかである。そうすれば、公務員を選定罷免する権利を保障した憲法一五条一項の規定は、権利の性質上日本国民のみをその対象とし、右規定による権利の保障は、我が国に在留する外国人には及ばないものと解するのが相当である。そして、地方自治について定める憲法第八章は、九三条二項において、地方公共団体の長、その議会の議員及び法律の定めるその他の吏員は、その地方公共団体の住民が直接これを選挙するものと規定しているのであるが、前記の国民主権の原理及びこれに基づく憲法一五条一項の規定の趣旨に鑑み、地方公共団体が我が国の統治機構の不可欠の要素を成すものであることをも併せ考えると、憲法九三条二項にいう『住民』とは、地方公共団体の区域内に住所を有する日本国民を意味するものと解するのが相当であり、右規定は、我が国に在留する外国人に対して、地方公共団体の長、その議会の議員等の選挙の権利を保障したものということはできない」と、外国人には地方参政権は保障されない旨判示している。

しかし、同判決は、これに続けて、「このように、憲法九三条二項は、我が国に在留する外国人に対して地方公共団体における選挙の権利を保障したものとはいえないが、憲法第八章の地方自治に関する規定は、民主主義社会における地方自治の重要性に鑑み、住民の日常生活に密接な関連を有する公共的事務は、その地方の住民の意思に基づきその区域の地方公共団体が処理するという政治形態を憲法上の制度として保障しようとする趣旨に出たものと解されるから、我が国に在留する外国人のうちでも永住者等であってその居住する区域の地方公共団体と特段に緊密な関係を持つに至ったと認められるものについて、その意思を日常生活に密接な関連を有する地方公共団体の公共的事務の処理に反映させるべく、法律をもって、地方公共団体の長、その議会の議員等に対する選挙権を付与する措置を講ずることは、憲法上禁止されているものではないと解するのが相当である。しかしながら、右のような措置を講ずるか否かは、専ら国の立法政策にかかわる事柄であって、このような措置を講じないからといって違憲の問題を生ずるものではない」と述べて、憲法上、我が国に在留する外国人には地方公共団体における選挙の権利は保障されていないが、立法政策により、永住者等に地方選挙権を付与する立法措置を講ずることは憲法上禁止されてはいないという考えを示している。

我が国に在留する外国人と我が国社会との関係が

益々深まりつつあることなどを背景に、最近、永住外国人（永住者及び特別永住者）に地方公共団体における選挙権を認める、いわゆる永住外国人地方選挙権（参政権）付与法案が議員立法のかたちで国会に提出されているが、これについては我が国の社会・制度の在り方等を踏まえた幅広い、十分な議論が交わされることが望まれる。

④　ところで、いわゆる定住外国人には参政権が保障されるべきであるとする理由として、日本で生まれ育つなど、これらの人々が日本人と変わらぬ生活をしていることのほか、これらの人々も日本人と同様に納税していることを挙げる向きが一部にある。その心情は筆者も理解し得るものの、これについては、憲法第三〇条に規定されているところの「納税の義務」は、国や地方公共団体が行う国防、社会・公共の安全の維持、公衆衛生の保持、道路・港湾・空港・鉄道等の社会資本・社会基盤の整備・維持、防災、公教育の実施、その他各種の行政サービスの提供等々の活動を支える財源をまかなうために、給与・報酬・利子・地代・事業収益等の収入、土地・家屋・自動車等の財産の所有、不動産等の財の移転（取得・相続・贈与等）、商品の購入、サービスの消費などの法律に定める一定の事実（課税要件の充足）があれば、法律の定めるところによりそれに応じた一定の租税（金銭給付）を負担するというものであり、国民・外国人を問わず、そのような事実があれば当然に負うべき性質の義務であって（後記(2)ア参照）、法律（各税法）の定めるところにより生じた納税義務を履行し、租税を納付することが我が国の政治に参加・参与する権利である参政権に直接結びつくことにはならないものと考えられる。

(i)　仮に、納税しているから参政権が保障されるという論に従うとすると、逆に言うと、納税していない者には参政権は認めなくてよいということにつながりかねない。例えば、全く所得のない人や所得金額が一定標準以下となっている人々は、所得税や住民税等は納付していない（これらの税がかからず、納める必要がない）。このような人々については、抽象的な「納税の義務」はあっても具体的な納税義務は生じていないものと考えられるのであるが、実際に納税しているかと言うと、そうとは言えない（仮に、何らかのかたちで消費税や酒税、たばこ税、揮発油税、自動車税、固定資産税等を負担することも論の中で言う納税に含まれるとすれば、日本国内に在る人については、ほとんど例外なくすべての人が納税していることになるが、この論はそれまでも含む趣旨ではないものと考えられる)。それでは、これらの人々については、参政権は認められないことになるのであろうか。あるいは、税を滞納したりしている人々は、納税義務を履行していないので、参政権は保障されないということになるのであろうか。これについては、いずれも然りという意見は寡聞にして知らない。

憲法第一五条第三項は、公務員の選挙について、成年者による「普通選挙」を保障しており、そして、第一四条第一項は、法の下の平等の原則を規定している。更に、第四四条は、国会議員の選挙について、人種、信条、性別、社会的身分、門地、教育、財産又は収入によって差別してはならないと、普通選挙の原則を重ねて明らかにしている(「普通選挙」とは、選挙権を納税の有無、納税額、財産の所有その他の基準で制限することなく、成年者に等しく選挙権を認める選挙をいう。これに対して、一定額の納税や財産の所有等を選挙権の要件とする制度を制限選挙という。普通選挙は、平等選挙、秘密選挙等とともに近代選挙の原則となっている)。納税しているか否かや納税額の多寡を選挙権を認める基準とすることは、普通選挙を保障した憲法のこれらの規定に反することになってしまう。所得税、住民税等を納めていない人々について、納税していないことを理由に参政権を認めないことは憲法上許されない。

なお、納税している外国人は定住外国人だけではなく、それ以外の非永住者等であっても所得税、相続税、住民税、固定資産税等を納めている者はある。仮に、納税しているか否かを基準にするとすれば、これらの人々にも選挙権が認められるべきであるということになるが、納税しているこれらの全ての外国人にも選挙権が保障されるべきであるという主張は、現在のところ多くはないようである。他方、定住外国人と言われる人々の中にも納税をしていない人がある。このような人々については、納税していないから選挙権は認められないと言うべきであろうか、それとも、納税の有無にかかわらず、定住外国人であるから選挙権が保障されるべきであると言うことになるのであろうか。あるいは、参政権が与えられていない在留外国人については、各種の租税の納付(納税)は免除するのが当然であるということになるのであろうか。

(ii)　ちなみに、我が国では国政選挙の選挙権は成年に達したすべての日本国民に保障されている(憲法第一五条第三項、公職選挙法第九条第一項)が、国外に居住する日本国民は、選挙権を有しながらそれを実際に行使することができないのが実情であった。いわゆる在外邦人の選挙権の行使については、これまで、外国におけ る有権者の把握、選挙人名簿への登録手続、候補者の 政見の周知、投票方式等の選挙権の具体的行使方法と いう主として立法政策上あるいは技術的問題が未解決 のため実現しなかったが、近年、この在外邦人の選挙 権の行使についてとみに関心が高まり、これについて 具体的、本格的な議論、検討が行われるようになった 結果、平成一〇年四月二四日に「在外選挙制度の創設 に係る公職選挙法の一部を改正する法律」(いわゆる「在 外選挙法」)が国会において可決・成立し、同年五月六日 に平成一〇年法律第四七号として公布された。これに より、国外に居住する日本国民は、衆議院議員の選挙 及び参議院議員の選挙について、当分の間の暫定措置 として、これらの比例代表選出議員選挙に限って投票 を行うことができることとされたが、右法律中、在外 選挙人名簿の登録に関する規定は、平成一一年五月一 日から、在外投票に関する規定は、平成一二年五月一 日からそれぞれ施行された(在外選挙法の概要について は、ジュリスト一一三八号三三頁を参照)。

通常は外国に居住し、我が国に居住していない者は、 非居住者として日本国民であっても原則として所得税 等の納税義務を負っていないが、これまでの議論、検 討の中では、外国に居住している日本人は納税してい ないので、日本の選挙権は保障されないという意見は 聞かれなかった。もし、外国に居住する日本人は納税 していないので、日本の選挙権は認められないのだと いうことになると、在外邦人の選挙権の行使について のこれまでの各界の議論・検討は全く無意味な議論で あり、検討であるということになってしまう。通常外 国に居住し、我が国に対して所得税等の納税義務を負 わず、納税をしていない在外邦人についても、我が国 の選挙権の行使方法の存り方等についての議論・検討 が政府内外で行われてきたのは、納税の有無とはかか わりなしに、これらの人々に我が国の選挙権が認めら れることを当然の前提としているがゆえであり、そし て、外国にあるこのような人々に我が国の選挙権が認 められるのは、日本の国籍を媒介とした日本国と日本 国民との結びつきという関係においてのみ理解され得 るものと考えられる。

(iii) 以上のとおり、参政権は、納税義務の履行に対 応した権利ではなく、納税していることが参政権が保 障される根拠とはならないものと考えられるのである が、定住外国人の参政権と納税義務の負担に関して、 判例(平成六年一二月九日大阪地裁判決・判例時報一五三九号一〇七頁）は次のとおり述べている。

「原告等は、日本に定住する在日韓国・朝鮮人を初めとする外国人（以下『定住外国人』という。）が日本の政治決定に従わざるをえないことをもって、国民主権原理における『国民』に該当する旨主張する。しかしながら、外国人の日本国内における滞在期間が長くなることにより、日本法の適用を受ける期間が長くなるにしても、定住性の点をもって、他の外国人と殊更異別に解する憲法上の理由については、憲法一三条、一四条に照らしても、これを見出し難いというほかはない。そして、納税義務を負担していることを理由とする原告らの主張についても、右と同一であり、国会における決議事項が租税に関わる事項に限られないことに照らしても、選挙権ないし被選挙権の保障に関し、定住外国人が他の外国人と異なるとは解されない。」

⑤　参政権そのものではないが、これに関連するものとして政治活動の自由がある。外国人の政治活動の自由に関しては諸説があるが、前掲のマクリーン事件における最高裁判決（昭和五三年一〇月四日大法廷判決）は、「憲法第三章の諸規定による基本的人権の保障は、権利の性質上日本国民のみをその対象としていると解されるものを除き、我が国に在留する外国人に対しても等しく及ぶものと解すべきであり、政治活動の自由についても、我が国の政治的意思決定又はその実施に影響を及ぼす活動等外国人の地位にかんがみこれを認めることが相当でないと解されるものを除き、その保障が及ぶものと解するのが、相当である」として、一般論として外国人に政治活動の自由を認めているが、具体的にどのような活動が「我が国の政治的意思決定又はその実施に影響を及ぼす活動等外国人の地位にかんがみこれを認めることが相当でないと解される」活動として憲法上の保障から除かれ、どのような活動であれば保障されるかについては、ここでは未だ明らかにはされていない（これについては、表現の自由や結社の自由等の「精神的自由」に属する問題と思われるので、後記エ(イ)において詳述する）。

⑥　公務員となる権利、すなわち公務就任権も、憲法の国民主権の原理から、外国人には一般に保障されないものと考えられている。

国の統治作用・施策は、具体的には個々の公務員の職務遂行を通じて実現されるものであり、公務に就く権利も国の政治に直接又は間接に参加・参与するものであって、参政権に含まれ、国民主権の憲法の下ではその性質上主権の保持者である国民に帰属するものであり、憲法上外国人には一般に保障されないというのが通説的な考え方である。

(i)　外国人が公務に就き得るか否かに関しては、憲法上は何らの規定もないが、選挙による公務員の職への就任について、公職選挙法第一〇条は、選挙により選任される国会議員、地方公共団体の議会の議員及び長の被選挙権を有する者を日本国民に限っている。これについては、国会議員等の職から外国人を排除しているのは違憲であるという主張もある。

しかし、憲法第六七条第一項は、内閣総理大臣は選挙によって選ばれた国会議員の中から指名することとしており、憲法第六八条第一項は、内閣総理大臣は国務大臣を任命するについては、その過半数は国会議員の中から選ばれなければならないとしている（その余の国務大臣については、文民であることのほかは国会議員であること、日本国籍を有することなどの格別の資格要件はない）ので、仮に、国会議員等の職から外国人を排除しているのは違憲であり、外国人もこれらの職に就くことが憲法上保障されているとする右の主張を容れるとすると、外国人についても、我が国の国権の最高機関であり国の唯一の立法機関である国会の一員である国会議員の職ばかりでなく、我が国の行政権の主体である内閣の構成員たる内閣総理大臣又は国務大臣の職への就任も憲法上の権利として保障されるということになるが、これについては国民主権、自己決定、国民自治等の観点からすると首肯し難い向きが多いのではないかと考えられる。

また、一部には、外国人は国政に関与する国会議員・大臣等の職への就任は認められないが、地域社会の住民の一員として、地方公共団体の議員及び長の職に就くことは認められるとの意見もあるが、現在までのところ、多くの人が支持するまでには至っていない。

(ii)　選挙によらない一般の公務員の職への就任に関しては、外務公務員法第七条第一項は、日本の国籍を有しない者又は外国の国籍を有する者は外交交渉等の任務・業務に従事する外務公務員（大使、公使、外務職員等）になることができないと規定しているが、その他の公務員については、国家公務員法や地方公務員法等の法律には日本の国籍を有しない外国人の就任を制限する規定はない。それでは、外務公務員への就任を除き、外国人の公務員への就任については何らの制限もないのかというと、そうではない。人事院規則八―一八第八条により、日本の国籍を有しない者は国家公務員の採用試験を受けることはできないとされており、また、地方公共団体の多くが募集要項等で地方公務員の採用試験の受験資格を日本の国籍を有する者に限っており、外国人の公務員への就任は一般に制限されている。このような現在の行政実例については、法律上の明文の規定によることなく外国人の公務員への就任を制限するもので、法治主義の原則に反するとともに、憲法第二二条第一項の職業選択の自由、憲法第一四条第一項の法の下の平等に違反するとの批判がある。

公務に就く能力（資格）に関しては、従来から政府部内においては、「一般に我が国の国籍の保有が我が国の公務員の就任に必要とされる能力要件である旨の明文の規定が存在するわけではないが、公務員に関する当然の法理として、公権力の行使又は公の意思（国家意思又は地方公共団体の意思）の形成への参画にたずさわる公務員となるためには日本国籍を必要とする。他方においてそれ以外の公務員となるためには必ずしも日本国籍を必要としない」との見解が採られており[5]、外国人は、公権力の行使又は公の意思の形成への参画にたずさわることを職務内容とする官職に就くことは認められていないが、それ以外の官職、例えば学術的若しくは技術的業務、機械的労務の提供、定型的な業務を職務内容とする官職については、外国人を公務員に任用することも従来から行われている[6]。

なお、右の公務員に関する当然の法理の例外を設ける立法措置として、昭和五七年に国公立大学の教員への就任について「国立又は公立の大学における外国人教員の任用等に関する特別措置法」が制定され、これによって外国人にも国公立大学の教授、助教授又は講師への途が正式に開かれた。

(iii)　外国人の公務就任権に関する裁判例としては、東京都の職員（保健婦）である韓国籍の特別永住者が、東京都の管理職選考試験を受験しようとしたが、日本国籍を有しないことを理由に東京都が申込書の受取りを拒否したことなどから、右試験を受験することができなかったため、右試験の受験資格の確認と慰謝料の支払を求めた事件がある。本裁判では、外国人が「公権力の行使又は公の意思の形成への参画にたずさわる公務員」に就任することができるか否かが主要な争点となったが、これについて、第一審判決（平成八年五月一六日東京地裁判決・判例時報一五六六号二三頁）[7]は、直接的に国の統治作用にかかわっていると認められる場合だけでなく、公権力の行使あるいは公の意思の形成に参画することによって間接的に国の統治作用にかかわっていると認められる場合についても、憲法は、外国人がそのような職責を有する公務員に就任することを保障しない趣旨であるとして、前記の行政実例と概ね同様の考え方を示し、原告の請求を退けた。

しかし、本訴訟の控訴審判決（平成九年一一月二六日東京高裁判決・判例時報一六三九号三〇頁）(8) は、国の統治作用である立法、行政、司法の権限を直接に行使する公務員（国会議員、内閣総理大臣その他の国務大臣、裁判官等）は日本国民であることを要し、外国人がこれに就くことは憲法上許されないが、公権力を行使し、又は公の意思の形成に参画することによって間接的に国の統治作用にかかわる公務員については、その職務内容は広範多岐にわたり、かかわりの程度も強弱様々であるから、外国人がこれに就任することを一切認めないと解するのは相当でなく、その職務内容、権限と統治作用とのかかわり方及び程度を個々、具体的に検討することによって、国民主権の原理に照らし、外国人に就任を認めることが許されないものと外国人に就任を認めて差支えないものとを区別する必要があり、管理職についても同様に、外国人をこれに任用することは一切禁じられていると解することは相当でなく、管理職の中にも、外国籍の職員に昇任（就任）を許しても差支えないものも存在するというべきであるから、外国籍の職員から管理職選考の受験の機会を奪うことは、外国籍の職員の管理職への昇任の途を閉ざすものであり、憲法第二二条第一項の職業選択の自由、第一四条第一項の法の下の平等に違反する違法な措置であるとの判断を示し、慰謝料の支払を東京都に命じた（ただし、受験資格の確認を求めた請求については、一審判決同様、既に試験は実施済みであり、確認の利益がないとして、請求を退けた）。

この東京高等裁判所の判決に対して、東京都側は、不服であるとして、現在、最高裁判所に上告しているところである。最高裁判所の最終判断が待たれる。

(iv)　これまでに見たように、現在のところ、外国人の公務就任については、全く認められないとする見解から一部の職については認められるとする見解、一部の職を除いては認められるとする見解、そして、日本人と同様に全ての公職に就くことが憲法上保障されるとする見解までさまざまな見解があるが、少なくとも、直接的に我が国の統治作用にかかわる公務員、すなわち公権力を直接的に行使し又は公の意思の形成に直接的に参画する公務員となるためには、日本国民であることが必要であるというのが一般に共通の考え方のようである。このような公務員の典型としては、内閣総理大臣、国務大臣、国会議員、裁判官、検察官、自衛官等を挙げることができる。

その他の公務員への就任については、未だ見解は集約されていないが、直接的な場合だけでなく間接的な場合についても、公権力の行使又は公の意思の形成に参画する職務に従事する公務員となるためには日本国籍を必要とする。しかし、それ以外の公務員となるためには必ずしも日本国籍を必要としないというのが現在までの行政実例であることは前述のとおりであるところ、具体的にどの職務がここにいう「公権力の行使又は公の意思の形成に参画する職務」に当たるかについては、公務員の職務は多岐にわたっているため、それぞれの職務内容等を検討の上、判断されるべきものであるので、ここにおいて一概に示すことは困難である。

(v)　ところで、「すべて公務員は、全体の奉仕者であって」(憲法第一五条第一項)、「すべて職員は、国民全体の奉仕者として、公共の利益のために勤務し」なければならず(国家公務員法第九六条第一項)、「……公務員は、この憲法を尊重し養護する義務を負ふ」(憲法第九九条)。そして、新たに国家公務員となった者は、「私は、国民全体の奉仕者として公共の利益のために勤務すべき責務を深く自覚し、日本国憲法を遵守し、並びに法令及び上司の職務上の命令に従い、不偏不党かつ公正に職務の遂行に当たることをかたく誓います」という宣誓書に署名して任命権者に提出して服務の宣誓をしなければならない(国家公務員法第九七条及び職員の服務の宣誓に関する政令第一条第一項)。

このように、公務員は、全体の奉仕者として公共の利益を増進する責務を有するとともに、日本国憲法を尊重し擁護する義務を負っている(一方、公務員は意に反する免職の原則的禁止等の身分保障やその業務が妨害された場合の業務執行妨害罪の適用などの手厚い保護を受ける)。公務員の職は、ただ単にそれによって経済的利益を得、生計を立てる手段であるのではなく、我が国全体の奉仕者として右のような格別の責務・義務を伴うものであり、外国人であっても、我が国の公務員となる以上は、このような責務・義務を負うことを十分認識した上でそれを果たすことが要求されることは、当然であると考えられる。

⑦　ちなみに、政治的権利に関して、「市民的及び政治的権利に関する国際規約」(いわゆる「国際人権規約B規約」)第二五条は、「すべての市民は、人種、皮膚の色、性、言語、宗教、政治的意見、財産等によるいかなる差別もなく、かつ不合理な制限なしに、(a)直接に、又は自

由に選んだ代表者を通じて、政治に参与すること、(b)普通かつ平等の選挙権に基づき秘密投票により行われ、選挙人の意思の自由な表明を保障する真正な定期的選挙において、投票し及び選挙されること、(c)一般的な平等条件の下で自国の公務に携わること、を行う権利及び機会を有する」と、参政権、自由・平等・秘密・普通の原則を保障する選挙における選挙権・被選挙権及び平等に公務に就く権利について規定しているが、同条にいう「すべての市民」とは、国政に参加する資格を有するすべての国民のことをいうと解されている（「市民」とは、「国民」と同義とされることもあるが、多くの場合、参政権、請願権等の権利を有する「能動的関係における国民」を指すとされており、同条も、未成年者までも含む全ての国民に政治に参与する権利を認めた趣旨ではない。また、「市民」の中には「国民」以外の「外国人」は含まれないものと解されている）。

殊に、同条(c)は、すべての市民がその能力に応じ、一般的に平等に「自国の公務」に携わる権利及び機会を有することを明確にしている。本規定は、年齢、資格等による制限は許すが、例えば一部の特権階級、特定の階層・家族等が公務を独占するようなことは許されないという趣旨であるところ、かかる権利は、個人が「自国の公務」に携わることであり、公務員に関し国籍要件があることを排除する趣旨ではないと解されている。

（1）「基本的人権」（人権）の概念には種々のものがあるが、一般には、「人間が人間として当然にもっている基本的な権利」、「すべての人間が当然享有すべき基本的な権利」、「人間が個人として生まれながらに有する自由かつ平等の基本的権利」などという表現がなされている。

基本的人権は、本来、人種・性別・身分などの区別・差異にかかわらず、すべての人が享有できる権利であるという普遍的性格、そして、国家又は憲法によって初めて創設された権利ではなく、人間として生れながらにして有する固有の権利であって、国家及び憲法に先立って存在していたものを憲法が改めて確認し保障したにすぎないという固有的性格、前国家的・前憲法的性格ないしは自然権的性格というような特性を有するとされている。

ところで、憲法が第三章において保障する「自由及び権利」（これを「基本権」と称することもある）は、基本的人権よりも広い範囲のものであると考えられている（例えば、第一七条に規定する国及び公共団体に対する公務員の不法行為についての賠償請求権や第四〇条に規定する刑事保障請求権などは、「憲法の保障する自由及び権利」（基本権）ではあるが、これらの権利は日本国憲法の規定によって創設された権利であって、一般には、本来の基本的人権には含まれないものと考えられている）が、憲法の保障する自由及び権利は、その大部分が基本的人権であって、基本的人権の保障が憲法第三章における自由及び権利の保障の中核となっていることは疑いない。

なお、「憲法が基本的人権を保障する」とは、憲法が国家機関に対しその尊重・擁護を義務づけ、その侵害を禁止することを意味するものと考えられる。そして、国家機関がこの義務に違反するときは、最終的には、憲法第八一条のいわゆる違憲立法審査権によって司法的救済が与えられることになる。

(2) 野中俊彦・中村睦男・高橋和之・高見勝利・憲法Ⅰ（平四・有斐閣）二〇九・二一〇頁、浦部法穂・憲法学教室Ⅰ（昭六三・日本評論社）六二〜六四頁、伊藤正己・憲法（法律学講座双書）（昭五七・弘文堂）一九四頁、大須賀明・戸松秀典・笹川紀勝・浦部法穂・藤井俊夫・平松毅・横田耕一・憲法講義2（有斐閣大学双書）（昭五四・有斐閣）一八頁、樋口陽一・佐藤幸治・中村睦男・浦部法穂・注釈日本国憲法上巻（昭五九・青林書院新社）一九六・一九七頁、芦部信喜編・憲法II人権(1)（昭五三・有斐閣）六〜八頁等参照。

(3) 野中・中村・高橋・高見・前掲書二一〇頁、浦部・前掲書六四頁、伊藤・前掲書一九四・一九五頁、樋口・佐藤・中村・浦部・前掲書一九七頁、芦部編・前掲書九頁、橋本公亘・憲法（現代法律学全集）（昭和五一・青林書院新社）八七頁等参照。

(4) 浦部・前掲書六三・六四頁参照。

(5) 昭和二三年八月一七日付け連絡調整中央事務局第二部長あて法務調査意見長官回答、昭和二八年三月二五日付け内閣総理大臣官房総務課長あて内閣法制局第一部長回答、質問主意書に対する昭和五四年四月一三日付け内閣答弁書など

(6) 平成三年一月に海部総理大臣（当時）が韓国を訪れた際に、在日韓国人の処遇に関する覚書に日韓両国の外務大臣が署名したところ、その覚書の中では在日韓国人の永住許可や外国人登録に関する事項等のほかに、在日韓国人の地方公務員、公立学校の教員への採用に関する日本政府の対処方針が明らかにされたが、これらへの採用については、いずれも「公務員任用に関する国籍による合理的な差異を踏まえた日本国政府の法的見解を前提としつつ」、採用機会の拡大を図ることや、その身分の安定や待遇について配慮することなどが述べられており、本文記述の公務員の任用に関する日本国政府の考え方がここに明らかにされている。

(7) 本判決判示の主要部分は、次のとおりである。

「国民主権の原理は、憲法前文及び一条において憲法の基本原理として採用されていることが明らかであり、その理念は、国家権力の正当性の究極の根拠が日本国民の意思に存し、日本国民が国の政治のありかたを最終的に決定することをいうものと理解することができるが、我が国は、国際社会の中で独立した国家であり、憲法及び法律によってつくられた枠組みの中で国民に対して広汎な支配を及ぼし、その担い手となる公務員の職務遂行を通じて右の統治作用が日々実現されているものであることに鑑みると、国民主権の原理は、単に公務員の選定罷免を決定する場面のみに日本国民が関与することで足りるものではなく、我が国の

統治作用が主権者と同質的な存在である国民によって行われることをも要請していると考えられるから、憲法は、我が国の統治作用にかかわる職務に従事する公務員が日本国民すなわち我が国の国籍を有する者によって充足されることを予定しているものというべきである」

「このことを公務員の職務内容に即してみると、憲法は、統治のあり方として、憲法上国の統治作用の根本とされる立法、行政、司法の権限を行使し、主権者たる日本国民の意思が職務遂行の中に体現していると認められる重要な権限を直接的に行使する公務員、例えば国会の両議院の議員、内閣総理大臣その他の国務大臣、裁判官等については、日本国民であることを要するものとしているというべきであるから、法律をもって外国人がかかる地位に就くことを認めるのは、国民主権の原理に反して許されないものと考えられる。

さらにまた、統治作用は国政全般の多岐にわたるものであり、その権限は、法規により、国政における重要性等に応じて一定の基準をもって各職層の公務員に配分されているものであるから、右の直接的に国の統治作用にかかわっているものと認められる場合だけでなく、公権力の行使あるいは公の意思の形成に参画することによって間接的に国の統治作用にかかわっていると認められる場合についても、憲法は、外国人が右の職責を有する公務員に就任することを保障しない趣旨であるというべきである。

もっとも、右のように公権力の行使あるいは公の意思の形成に参画することによって間接的に国の統治作用にかかわる職務に従事するにすぎない公務員については、主権者たる日本国民の意思の発動として、法律をもって明示的に、日本国民でない者にもこうした権限を授与することは、何ら国民主権の原理に反するものではないから、憲法上禁止されているものでないと解するのが相当である。

したがって、前記のとおり、外国人に対して憲法二二条一項の職業選択の自由及び同法一四条一項の法の下の平等の各規定の適用があるとしても、右の基本的人権は、その性質上、右に述べたところと抵触しない限りにおいてその保障が及ぶに過ぎないものと解するのが相当であり、これを禁止する法律がないからといって、外国人が右の職責を有する公務員に就任することが保障されているということはできないものというべきである」。

「そこで、以上の検討を前提に地方公務員法一三条及び一九条の各規定を合理的に理解するならば、右各条は、国民すなわち我が国の国籍を有する者を対象とする旨を規定しているけれども、我が国に在留する外国人は、公権力の行使あるいは公の意思の形成に参画することによって直接的または間接的に我が国の統治作用にかかわる職務に従事する地方公務員に就任することはできないが、それ以外の職務、いうならば上司の命を受けて行う補佐的・補助的な事務、もっぱら専門分野の学術的・技術的な事務等に従事する地方公務員に就任することは許容されているものと解するのが相当である。

なお、地方公務員は、地方自治体の住民の日常生活に密接な関連を有する公共的事務の処理に携わるものであり、また、我が国に在留する外国人のうちでも永住者等であってその居住する区域の地方公共団体と緊密な関係を持つに至ったと認められるものについては特段の考慮を払う余地があるとしても、地方公共団体が我が国の統治機構の不可欠の要素をなし、地方公共団体の権限も究極的には国家の統治権に由来するものであり、また、国の事務が機関委任事務として地方公共団体によって行われていることが少なくないことを考慮すると、我が国に在留する外国人が地方公務員に就任することについては右のとおり解すべきことに格別の妨げとなるものではない。

また、公務員の職に就任する権利ないし資格については、これが憲法一五条一項に規定する公務員の選定罷免権の保障の範囲に含まれるものと解することができるとしても、右規定が国民主権の原理に基づくものであることに鑑みると、右規定による権利の保障は、その性質上日本国民のみをその対象とし、我が国に在留する外国人には及ばないものと解するのが相当である」。

「以上に述べたところによれば、我が国に在留する外国人には、公権力の行使あるいは公の意思の形成に参画することによって我が国の統治作用にかかわる職務に従事する地方公務員に就任することにつき、憲法上の保障は及ばないのであるから、その限りでは、外国人であることを理由として平等の取扱いを受けられず、また、その旨があらかじめ人事委員会によって定められていなかったとしても、同法一三条及び一九条の各規定に違反したということはできないというべきである」。

「本件の管理職選考は、決定権限の行使を通じて公の意思の形成に参画することによって我が国の統治作用にかかわる職への任用を目的とするものであり、実際に合格後にそのような職に任用されているということができるから、外国人である原告は、管理職選考の結果任用されることとなる職に就任することが憲法上保障されていないというべきである。したがって、原告が管理職選考を被告の前記措置によって受験できなかったとしても、被告に地方公務員法一三条、一九条の規定に違反した違法があるとはいえない」。

(8)　本控訴審判決理由の要点は次のとおりである。

1　憲法は、その前文第一項及び第一条において、国民主権の原理を明らかにしている。この国民主権の原理の下における国民とは、日本国民すなわち我が国の国籍を有する者を意味することは明らかである。そうとすれば、公務員を選定罷免する権利を保障した憲法第一五条第一項の規定は、その権利の性質上日本国民のみをその対象としたもので、右規定による権利の保障は、我が国に在住する外国人には及ばないものと解さざるを得ない。また、憲法第九三条第二項は、地方公共団体の長、その議会の議員及び法律の定めるその他の吏員は、その地方公共団体の住民が直接これを選挙すると規定しているが、前示の国民主権の原理及びこれに基づく憲法第一五条第一項の規定の趣旨にかんがみ、かつ、地方公共団体が我が国の統治機構の不可欠の要素をなすものであることを併せ考えると、憲法第九三条第二項にいう住民とは、地方公共団体の区域内に住所を有する日本国民を意味し、我が国に在住する外国人は、右規定による権利を保障されていないと解するのが相当である。したがって、憲法第一五条第一項又は憲法第九三条第二項の規定による保障が我が国に在住する外国人にも及ぶことを前提として、我が国に在住する外国人も、憲法上、国又は地方公共団体の公務員に就任する権利が保障されているということはできない。もっとも、憲法のこれらの規定は、右のとおり、我が国に在住する外国人に対して国及び地方公共団体の公務員を選定罷免し、又は公務員に就任する権利を保障したものではないけれども、我が国に在住する外国人について、公務員に選任され、就任することを禁止したものではないから、国民主権の原理に反しない限度において我が国の在住する外国人が公務員に就任することは、憲法上禁止されていないものと解すべきである。

なお、我が国に在住する特別永住者は、「日本国との平和条約に基づき日本の国籍を離脱した者等の出入国管理に関する特例法」により、我が国に永住する資格を付与された者であるが、これにより日本国籍を有するに至ったわけではないから、特別永住者であることをもって、憲法上の主権者すなわち日本国民と同視することはできない。したがって、我が国に在住する特別永住者も、国民主権の原理に反しない限度において国又は地方公共団体の公務員に就任することができるにすぎないものというべきである。

2　ところで、憲法第三章の諸規定による基本的人権の保障は、権利の性質上日本国民のみをその対象としていると解されるものを除き、外国人にも等しく及び、憲法第二二条第一項の職業選択の自由、第一三条の幸福追求の権利、第一四条第一項の平等原則の規定についても、原則として、その保障が及ぶものというべきである。

3　そこで、次に、右1及び2に述べたところを踏まえて、我が国に在住する外国人がどの限度で国又は地方公共団体の公務員に就任することができるかについて、少し具体的に検討する。

前示のとおり、憲法は、国民主権の原理を国家統治の基本原則として採用している。このことは、単に公務員の選定罷免の場面についてのみ日本国民が関与すれば足りるとするのではなく、我が国の統治作用が実質的に主権者である日本国民によって行われること、すなわち、我が国の統治作用の根本に関わる職務に従事する公務員は日本国民をもって充てられるべきことを要請しているものと解される。

そこで、まず、国の公務員をその職務内容に即してみてみると、国の統治作用である立法、行政、司法の権限を直接に行使する公務員(例えば、国会の両議院の議員、内閣総理大臣その他の国務大臣、裁判官等)と、公権力を行使し、又は公の意思の形成に参画することによって間接的に国の統治作用に関わる公務員と、それ以外の上司の命を受けて行う補佐的・補助的な事務又はもっぱら学術的・技術的な専門分野の事務に従事する公務員とに大別することができる。そして、右のうち、第一の種類の公務員は、国の統治作用に直接に関わる公務員であるから、これに就任するには日本国民であることを要し、法律をもってしても、外国人がこれに就任することを認めることは、国民主権の原理に反するものとして、憲法上許されないものというべきである。また、第二の種類の公務員は、これも、国の統治作用に関わる職務に従事するものではあるが、その関わりの程度は、第一の種類の公務員に較べれば間接的であり、しかも、その職務内容は広範多岐にわたり、関わりの程度も強弱様々であるから、憲法が、そのすべての公務員について、これに就任するには日本国民であることを要求していて、外国人がこれに就任することを一切認めていないと解するのは相当でなく、右第二の種類の公務員については、その職務の内容、権限と統治作用との関わり方及びその程度を個々、具体的に検討することによって、国民主権の原理に照らし、外国人に就任を認めることが許されないものと外国人に就任を認めて差支えないものとを区別する必要がある。これに対し、第三の種類の公務員は、その職務内容に照らし、国の統治作用に関わる蓋然性及びその程度は極めて低く、外国人がこれに就任しても、国民主権の原理に反するおそれはほとんどないものといえよう。そして、このようにみてみると、国の公務員にも我が国に在住する外国人の就任することのできる職種が存在するものというべきであり、この我が国に在住する外国人が就任することのできる職種の公務員については、我が国に在住する外国人に対しても、これへの就任について、憲法第二二条第一項、第一四条第一項の各規定の保障が及ぶものというべきである。

そして、右に説示したところは、当然に、我が国に在住する外国人の地方公務員就任についても、原則的に妥当するものというべきである。ただ、憲法第八章の地方自治に関する規定は、民主主義社会における地方自治の重要性にかんがみ、住民の日常生活に密接な関連を有する公共的事務は、その地方の住民の意思に基づいてその区域の地方公共団体が処理するという政治形態を憲法上の制度として保障しようとする趣旨に出たものと解され、右趣旨にかんがみれば、我が国に在住する外国人であって特別永住者等その居住する区域の地方公共団体と特段に密接な関係を有するものについては、その意思を日常生活に密接な関連を有する地方公共団体の公共的事務の処理に反映させ、また、自らこれに参加していくことが望ましいものというべきである。したがって、我が国に在住する外国人、特に特別永住者等の地方公務員就任については、国の公務員への就任の場合と較べて、おのずからその就任し得る職務の種類は広く、その機会は多くなるものということができる。

4　右のとおり、憲法は、我が国に在住する外国人が国民主権の原理に反しない限度で地方公務員に就任することを禁止するものではないが、地方公務員の中でも、管理職は、地方公共団体の公権力を行使し、又は公の意思の形成に参画するなど地方公共団体の行う統治作用に関わる蓋然性の高い職であるから、地方公務員に採用された外国人が日本国籍を有する者と同様当然に管理職に任用される権利を保障されているとすることは、国民主権の原理に照らして問題があるといわざるを得ない。しかしながら、地方公務員の担当する職務は、地方自治全般にわたり広範多岐であり、したがって、管理職の職務も広範多岐に及び、地方公共団体の行う統治作用に関わる、特に、公の意思の形成に参画するといっても、その関わり方及びその程度は広狭・強弱様々なものがあり得るのであり、中には、管理職であっても、専ら専門的・技術的な分野においてスタッフとしての職務に従事するにとどまるなど、公権力を行使することなく、また、公の意思の形成に参画する蓋然性が少なく、地方公共団体の行う統治作用に関わる程度の弱い管理職も存在するのである。したがって、このように、公権力を行使することなく、公の意思の形成に参画する蓋然性も少ない管理職を含めてすべての管理職について、国民主権の原理によって外国人をこれに任用することは一切禁じられていると解することは相当でなく、ここでも、職務の内容、権限と統治作用との関わり方及びその程度によって、外国人を任用することが許されない管理職とそれが許される管理職とを分別して考える必要がある。そして、後者の管理職については、我が国に在住する外国人をこれに任用することは、さきに公務員就任について検討したところと同様、国民主権の原理に反するものではなく、したがって、憲法第二二条第一項、第一四条第一項の規定による保障が及ぶものと解するのが相当である。

5　ところで、被控訴人の管理職としては、前記のとおり、東京都事案決定規程により知事の権限に属する事務に係る事案の決定権限を有する知事又は出納長若しくは局長、部長若しくは課長のほかに、直接には事案の決定権限を有しないが、事案の決定過程に関与する次長、技監、理事（局長級）、参事（部長級）、副参事（課長級）等、さらには、計画の企画や専門分野の研究を行うなどのスタッフとして職務を行い、事案の決定権限を有せず、事案の決定過程に関わる蓋然性も少ない管理職も若干存在している。ちなみに、被控訴人における平成九年四月一日現在の一般管理職（警視庁及び消防庁を除く。）の総数は約二五〇〇であり、そのうち知事部局等では、事案の決定権限は有しないが、事案の決定過程に関与する管理職は約一六五〇、事案の決定権限を有する管理職は約二三〇、公営企業では、前者が約三八〇、後者が約二〇、教育庁では、前者が約一二〇、後者が約七〇である。このように、被控訴人の管理職にも、事案の決定権限を有しない管理職が一割強存在し、しかも、この者たちが事案の決定過程に関与するといっても、その関わり方及び関わりの程度は、広狭・強弱様々であるから、外国人の管理職任用について前述したように、被控訴人の管理職についても、一律にすべて外国人の管理職への任用（昇任）を認めないとするのは相当でなく、その職務の内容、権限と事案の決定との関わり方及びその程度によって、外国人を任用することが許されない管理職とそれが許される管理職とを区別して任用管理を行う必要があるというべきである。そして、後者の管理職への任用については、我が国に在住する外国人にも、憲法第二二条第一項の職業選択の自由や憲法第一四条第一項の平等原則の保障が及ぶことは、前述したところから明らかである。

そして、控訴人が受験しようとした管理職選考は、被控訴人の職員として採用された者のうち、知事、公営企業管理者、議会議長、代表監査委員、教育委員会、選挙管理委員会、海区漁業調整委員会又は人事委員会が任命権を有する職員に対して、課長級の職への第一次選考としてされるものであり、右管理職選考に合格した場合は、候補者名簿に登載され、数年後、最終的な任用選考を経て、課長級の職に昇任することになっているのである。

そうすると、課長級の職に昇任するためには、管理職選考を受験する必要があるのであり、しかも、さきにみたところによれば、課長級の管理職の中にも、外国籍の職員に昇任を許しても差支えのないものも存在するというべきであるから、外国籍の職員から管理職選考の受験の機会を奪うことは、外国籍の職員の課長級の管理職への昇任の途を閉ざすものであり、憲法第二二条第一項、第一四条第一項に違反する違法な措置であるといわなければならない。

(イ)　社会権（第二五条～第二八条）

①　憲法第二五条の生存権、第二六条第一項の教育を受ける権利、第二七条の勤労の権利等の社会権（生存権的基本権ともいわれる）は、国家の中心的な使命又は主要な目標は国民の福祉の実現又は国民生活の保障であるとする福祉国家又は社会国家の理念に基づく権利であって、「人間らしい生活」の保障を国に要求し得る権利である。社会権の理念は、国家による国民の経済的・文化的生活の充実、向上であり、憲法による社会権の保障は、国民生活の充実・向上を国家に義務付け、国家作用を方向付けるものである。(1)

②　現在の国際社会においては、各主権国家が独立してそれぞれその国民の生存と安全、国民の生活保護等について責任を負うことになっている以上、生存権等の社会権は、まず各人の所属国によって保障されるべきものであり、そして、社会権を保障するについては、多大の財政的・予算的裏付けが必要であり、人道的立場からは別として、我が国が外国人の生存・生活を保障し得ないとしても、限られた財政状態、予算の制約等からそれは許容されるとする考え方が現在のところ有力であると思われる。

もっとも、社会権が憲法上の権利として外国人に日本人と同様に保障されていないということは、それを外国人に認めなくても違憲とはならないということであって、立法政策として又は運用によって外国人にもそれを認めることが権利の性質から言って違憲となるということではない。実際に、生活保護、国民年金、国民健康保険、児童手当などの社会福祉・社会保障の面でそのような措置が採られている。

昭和五七年のいわゆる難民条約への加入に際して、国民年金法、児童手当法等の国籍要件が撤廃され、これらの法律が難民に限らず外国人一般へ適用されるようになったことなどは、立法措置によるその例である。

また、生活保護法は、「日本国憲法第二五条に規定する理念に基き、国が生活に困窮する国民に対し、その困窮の程度に応じ、必要な保護を行い、その最低限度の生活を保障するとともに、その自律を助長することを目的とする」（同法第一条）もので、元来、日本国民を対象とする法律であり、外国人は同法の適用対象とはならないものと解されているが、行政運用上は、生活に困窮する外国人に対しては一般国民に対する生活保護の取扱いに準じ、必要と認める保護を行っている。

なお、我が国に居住する永住者や無国籍者などの国民に準ずる位置にある外国人については、憲法上日本国民と同様に社会権が保障されると考えるべきであるとする説も有力に唱えられている。

③　外国人に対する社会権の保障に関して参考となる判例として、いわゆる難民条約への加入に伴う昭和五六年法律第八六号（難民の地位に関する条約等への加入に伴う出入国管理令その他関係法律の整備に関する法律）による改正前の国民年金法第八一条第一項が障害福祉年金の支給要件を日本国民に限定していたことについて、これが憲法第二五条、同第一四条第一項等に違反するかどうかが争われた、いわゆる塩見訴訟（障害福祉年金国籍要件違憲訴訟）における最高裁判所判決（平成元年三月二日第一小法廷判決・判例時報一三六三号六八頁）がある。

同判決は、「憲法二五条は、いわゆる福祉国家の理念に基づき、すべての国民が健康で文化的な最低限度の生活を営みうるよう国政を運営すべきこと（一項）並びに社会的立法及び社会的施設の創造拡充に努力すべきこと（二項）を国の責務として宣言したものであるが、同条一項は、国が個々の国民に対して具体的・現実的に右のような義務を有することを規定したものではなく、同条二項によって国の責務であるとされている社会的立法及び社会的施設の創造拡充により個々の国民の具体的・現実的な生活権が設定充実されてゆくものであると解すべきこと、そして、同条にいう『健康で文化的な最低限度の生活』なるものは、きわめて抽象的・相対的な概念であって、その具体的内容は、その時々における文化の発達の程度、経済的・社会的条件、一般的な国民生活の状況等との相関関係において判断決定されるべきものであるとともに、同条の規定の趣旨を現実の立法として具体化するに当たっては、国の財政事情を無視することができず、また、多方面にわたる複雑多様な考察とそれに基づいた政策的判断を必要とするから、同条の規定の趣旨にこたえて具体的にどのような立法措置を講ずるかの選択決定は、立法府の広い裁量にゆだねられており、それが著しく合理性を欠き明らかに裁量の逸脱・濫用と見ざるをえないような場合を除き、裁判所が審査判断するに適しない事柄である」と生存権の性格・権利性を述べた上で、「本件で問題とされている国籍条項が憲法二五条の規定に違反するかどうかについて考えるに、国民年金制度は、憲法二五条二項の規定の趣旨を実現するため、老齢、障害又は死亡によって国民生活の安定が損なわれることを国民の共同連帯によって防止することを目的とし、保険方式により被保険者の拠出した保険料を基として年金給付を行うことを基本として創設されたものであるが、制度発足当時において既に老齢又は一定程度の障害の状態にある者、あるいは保険料を必要期間納付することができない見込みの者等、保険原則によるときは給付を受けられない者についても同制度の保障する利益を享受させることとし、経過的又は補完的な制度として、無拠出制の福祉年金を設けている。法八一条一項の障害福祉年金も、制度発足時の経過的な救済措置の一環として設けられた全額国庫負担の無拠出制の年金であって、立法府は、その支給対象者の決定について、もともと広範な裁量権を有しているものというべきである。加うるに、社会保障上の施策において在留外国人をどのように処遇するかについては、国は、特別の条約の存しない限り、当該外国人の属する国との外交関係、変動する国際情勢、国内の政治・経済・社会的諸事情等に照らしながら、その政治的判断によりこれを決定することができるのであり、その限られた財源の下で福祉的給付を行うに当たり、自国民を在留外国人より優先的に扱うことも、許されるべきことと解される。したがって、法八一条一項の障害福祉年金の支給対象者から在留外国人を除外することは、立法府の裁量の範囲に属する事柄と見るべきである」と判示して、右国籍条項の合憲性を認めた。

④　また、不法残留中の外国人が、交通事故に巻込まれて重傷を負ったために医療費等が支払えないとして生活保護の申請をしたところ、福祉事務所長から、不法残留外国人には生活保護法の適用はないとして右申請の却下処分を受けたため、右却下処分は憲法第二五条、第一四条等に違反するとして、その取消を求めて出訴した事件について、第一審判決(平成八年五月二九日東京地裁判決・判例タイムズ九一六号七八頁)は、原告の主張を退けたが、控訴審判決(平成九年四月二四日東京高裁判決・判例タイムズ九五五号一五八頁)も、次のとおり、第一審判決の判断を支持して当該外国人の主張を採用できな

いとした。

なお、これに対して、当該外国人（原告）は、最高裁判所に上告中である。

1 憲法第二五条違反について　「生活保護法一条等の文理、旧法が廃止されて現行の生活保護法が制定された際の沿革を前提とする限り、生活保護法の適用対象が日本国籍を有する者に限られるものと解すべきこと、また、憲法第三章の諸規定による基本的人権の保障は、権利の性質上日本国民のみをその対象としていると解されるものを除き、わが国に在留する外国人に対しても等しく及ぶものと解すべきであるが、外国人に対する生存権保障の責任は、第一次的にはその者の属する国家が負うべきであるから、社会保障上の施策において在留外国人をどのように処遇するかについて、国は、特別の条約が存しない限り、当該外国人の属する国との間の外交関係、変動する国際情勢、国内の政治・経済・社会的諸事情に照らしながら、その政治的判断によりこれを決定することができるのであり、その限られた財源の下で給付を行うに当たり、自国民を在留外国人よりも優先的に扱うことも憲法上許されるべきこととなること、憲法二五条の規定の趣旨に応えた立法措置の選択決定は、立法府の広い裁量に委ねられており、それが著しく合理性を欠き明らかに裁量の逸脱・濫用とみざるをえないような場合を除いては、違憲の問題を生じないものというべきであること、そして、本件の生活保護法について、同法の適用を在留外国人に認めないことが著しく合理性を欠き明らかに裁量の逸脱・濫用とみざるをえないような立法措置であるとまではいえないことは、原判決が詳しく説示するとおりであって、原判決のこの点の認定判断は相当である」。

2 憲法第一四条違反について　「憲法一四条一項の、法の下の平等の規定は、合理的な理由のない差別を禁止する趣旨に出たものであって、各人に存する経済的、社会的その他種々の事実関係上の差異を理由としてその法的取扱いに区別を設けることは、その区別が合理性を有する限り、右規定に違反するとはいえないものと解すべきこと、そして、生活保護法上の給付に関し、日本国民を在留外国人に優先させることとして在留外国人を支給対象から除くことも憲法の許容するところであって、かかる限定も立法府の裁量の範囲内に属する事柄と解すべきであるから、右区別についての合理性を否定することはできないものというべきことは、原判決の説示するとおりであり、原判決のこの点の認定判断も相当というべきであ」る。

⑤　ところで、難民など、外国人の一部については、条約により、初等教育を受ける権利や公的扶助、公的援助等の社会保障、社会福祉に関して国民と同一の待遇すなわち内国民待遇が与えられることとなっているものがあるが、これらの者については、憲法第九八条第二項の「条約及び国際法規の遵守」の規定により、そのような待遇を受ける権利が憲法上保障されているということは、先に述べたとおりである（二(2)ア②③④参照）。

(ウ)　入国・滞在の自由（第二二条）

憲法が外国人に対して我が国への入国・滞在の自由を保障するものかどうかについては、日本国民の出帰国の自由は憲法第二二条第二項の外国移住の自由によって保障されていると考えられるが（日本国民の帰国の自由については、憲法以前の権利であるという考え方もある）、外国人が入国・滞在の自由を有するか否か憲法上は何ら規定されていないところ、国際慣習法上外国人の入国・滞在の許否は国家の自由裁量とされている（二(1)ア①参照）ので、結局、外国人の入国・滞在の自由は憲法上保障されないとするのが一般的な考え方である。

判例も、「憲法第二二条は外国人の日本国に入国することについてなんら規定していないというべきものであって、このことは、国際慣習法上、外国人の入国の許否は当該国家の自由裁量により決定し得るものであって、特別の条約が存しない限り、国家は外国人の入国を許可する義務を負わないものである」（昭和三二年六月一九日最高裁大法廷判決・刑集一一巻六号一六六三頁）、「外国人は、我が国に入国する自由はもちろん、在留の権利ないし引き続き在留することを要求し得る権利を憲法上保障されているものではない」（昭和五三年一〇月四日最高裁大法廷判決・民集三二巻七号一二二三頁、判例時報九〇三号六頁）と述べている。また、我が国に在留する外国人の我が国への再入国について、判例は、「日本国民の海外旅行と在留外国人のそれとは性質を異にし、憲法二二条二項及び国際人権規約B規約一二条四項の規定が両者の差異を超えて特に在留外国人の海外旅行、換言すれば再入国の自由まで保障したものと解する根拠はない」（昭和六一年三月二六日東京地裁判決・行裁例集三七巻三号四五九頁）、「我が国に在留する外国人は、憲法上、外国へ一時旅行する自由を保障されているものでない」（平成四年一一月一六日最高裁第一小法廷判決・裁判集民一六六号五七五頁）と判示している。

このように、外国人の入国・滞在の自由については憲法上何ら規定されておらず、国際慣習法上外国人の入国・滞在の許否は各国家の裁量に委ねられているので、憲法は外国人に対して我が国に入国・滞在する自由を保障してはいないとするのが一般的な考え方であるが、一部には、「本来、日本国憲法の人権保障は日本にある外国人に及んでも、国外にある外国人についてはそもそも人権保障の適用の有無は問題とならない。『外国人の基本的人権』とは、我が国に既に入国している外国人についての問題であって、外国人への憲法第三章の諸規定の適用の有無が問題となるのは、外国人がともかく我が国に入国してからのことであるので、憲法がはたして外国人に対しても入国・滞在の自由を保障するのかという問いは、本来ナンセンスな問いである」という考え方もある。

エ　外国人にも原則として保障される人権と保障の程度

前記イ(イ)において述べたとおり、法の下の平等（平等権）、各種の自由権、受益権などは、国家とその国民という関係において認められる性質の権利ではないので、これらの権利は原則として外国人にも保障されるものと考えられる。しかし、その場合でも常に日本国民と全く同じ扱いが保障されるわけではなく、以下において見るように、外国人については合理的な理由と必要性があれば、国民とは異なった取扱いをすることが許される場合もある。

(ア)　法の下の平等（平等権）（第一四条）

①　憲法第一四条第一項は「法の下の平等」の原則を定めているが、[2]「法の下の平等」は、法の定立及び適用に当たっていわれのない不合理な差別を禁止する趣旨である。しかし、常に絶対的平等・機械的平等を要求するものではなく、合理的根拠・理由に基づく異なった取扱いは、「法の下の平等」の趣旨に反するものではないと解されている。したがって、「法の下の平等」は外国人にも原則として適用されるが、外国人と日本国民とを区別して扱うについて合理的根拠・理由があれば、それは許されるものと考えられる。

②　これについて、判例は、「憲法一四条一項は『すべて国民は法の下に平等であって、……』と規定し、直接には日本国民を対象とするものであるが、法の下における平等の原則は、近代民主主義諸国の憲法における基礎的な政治原理の一つとしてひろく承認されており、また既にわが国も加入した国際連合が一九四八年の第三回総会において採択した世界人権宣言の第七条においても、『すべて人は法の前において平等であり、また、いかなる差別もなしに法の平等な保護を受ける権利を有する。……』と定めているところに鑑みれば、わが憲法一四条の趣旨は、特段の事情の認められない

限り、外国人に対しても類推されるべきものと解するのが相当であるが、他面、法規の制定又はその適用の面における各人に対する経済的、社会的その他種々の事実関係上の差異から生ずる不均等が一般社会観念上合理的な根拠に基づき必要と認められるものである場合には、右特段の事情が存することになり、これをもって憲法一四条の法の下の平等の原則に反するものといえないと解するのが相当である」（昭和三九年一一月一八日最高裁大法廷判決・刑集一八巻九号五七九頁）としている。

③　以上のとおり、「法の下の平等」は、原則として外国人にも保障されるが、一定の事項について外国人と日本国民との間に差異を設けること、あるいは両者について異なる処遇をすることが、一般の社会通念上合理的根拠・理由に基づき必要と認められるものである場合には、それは法の下の平等の原則に反するものではないと言うことができる。

しかし、外国人について国民と異なる取扱いをする合理的根拠・理由及び必要性があれば、いかなる程度においても、また、いかなる方法によっても、その取扱いは全く自由というわけではない。その取扱いの程度及び方法は、外国人であってもできる限り平等に取り扱うべきものであるという「法の下の平等」の本来の趣旨からすると、そのような異なった取扱いをする目的を達するに必要な最小限度のものでなければならないと考えられる。

(イ)　精神的自由及び人身の自由（第一八条～第二一条、第二三条、第三一条、第三三条～第三六条、第三八条等）

①　憲法の保障する人権も、元来社会的な権利であって、完全に無制限、無制約なものではなく、人権と人権の衝突を防止するため、あるいは人権の共存を図るために「公共の福祉」による制約を受け得べき場合があることは言うまでもないが、憲法が規定する自由権のうち、思想及び良心の自由（第一九条）、信教の自由（第二〇条）、集会、結社及び表現の自由と通信の秘密（第二一条）、学問の自由（第二三条）等の「精神的自由」と、奴隷的拘束及び苦役からの自由（第一八条）、法定手続の保障（第三一条）、逮捕に対する保障（第三三条）、抑留及び拘禁に対する保障（第三四条）、住居侵入、捜索及び押収に対する保障（第三五条）、拷問及び残虐な刑罰の禁止（第三六条）、不利益な供述の強要禁止（第三八条）等の「人身の自由」は、他に関係するところは比較的少なく、本来、絶対的な権利ないしは極めて強く保障されるべき権利である。これらの権利（自由）については、

その性質から言って、外国人であるからといってこれに特別の制限・制約を課する特段の理由は原則としてないので、これらの権利は本来外国人にも日本国民と同様に保障されるべきものである。

もっとも、これらの人権（自由）についても、その種類によっては公序良俗の維持、公共の秩序保持などの「公共の福祉」による制限・制約を受けることがあり得ることは、日本国民の場合と同様である（例えば、表現の自由に関して、わいせつ文書の頒布禁止・犯罪の煽動行為の処罰。集会及び結社の自由に関して、デモ行進の制限など）。

② ところで、集会・結社・表現の自由等の精神的自由は、右のとおり外国人にも広く保障されるべきものであるが、外国人のいわゆる政治活動は、参政権的機能を有するというその性格から、それが日本国民の参政権と密接に結びつくような場合は、国民主権の原理との関係において一定の制限を受けることがあり得るものと考えられている。外国人の政治活動の自由も、憲法第二一条等に基づき原則として保障されるが、個人の精神活動の自由の範囲を超えて、国民の重要な政治的選択に不当な影響力を行使するような活動、我が国の政治問題に対する不当な干渉となる活動、我が国の政治的意思決定又はその実施に影響を及ぼす活動等は、外国人には認められないとするのが従来の通説、判例である。[3]

日本国内でベトナム戦争反対、日米安保条約反対、出入国管理法案反対等のデモや集会に参加した米国人が、在留期間の更新を申請したところ不許可とされたので、表現の自由等を根拠にして不許可処分の取消しを求めた、前掲のいわゆるマクリーン事件（前記イ(ア)③、ウ(ア)⑤参照）において、最高裁判所は、「憲法第三章の諸規定による基本的人権の保障は、権利の性質上日本国民のみをその対象としていると解されるものを除き、わが国に在留する外国人に対しても等しく及ぶものと解すべきであり、政治活動の自由についても、わが国の政治的意思決定又はその実施に影響を及ぼす活動等外国人の地位にかんがみこれを認めることが相当でないと解されるものを除き、その保障が及ぶものと解するのが相当である」と判示して（昭和五三年一〇月四日大法廷判決・民集三二巻七号一二二三頁、判例時報九〇三号六頁）、外国人にも政治活動の自由は原則として保障されるとしながらも、一定の政治活動を除いている。[4]

前記ウ(ア)⑤で既に述べたように、具体的にどのような政治活動が外国人にも認められ、どのような政治活動が外国人には認められないのかは、この判例からは明らかにはならないが、これについては、(1)自分たちの生活から出てくる要求実現のための政治集会を主催することや、その他結果として参政権的機能を果たす表現活動を行うことは、なんら国民の意思決定を妨げるものではないから自由であるが、少なくとも、日本の政治に直接介入するための政治結社を組織したり、政府打倒の運動をすることなどは許されないという考え方[5]や、(2)政治結社をつくり、我が憲法秩序への攻撃を目的として継続的活動を行うような活動は認められないという考え方、(3)イ、我が国の政治につき、個人として学問的に、又は評論的に論評することは、むしろん「表現の自由」の範囲内である、ロ、個人の発言でも、選挙その他の投票に影響を与えようとするものは、参政権のない外国人にとっては「表現の自由」として保障されない、ハ、我が国の政治に対する集団的な意思表示でも、問題が直接に在留外国人の利害にかかわるもので、その意思表示の態様が示威的でなければ、「集会・表現の自由」の範囲内であろう、ニ、個人としても、集団としても、外国人にも「平穏に請願する権利」(憲法第一六条)は保障され、この権利の行使は「政治活動」として問題になるものではないという考え方[6]などがある。

政治活動といっても、まさに参政権の行使に直結するものから一般の表現の自由の範囲を超えないと考えられるものまで、その形態・内容は多種多様であるので、これらをひとまとめにして「政治活動」としてとらえることは適当ではなく、外国人の基本的人権はできる限り広く保障されなければならないという最近の考え方からすると、これらを例えば、政治的言論・出版、政治的集会・結社、選挙運動、政治活動に関する寄附(政治献金)、政党への参加などに類型化した上で、その一つひとつについて個別に外国人にも保障されるべきものかどうか細かに考察する必要があるのではないかと考えられる。

③

ちなみに、国際法上、自国以外の国(外国)に在留する者は、一般にその在留する国の政治に関与・干渉すべきでない、という国際慣習が存在しており、これを反映したと思われる規定を置いた条約がいくつかある。

例えば、「日本国とアメリカ合衆国との間の友好通商航海条約」(いわゆる「日米通商航海条約」)第二一条第五項は、「この条約のいかなる規定も、政治的活動を行う権利を与え、又は認めるものと解してはならない」と規定しており、また、「日本国とアメリカ合衆国との間の相互協力及び安全保障条約第六条に基づく施設及び区域並びに日本国における合衆国軍隊の地位に関する協定」（いわゆる「日米地位協定」）第一六条は、「日本国において、日本国の法令を尊重し、及びこの協定の精神に反する活動、特に政治的活動を慎むことは、合衆国軍隊の構成員及び軍属並びにそれらの家族の義務である」と規定している。「日本国における国際連合の軍隊の地位に関する協定」（いわゆる「国連軍協定」）第二条もこれと同趣旨のことを規定している。

(ウ)　経済的自由（第二二条、第二九条等）

①　居住、移転、職業選択及び営業の自由（第二二条第一項）、財産権の保障（第二九条）等の「経済的自由」も国家に干渉されない自由である自由権の一つであり、その性質からして、外国人についても最大限尊重されるべきものであることは言うまでもないが、経済的自由という権利は、一般社会とのかかわり合い、社会的相互関連性が非常に大きい権利であるという性格上、社会政策的施策の遂行や経済生活に対する調整・規制の必要性、公共の秩序の維持の要請などに基づく、「公共の福祉」による制限・制約が、精神的自由及び人身の自由に比較して一般に広く認められるものと解されている（ちなみに、第二二条第一項では、「公共の福祉に反しない限り」居住、移転及び職業選択の自由を有する、第二九条第二項では、財産権の内容は「公共の福祉に適合するように」法律でこれを定めると、「公共の福祉」が強調されている[7]）。したがって、経済的自由の分野では、合理的な理由、根拠及び必要性があれば、権利の性格上、「公共の福祉」による制限・制約として、立法政策等により外国人に対して国民とは異なる制限・制約を課することも許されるものと考えられる。

現行法上、土地取得に関する制限（外国人土地法）、特定の職業を選択することの制限（公証人法第一二条第一項、弁理士法第二条第一項、水先法第五条、航空法第一〇一条第一項、鉱業法第一七条・第八七条、電波法第五条第一項、電気通信事業法第一一条第一項等）などがある。

②　しかし、このように、経済的自由については「公共の福祉」を理由に外国人に対して国民とは異なる制限・制約を課し得るとしても、外国人のすべてに対して常に一律に同様の制限・制約が課されるべきではなく、課される制限・制約は、制限・制約を課する事項と、我が国社会とのかかわり具合の違いや居住実態等によるそれぞれの外国人の違いに応じたところのものでなければならないと考えられ、現に、職業の選択、事業活動、営業活動、財産権の享有などに関して、各

種の法令で一般に外国人に一定の制約（制限又は禁止）が課されている場合でも、永住者等の外国人については、明文の規定により又は運用によってそれから除外されていることも少なくない（例えば、「外国人漁業の規制に関する法律」第三条では、本邦の水域において漁業、水産動植物の採捕、採捕準備行為又は探査については、一般に日本の国籍を有しない者はこれを行ってはならない旨定めているが、同時に、適法に本邦に在留する者で農林水産大臣の指定するものを、この禁止の対象から除いており、農林水産大臣はこの禁止の対象から除く者として、永住者、特別永住者、日本人又は永住者の配偶者・子などを指定している）。

(エ)　受益権又は国務請求権（第一六条、第三二条等）

請願権（第一六条）や裁判を受ける権利（第三二条）等の受益権（国務請求権とも言われる）については、外国人についてこれを制限・制約する特段の理由、必要性はないので、受益権は外国人にも日本国民と同様に保障されるべきものであると考えられる。

(1)　社会権は、国務を請求し、それによって個人が利益を受ける権利であるから、広い意味では受益権（国務請求権ともいわれる）の一種であると言えるが、第一六条の請願権や第三二条の裁判請求権のような在来の受益権が国民の請求をまってはじめて実現される（例えば、訴訟の提起があってはじめて国務としての裁判が行われるのであって、訴訟の提起がなければ裁判は行われない）のに対して、社会権は国民の請求をまたずに国家によって進んで実現されるべきものであり、また、直接に国民生活の充実・向上を目指す新しい権利である点において、両者は異なる。

(2)　「法の下の平等」の原則は、包括的権利であって、それ自体「権利」としての性質を有するとともに、他の個別的諸権利の保障を実現すべき基礎的条件にかかわる通則的規範としての性格をもつものと解されている。

(3)　野中・中村・高橋・高見・前掲書二一五頁、樋口陽一・佐藤幸治・中村睦男・浦部法穂・注釈日本国憲法上巻（昭五九・青林書院新社）一九八頁、伊藤正己・憲法（法律学講座双書）（昭五七・弘文堂）一九六頁、大須賀明・戸松秀典・笹川紀勝・浦部法穂・藤井俊夫・平松毅・横田耕一・憲法講義二（有斐閣大学双書）（昭五四・有斐閣）一九頁、芦部信喜編・憲法II人権(1)二二〇～二二二頁等参照。

(4)　本最高裁判決は、本文掲記のとおり、外国人の政治活動の自由について一般論としてこれを認めたが、このような基本的人権の保障は、外国人在留制度の枠内で与えられているに過ぎず、「在留の許否を決する国の裁量を拘束するまでの保障、すなわち、在留期間中の憲法の基本的人権の保障を受ける行為を在留期間の更新の際に消極的な事情としてしんしゃくされないことまでの保障が与えられているものと解することはできない。在留中の外国人の行為が合憲合法な場合でも、法務大臣がその行為を当不当の面から日本国にとって好ましいものとはいえないと評価し、また、右行為から将来当該外国人が日本国の利益を害する行為を行うおそれがある者であると推認することは、右行為が上記のような意味において憲法の保障を受けるものであるからといって何ら妨げられるものではない」とした上で、本件における原告の在留期間中の政治活動は、「その行動の態様などからみて直ちに憲法の保障が及ばない政治活動であるとはいえない。しかしながら、上告人の右活動のなかには、わが国の出入国管理政策に対する非難行動、あるいはアメリカ合衆国の極東政策ひいては日本国とアメリカ合衆国との間の相互協力及び安全保障条約に対する抗議行動のようにわが国の基本的な外交政策を非難し日米間の友好関係に影響を及ぼすおそれがないとはいえないものも含まれており、被上告人が、当時の内外の情勢にかんがみ、上告人の右行動から同人を将来日本国の利益を害する行為を行うおそれがある者と認めて、在留期間の更新を適当と認めるに足りる相当の理由があるものとはいえないと判断したとしても、その事実の評価が明白に合理性を欠き、その判断が社会通念上著しく妥当性を欠くことが明らかであるとはいえず、他に被上告人の判断につき裁量権の範囲をこえ又はその濫用があったことをうかがわせるに足りる事情の存在が確定されていない本件においては、被上告人の本件処分を違法であると判断することはできないものといわなければならない」と結論づけている。

本判決は、外国人の政治活動の自由の憲法上の保障と、在留期間の更新許可に係る法務大臣の裁量権を別個のものとして切り離して捉えている。この判決に対しては、外国人に政治活動の自由を認めたものと評価する向きもあるが、在留期間の更新についての法務大臣の裁量権をこのように広く解するならば、事実上外国人に政治活動の自由はないに等しい、という指摘がある。

（5）芦部編・前掲書二一一頁。なお、同書二一二頁は、「もっとも、国民と異なる特別の規制が許されるとしても、それは国民の政治的意思ないしは政治的意見の形成に対して直接に不当な干渉を排除するのに必要最小限度なものに限定されるものでなければならないであろう」と述べている。

（6）尾吹善人「外国人と人権」新版憲法演習一〔有斐閣ブックス〕（昭五五・有斐閣）一二四・一二五頁。

（7）いわゆる「二重の基準」の考え方である。この理論は、表現の自由をはじめとする精神的自由が、経済的自由よりも価値の高い優越的地位を有し、その制限は原則として許されず、制限を認める場合においても、経済的自由の規制立法の合憲性判断基準よりも「厳格な基準」によって、その合憲性が審査されなければならないというものである。すなわち、精神的自由を規制する立法は、本来、違憲の推定を受け、したがって、これを合憲とするためには、立法府はその規制を必要とする特別の理由があることを立証しなければならないのに対して、経済的自由を規制する立法は、本来、合憲の推定を受け、したがって、立法府がその規制を必要とする合理的理由があるとして立法をした場合は、その判断（立法裁量）を尊重すべきであるとするものである。

最高裁判所は、薬事法違憲判決（昭和五〇年四月三〇日大法廷判決・民集二九巻四号五七二頁）において、「職業は、……本質的に社会的な、しかも主として経済的な活動であって、その性質上、社会的相互関連性が大きいものであるから、職業の自由は、それ以外の憲法の保障する自由、殊にいわゆる精神的自由に比較して、公権力による規制の要請がつよく、憲法二二条一項が『公共の福祉に反しない限り』という留保のもとに職業選択の自由を認めたのも、特にこの点を強調する趣旨に出たものと考えられる」と判示している。

(2) 外国人と憲法が規定する基本的義務

憲法第三章には、国民の義務として、保護する子女に普通教育を受けさせる義務（教育の義務）（第二六条第二項）、勤労の義務（第二七条第一項）及び納税の義務（第三〇条）が規定されている。これらはいずれも国家の存立を維持し、国民の社会的共同生活の利益を確保し、発展させるために必要な義務である(1)。これらの憲法に明記されている国民の義務を基本的義務と呼ぶことができるが(2)、我が国に在留する外国人に対してもこれらの基本的義務が課せられるのであろうか。

国際法上、一般に、外国人もその国（在留国）に在留する限り、原則としてその国（在留国）の国民と同様の義務を負うが、国家とその国の国民という特別なつながりを前提とした上で認められている義務は課せられないとされている（二(2)イ参照）。また、前記イ(ア)で、憲法上外国人に保障される人権と保障されない人権を区別するについては、「国民は」又は「何人も」という憲法の規定の文言を基準とするのではなく、人権の「性質」（性格・内容）によって区別すべきであると述べたが、義務についても、憲法の規定中「国民は」という文言が用いられている場合は国民だけが負う義務であり、然らざる場合は外国人にも負わし得る義務であるというように、憲法の規定の文言のみによって区別すべきではなく、その義務が「国家とその国民という特別な関係を前提とした上で課せられる、あるいは負う性質の義務であるかどうか」を基準として、国民だけが負う義務かそれとも外国人にも負わし得る義務かを区別すべきであると考えられる。

この点を基準にして、憲法に規定する三つの基本的義務について見てみると、以下において述べるように、納税の義務は外国人にも課せられるが、教育の義務及び勤労の義務は外国人には課せられないと考えられる。

ア　外国人と納税の義務

① 国や地方公共団体が活動するためには、それを支える財源が必要であるが、それは租税というかたちでまかなわれる。租税は、国や地方公共団体が収入の目的で、法律（各種の税法等）に基づいて、一定の収入を得ているという事実や、財産の所有という事実、貨幣を支出して

商品又はサービスを購入、消費するという事実、財の移転という事実などに対して人々から一方的に徴収する金銭である。納税の義務は、そのような租税を負担すべき義務である。

② 憲法第三〇条は、「国民は、法律の定めるところにより、納税の義務を負ふ」と規定している。この規定に基づいて、所得税法その他の法律で納税義務の具体的内容が定められているわけであるが、同条に「国民は」とある以上は、法律でもって定められたところの各種の租税を負担する義務を負う者は日本国民だけに限られ、外国人は我が国に居住していても租税を負担する義務を負うことはないのであろうか。外国人については、例えば我が国で相当の収入を得ていたとしても、法律でもってしても課税できないのであろうか。

③ これについては、憲法上に各種の義務が規定されている場合、「国民は」又は「何人も」というような文言にこだわることなく、その義務が「国家とその国民という特別な関係を前提とした上で課せられる、あるいは負う性質（内容・性格）の義務であるかどうか」を基準として、国民だけが負う義務かそれとも外国人も負う義務かを区別すべきであるという前記の考え方に基づいて考察して見ると、納税の義務は、所得や財産の所有、商品の購入、サービスの消費、財の移転などの法律に定める一定の事実があれば、法律の定めるところによりそれに応じた一定の租税を負担するというものであって、国家とその国民という特別なつながりを前提とした上で課せられる、あるいは負うという性質の義務ではないので、日本国民だけに限って負うべきものではなく、外国人も日本国民と同様に納税の義務を負うものと考えられる。

したがって、憲法第三〇条に「国民は、……納税の義務を負ふ」と規定されていたとしても、納税の義務を負う者の範囲をその文言のままに日本国民に限定しなければならないというわけではなく、我が国に居住している外国人も日本国民と同様に納税の義務を負う。第三〇条の規定は、納税の義務の内容は法律でもって定めるというところにポイントがあるのであって、同条は、国民は納税の義務を負うという当然のことを宣言的に述べているものであり、同条の規定によってはじめて納税の義務が生ずるものではないと一般に解されている(3)。

④ 以上のとおり、外国人も、日本に居住し、課税の目的たる物を所有し、行為をなす場合には、我が国の課税権に服し、納税の義務を負うと考えられるが、判例も、憲法第三〇条の規定は「国民の納税の義務を宣言的な意味で定めたものにすぎず、納税義務者の範囲を国民又は

法人に限定する趣旨を有するものではない。納税の義務は、国民のみならず、外国人や法人はもちろん人格なき社団であっても、憲法第八四条に基づき法律をもってすれば負わせることができる」と判示している（昭和四二年四月一一日東京地裁判決[4]・行集一八巻四号三九九頁）。

⑤　ところで、これまでに述べたとおり、外国人にも国民と同様に納税の義務を負わしめることができるのであるが、外国人であっても、外国の国家の機関として活動する一定の者は、国際慣習法又は条約に基づいて納税の義務を負わず、我が国の租税の一部又は全部の納付が免除されることがある。例えば、外交官等は、「外交関係に関するウィーン条約」（いわゆる「ウィーン外交関係条約」）又は国際慣習法によって広範な特権及び免除を享有し、原則として我が国の課税権から免除され、納税の義務を負わない（前記二(3)ア(ウ)①参照）。また、我が国に駐留するアメリカ合衆国軍隊の構成員及び軍属並びにそれらの者の家族（いわゆる「日米地位協定該当者」）は、「日本国とアメリカ合衆国との間の相互協力及び安全保障条約第六条に基づく施設及び区域並びに日本国における合衆国軍隊の地位に関する協定」（いわゆる「日米地位協定」）に基づいて、我が国の租税について広範な課税の免除が認められている（前記二(3)ウ参照）。

イ　外国人と教育の義務

①　憲法第二六条第二項前段は、「すべての国民は、法律の定めるところにより、その保護する子女に普通教育を受けさせる義務を負ふ」と規定している。この保護する子女（子ども）に普通教育を受けさせる義務（教育の義務）の具体的内容は、教育基本法及び学校教育法に定められており、この義務を負う者は、子どもの親権者又は後見人であり（学校教育法第二二条）、義務の内容は、子女に「九年の普通教育」を受けさせるというものである（教育基本法第四条第一項）。より具体的には、子女を小学校（六年間）及び中学校（三年間）等の一定の学校に就学させる義務であり（学校教育法第二二条及び第三九条）、その義務に違反した者に対しては制裁が科される（学校教育法第九一条）。それでは、例えば、その保護する子女を日本の小学校又は中学校に就学させない外国人が在る場合には、当該義務に違反するとして罰則が科せられることになるのであろうか。

②　子女に普通教育を受けさせる義務（教育の義務）は、当該普通教育に要する費用は原則として国家が負担するという義務教育の無償性を踏まえた上で（憲法第二六条第二項後段参照）、子女の人格形成と平和で民主的な文化国家の建設という憲法の理念を実現する次世代の主権者

の育成を、その保護者としての主権者たる国民に義務付けたものであると考えられる。この義務は、子どもの教育を受ける権利（憲法第二六条第一項）を前提として、これを実質的に保障するために、その親などに課せられた義務であると考えられている。[5]

③　このように、この義務は、国家と国民という特別なつながりを前提とした上で国民に課される性質の義務であって、この義務は外国人には課せられないものと考えられる。また、日本国民を育成するための基礎教育たる我が国の普通教育（義務教育）を外国人に対して強制的に受けさせるというのは実際的ではないであろう。

もっとも、外国人はこの義務を負わず、その保護する子女を我が国の小学校、中学校等に就学させる義務はないが、法令によって外国人の我が国の学校への就学は制限されてはおらず、また、外国人であっても我が国において基礎的な教育は必要であるし、更には、国際親善の見地から、従来から公立学校に入学を希望する外国人については、これを受け入れる取扱いがなされている。

ウ　外国人と勤労の義務

①　憲法第二七条第一項は、「すべての国民は、勤労の権利を有し、義務を負ふ」と規定している。ここに定められた勤労の義務は、もちろん国家が国民に労働を強制することができることを定めたものではない（憲法第一八条の意に反する苦役の禁止の規定、第二二条第一項の職業選択の自由の規定からしても、このことは明らかであろう）。また、「働かざる者は食うべからず」という意味における一部諸国の憲法下の労働の義務を定めたものでもない（第二九条で財産権・私有財産制を保障し、第二二条第一項で職業選択の自由を定めている日本国憲法下においては、財産のある者については、働かずして食う生活も容認されると考えられるからである）。

②　この勤労の義務の意義及び法的性格に関しては、次のような二つの考え方がある。

第一説は、私有財産制を基調とする資本主義体制のもとでは、勤労の義務を国民の具体的な義務として法定し得ないことは当然のことであり、勤労の義務は、国民は「一般に勤労すべきものである」、「勤労の意思なきものには生存権保障の必要がない」という思想を表現した道徳的な意味の規範で、勤労の権利を宣言する以上、当然そのうちに内包されているとする考え方である。

これに対して、第二説は、勤労の義務の規定を単に精神的・道徳的規範とすることなく、生存権や勤労の権利の保障との関係で、勤労の義務を果たさない者、すなわち勤労の能力がありその機会があるのにもかかわらず、勤労しようとしない者に対しては、生存権や勤労の権利の保障が及ばないという限りで、勤労の義務に法的意味を認める考え方である。

この二つの考え方については、勤労の能力のある者が勤労すること、つまり勤労の義務を尽くすことが生活保護を受けたり、雇用保険を受けたりする場合の条件とされている（生活保護法第四条第一項、雇用保険法第三二条参照）のは、勤労の義務に関する憲法の趣旨を法律上確認し、具体化したものであると解するならば、生存権や勤労の権利が一定の範囲で法的効力を有することに対応して、勤労の義務に前記の範囲で法的効力を認める第二説の方が妥当であると考えられる。(6)

③　前記②の第二説のように、勤労の義務が、一定の範囲で生存権や勤労の権利が保障される条件・前提となるものであるとするならば、生存権や勤労の権利等の社会権（生存権的基本権とも言われる）は国民のみに認められる権利であって、憲法上外国人には社会権の保障は原則として及ばないと一般に考えられている（前記⑴イ(イ)②、⑴ウ(イ)参照）ので、生存権や勤労の権利等の社会権の保障が憲法上及ばないと考えられている外国人には、論理的帰結として、勤労の義務は憲法上課せられていないと考えることができるのではないかと思われるが、この義務自体が前述のとおりほとんど具体的な内容をもった義務ではないので、それが憲法上外国人にも課せられているか否かという議論そのものが余り意味のないものかもしれない。

ただ、生存権等の社会権が憲法上の権利として外国人に保障されていないとしても、最近は立法措置等により社会福祉・社会保障等の各種措置が外国人にも広く適用されるようになってきている（前記⑴ウ(イ)②参照）ところ、外国人にもこれらの措置を適用する場合、例えば、勤労することを雇用保険や生活保護を受ける条件とし得るのは、日本国民の場合と同様であり、外国人であるからと言う理由でこれらを受けるについて勤労の必要がないということにはならないであろう。このような場合、外国人は、憲法上はともかく法律上そのような措置の適用を受ける条件として勤労の義務を尽くすことが求められていると考えることができるのではないかと思われる。

(1)　大須賀・戸松・笹川・浦部・藤井・平松・横田・前掲書四八・四九頁参照。

(2)　本文掲記の三つの基本的義務のほかに、第一二条は、国民は憲法が保障する自由及び権利を不断の努力によって保持しなければならないこと、また、これを濫用してはならず、常に公共の福祉のために利用する責任を負うことを定めているが、それはいわば道徳的指針を示すものであって、そこから直ちに法的な効果が生ずるような性質の規定ではないと考えられている。

また、第九九条には、憲法尊重擁護の義務が定められている。この義務は民主主義秩序への忠実・忠誠義務と言うべき性質のものと考えられるが、極めて倫理的・道徳的性質のものであって、直ちに法的効果を伴う性質の規定とは言えないものと考えられている。

したがって、憲法上の法的な義務としては、本文掲記の教育の義務、勤労の義務及び納税の義務があるということになる。

(3)　樋口・佐藤・中村・浦部・前掲書六九五頁参照。

(4)　本文掲記の判例のほかに、若干古い判例ではあるが、外国人と納税の義務の問題に関して非常に参考となると思われる判例であるので、ここに掲記しておきたい。この判例は、「憲法第三〇条によれば、国民は、法律の定めるところにより納税の義務を負うと規定しているが、被告人は外国人であって日本国民ではないから憲法第三〇条に基づいて制定された酒税法を被告人に対して適用することはできない」とする主張に対する判断である。その要点は以下のとおりである。

「如何にも酒税法は憲法第三〇条に基き制定された法律であるには相違ないが単に日本国民のみに適用されるべきものではなく、日本在住の外国人にも適用されるべきものであることについては毫も疑いはない。即ち憲法第三〇条の趣旨は国民の納税義務の内容は法律を以て之を定めるという主義を宣明したものであつて之によつてはじめて国民に納税義務を負担せしめたものではない。凡そ国家が国民に納税義務を負はせることは国権の作用上当然であつて敢て憲法の条文をまたないのであり憲法第三〇条はこのことを当然の前提としているのである。而して国家が存在している外国人に対し納税義務を課し得べき場合があることは国権の作用上之亦当然視さるべきものであり、此の場合に於て其の納税義務の内容を国民に対すると同様法律を以て定めるものとすることは、納税義務について国民の享有する地位を外国人にも与えることになるのであつて立憲法治国としては当然且妥当であるといはなければならないのであるが、本件の酒税法の如きは恰も如上の如き主義を具現した法律であつて日本国民のみならず外国人に対しても納税義務についてよるべき根拠を定めたものであるから之を外国人に適用すべからざる理はなく固より斯く解することが憲法に違反すると認むべき根拠はないのである」(昭和二八年一月二六日東京高裁判決・東京高裁刑事判決時報三巻一八頁、判例タイムズ二八号六一頁)。

(5)　最高裁判所の判例は、教育の義務の性格について、「単に普通教育が民主国家の存立、繁栄のために必要であるという国家的要請だけによるものではなくして、それがまた子女の人格の完成に必要欠くべからざるものであるということから、親の本来有している子女を教育すべき責務を完うせしめんとする趣旨に出たもの」と判示している(昭和三九年二月二六日大法廷判決・民集一八巻二号三四三頁)。

(6)　樋口・佐藤・中村・浦部・前掲書六二八・六二九頁、野中・中村・高橋・高見・前掲書五〇〇頁参照。

2　諸法令上の外国人の法的地位

一　出入国管理法令上の外国人の法的地位

(1)　外国人の入国・上陸

①　我が国では、外国人の入国・在留・出国等については、出入国管理及び難民認定法（以下「入管法」という）がこれを規定している。

一般に、その国の領域に立ち入ることを入国というが、四面を海に囲まれている我が国の特殊な事情を反映して、入管法は、外国人が我が国の領域に立ち入ることについて、我が国の領海又は領空に入る「入国」と、我が国の領土内に足を踏み入れる「上陸」という、二つの概念に分けて、前者の「入国」については有効な旅券（船舶等の乗員にあっては乗員手帳でも可）を所持すること（ただし、旅券等を所持する者であっても、入国審査官から上陸許可を受けないで本邦に上陸する目的を有する者は除く。）を要件とし（同法第三条）、後者の「上陸」にあっては入国審査官から上陸許可を受けることを要求している（同法第九条）。

②　本邦に上陸しようとする外国人は、上陸に当たっては、原則として査証を受けた旅券を所持した上、出入国港として指定された空港・海港において入国審査官に対し上陸の申請をして、上陸のための審査を受けなければならない（同法第六条）。入国審査官は、外国人から上陸の申請があったときは、(1)有効な旅券及び査証を所持すること（査証は一定の場合必要とされない場合がある）、(2)本邦において行おうとする活動が一定の「在留資格」に定める活動に該当すること、(3)一定の上陸拒否事由に該当していないこと、などの上陸のために条件に適合しているかどうかを審査する（同法第七条）。

③　前記②(1)の「査証」は、海外に在る日本の大使館や領事館において発給されるもので、査証を申請した外国人の所持する旅券が真正であり、かつ、日本への入国に有効であると判断されること及び当該旅券の所持人が日本へ上陸するのは差し支えはないと判断されるということを裏書きし、日本への入国（上陸）を推薦する文書である。査証は上陸許可そのものではなく、上陸許可の要件の一つである。なお、例外的に査証を必要としない場合がある（同法第六条第一項ただし書）。その一は、査証免除取決め等の我が国と外国政府との国際約束又は日本国政府が外国政府に対して行った通告により、一定の条件の

下で査証を必要としないこととされている外国人は査証を免除される。その二は、同法第二六条の規定により法務大臣から再入国の許可を受けている外国人は、同許可の有効期間内であれば査証は必要としない。その三は、同法第六一条の二の六の規定により法務大臣が発給する難民旅行証明書を所持する外国人は、同証明書の有効期間内であれば査証は必要としない。

前記②(2)の「在留資格」とは、外国人が我が国に在留する間に、一定範囲の社会的活動を行うことができる資格あるいは一定の身分又は地位を有する者としての活動を行うことができる入管法上の法的資格であり、我が国が入国・在留を認める外国人を類型化したものである。

この在留資格は、入管法の別表第一及び別表第二に二七種類に分けて掲げられている（別添資料「在留資格一覧表」参照）。外国人は、この二七種類の在留資格のいずれかに該当しなければ我が国に入国し在留することはできず、これ以外の活動（例えば、いわゆる単純労働）を行うことを目的として入国・在留することはできない。したがって、在留資格とは、我が国は、我が国においてどのような活動を行おうとする外国人であれば、その入国・在留を認めるかということ、すなわち我が国の入国管理政策の基本方針を法律（入管法）で具体的に示したものということができる。

前記②(3)の「上陸拒否事由」は、公衆衛生の保持、犯罪の防止、治安の維持、公安・国益の擁護等の見地から、我が国にとって好ましくない外国人の上陸を拒否する旨を定めたもので、例えば、伝染病患者、一年以上の懲役又は禁錮に処せられたことのある者、麻薬・大麻・あへん・覚せい剤等の取締りに関する法令に違反して処罰されたことのある者、麻薬等の不法所持者、売春関係業務従事者などがこれに該当する。

④　入国審査官は、上陸の申請をした外国人が提出した資料や本人の説明、関係者の証言等によって前記の上陸のための条件に適合していると認定したときは、旅券に上陸許可の証印をする（同法第九条第一項）。入国審査官は、上陸許可の証印をする場合には、当該外国人について在留資格及びそれに対応した在留期間を決定して、旅券にそれらを明示する（同法第九条第三項）。

⑤　入国審査官は、審査の結果、上陸の申請をした外国人が上陸のための条件に適合していると認定して上陸許可の証印をする場合を除き、更に慎重な審査である口頭審理を行うため、当該外国人を特別審理官（口頭審理を行わせるため法務大臣が指定する入国審査官）に引き渡さなければならない（同法第九条第四項）。

⑥　特別審理官は、口頭審理の結果、その外国人が上陸のための条件に適合していると認定したときは、上陸許可の証印をしなければならない（同法第一〇条第六項）。口頭審理の結果、上陸のための条件に適合していないと認定された外国人がその認定に服したときは、本邦からの退去を命ぜられることになる（同法第一〇条第九項）。口頭審理の結果、上陸のための条件に適合していないと認定された外国人は、その認定に異議があるときは、法務大臣に対し異議を申し出ることができる（同法第一一条第一項）。

⑦　異議の申出をした外国人について、法務大臣が「異議の申出が理由がある」と裁決したときは、その外国人は上陸許可の証印を受け、法務大臣が「異議の申出が理由がない」と裁決したときは、その外国人は本邦からの退去を命じられることになる（同法第一一条第三項～同条第六項）。

しかし、法務大臣は、異議の申出の裁決に当たって、異議の申出が理由がないと認める場合でも、その外国人が再入国許可を受けているときその他特別に上陸を許可すべき事情があると認めるときは、その者の上陸を特別に許可することができる（法務大臣の裁決の特例又は上陸特別許可）（同法第一二条）。

(2)　外国人の在留

①　我が国に在留する外国人は、上陸許可等の際に与えられた在留資格をもって在留するものとされている（入管法第二条の二第一項）。「在留資格」とは、前記③のとおり、外国人が我が国に入国・在留して特定の社会的活動を行うことができる資格（法的地位）又は外国人が一定の身分・地位を有する者としての活動を行うことができる資格（法的地位）である。

入管法に定める在留資格には、カテゴリー別に次の二七種類がある（同法第二条の二第二項及び同法別表並びに別添資料「在留資格一覧表」参照）。

(1)　外国人の行う特定の社会的活動に係る在留資格

(ア)　定められた範囲内での就労が可能なもの　外交、公用、教授、芸術、宗教、報道、投資・経営、法律・会計業務、医療、研究、教育、技術、人文知識・国際業務、企業内転勤、興行、技能

(イ)　就労できないもの　文化活動、短期滞在、留学、就学、研修、家族滞在

(ウ)　活動の内容が個別に指定されるもの（その結果、一定の範囲で就労が認められることがある）　特定活動

(2)　外国人の有する身分又は地位に係る在留資格（就労活動に制限がない）　永住者、日本人の配偶者等、

永住者の配偶者等、定住者

ちなみに、いわゆる単純労働に従事することを目的とする外国人等の入国を認めるための在留資格は、設けられていない。

なお、入管法で定められた在留資格ではないが、これと同等視し得る外国人の出入国管理法令上の資格（法的地位）に「特別永住者」の資格がある。

「特別永住者」の資格は、終戦前から引き続き我が国に在留し、日本国との平和条約（サンフランシスコ平和条約）の発効により日本の国籍を離脱した朝鮮半島・台湾出身者及び我が国で出生したその子孫（いわゆる在日韓国・朝鮮人及び台湾人）について、「日本国との平和条約に基づき日本の国籍を離脱した者等の出入国管理に関する特例法」（いわゆる「入管特例法」）に基づいて定められている資格である。入管特例法は、これらの人々がかつて日本の国籍を保有していたが、我が国に在留中に自己の意思によらずして日本の国籍を喪失した人々及び我が国で出生したその子孫であるという、これらの人々が有する歴史的経緯やこれらの人々の我が国社会における定住性等を考慮して、これらの人々が我が国の社会秩序の下でできる限り安定した生活を営むことができるようにするために、従来より一層安定した法的地位と処遇を定めたもので、自動的又は羈束的に「特別永住者」の資格を与える永住許可の特例措置や退去強制事由、再入国許可の有効期間等について、入管法の特例を規定している。「特別永住者」は、入管法によって定められた在留資格ではなく、また、上陸許可の際に新たに与えられることはないものであるが、外国人が我が国に在留するについての資格（法的地位）であって、入管特例法によって創設された一種の「在留資格」とみなすことができる。(1)

② 本邦に在留する外国人は、与えられた在留資格に応じ定められた活動の範囲内の活動を行うことができる。

また、本邦に在留する外国人は、与えられた在留資格に対応して定められた「在留期間」の範囲内の期間に限って本邦に在留することができる。「在留期間」は、在留資格をもって在留する外国人が本邦に在留することができる期間をいい、各在留資格について法務省令で定められるが、外交、公用及び永住者の在留資格以外の在留資格に伴う在留期間は三年以内の範囲で定められることとなっている（同法第二条の二第三項）。

③ 本邦に在留する外国人は、与えられた在留資格に応じ定められた活動の遂行を阻害しない範囲内で、当該在留資格の下で許可された活動に属しない収入を伴う事業を運営する活動又は報酬を受ける活動（いわゆる就労活

動）を副次的に行うことを希望する場合、つまりいわゆるアルバイトをすることを希望するような場合は、法務大臣に対し資格外活動の許可の申請をして法務大臣からその許可を受けなければならない。しかし、就労活動について制限のない永住者、定住者、日本人の配偶者等の在留資格をもって在留する者及び特別永住者については、このような制約はない。法務大臣は、資格外活動の申請があったときは、「相当と認めるとき」は、これを許可することができる。ただし、業として行うものではない講演に対する謝金、日常生活に伴う臨時の報酬等を受ける活動を行う場合は、資格外活動の許可を受けることを要しない（同法第一九条第一項、第二項）。

また、本邦に在留する外国人は、従前の在留の目的を変更して、他の在留資格に属する活動を行うことを希望する場合は、法務大臣に対し在留資格の変更を申請し、その許可を受けなければならない。法務大臣は、在留資格の変更の申請があった場合は、在留資格の変更を「適当と認めるに足りる相当の理由があるとき」に限り、これを許可することができる（同法第二〇条）。

本邦に在留する外国人がこれらの許可を受けないで、与えられた在留資格に応じ定められた活動に属しない就労活動を行った場合は、資格外活動者（不法就労者）として処罰され又は本邦から退去強制されることになる（同法第二四条四号イ、第七〇条第四号、第七三条）。

④　本邦に在留する外国人は、与えられた在留資格に対応して定められた在留期間の範囲内に限って本邦に在留することができるが、許可された在留期間を超えて引き続き本邦に在留することを希望する場合は、法務大臣に在留期間の更新を申請し、その許可を受けなければならない（もちろん、在留期間に制限のない永住者、特別永住者については、このような制約はない）。法務大臣は、在留期間の更新を「適当と認めるに足りる相当の理由があるとき」に限り、これを許可することができる（同法第二一条）。

外国人が在留期間の更新（又は在留資格の変更に伴う在留期間の変更）を受けないで、許可された在留期間を超えて本邦に在留する場合は、不法残留者として処罰され又は本邦から退去強制される（同法第二四条第四号ロ、第七〇条第五号）。

⑤　外国人が本邦での永住を希望する場合は、法務大臣に対し永住許可の申請をしなければならない。法務大臣は、永住許可の申請をした外国人が、(1)素行が善良であること、(2)独立の生計を営むに足りる資産又は技能を有することの二つの要件に適合し、かつ、その者の永住が日本国の利益に合すると認めたときに限り永住を許可

することができる（同法第二二条）。

ただし、永住許可の申請をした外国人が、日本人、永住者又は特別永住者の配偶者又は子である場合は、右の「素行善良」及び「独立生計維持能力」の二つの要件を満たさないときでも永住を許可することができる。また、その外国人が法務大臣から難民の認定（同法第六一条の二）を受けている者であるときは、「独立生計維持能力」の要件を満たさないときでも永住を許可することができることとされている（同法第六一条の二の五）。

（1）「入管特例法」、「特別永住者」の詳細については、重見一崇「日本国との平和条約に基づき日本の国籍を離脱した者等の出入国管理に関する特例法」時の法令一四一八号六～二三頁参照。

(3) 外国人の退去強制

不法入国者、不法上陸者、資格外活動者（不法就労者）、不法残留者、刑罰法令違反者、売春関係業務従事者、暴力主義的破壊活動者、我が国の利益又は公安を害する者等、我が国及び我が国の社会にとって好ましくないと認められる一定の外国人については、入国警備官による違反調査、入国審査官による審査、特別審理官による口頭審理、法務大臣に対する異議の申出と法務大臣による裁決という入管法所定の手続により本邦からの退去を強制することができる（入管法第二四条）。ただし、「特別永住者」については、内乱罪・外患罪等により禁錮以上の刑に処せられた者、極めて重大な犯罪を犯し我が国の重大な利益が害されたと法務大臣により認定された者等に限って本邦から退去強制することができるという特例措置が講じられている（入管特例法第九条）。

なお、入管法又は入管特例法所定の退去強制事由に該当した外国人のすべてが必ず国外へ退去されるわけではなく、法務大臣は、異議の申出をした外国人について異議の申出が理由がないと認める場合でも、法違反の態様、日本での生活歴、家族状況、我が国内外の諸事情等を考慮の上、その者の在留を特別に許可することができる（法務大臣の裁決の特例又は在留特別許可）（入管法第五〇条）。

(4) 外国人の出国

外国人の出国は原則として自由であるが、出国の手続として、本邦から出国しようとする外国人は出国する空港・海港において入国審査官から出国の確認を受けなければならない（入管法第二五条）。

なお、重要な犯罪につき訴追され又は逮捕状等が発せられている外国人、未だ刑の執行が終了していない外国人、逃亡犯罪人引渡法による引渡の対象となる外国人等については、これらの者の出国確認の手続を一定時間（二四時間を限り）留保し、その間に関係機関が所要の措置をとることによりこれらの外国人が自由に国外に逃亡することを防止して、我が国の刑事司法の機能等が有効に働くことを保障するために、出国確認の留保の制度が設けられている（同法第二五条の二）。

(5)　外国人の再入国

①　本邦に在留する外国人が一時的に国外に出国して、在留期間の満了前に再び我が国に入国しようとする場合は、予め法務大臣に対し再入国の許可の申請をすることができる。法務大臣は再入国の許可を与える場合には、当該許可が効力を生ずる日から三年を超えない範囲内において有効期間を定める（入管法第二六条第一項～第三項）。ただし、特別永住者については、再入国許可の有効期間の特例が別途定められており、当該許可が効力を生ずる日から四年を超えない範囲内で定められることになっている（入管特例法第一〇条第一項）。

再入国の許可を受けている者は、上陸の申請に当たり改めて査証を取り付ける必要はなく、また、再入国した後も従前の在留が継続しているものとみなされ、出国前の永住者等の資格を失うことはない。

②　再入国の許可を受けて出国した外国人が、定められた許可の有効期間内に本邦に再入国しないときは、当該再入国許可は失効し、当該外国人の在留資格等は出国時に遡って消滅するが、法務大臣は、再入国の許可を受けて出国した外国人について、当該許可の有効期間内に再入国することができない相当の理由があると認めるときは、その者の申請に基づいて、当該許可の有効期間の延長を許可することができる。法務大臣は、再入国許可の有効期間の延長の申請があったときは、一年を超えず、かつ、当該再入国許可が効力を生じた日から四年（特別永住者については、五年）を超えない範囲内で、有効期間の延長を許可することができる（入管法第二六条第四項、入管特例法第一〇条第一項）。

(6)　外国人の登録

①　本邦に在留する外国人は、本邦に入国したときはその上陸の日から九〇日以内に、また、出生・日本国籍離脱等の事由により本邦に在留することとなったときは当該事由が生じた日から六〇日以内に、居住地の市町村において外国人登録の申請をしなければならない（外国人登録法第三条）。市町村長は、外国人登録の申請があったときは、当該申請に係る外国人について氏名・生年月日・性別・国籍・居住地その他の所定の事項を外国人登録原票（以下「登録原票」という。）に登録し、これを市町村の事務所に備えなければならない（同法第四条）。

登録をした外国人に対しては、外国人登録証明書が交付される（同法第五条）。外国人（一六歳未満の者を除く。）は、交付された外国人登録証明書を常に携帯し、入国審査官その他一定の公務員からその職務の執行に当たり外国人登録証明書の提示を求められた場合には、これを提示しなければならない（同法第一三条）。

② 登録を受けた外国人は、居住地を変更した場合や氏名等を変更した場合など、登録された事項に変更を生じた場合は、所定の期間内に変更の登録をしなければならず（同法第八条～第九条の三）、また、一六歳以上の外国人は、原則として、登録後五年ごと（永住者及び特別永住者は、七年ごと）に登録された事項の確認を受けなければならない（同法第一一条）。

③ 一六歳以上の外国人（入管法の規定により一年未満の在留期間を決定され、その期間内にある者を除く。）は、外国人登録の申請（新規登録申請）、登録事項の確認の申請、登録証明書が著しくき損・汚損した場合の登録証明書の引替交付申請、紛失・盗難・滅失により登録証明書を失った場合の登録証明書の再交付申請等の外国人登録証明書の交付を伴う申請をする場合には、登録原票及び署名原紙に署名をしなければならない（同法第一四条）[(1)(2)]。

（1） 平成五年一月八日から施行された「外国人登録法の一部を改正する法律」（平成四年法律第六六号）による改正前の外国人登録法では、万人不同、終生不変という指紋の特質から、非常に有効な同一人性確認の手段として、一六歳以上の外国人（入管法の規定により一年未満の在留期間を決定され、その期間内にある者を除く。）のすべてについて、新規登録申請等の登録証明書の交付を伴う申請をする場合には、指紋を押なつすべきこととされていたが、右改正により、我が国の社会で長年にわたり生活し、本邦への定着性を深めた永住者及び特別永住者については指紋押なつ制度を廃止し、これに代えて署名及び一定の家族事項（本邦にある父母及び配偶者の氏名・生年月日・国籍、世帯主にあっては、更に世帯の構成員の氏名・生年月日・国籍・世帯主との続柄）の登録による新たな同一人性確認の手段を採用することとなったのに伴い、指紋押なつの対象者から永住者及び特別永住者が除かれることとなった。

更に、右のとおり、平成四年法律第六六号による外国人登録法の改正において、永住者及び特別永住者について、指紋押なつ制度が廃止されたが、指紋押なつ制度に代えて導入された署名及び家族事項の登録という同一人性確認の手段は、その導入後相当の期間を経て特段の問題も生じておらず、かかる確認の手段はそれなりに定着しているものと認められることや、外国人登録事務を実施している地方自治体から、事務の合理化等の観点から、指紋押なつ制度の廃止についての要請が出されていることなどの状況を踏まえ、平成一一年八月一八日に公布され、同一二年四月一日から施行された「外国人登録法の一部を改正する法律」（平成一

〔資料〕　在留資格一覧表

1　(1)（就労することができる在留資格）

在留資格	本邦において行うことができる活動
外交	日本国政府が接受する外国政府の外交使節団若しくは領事機関の構成員、条約若しくは世界慣行により外交使節と同様の特権及び免除を受ける者又はこれらの者と同一の世帯に属する家族の構成員としての活動
公用	日本国政府の承認した外国政府若しくは国際機関の公務に従事する者又はその者の同一の世帯に属する家族の構成員としての活動（この表の外交の項に掲げる活動を除く。）
教授	本邦の大学若しくはこれに準ずる機関又は高等専門学校において研究、研究の指導又は教育をする活動
芸術	収入を伴う音楽、美術、文学その他の芸術上の活動（(2)の表の興行の項に掲げる活動を除く。）
宗教	外国の宗教団体により本邦に派遣された宗教家の行う布教その他の宗教上の活動
報道	外国の報道機関との契約に基づいて行う取材その他の報道上の活動

1　(2)（就労することができる在留資格）

在留資格	本邦において行うことができる活動
投資・経営	本邦において貿易その他の事業の経営を開始し若しくは本邦におけるこれらの事業に投資してその経営を行い若しくは当該事業の管理に従事し又は本邦においてこれらの事業の経営を開始した外国人（外国法人を含む。以下この項において同じ。）若しくは本邦におけるこれらの事業に投資している外国人に代わってその経営を行い若しくは当該事業の管理に従事する活動（この表の法律・会計業務の項に掲げる資格を有しなければ法律上行うことができないこととされている事業の経営若しくは管理に従事する活動を除く。）
法律・会計業務	外国法事務弁護士、外国公認会計士その他法律上資格を有する者が行うこととされている法律又は会計に係る業務に従事する活動
医療	医師、歯科医師その他法律上資格を有する者が行うこととされている医療に係る業務に従事する活動
研究	本邦の公私の機関との契約に基づいて研究を行う業務に従事する活動（(1)の表の教授の項に掲げる活動を除く。）
教育	本邦の小学校、中学校、高等学校、盲学校、聾《ろう》学校、養護学校、専修学校又は各種学校若しくは設備及び編制に関してこれに準ずる教育機関において語学教育その他の教育をする活動
技術	本邦の公私の機関との契約に基づいて行う理学、工学その他の自然科学の分野に属する技術又は知識を要する業務に従事する活動（(1)の表の教授に掲げる活動並びにこの表の投資・経営の項、医療の項から教育の項まで、企業内転勤の項及び興行の項に掲げる活動を除く。）
人文知識・国際業務	本邦の公私の機関との契約に基づいて行う法律学、経済学、社会学その他の人文科学の分野に属する知識を必要とする業務又は外国の文化に基盤を有する思考若しくは感受性を必要とする業務に従事する活動（(1)の表の教授の項、芸術の項及び報道の項に掲げる活動並びにこの表の投資・経営の項から教育の項まで、企業内転勤の項及び興行の項に掲げる活動を除く。）

在留資格	本邦において行うことができる活動
企業内転勤	本邦に本店、支店その他の事業所のある公私の機関の外国にある事業所の職員が本邦にある事業所に期間を定めて転勤して当該事業所において行うこの表の技術の項又は人文知識・国際業務の項に掲げる活動
興行	演劇、演芸、演奏、スポーツ等の興行に係る活動又はその他の芸能活動（この表の投資・経営の項に掲げる活動を除く。）
技能	本邦の公私の機関との契約に基づいて行う産業上の特殊な分野に属する熟練した技能を要する業務に従事する活動

1　(3)（就労することができない在留資格）

在留資格	本邦において行うことができる活動
文化活動	収入を伴わない学術上若しくは芸術上の活動又はわが国特有の文化若しくは技芸について専門的な研究を行い若しくは専門家の指導を受けてこれを習得する活動（(4)の表の留学の項から研修の項までに掲げる活動を除く。）
短期滞在	本邦に短期間滞在して行う観光、保養、スポーツ、親族の訪問、見学、講習又は会合への参加、業務連絡その他これらに類似する活動

1　(4)（就労することができない在留資格）

在留資格	本邦において行うことができる活動
留学	本邦の大学若しくはこれに準ずる機関、専修学校の専門課程、外国において12年の学校教育を修了した者に対して本邦の大学に入学するための教育を行う機関又は高等専門学校において教育を受ける活動
就学	本邦の高等学校若しくは盲学校、聾《ろう》学校若しくは養護学校の高等部、専修学校の高等課程若しくは一般課程又は各種学校（この表の留学の項に規定する機関を除く。）若しくは設備及び編制に関してこれに準ずる教育機関において教育を受ける活動
研修	本邦の公私の機関により受け入れられて行う技術、技能又は知識の習得をする活動（この表の留学の項及び就学の項に掲げる活動を除く。）
家族滞在	(1)の表、(2)の表又は(3)の表の在留資格（外交、公用及び短期滞在を除く。）をもつて在留する者又はこの表の留学、就学若しくは研修の在留資格をもつて在留する者の扶養を受ける配偶者又は子として行う日常的な活動

1　(5)（就学することができるか、できないかは、法務大臣の指定により決定される在留資格）

在留資格	本邦において行うことができる活動
特定活動	法務大臣が個々の外国人について特に指定する活動

2　（身分又は地位に係る在留資格で、就労活動に制限はない在留資格）

在留資格	本邦において有する身分又は地位
永住者	法務大臣が永住を認める者
日本人の配偶者等	日本人の配偶者若しくは民法（明治29年法律第89号）第817条の2の規定による特別養子又は日本人の子として出生した者
永住者の配偶者等	永住者の在留資格をもつて在留する者若しくは平和条約関連国籍離脱者等入管特例法に定める特別永住者（以下「永住者等」と総称する。）の配偶者又は永住者等の子として本邦で出生しその後引き続き本邦に在留している者
定住者	法務大臣が特別な理由を考慮し一定の在留期間を指定して居住を認める者

一年法律第一三四号）により、再度外国人登録法の改正が行われ、それまでは新規登録の申請等をする場合に指紋押なつ義務が課されていた永住者又は特別永住者以外の外国人（いわゆる非永住者）についても、指紋押なつ制度が廃止され、永住者及び特別永住者と同様の署名及び家族事項の登録という同一人性確認の手段が採用されることとなった。

（2） 外国人登録制度・指紋押なつ制度の変遷、外国人登録関係法令の詳細な解説等については、田村満・重見一崇・山神進・全訂外国人登録法逐条解説（平一二・日本加除出版）を参照。

二 その他の法令上の地位

(1) 国籍と帰化

a 国 籍

日本国憲法第一〇条は「日本国民たる要件は、法律でこれを定める」とし、これに基づき国籍法が定められている。

国籍法に基づき日本国籍を取得する場合として、出生、届出及び帰化が定められている(1)。このうち、届出による国籍の取得ができるのは準正による国籍の取得（国籍法第三条）及び国籍の再取得（国籍法第一七条）である(2)。

出生による国籍の取得に関し、我が国では、血統主義を原則としており、次の三つの場合に子は日本国民とされることとなっている（国籍法第二条）。

① 出生の時に父又は母が日本国民であるとき

② 出生前に死亡した父が死亡の時に日本国民であったとき

③ 日本で生まれた場合において、父母がともに知れないとき、又は国籍を有しないとき(3)

ところで、韓国・朝鮮人及び台湾人は、平和条約の発効（昭和二七年四月二八日）までは日本の国籍を有していたが、同条約の発効に伴い同条約の規定に基づき日本の国籍を離脱したものである（最高裁昭和三六年四月五日大法廷判決・民集一五巻四号六五七ページ）(4)。これらの者のうち平和条約国籍離脱者及びその子孫に該当する者については、法定特別永住者として、又は特別永住許可を受けて特別永住者となり、特別永住者に対しては入管法の特例が定められているのは、一の(2)で述べたとおりである。

b 帰 化

日本国民でない者は、法務大臣から帰化を許可されて日本国籍を取得することができる（国籍法第四条）。

帰化のためには、次の条件を満たす必要がある（国籍法第五条）。

① 引き続き五年以上日本に住所を有すること（居住条件）

② 二〇歳以上で本国法により能力を有すること（能力条件）

③ 素行が善良であること（素行条件）

④ 自己又は生計を一にする配偶者その他の親族の資産又は技能によって生計を営むことができること（生計条件）

⑤ 国籍を有せず、又は日本の国籍を取得することによってその国籍を失うべきこと（重国籍防止条件）(5)

⑥ いわゆる暴力的破壊活動を行ったことがないこと（不法団体条件）

ただし、日本国民であった者の子等については①の条件、日本国民の配偶者については①及び②の条件、日本国民の子で日本に住所を有するもの等は①、②及び④の条件がそれぞれ緩和されている（国籍法第六条から第八条まで）(6)。なお、日本国民でない者がこれらの要件のいずれにも適合していても、必ず帰化を許可するものではなく、帰化を許可するかどうかについては法務大臣の広範な裁量に委ねられている。

（1）「国籍の取得」とは異なるが、日本国籍を含む二重国籍者は、国籍の選択によって日本国籍を選択することができる（国籍法第一四条）。「国籍の選択」とは、日本と外国の二重国籍の者が法定期間内（二〇歳になる以前に二重国籍となった場合は二二歳になるまで、二〇歳以後に二重国籍となったときから二年以内）にいずれかの国籍を選択することにより二重国籍をできる限り解消しようとする制度である（国籍法第一四条第一項）。選択の方法としては、外国の国籍を離脱することによるほか、日本の国籍を選択する宣言をすることにより行うことができる（国籍法第一四条第二項）。日本国籍を選択しなかった場合、法務大臣からの書面による（所在不明のときは官報に掲載することによる）催告を経て日本国籍を喪失することもあり得る（国籍法第一五条）。

（2）「準正による国籍の取得」とは、父母の婚姻及びその認知により嫡出子たる身分を取得した子で二〇歳未満のものが一定の条件の下に届出をすることにより国籍を取得することをいう。

「国籍の再取得」とは、次の二つをいう。

ア　出生により外国の国籍を取得した日本国民で国外で生まれたものが日本の国籍を留保する意思を表示しない場合、出生のときにさかのぼって日本の国籍を失うこととなるが（国籍法第一二条）、このようにして国籍を失った者で二〇歳未満のものが日本に住所を有するとき、届出をすることによって日本の国籍を取得すること（国籍法第一七条第一項）。

イ　官報に掲載することにより国籍の選択の催告を受け、法定期間内に国籍の選択をしなかった場合、日本の国籍を失うこととなる（注1参照）が、このようにして国籍を失った者が法定期間内に届出をすることによって日本の国籍を取得すること（国籍法第一七条第二項）。

(3)　我が国の国籍法は血統主義をとっているところ、これにより無国籍者が生じるのをできる限り防止するため、補充的に出生地主義をとったものである。ここでいう「父母がともに知れないとき」とは、父及び母のいずれもが特定されないときをいい、ある者が父又は母である可能性が高くても、これを特定するに至らないときはこの要件に当たる（最高裁平成七年一月二七日判決・民集四九巻一号五六ページ）。

(4)　台湾人については、日本国と中華民国との平和条約発効（昭和二七年八月五日）とともに日本国籍を離脱するとした判例もある（最高裁昭和三七年一二月五日大法廷判決・刑集一六巻一二号一六六一ページ）。

(5)　法務大臣は、外国人がその意思にかかわらずその国籍を失うことができない場合において、日本国民との親族関係又は境遇につき特別の事情があると認めるときは、その者が重国籍防止条件を満たさないときでも帰化を許可することができる（国籍法第五条第二項）。「日本国民との親族関係」とは、配偶者が日本人である場合等をいう。「境遇につき特別の事情があるとき」とは、その者が難民でありもとの国籍を離脱することができないような場合等をいう。

(6)　緩和される場合を具体的にいえば次のとおりである。

ア　居住条件（①の条件）が緩和される場合

次のいずれかに該当する外国人で現に日本に住所を有するもの

(a)　日本国民であった者の子（養子を除く。）で引き続き三年以上日本に住所又は居所を有するもの

(b)　日本で生まれた者で引き続き三年以上日本に住所若しくは居所を有し、又はその父若しくは母（養父母を除く。）が日本で生まれたもの

(c)　引き続き一〇年以上日本に居所を有する者

イ　居住条件（①の条件）及び能力条件（②の条件）が緩和される（免除される）場合

日本国民の配偶者である外国人で次のいずれかを満たすもの

(a)　引き続き三年以上日本に住所又は居所を有し、かつ、現に日本に住所を有するもの

(b)　婚姻の日から三年を経過し、かつ、引き続き一年以上日本に住所を有するもの

ウ　居住条件（①の条件）、能力条件（②の条件）及び生計条件（④の条件）が緩和される（免除される）場合

(a)　日本国民の子（養子を除く。）で日本に住所を有するもの

(b)　日本国民の養子で引き続き一年以上日本に住所を有し、かつ、縁組の時本国法により未成年であったもの

(c)　日本の国籍を失ったもの（日本に帰化した後日本の

国籍を失った者を除く。）で日本に住所を有するもの

(d)　日本で生まれ、かつ、出生の時から国籍を有しない者でその時から引き続き三年以上日本に住所を有するもの

(2) 私　権

「私権」とは私法関係における権利をいい、公法関係における権利に対するものであるが、厳密に定義を行うことは困難であるので、ここではおおむね私人の身分関係及び財産関係に関する権利をさすものとして解説する。

a　一般原則

外国人は法令又は条約に禁止がある場合を除くほか私権を享有することとされている（民法第二条）。

b　法令の適用関係（準拠法、国際私法）

私権に関する国内法と外国法の適用関係については、「法例」その他の関係法令に規定があり、種々の法律関係ごとに適用される準拠法（国内法を適用するか外国法を適用するか、外国法を適用する場合どこの法令を適用するか）を明らかにしている。なお、この具体的な内容についてはきわめて多岐にわたるものであり、また、この解説の目的とする範囲を超えるものであるため、他書に譲る。学問的には国際私法と呼ばれる分野である。

c　身分関係に係る届出

外国人も日本国内にいる場合は戸籍法の適用を受け、日本国内においておきた出生、死亡、婚姻等の事実について、当該外国人の所在地でその届出をしなければならない（戸籍法第二五条第二項）。[1]

d　私権が制限される例

外国人に係る私権の制限はほとんどないが、制限があるものの例として次のようなものがある。なお、自由職業に係る制限については(9)に述べる。

(i)　土　地　外国人に対し、土地に関する権利の享有について、相互主義により勅令をもって禁止又は制限を課すことができる（外国人土地法第一条）。[2]

(ii)　航空運送事業　外国人は定期航空運送事業を経営するための免許を受けることはできない（航空法第一〇一条第一項第五号イ、第四条第一項第一号）。ただし、外国人であっても、運輸大臣の許可を受けた場合は、本邦内外間の又は本邦内を通過するための運送事業を行うことができる（航空法第一二九条第一項）。

(iii)　鉱　業　外国人は、条約に別段の定めがある場合を除き、鉱業権者となることはできない（鉱業法第一七条）。[3] 租鉱権も同様である（鉱業法第八七

条)。

(iv) 漁　業　外国人は本邦の水域においては、漁業、水産動植物の採補、採補準備行為又は探査を行ってはならない(外国人漁業の規制に関する法律第三条)。ただし、適法に本邦に在留する者で農林水産大臣の指定するもの(昭和四二年農林省告示第一四二一号。特別永住者、永住者、漁業、水産動植物に関連する活動を行う教授・留学の在留資格を有する者等が指定されている。)はこの限りではない。

排他的経済水域(いわゆる二〇〇海里水域)内においては、外国人は、農林水産大臣の許可を受けなければ漁業又は水産動植物の採補を行ってはならない(排他的経済水域における漁業等に関する主権的権利の行使等に関する法律第五条第一項。なお、排他的経済水域中、特定の海域では漁業等が禁止されている。同法第四条)。この場合も、適法に在留する者で農林水産大臣の指定するもの(平成八年農林水産省告示第一〇九七号。外国人漁業の規制に関する法律の場合と同じ範囲である。)は除かれている(排他的経済水域における漁業等に関する主権的権利の行使等に関する法律第二条第四項第一号)[4]。

(v) 通信事業　外国人は、特定の場合を除き、無線局の免許が与えられず、無線局を開設することはできない(電波法第五条第一項第一号)[5]。外国人に対しては有線テレビジョン放送の施設の許可を与えないことができる(有線テレビジョン放送法第五条第一号)。外国人は第一種電気通信事業(要するに、電信電話事業のことである。)を行うための許可を受けることができない(電気通信事業法第一一条第一項第四号)。

(1) 例えば、出生届出については、日本人の場合は届出書に「父母の氏名及び本籍」を記載することとなっているが、父又は母が外国人であるときは、「父母の氏名及び国籍」を記載する(戸籍法第四九条第二項第三号)。

(2) 外国人土地法の施行時(大正一五年一一月一〇日)以降これまでこの規定に基づく勅令が制定されたことはない。

(3) 「日本国と大韓民国との間の両国に隣接する大陸棚の南部の共同開発に関する協定」及び「日本国と大韓民国との間の両国に隣接する大陸棚の南部の共同開発に関する協定の実施に伴う石油及び可燃性天然ガス資源の開発に関する特別措置法」により、同協定に定める共同開発区域における天然資源の探査及び採掘については、鉱業法の適用が除外されており(同法第四七条)、大韓民国開発権者も特定鉱業権(探査権及び採掘権)を行使することができる。この特定鉱業権に関しても、条約に別段の定めがある場合を除き、外国人は特定鉱業権者となることはできない(同法第九条)。

（4）　排他的経済水域における漁業等に関する主権的権利の行使等に関する法律は、我が国の海洋法に関する国際連合条約の批准に伴い、平成八年に制定されたものであるが、それ以前から（旧）漁業水域に関する暫定措置法により、いわゆる二〇〇海里経済水域（現行の排他的経済水域と若干水域の相違がある。）において外国人に対しほぼ同様の規制がされていた（昭和五二年七月一日施行）。

（5）　本文の規定にかかわらず無線局の免許が与えられるのは、船舶無線、航空機無線、アマチュア無線、大使館・公使館・領事館の公用無線（相互主義を要件とする。）等である（電波法第五条第二項）。

(3)　労　働

労働関係法令は外国人に対しても等しく適用されるものであり、国籍による差別的取扱いを禁じる均等待遇が規定されている法令もある（賃金、労働時間その他の労働条件について、労働基準法第三条。職業紹介、職業指導等について、職業安定法第三条）。

なお、外国人が本邦内において当該労働を行うことが許されるどうかは、出入国管理関係法令により在留活動として当該労働を行うことが認められているかどうか、及び各種業法により外国人が行うことが認められているかどうか（後者の点については、(9)で詳しく述べる。）によって決せられるものであるが、仮にこれらの法令上は違法な労働であったとしても労働関係法令の適用が否定されるものではない。

(4)　社会保障・社会福祉

日本国憲法の保障する基本的人権のうちいわゆる社会権を本邦に在留する外国人に対し適用するか否かは立法府の合理的な裁量によるとされているが（最高裁平成元年三月二日判決・判例時報一三六三号六八ページ）、多くの社会保障関係法令においては、国籍に係る要件が設けられておらず外国人に対しても日本国籍を有する者と同様の待遇が保障されている。[1]

広い意味における社会保障関係法令中、労働関係に伴うものである被用者保険（厚生年金、職域保険等）に関する法令については(3)で述べたことがそのまま妥当するので、ここでは一般的に適用されるものについて解説することとする。

a　国民年金

日本国内に住所を有する二〇歳以上六〇歳未満の者は、国民年金の被保険者とされる（国民年金法第七条第一項第一号）。[2]

b　国民健康保険

市町村の区域内に住所を有する者は、国民健康保険の被保険者とされる（国民健康保険法第五条）。[3]　この場合、「住所を有する」といえるためには、少なくともその者が適法に我が国に入国し在留し得る地位を有していることが必要であり、本邦に不法に在留している者は「住所を有する者」には当たらないと解されている（東京地裁平成七年九月二七日判決・判例時報一五六二号四一ページ）[4]。

c　児童手当、児童扶養手当、特別児童扶養手当

児童手当、児童扶養手当、特別児童扶養手当は、いずれも日本国内に住所を有する者がそれぞれの法律に定める要件に合致しているときに支給される（児童手当法第四条、児童扶養手当法第四条、特別児童扶養手当等の支給に関する法律第三条）[5]。

d　援護関係法令

戦傷病者戦没者遺族等援護法第一四条、第二四条は、同法に規定する障害年金、遺族年金を受給する資格を有する者を日本国籍を有する者に限定している（このような国籍条項を設けても憲法第一四条に規定する法の下の平等に違反しないとした最高裁平成四年四月二八日判決・判例時報一四二二号九一ページ参照）[6]。同様の国籍条項を設ける第二次世界大戦の戦争犠牲者に対する援護関係法令は多数ある[7]。

他方、原子爆弾被爆者に対する援護に関する法律は国籍要件を設けておらず外国人も同法の要件を満たせば医療特別手当、特別手当等の支給を受けることができる[8]。

e　生活保護

生活保護法は、生活に困窮する国民に対し、その困窮の程度に応じ、必要な保護を行い、その最低限度の生活を保障するとともに、その自立を助長することを目的とするものであり（同法第一条）、日本国民を対象とする法律である。ただし、行政運用上は、生活に困窮する外国人に対し、一般国民に対する生活保護の取扱いに準じ、必要と認める保護を行っているところである（「生活に困窮する外国人に対する生活保護の措置について」昭和二九年五月八日社発第三八二号）。

（1）　個々の法令ごとに具体的に触れるが、昭和五六年の難民の地位に関する条約及び難民の地位に関する議定書への加入に伴い、その国内施策として、社会保障の面における内国民待遇を図ること等の措置をとる必要があることから、国籍要件を撤廃したものが多い。
なお、条約により、一定の者について、社会保障規程の適用の免除が認められている場合がある。例えば、外交官については、外交関係に関するウィーン条約第三三条による。

（2）　昭和五六年の難民条約等への加入に伴い国籍要件が撤廃されたものである。

国民年金の被保険者となっても、老齢基礎年金は、保険料納付済期間と保険料免除期間の合算期間が二五年に満たないときは、その者が六五歳に達した場合であってもこれを受けることはできないこととされている（国民年金法第二六条）。そこで、次のとおりの措置がとられている。

ア　昭和五六年の国籍要件の撤廃時までに既に三五歳以上になっており、六〇歳までに二五年の保険料納付済期間及び保険料免除期間を満たすことができない者については、法定の期間、被保険者期間に算入される（実務上、「カラ期間」と称している。）。日本国籍を取得した者、特別永住者、永住許可を受けた者については、昭和三六年五月一日以後の日本国籍を有していなかった期間について、この被保険者期間に算入される（国民年金法昭和六〇年改正法附則第八条第五項第一〇号、第一一号、国民年金法等の一部を改正する法律の施行に伴う経過措置に関する政令第一二条、第一三条）。

イ　被保険者期間が二五年に満たない者は、都道府県知事の承認を受けて任意に被保険者の資格を喪失することができる（国民年金法第一〇条第一項）。日本国内に住所を有する期間が二五年に満たないことが予定される外国人はこれにより保険料を納付しないことができる。

ウ　もっとも、いったん納付してしまった保険料については事実上掛け捨てとなるため、当分の間の措置として、保険料納付済期間が六か月以上である日本国籍を有しない者は、その者の請求により、脱退一時金の支給を受けることができる（現に日本国内に住所を有する場合等、適用除外規定がある。国民年金法附則第九条の三の二）。なお、被用者保険である厚生年金保険法にも対応する規定が設けられている（厚生年金保険法附則第二九条）。

(3)　昭和六一年までは厚生省令である国民健康保険法施行規則により、条約により日本の国籍を有する者に相互の保証を与えることを定めている国の国籍を有する者、(旧)日韓特別法に規定する協定永住者（現在は特別永住者とされている。）、難民条約上の難民及び条例で定める国の国籍を有する者を除き、日本国籍を有しない者は国民健康保険の被保険者とされていなかった。なお、条例では、外国人登録を行っている外国人すべてに対して認めるもの、一定の国籍を有する者に限定するものと内容は種々であった。

(4)　東京地裁平成一〇年七月一六日判決（判例集未登載）は、在留資格のない外国人でも、居住関係を中心とした暮らしぶりや定住意思から、日本国内に住所があると認めるべき場合もあるとして、在留資格がない外国人である原告について、現在地を本拠と認め、国民健康保険に加入できる資格を持つとしている。

(5)　いずれも、昭和五六年の難民条約等への加入に伴い国籍要件が撤廃されたものである。

(6)　本文の最高裁判決は台湾人元日本兵に関する事案である。なお、この点に関連し、在日韓国人に関するものであるが、東京地裁平成六年七月一五日判決（判例時報一五〇五号四六ページ）は、傍論として、「日韓請求権協定、韓国の国内法により、日韓いずれの救済を受けられない状態となっていることについては、立法不作為の状況にあり、日本政府及び立法機関である国会において論議されるべき問題である」と、大阪地裁平成七年一〇月一一日判決（判例タイムズ九〇一号八四ページ）は「制定当時は合理性を有していたものの、その後日韓請求権協定、韓国の国内法により、日韓いずれの救済を受けることができないことにより合理性が失われたことは憲法第一四条に違反する疑いがある（ただし、具体的にいかなる程度、内容の措置をとるかについては立法裁量に委ねられている）」としている。

（7） 主要なものは次のとおり。戦傷病者特別援護法第四条第三項、第六条第一項、第二項。戦傷病者等の妻に対する特別給付金支給法第三条第一項第一号。戦没者等の遺族に対する特別弔慰金支給法第二条第一項、第二条の二第一項第一号。

（8） 原子爆弾被爆者に対する援護に関する法律は平成七年に施行されたものであるが、前身である（旧）原子爆弾被爆者の医療等に関する法律及び（旧）原子爆弾被爆者に対する特別措置に関する法律も同様であった（旧法に関し、最高裁昭和五三年三月三〇日判決・民集三二巻二号四三五ページ参照）。

(5) 教 育

外国人については、憲法第二六条第二項に規定する子女に対する教育の義務が課されないことは1の三の(2)のイで述べたとおりであるが、他方、外国人に対し我が国の学校において教育を受けることが妨げられるものではない。

日本国に居住する大韓民国国民の法的地位及び待遇に関する日本国と大韓民国との間の協定第二条1の規定に基づく協議の結果である平成三年一月一〇日付けの日本と韓国との間の覚書（以下「日韓の覚書」という。）[1]を踏まえ、次の措置をとることについて国から地方公共団体に対し指導が行われている。

① 学校教育法第一条に規定する学校（小学校、中学校、高等学校、中等教育学校、大学、高等専門学校、盲学校、聾学校、養護学校及び幼稚園）[2]において課外における韓国語や韓国文化等の学習の機会を提供することを制約するものでないこと。

② 学校教育法施行令第五条第一項の就学予定者に相当する年令の在日韓国人の保護者に対し就学案内を発給すること。

そして、在日韓国人以外の本邦に在留する日本国籍を有しない者に対してもこれらの措置に準じた取扱いがなされているところである。

なお、公共的性格を有する奨学金である日本育英会奨学金は、外国人も対象としている（日本育英会奨学規程）[3]。

（1） この覚書は条約のような法的拘束力を有する国際約束ではなく、同協議の結果としての日本政府の対処方針を明らかにしたものである。

（2） 学校教育法第一条に規定する学校のうち「中等教育学校」の部分は平成一一年四月一日に施行されたものである。

（3） 外国人を対象とするという取扱いは昭和五〇年度から行われている。

(6) 課　税

課税については、次に述べるようにいずれも国内に住所があるかどうかにより納税義務の範囲が決まるものであり、日本国籍を有しているかどうかについては直接の関係はほとんど有しない。[(1)]

a　所得税

所得税法は居住者（国内に住所を有し、又は現在まで引き続いて一年以上居所を有する者をいう。）及び非居住者（居住者以外の者をいう。）により所得税の納税義務の範囲に係る規定を分けており、非居住者は国内源泉所得を有するときに限り納税義務を負う（所得税法第五条第一項、第二項）。

b　相続税、贈与税

相続税、贈与税ともに、財産を所得した時において本邦に住所を有する者及び本邦にある財産を取得した者が納税義務を負う（相続税法第一条、第一条の二）。

c　地方税

都道府県民税及び市町村民税（特別区民税）[(2)]は、それぞれ当該都道府県民及び市町村（特別区）に住所を有する者が納税義務を負う（地方税法第二四条、第二九四条）。

（1） 条約により、一定の者について納税義務の免除が認められている場合がある。例えば、外交官については、外交関係に関するウィーン条約第三四条による。

（2） 「道府県民税」が「都民税」に、「市町村民税」が「特別区民税」に、それぞれ準用されることについては、地方税法第一条第二項参照。

(7) 住宅・金融

私的なものについては(2)で述べたとおり特段の制限はない。公共的なものについては次のとおりとなっている。

a　住　宅

公営住宅の賃貸、公団住宅の分譲・賃貸のいずれも、日本国籍を有する者を対象とする制度であるが（公営住宅法第一条、住宅・都市整備公団法第一条参照）、行政運用上は永住者等に対しても適用している（公団住宅の賃貸については、他の外国人に対しても適用される場合がある）。[(1)]

b　金　融

住宅金融公庫貸付け及び国民金融公庫貸付けのいずれも日本国籍を有する者を対象とする制度であるが

(住宅金融公庫法第一条第一項、国民金融公庫法第一条)、行政運用上は外国人(住宅金融公庫貸付けについては、aで述べた分譲・賃貸適格を有する外国人に限られる。)に対しても適用している。(2)

社会福祉・医療事業団貸付け、環境衛生金融公庫貸付けは、それぞれ、日本国籍を有する者に対してと同様、外国人に対しても適用される(社会福祉・医療事業団法第一条、環境衛生金融公庫法第一条参照)。

(1) 昭和五五年から永住者等に対して適用されるようになったものである。

(2) 外国人に対して適用されるようになったのは昭和五五年からである。

(8) 犯罪及び刑事手続

a 刑　法

刑法は、日本国内において罪を犯したすべての者に適用されるので(刑法第一条第一項)、日本国内において罪を犯した外国人にも適用される。(1) 日本国外にある日本船舶又は日本航空機内において罪を犯した者についても同様である(同条第二項)。

特定の罪については、日本国外において当該罪を犯した者にも刑法が適用されるので(刑法第二条)、日本国外において当該罪を犯した外国人にも適用される。

b 捜査、訴訟手続、矯正処遇

(i) 通　訳　捜査手続中において、検察官、検察事務官又は司法警察職員は、犯罪の捜査をするについて必要があるときは、通訳又は翻訳を嘱託することができる(刑事訴訟法第二二三条第一項)。また、訴訟手続中において、裁判所においては日本語を用いることとされ(裁判所法第七四条)、国語に通じない者に陳述をさせる場合には、通訳人に通訳をさせなければならないとされている(刑事訴訟法第一七五条)。

(ii) 適正手続　捜査手続及び訴訟手続において、日本語を解さない外国人に対し、適正手続又は防御権の実質的な保障の観点から、通訳人を介しての我が国の刑事手続の概要や権利の内容の説明、起訴状の概要の翻訳等について配慮がなされている。

(iii) 入管法の罪に係る刑事訴訟手続の特例　司法警察員が入管法第七〇条の罪(不法入国、不法上陸、不法残留、資格外活動等)に係る外国人を逮捕した場合、当該外国人を検察官に送致することなく入国警備官に引き渡すことができる。当該外国人について収容令書が発付されており、かつ、その者が他に罪を犯した嫌疑がないことが要件である(入管法第六五条)。これは、入管法第七〇条違反者(第九号を除く。)は、同時に退去強制事由該当者（入管法第二四条該当者）であり、他の犯罪の嫌疑がない場合、退去強制手続により退去強制令書発付処分を行うだけで国家目的が十分に達せられ、あえて刑事処分に付する必要性が乏しいと考えられるために刑事訴訟法第二〇三条の一般原則に対する特例が設けられているものである。

(iv)　矯正処遇　受刑者に関し、日本人と異なる処遇を必要とする外国人に対しては、F級受刑者として、言語のほか、風俗、習慣、宗教上の慣行等から生じる必要に応じて日本人とは異なる矯正処遇が行われている。

c　逃亡犯罪人引渡し

犯罪人の引渡条約（現在は日米間の条約のみである。）その他により外国から我が国に対し逃亡犯罪人引渡し請求があった場合については、逃亡犯罪人引渡法に基づき犯罪人引渡しの要件及び手続が定められているが、これについては1の二の(1)のエ参照。

（1）　外交関係に関するウィーン条約第三一条1により、外交官については、刑事裁判権からの免除が認められている。なお、領事関係に関するウィーン条約第四三条1により、領事官について、領事任務の遂行に当たって行った行為に関して、刑事裁判権から免除されている。

また、日本国とアメリカ合衆国との間の相互協力及び安全保障条約第六条に基づく施設及び区域並びに日本国における合衆国軍隊の地位に関する協定（日米地位協定）第一七条により、合衆国軍隊の構成員及び軍属並びにこれらの家族についても刑事裁判権の行使に一定の制約が定められている。すなわち、いずれか一方の国でのみ犯罪となる場合はそれぞれの専属的裁判権が定められている。その他の場合は日米の裁判権が競合することとなるが、次の罪については合衆国の軍当局が合衆国軍隊の構成員又は軍属に対して第一次的裁判権を行使する権利を有する（これ以外の場合は日本の当局が第一次的裁判権を行使する権利を有する。）。

ア　もっぱら合衆国の財産若しくは安全のみに対する罪又はもっぱら合衆国軍隊の他の構成員若しくは軍属若しくは合衆国軍隊の構成員若しくは軍属の家族の身体若しくは財産のみに対する罪

イ　公務執行中の作為又は不作為から生じる罪

(9)　自由職業

自由職業の種類は多数あるので、主要なものについてのみ解説することとする。

a　弁護士

弁護士法には国籍要件はない。弁護士としての資格を取得する前提としての司法試験の受験資格についても国籍要件はなく、また、外国籍のままでも司法修習

生として採用されている。(1)

外国弁護士（外国において法律事務を行うことを職務とする者で弁護士に相当するものをいう。）となる資格を有する者は、一定の要件の下に、法務大臣の承認を受けて、外国法事務弁護士として、当該外国法に関する法律事務を取り扱うことができる（外国弁護士による法律事務の取扱いに関する特別措置法）。

また、外国法事務弁護士は、前述のほかにも、国際仲裁事件（国内を仲裁地とする民事に関する仲裁事件であって、当事者の全部又は一部が外国に住所又は主たる事務所若しくは本店を有する者であるものをいう。）の手続について の代理を行うことができる（外国弁護士による法律事務の取扱いに関する特別措置法第五条の二）。これ以外の外国弁護士（外国において当該外国弁護士となる資格を基礎として法律事務を行う業務に従事している者であることが要件である。また、国内において雇用されて外国法に関する知識に基づいて労務の提供を行っている者を除く。）は、外国において依頼され又は受任した国際仲裁事件の手続についての代理を行うことができる（外国弁護士による法律事務の取扱いに関する特別措置法第五八条の二）。

b　公証人

日本国籍を有する者でなければ公証人になることはできない（公証人法第一二条第一項第一号）。

c　公認会計士、税理士、弁理士

公認会計士、税理士ともに国籍要件はない。

公認会計士については、外国においてこれに相当する資格を有する者は、一定の要件の下に大蔵大臣による資格の承認を受け、外国公認会計士として、本邦において公認会計士の業務を行うことができる（公認会計士法第一六条の二）。なお、公認会計士としての資格を有する者は税理士となる資格を有するが（税理士法第三条第一項第四号）、公認会計士法第一六条の二に規定する外国公認会計士も公認会計士とみなされるので、税理士としての業務を行うことができる（税理士法第三条第二項）。

弁理士については、日本国籍を有する者のほか、通商産業大臣の指定する国の国籍を有する者でなければならない（弁理士法第二条第一項第一号）。(2)

d　水先人、船舶職員

日本国籍を有する者でなければ水先人となることはできない（水先法第五条第一号）。

船舶職員（船長、航海士、機関士等）としての免許を受けるための海技従事者国家試験の受験資格について国籍要件はない（船舶職員法第一四条）。この場合、外国政府の授与した船舶の運航又は機関の運転に関する資格証書を受けた者で運輸大臣の承認を受けたものは海技従事者国家試験の受験資格としての乗船履歴の要件が緩和されている（同条第二項）。

航空従事者（操縦士、航空士等）としての業務を行うための航空従事者技能証明試験の受験資格について国籍要件はない（航空法第二九条）。この場合、外国政府の授与した航空業務の技能に係る資格証書を有する者については試験の全部又は一部を行わないことができるとされている（同条第四項）。

e 医事資格

医師法、歯科医師法、保健婦助産婦看護婦法その他の医事資格関係法令には国籍要件はない。

医師については、我が国の大学の医学の課程を修めて卒業した者及び医師国家試験予備試験に合格した者で一定の実地修練を経たものに加え、外国の医学校の卒業者又は外国で医師免許を得た者で、厚生大臣がこれらと同等以上の学力及び技能を有し、かつ、適当と認定したものに対しても、国家試験の受験資格が与えられている（医師法第一一条）。この点は、他の医事資格関係法令についてもほぼ同様となっている。

外国医師又は外国歯科医師（それぞれ外国において医師又は歯科医師に相当する資格を有する者をいう。）は、厚生大臣の許可を受けて、臨床修練を行うことができる（外国医師又は外国歯科医師が行う臨床修練に係る医師法第十七条及び歯科医師法第十七条の特例等に関する法律第三条）。

f 建築士

建築士法には国籍要件はない。外国の建築士免許を受けた者は、一級建築士については建設大臣が、二級建築士及び木造建築士については都道府県知事が、それぞれ一級建築士、二級建築士及び木造建築士と同等以上の資格を有すると認めるときは、建築士試験を受けることなく免許を受けることができる（建築士法第四条第三項）。

（1） 司法修習生の採用に関し、国家公務員に準ずる地位にあるとして、かつては日本国籍を有する者に限定していたが、昭和五二年以降は外国籍のままでも司法修習生に採用されている。

（2） 弁理士法第二条第一項第一号に定める外国の国籍を有する者に関する省令により、相互の保証を有する国の国籍を有する者、その者の弁理士登録を拒否することが条約その他の国際約束の誠実な履行を妨げることとなる場合等がこれに該当するものとされている。

(10) 公 職

a 国家公務員

公務員に関する当然の法理として、公権力の行使又は公の意思の形成への参画に携わる公務員になるためには、日本国籍を必要とするものと解されている。他方において、これ以外の公務員になるには、必ずしも日本国籍を必要としないと解されている（昭和二三年八月一七日付け法務調査意見長官回答）[1]。

これを受け、日本の国籍を有しない者は国家公務員の採用試験を受けることはできない（人事院規則八―一八第八条）。外務公務員については、国籍を有しない者又は外国の国籍を有する者は、外務公務員になることはできない（外務公務員法第七条第一項）[2]。

他方、公務員としての職務の内容が、単に学術的若しくは技術的な事務を処理し、又は機械的労務を提供するにすぎないようなものは、ここにいう「公権力の行使又は公の意思の形成への参画」には当たらず、外国人も就任することができる。この場合、政府又はその機関と外国人との間の勤務の契約（国家公務員法第二条第七項、人事院規則一―七）により任用されることとなる。研究公務員については、研究交流促進法第四条により、外国人を任用することができることとされている。

この場合以外に、立法措置によって公務員に関する当然の法理に係る例外が設けられているものとして、国立又は公立の大学における外国人教員の任用等に関する特別措置法があるが、これについてはcで解説する。

b　地方公務員

aで解説した公務員に関する当然の法理は国家公務員のみならず、地方公務員の場合も同様とされている（質問主意書に対する昭和五四年四月一三日付け内閣答弁書。東京地裁平成八年五月一六日判決・判例時報一五六六号二三ページ参照）[3]。なお、具体的に「公権力の行使又は公の意思の形成への参画」に当たるかどうかについては、職務内容を検討して、当該地方公共団体において判断されるべきものとされている（同答弁書）。

c　国公立学校の教員

国立学校においては、国家公務員法第二条第七項に規定する勤務の契約により外国人を教授又は研究に従事させることができる（国立学校設置法施行規則第三〇条の三、第三六条の二）。外国人の客員教授又は客員助教授はこれに当たる（同規則第三〇条の四参照）。

この場合以外に、国立又は公立の大学において、外国人を教授、助教授又は講師に任用することができ、この規定により任用された教授、助教授又は講師は、教授会その他大学の運営に関与する合議体の機関の構成員となり、その議決に加わることを妨げられるものではないとされている（国立又は公立の大学における外国人教員の任用等に関する特別措置法第二条）。大学共同利用機関等においても外国人を教授、助教授又は講師に相当する職員に任用することができる（同法第三条）。

公立学校の教員については、公務員に関する当然の法理により、外国人を教諭として採用することはできないが（質問主意書に対する昭和五八年四月一日付け内閣答弁書）、日韓の覚書（⑸及びその（注1）参照）を踏まえ、在日韓国人に対しては、任用の期限を付さない常勤講師（授業の実施など児童・生徒に対する教育指導面においては教諭とほぼ同等の役割を果たすが、校長の行う校務の運営には参画できない。）として採用することができることとしている。そして、在日韓国人以外の日本国籍を有しない者に対してもこれらの措置に準じた取扱いがなされている。

（1）現在の内閣法制局長官に相当するものである。
（2）平成八年改正まではこれらに加え、国籍を有しない者又は外国の国籍を有する者を配偶者とする者についても、外務公務員になることはできないこととされていた。
（3）この控訴審判決である東京高裁平成九年一一月二六日判決（判例時報一六三九号三二ページ）も一般論としては同旨の判断を示しているが、具体的事案としては管理職選考の受験を拒否したことは違法であるとした。

⑾ 参政権

衆議院議員、参議院議員、地方公共団体の議会の議員及び長の選挙権及び被選挙権を有するのは日本国籍を有する者に限られ、外国人はこれらを有しない（公職選挙法第九条、第一〇条、地方自治法第一八条、第一九条。最高裁平成五年二月二六日判決・判例時報一四五二号三七ページ、最高裁平成一〇年三月一三日判決・判例集未登載、最高裁平成七年二月二八日判決・民集四九巻二号六三九ページ）。なお、地方公共団体への参政権に関連し、我が国に在留する外国人のうちでも永住者等であってその居住する区域の地方公共団体と特段に緊密な関係をもつに至ったと認められるものについて、その意思を日常生活に密接な関連を有する地方公共団体の公共的事務の処理に反映させるべく、法律をもって、地方公共団体の長、その議会の議員等に対する選挙権を付与する措置を講ずることは憲法上禁止されているものではないとされている（ただし、このような措置を講ずるか否かはもっぱら国の立法政策に関わる事柄であり、このような措置を講じないからといって違憲の問題は生じないとされている。前記最高裁平成七年二月二八日判決）。

普通地方公共団体に対する直接請求権を有するのは日本国籍を有する者に限られ、外国人はこれを有しない（地方自治法第一二条、第一三条）。

外国人、外国法人又はその主たる構成員が外国人若しくは外国法人である団体その他の組織は政治活動に関する寄付をしてはならないとされている（政治資金規正法第二二条の五）。

執筆者紹介

畑野　勇
元法務省法務総合研究所第三部教官

倉島研二
元法務省法務総合研究所第三部教官

田中信也
元法務省法務総合研究所第三部教官

重見一崇
元法務省法務総合研究所第三部教官
現札幌入国管理局長

石崎勇一
名古屋入国管理局就労・
永住審査部門統括審査官

外国人の法的地位 —— 国際化時代と法制度のあり方

2000年12月20日　初版第1刷発行

発行者
袖　山　貴 = 村岡侖衛
発行所
信山社出版株式会社
113-0033 東京都文京区本郷6-2-9-102
TEL 03-3818-1019　FAX 03-3818-0344

印刷・勝美印刷　製本・渋谷文泉閣　発売・大学図書
PRINTED IN JAPAN

ISBN 4-7972-5090-9 C 3032